제2판

보보의 인간관계론

이임정

Human Relations BOBOS

도서출판 청람

어떤 문제에 부딪히면 나는 미리 남보다 시간을
두세 곱절 더 투자할 각오를 한다
그것이야말로 평범한 두뇌를 지닌 내가 할 수 있는 유일한 방법이다

-히로나카 헤이스케, 「학문의 즐거움」 중에서-

머/리/말/

신묘년이 밝았다. 토끼는 약하고 선한 동물, 영특한 동물, 달의 정령으로 알려져 왔다. 약육강식의 세계에서 토끼는 별다른 강점을 지니지 못한 것으로 보인다. 그러나 토끼에게는 큰 귀가 있다. 누구보다 잘 들을 수 있는 능력을 통해 천적으로부터 살아남는다.

토끼가 가지고 있는 '들을 수 있는 능력'은 현대조직사회에서 필수적인 자질이다. 듣는 능력이 중요하게 부각된 이유는 사회의 발달과 더불어 생존의 기술이 달라졌기 때문이다. 21세기는 초월성의 시대이다. 주관적인 경험과 문화가 최대의 기술보다 더 중요한 시대이다. 최적의 기술로 인간의 감성을 살펴야 하는 시대가 온 것이다. 때문에 다른 사람의 말에 귀 기울여 공감하고, 자신의 고통을 생산적으로 활용할 수 있는 사회지능이 뛰어난 사람이 적응력도 높다.

같은 맥락으로 하버드대학의 성인발달연구에서는 행복의 조건 중 하나로 인간관계를 제시하고 있다. 이 연구에 의하면 행복은 성공한 사람들에게 주어지는 것이 아니라 사람의 힘으로 통제할 수 있는 몇 가지 조건을 중년기 이전에 얼마나 갖추느냐에 달려 있다. 행복의 조건 중 으뜸은 '고난에 대처하는 자세'이며, 그것을 뒷받침하는 것은 중년기까지 형성되어 있는 '인간관계'였다. 1967년부터 이 연구를 주도해 온 하버드 의대 정신과의 조지 베일런트 교수는 "삶에서 가장 중요한 것은 인간관계이며, 행복은 결국 사랑"이라고 결론지었다.

인간은 사회적 동물이라는 말은 원래 정치적 동물이라는 말이었다. 이는 사회 속에서 다른 사람들과 관계를 맺고 있음을 의식하는 사람들이라는 의미이다. '개별화'라는 관점에서 인간은 고독, 독립적인 자아와 깨어질 수 없는 온전함을 갈망하고 이것은 인간의 존엄성과 퍼스낼리티의 근본이 된다. 그러나 더불어 커다란 전체의 한 부분으로 편입되고, 다른 사람들과 어울리고자 하는 욕구를 가지고 있고, 사회적 행동은 생존의 수단이 된다. 생명을 지니고 있는 존재는 서로 돕고 보호하며, 가까이에 있다는 그 자체만으로도 삶의 지탱을 돕는다.

그러므로 인간관계는 곧 삶이고 생명이다. 보보의 인간관계론은 나를 들여다보고, 이를 바탕으로 다른 사람과 좋은 관계를 형성하는 방법에 대해 논하고 있다. 가장 중요한 것은 흔들리지 않는 중심을 가진 나를 찾는 일이다. 건강한 자아를 통해 타자와의 원만한 관계가 이루어지기 때문이다.

르네상스 시대에 지배적이었던 팔라디오의 법칙이 현대건축에서 지배적인 균형미를 자랑할 수 없는 이유는 '조화' 때문이다. 요리, 건축, 삶, 관계 등 모든 상황에서 조화는 소금과 같다. 보보의 인간관계론은 보보를 통해 한 개체로서 조화로울 수 있는 방법론을 제시하고 있다. 이 방법론들을 통해 좀 더 조화로운 사람이 되어 원만한 관계를 형성할 수 있는 능력을 배양하길 기대한다.

책이 나오기까지 많은 분들이 도움을 주셨다. 그분들에게 감사의 마음을 전하고 싶다. 어려운 환경 속에서도 기꺼이 출판을 허락해 주신 도서출판 청람의 이수영 사장님께 감사드린다.

누구의 삶에든 한 번쯤은 터닝포인트가 있다. 안개가 자욱한 미로를 헤맬 때 길을 터주고, 삶의 계기가 되는 타인이 있다. 사람이 사람을 알아보는 것만큼 어렵고, 귀하고, 가치 있는 일이 없다. 내가 모르는 나의 가능성을 알아보고 깊이 있는 삶의 자세를 가르쳐주신 멘토, 박성수 선생님께 감사드린다. 나 또한 학생들의 길을 터주는 사람으로 살아가며 그 가르침을 이어가고자 한다.

가족은 숨겨져 있는 건물의 토대와 마찬가지이다. 평상시에는 그것이 받쳐주고 있는 땅 위의 건물에 시선을 빼앗겨 간과하기 쉽지만 이 토대가 없으면 건물은 무너져버린다. 때문에 가족은 생명이고, 공기이고, 사랑이다. 늘 나의 든든한 토대가 되어주는 남편과 연홍이에게 감사의 마음을 전한다. 그리고 나의 수호천사 보보에게 사랑의 마음을 전하고 싶다.

2011년 생명이 살아숨쉬는 여름에

저자 씀

차/례/

Chapter 04 지각(perception)과 인간관계

Chapter 05 자아개념과 자긍심

Chapter 06 자기주장성과 의사거래분석

Chapter 07 커뮤니케이션과 인간관계

Chapter 08 리더십과 인간관계

제1장

인간관계의 이해

1. 보보가 생각하는 인간관계
2. 해리스(Harris)의 인간관계의 유형
3. 인간의 본성

01

인간관계의 이해

보보의 신문

인간의 행복은 '사이(between)' 에서 나온다

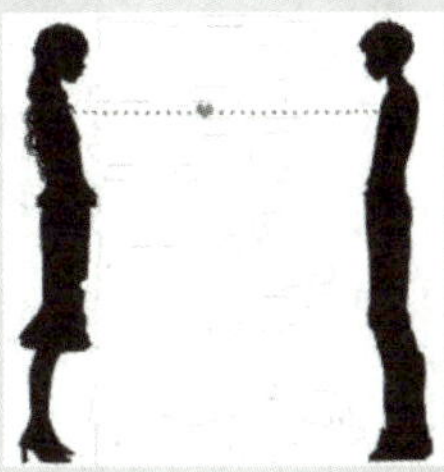

"우리는 자신을 완성하기 위해 다른 사람을 필요로 한다."

고대 그리스의 희극 작가 아리스토파네스의 말이다. 인간이 행복하기 위해 다른 사람과 상호작용하고, 타인과 서로 얽힐 필요가 있다는 이 말은 수많은 현대 심리학 실험을 통해 사실로 증명됐다.

19세기 말 사회학 창시자 중 한 명인 에밀 뒤르켐은 유럽 전역의 자살사례를 연구했다. 자살에 영향을 주는 요인을 분석한 후 그가 내린 결론은 '관계'라는 한마디로 요약됐다. 사회적으로 더 많은 유대관계를 맺고 있을수록 자살할 가능성이 더 낮았다. 종교적인 조직에 속해 있거나 긴밀한 네트워크를 이루고 있는 사람 중에는 자살하는 사람이 드물었다.

이후 100년 동안 이어진 후속 연구들은 뒤르켐의 '초기 진단'을 확인해주었다. 개인의 사회적 관계를 살펴보면 한 사람의 행복을 놀랍도록 정확하게 측정할 수 있다. 사회적으로 강력하고 건전한 관계를 맺은 사람들은 담배를 끊는 것보다 더 큰 건강 효과를 누리는 것으로 나타났다. 좋은 인간관계를 맺은 사람일수록 수술 후 회복 속도가 빨랐고, 우울증과 불안장애의 위험에서 자유롭다는 연구 결과도 있다.

인간은 사회성을 지닌 동물이다. 이는 '적절한 관계'가 생존에 유리하다는 증거이기도 하다. 태어날 때부터 인간의 감정은 "사랑하고 친구를 사귀며 다른 사람들과 '나'의 삶을 얽매도록" 미세하게 조정돼 있다. 행복은 자기 혼자 찾거나 성취할 수 없으며, 영국 시인 존 던의 표현처럼 어떤 남녀도 그 자체로 온전한 섬이 아니다. 사회적 동물인 인간의 행복은 나와 가족, 나와 친구, 나와 직장 같은 관계, 즉 '사이(between)' 에서 나온다.

자료 : 조선일보 2011. 1. 17 Daum

1. 보보가 생각하는 인간관계

"인간은 사회적 동물이다." 고대 그리스의 철학자 아리스토텔레스(Aristoteles)의 말이다. 인간다운 인간은 폴리스, 즉 도시국가의 일원으로서 생활하는 인간이라고 믿었던 아리스토텔레스는 사람은 태어날 때부터 사회적 존재라고 규정했다. 그가 사회를 중요하게 생각한 이유는 인간은 사유하는 능력이 있으며 이를 통해서 실현되는 행위 그 자체가 자기실현이라고 믿었기 때문이다. 그런 의미에서 칸트가 제안했던 도덕의지와 유사해 보인다.

그러나 아리스토텔레스의 견해는 미덕에서 출발하고 있고, 칸트의 견해는 자유에서 출발하고 있다는 차이가 있다. 전자는 미덕과 최선의 삶에 치중하고 있고, 후자는 인간의 자유의지, 자율성에 치중하고 있다. 사회를 통해서 실현되는 자기실현이 중요한 의미를 지니는 이유는 진화론적 관점에서 볼 때 인간의 역사가 '관계'를 떠나서는 논의될 수 없기 때문이다.

우리는 저자의 전편 「보보의 경영학」에서 영리하고 사랑스러운 강아지들... 보보, 모모, 또또 등을 만나보았다. 이번 「보보의 인간관계론」에서도 그들이 중심이 되어 이야기를 전개할 것이다. 전편과 차이가 있다면 사회에서 생존하고 성장하기 위해 관계 속에서 사회지능[1]을 높이기 위한 방법론들을 추가한다는 점이다.

보보의 집에는 보보와 모모, 또또라는 예쁜 강아지들이 함께 살고 있다. 저자의 전편을 읽지 못한 독자들을 위해 부연설명을 잠시 하고자 한다. 보보는 자칭 백구의 피를 물려받은 혈통을 확인할 수 없는 잡종, 모모는 견공 중에서도 엄청나게 까탈스럽고 깔끔한 푸들과 마르티스의 실수로 태어난 잡종, 또또는 유일하게 단일혈통을 자랑하는 푸들 애프리코트이다. 보보는 과묵하고 성실한 경상도 사나이의 자아를 가지고 있으며, 모모는 얼짱이지만 성깔 있는 서울촣각이다. 그리고 또또는 겁이 많아 사소한 일에도 자지러지는 소심맨인지라 동물애호가들의 신고가 들어온 적이 한두 번이 아닌 사고뭉치이다.

---

1) SQ(spiritual quotient) : IQ(지능지수)와 EQ(감성지수)에 대응하는 개념으로서 옥스퍼드 브룩스대학의 도너 조하 교수와 정신과의사 이언 마셜이 최초로 제안했다. 도너 조하 교수는 유연한 사고와 확고한 자기인식을 지니고 고통을 생산적으로 활용하여 행동하는 사람의 SQ가 높다고 주장한다.

이들이 함께 살아가고 있는 보보의 집은 어떻게 굴러가고 있을까?

'인간(人間)' 이란 단어는 사람과 사람 사이를 의미한다. 때문에 아무리 잘난 사람도 관계를 떠나서 홀로 살아갈 수 없다. 그렇게 볼 때 인간의 삶은 관계의 시작에서 관계의 끝이라고 해도 과언이 아니다.

인간의 삶은 동전의 양면과 같다. 한쪽이 빛이면 한쪽은 어둠이고, 한쪽이 행복이면 한쪽은 불행이다. 그러나 그 어느 쪽도 다른 한쪽을 의지하지 않고는 생을 이어나갈 수 없다. 그 둘은 같은 공간에서 살 수 없으나 그들의 삶은 언제나 교차하고 있다.

우리의 삶 속에서 생겨나는 모든 관계성은 이러한 양면성에 기초하고 있다. 때문에 우리가 살아가면서 풀어가야 할 모든 과제들은 인간관계의 관리(Human relationship management)에 근거하고 있다.

매슬로우(Maslow)는 욕구단계설을 제시한 학자로 유명하다. 그는 인간에게는 기본적으로 선과 악이 공존하며, 저차원의 욕구(생리적, 안전의 욕구)를 충족시키게 되면 고차원의 욕구(사회적, 자존, 자기실현의 욕구)를 향해 나아가게 된다고 주장했다. 이 중 사회적 욕구는 관계를 통해서 삶을 형성해 나가고자 하는 인간의 결핍욕구라고 볼 수 있다.

설리반(Sullivan) 역시 인간은 인간관계를 통해서 개인적 만족과 안정을 찾아나간다고 주장했다. 또한 정신병리의 근원은 인간관계에서 유래되는 것이며, 성격은 인간관계의 상황에서 분명해진다고 주장하며 인간관계의 중요성을 강조하였다.

예를 들어 보보의 집에는 말썽꾸러기가 한 명 있다. 그 이름 모모. 체구는 자그마한 녀석이 욕심은 왜 그렇게 많은지 '내 것도 내 것, 남의 것도 내 것' 이라는 견생철학을 갖고 있는 놈이다. 그러다 보니 보보의 집은 바람 잘 날이 없다. 아무리 고매한 인간이라도 배고픔을 채우려는 생리적 욕구를 넘어서기는 힘든 일이다. 더군다나 견공들이야 오죽할까? 끼니 때마다 개밥그릇을 놓고 피비린 내 나는 쟁탈전이 벌어짐은 쉽게 상상할 수 있을 것이다.

보보시리즈가 굳이 견공들을 통해 이야기를 전개하고자 하는 이유는 전공지식을 좀 더 쉽게 풀어내고자 하는 의도 때문이지만 견공들이 인간과 매우 유사한 행동패턴을 지니고 있기 때문이기도 하다. 스티븐 부디안스키(S. Budiansky)는 「개에 대하여(The Truth About Dogs)」에서 개를 빼어나게 아름다운 동물로 묘사하면서도 진화라는 관점에서 볼 때 다른 어떤 동물과도 비교할 수 없을 정도로 커다란 성공을 이루어냈다고 비꼬고 있다. 그 성공이란 인간의 거주지 내에 자기의 자리를 마련하는 개들의 놀라운 능력을 의미한다. 그는 진화론적 관점에서 볼 때 지구상의 그 어떠한 생물도 개처럼 별다른 노력 없이 자신이 원하는 바를 남김없이 얻어내는 존재는 없다고 역설한다. 또한 아주 머리가 나쁘거나 성질이 사나운 개가 아니라면 적어도 인간의 아이와 경쟁하고 그 자리를 대신 차지하려고 들지 않을 만큼의 영리함도 가지고 있다. 인간은 사회라는 정글에서 살아남기 위해 태고이언[2] 적부터 견공들이 지니고 있던 놀라운 사회지능을 배우고 읽혀야만 한다.

인간은 각기 고유한 심리적 자아상태를 통해 관계를 형성해 나간다. 또한 이러한 자아상태는 소통의 근거가 된다. 차후 부연설명을 하겠지만 보보는 때로는 어버이 자아상태로서, 때로는 어른의 자아상태로서 혼란스러운 '보보의 집' 의 균형을 찾아가기 위해 노력하고 있다.

내 안엔 내가 너무나 많아! 보보의 책

하버드대학의 교육학과 교수이자 보스턴 의과대학 신경학 교수인 하워드 가드너는 인간의 지능을 단선적 수치가 아닌 다각적 방법으로 측정해야 한다는 다중지능이론을 제시했다.

그에 의하면 인간의 뇌는 언어지능(linguistic intelligence), 논리수학지능(logical-mathematical intelligence), 공간지능(spatial intelligence), 음악지능(musical intelligence), 신체운동지능(bodily-kinesthetic intelligence), 인간친화지능(interpersonal intelligence), 자기성찰지능(intrapersonal intelligence), 자연친화지능(naturalist intelligence) 등 8개 지능으로 구성된다. 이 중 인간친화지능이 사회지능에 해당된다.

가드너 박사는 사회지능이 사회생활과 성공의 중요한 요소라고 말했다. 그 이유는 사람들과의 우호적인 관계에서 비롯된다. 사람이 모여 사는 사회에서 성공의 척도는 사람의 마음을 움직이는 것이기 때문이다.

사회지능은 다른 사람에게 좋은 인상을 주고 상대방의 감정과 의도를 감지하는 능력에서 더 나아가, 자기두뇌의 신경회로를 상대방두뇌의 신경회로와 눈에 보이지 않게 연결하는 능력도 포함하고 있다는 사실은 신경과학계의 최신연구를 통해 밝혀졌다.

자료 : 「매력 DNA 그들이 인기 있는 이유」 중에서

2) 선캄브리아기를 둘로 구분할 때 더 오래된 시기. '오랜 생물' 이라는 의미도 있음.

2. 해리스(Harris)의 인간관계의 유형

인생태도(Life Position)란 인생의 초기, 유아기에 이루어진 결단을 의미한다. 즉 자신과 타인에 대해 어떠한 가치를 부여했느냐에 따라 나타나는 인생에 대처하는 기본적인 자세와 반응을 말한다.

프로이트(Freud)는 유아기의 습관과 발달에 의해 개인의 전 생애가 필연적인 인과율에 의해 지배된다고 주장하지만, 융(Jung)은 현재가 과거에 의해 영향을 받을 뿐만 아니라 미래에 대한 목적의식에 의해서도 영향을 받는다고 주장한다. 이렇게 볼 때 해리스(Harris)의 주장은 프로이트(Freud)에 가까운 것으로 보이지만 인생태도의 기본적 목적은 유아기에 형성된 부정적 태도를 자각하고 통제하여 적극적이고 긍정적인 삶으로 변화시키고자 함에 있다.

1) 제1의 태도(자기긍정 · 타인긍정) – (I'm OK – You're OK)

협력과 공존의 태도이다. 이 태도로 살아가는 사람은 정신적 · 신체적으로 건강할 뿐만 아니라 나의 권리를 효과적으로 주장하면서도 타인의 존재를 건강하게 인정한다.

이들은 바람직한 대인관계를 형성할 수 있는 사람들이며, 매슬로우가 주장했던 자기실현인에 가까운 사람들이다. 그러나 현실적으로는 인간이 이러한 태도를 완벽하게 습득하는 것은 어려운 일이다. 따라서 전 생애를 통해 훈련하고 깨달아가는 과정이 필요하다.

2) 제2의 태도(자기부정 · 타인긍정) – (I'm not OK – You're OK)

자책과 회피의 태도이다. 이 태도로 살아가는 사람은 자존감이 낮기 때문에 열등감에 시달리거나 우울성향이 강하게 나타난다.

이들은 자기비하나 소극적인 감정 때문에 사람들과 친밀해지기 어렵고, 쉽게 우울해지며, 후회하는 일이 많다. 때문에 자기 자신을 신뢰하지 않으며, 타인에게 의지하려는 의존성향이 매우 강하다. 때로는 다른 사람을 불쾌하게 만듦으로써 자신의 부정상태를 상대방에게 확인시키기도 한다.

3) 제3의 태도(자기긍정 · 타인부정) – (I'm OK–You're not OK)

독선과 배타의 태도이다. 이 태도는 지배적인 성향을 지닌 사람의 인생태도이다.

이 태도를 지닌 사람은 긍정적으로는 자신감 넘치는 사람이라 평가할 수도 있지만 자칫 과하게 되면 타인에게 권위적이며, 자기중심적인 행동을 하게 된다. 때문에 상대방과 마찰이 생겨나기 쉽다. 이들은 자신의 내면을 들여다보지 않고 타인의 탓으로 책임을 전가하는 경향이 있다.

4) 제4의 태도(자기부정 · 타인부정) – (I'm not OK–Your're not OK)

불신과 도피의 태도이다. 이 태도에 해당되는 유형은 절망적이고 허무적인 성향을 지닌 사람이다. 이들은 다른 사람들과의 교류를 꺼리게 되기 때문에 위축된 삶을 살아가기 쉽다.

모순되게도 이러한 태도를 지닌 사람들은 강하게 사랑을 갈구하기도 한다. 이러한 욕구는 상대방의 사랑을 확인하고자 하는 강한 집착으로 나타나기도 한다. 그러나 이러한 집착은 오히려 상대방의 거절을 초래하게 되어 점점 더 위축되고, 부정적이 되기 쉽다.

| 그림 1-1 | 해리스의 인간관계

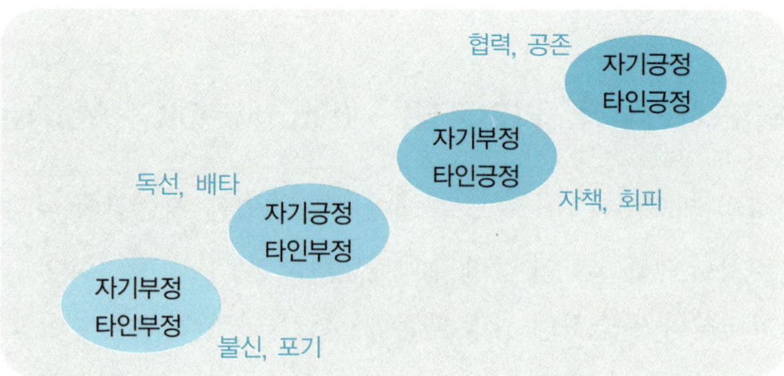

인생태도는 두 가지 질문으로 축약된다.
'나'는 이 세상에서 어떤 존재인가?
다른 사람들은 나에게 있어서 어떤 존재인가?

| 그림 1-2 | 인생태도

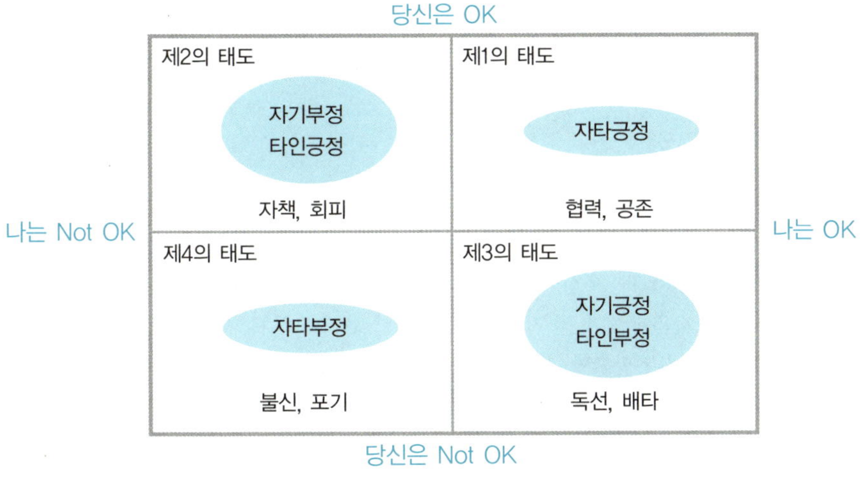

| 그림 1-3 | 재미로 보는 인생태도의 유형

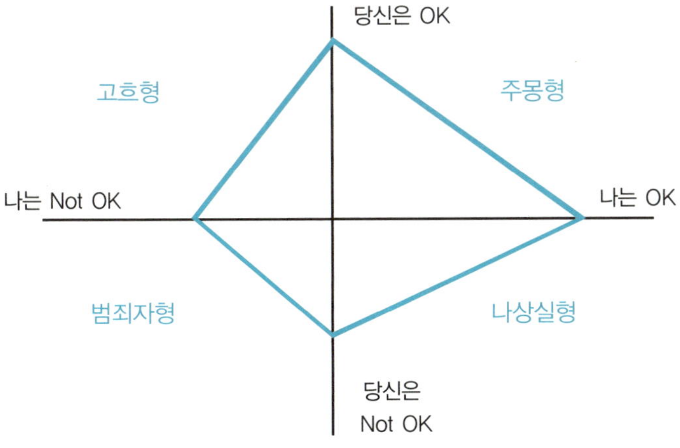

보보의 이야기 1 | 협력과 공존

보보 : 모모야 너는 머리가 영리하니까 상황을 잘 이해할 수 있을 거야. 항상 네가 사료를 모두 독차지하면 다른 개들은 어떻게 살아갈 수 있겠니? 얼마 지나지 않아 넌 얼짱개에서 뚱보개로 변할 거야. 그게 네가 바라는 바니? 함께 나눠먹으면 사이도 좋아질 수 있잖아.

모모 : 맞아. 내가 어리석었어. 난 늘 욕심이 많았지. 사실 늘 배가 고픈 것은 아니었어. 그냥 사랑을 독차지하고 싶었을 뿐이야. 나누면 더 커진다는 것을 왜 여태 깨닫지 못했을까. 보보형은 역시 달라.

보보의 이야기 2 | 자책과 회피

모모 : 나는 안 돼. 역시 안 돼. 욕심이 너무 많아. 그래서 늘 모든 일을 망쳐버려.

모모 : 아마 틀림없이 지옥에 가게 될 거야. 그곳엔 맛난 사료도 없고, 사랑하는 엄마도 없겠지?

보보 : 그렇지 않아. 누구나 실수할 수 있어. 이제부터 잘하면 돼.

모모 : 아니야. 난 내가 너무 싫어. 모든 건 다 나 때문이야. 이젠 어쩔 수 없어.

보보의 이야기 3 | 독선과 배타

모모 : 나는 최고의 혈통을 타고 태어났어. 그러니 내가 항상 옳아. 그리고 내가 항상 최고의 것을 갖는 것도 합당한 일이야. 그러니 넌 저리 빠져 있어.

또또 : 그런 말도 안 되는 억지가 어디 있어? 너 왕자병 맞지?

모모 : 이 소심쟁이야. 너 나처럼 예쁘고 영리해? 엄마 기분을 나만큼 잘 헤아리고 맞춰줄 수 있어? 넌 나 따라오려면 한참 멀었어.

보보의 이야기 4 | 불신과 도피

모모 : 모든 게 너무 힘들고 허무해.

보보 : 왜 그래? 나한테만 말해봐.

모모 : 귀찮게 하지 마. 너도 싫어. 날 가만 내버려둬. 넌 항상 또또만 먼저 챙기잖아. 내가 모를 줄 알고? 아무도 날 사랑하지 않아.

보보 : 그렇지 않아. 네가 오해한 거야.

모모 : 아니야, 난 늘 혼자였어. 예쁘고 영리하면 뭐해? 아무도 알아주지 않는데. 난 늘 사랑을 갈구하는데 잘된 적이 한 번도 없었어. 이게 바로 나라고.

| 인생태도 진단 |

1	"이 사람이 있어서 좋았다"라고 생각하는 일이 많다				
2	다른 사람과 함께 일을 하면 잘 안 되는 경우가 많다				
3	타인에게 매력을 잃는다거나 자신의 실패에 대해 그다지 신경쓰지 않는다				
4	무엇 때문에 이런 일을 하고 있는 것인가…라고 생각하는 일이 있다				
5	자기 취미에 맞지 않는 사람과는 어울리고 싶어하지 않는다				
6	하루 하루를 충실하게 보낸다고 생각한다				
7	자기가 하고 싶은 일이라도 상대가 싫어하는 것 같으면 그만둔다				
8	그가 여러 가지로 이야기하는 것을 즐겨 듣는다				
9	타인이 실패하거나 잘못하더라도 그다지 조급해 하지 않고 기다린다				
10	자신의 행동과 언어에 자신이 없다				
11	상대가 친절하게 해 주더라도 부담스럽게 느낄 때가 있다				
12	자신을 매력적이라 생각하며, 자신의 패션감각을 좋아한다				
13	사고방식이 다르거나 싫어하는 면을 지닌 상대와도 잘 어울린다				
14	"연애란 이런거"라는 등 잘라 말하는 경향이 있다				
15	자신에게는 아직 감추어진 재능이 있다고 생각한다				
16	타인으로부터 비난받으면 아무런 말도 하지 못하게 되어버린다				
17	귀찮은 일에는 가능한 한 관여하고 싶지 않다				
18	좋아하는 사람에게는 스스로 다가선다				
19	진정한 자신을 내보이면 타인에게 미움 받을 것 같은 기분이 든다				
20	상대와 싸움하더라도 그와 함께 해낼 수 있다고 생각한다				
21	대부분의 일에 대해 "하면 된다"고 생각한다				
22	상대가 무엇인가 해주는 것을 좋아한다				
23	무엇을 하든 좋지 않은 사람이 많다고 생각한다				
24	스스로 모르는 사람에게 접근하는 일이 없다				
25	싫은 일이라도 곧 기분전환할 수 있다				
26	즐거운 듯한 사람을 보고 있으면 자신까지 즐거워진다				
27	나는 이렇게 노력하고 있는데…라고 생각할 때가 있다				

28	상대가 화제로 삼고 싶어하지 않는 것을 언급하지 않는다				
29	상대가 하는 말을 마음으로부터 좋다고 느낀다				
30	앞으로 하고 싶은 일과 포부가 많이 있다				
31	무엇을 하든 잘 되고 있지 않은 느낌이 든다				
32	무엇인가 문제가 생기면 다른 사람 탓으로 돌리는 일이 많다				
33	당신과 있으면 "안심"이라는 말을 상대에게 자주 듣는다				
34	제멋대로 말하며, 자신의 사고방식에 만족한다				
35	타인과 비교해 보아 자신이 모자란 점이 많다고 체념하는 일이 많다				
36	상대가 하는 말은 그대로 믿기 쉬운 편이다				
37	개인적인 일은 거의 이야기하지 않는다				
38	자신이 느낀 것은 무엇이든지 상대에게 이야기하는 편이다				
39	자신의 호감이 상대에게 피해를 준 것은 아닌가 하고 걱정한다				
40	상대의 무신경함에 화를 내는 일이 있다				

※ 정말 그렇다(2점)　보통이다(1점)　아니다(0점)

| 인생태도 분석 |

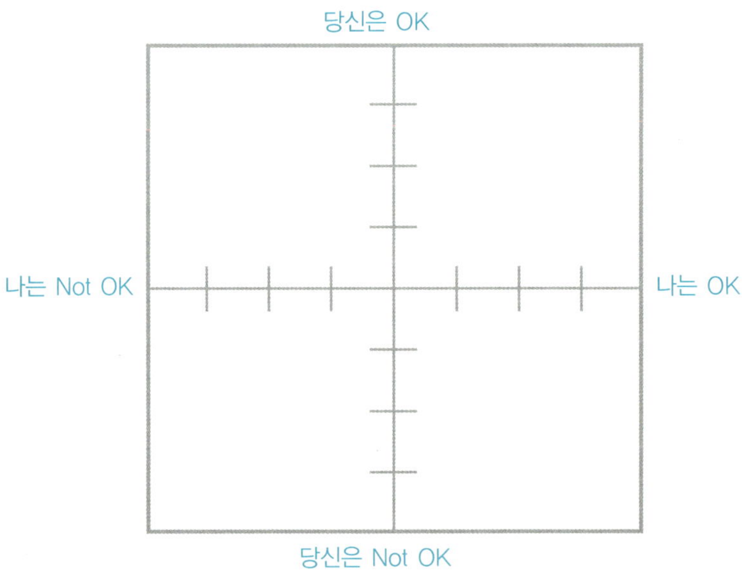

※ 그림의 맨 가운데는 0점, 한 칸은 5점
※ 좌표에 표시하고 선으로 연결하시오.

보보의 뼈다귀

아날로그 감수성으로의 회귀

SK텔레콤 광고 -'수녀와 비구니편'

수녀가 자전거에 비구니를 태우고 가다?

수녀가 자전거를 타고 큰 가로수가 늘어서 있는 아름다운 길을 가다가 다시 돌아와 어린 비구니를 만나 뒤에 태우고 간다. 뒤에 앉은 비구니는 수녀의 옆구리를 꽉 움켜잡는다.

이 광고는 서로 다른 종교와 분위기의 인물로 서로의 마음을 통할 수 있도록 만들어준다는 제작의도를 극적으로 잘 표현해 주었다.

'사람과 사람, 그리고 커뮤니케이션'이라는 컨셉하에서 사람의 마음을 붙들고 놓지 않는 것은 애절한 멜로디다. 이 아름답고 맑은 배경음악은 참신한 영상과 잘 어울렸다는 평가를 받았다.

바로 린다 에더(Linda Eder)가 부른 '지킬박사와 하이드'의 테마곡으로 우리나라에서도 소프라노 조수미 씨에 의해 불려진 'Once Upon a Dream'이다.

Once upon a dream,
I was lost in love's embrace.
There I found a perfect place,
Once upon a dream.

And I was unafraid.
The dream was so exciting,
But now I see it fade,
And I am here alone.

Once there was a time
Like no other time before.
Hope was still an open door,
Once upon a dream.

Once upon a dream,
You were heaven sent to me,
But it wasn't meant to be.
Now you're just a dream.
Could we begin again,
Once upon a dream?

3. 인간의 본성

'인간이란 어떤 존재인가?' 라는 의문은 동서고금을 막론하고 지속적으로 행해졌으나 만족할만한 정설은 없다.

인류학자들은 인간을 '지혜로운 , 생각하는 사람' 이라고 하여 'Homo Sapiens' 라고 설명하고 있다. 이는 라틴어에서 유래된 단어로서 '호모' 는 '사람' 이란 의미를 지니고 있고, '사피엔스' 는 '생각하는' 이란 의미를 지니고 있다. 언어와 문자 같은 상징들을 사용했다는 점에서 짐승이나 다른 초기인류와 구별된다. 동물분류학에 의해서는 지금의 인류를 나타내는 학명이며 18세기에 스웨덴의 식물학자 린네가 사용한 용어이기도 하다.

인간관계론적 관점에서 인간의 본성에 대한 논쟁이 본격적으로 시작되었다. '칸트' 는 인간의 본성에 대한 구분으로서 '인성은 선하다' , '인성은 악하다' , '인성은 선하기도 하고 악하기도 하다' , '인성은 선하지도 악하지도 않다' 라고 구분지었고, 동양사상에도 성선설(性善說), 성악설(性惡說), 성무선악설(性無善惡說), 성선악혼설(性善惡混說) 등이 있다.

성선설은 사람은 선한 본성을 타고난다는 맹자(孟子)의 인성론이다. 중용(中庸)에서는 '천명을 성이라 이른다(天命之謂性)' 고 하여 성은 하늘이 사람에게 부여한 것, 사람이 날 때부터 갖추고 있는 것으로 규정했는데, 맹자는 이것을 선이라 보았다. 사람들은 모두 선한 성을 타고나지만 모두 선한 사람이 되지 못하는 이유는 사람의 본성에 차별이 있어서가 아니라 선의 실마리를 배양하고 확충하지 않은 결과라고 보았다.

성선설은 인간의 원죄를 믿는 서구의 기독교문화에서는 소수의 철학자와 교육자 사이에 유행되었을 뿐이다. 스토아학파[2]는 인성(人性), 물성(物性)의 자연에 근거하여 공동의 이성법칙을 찾고자 했는데 인간은 단지 자연의 이성법칙에 따라서

---

2) 스토아학파는 학문을 우주의 구성 · 생성을 주된 대상으로 하는 '자연학' 과 '논리학' , '윤리학' 의 세 가지로 분류한다. 3개 부문은 각각 독립하고 고립되어 있는 것이 아니라 논리학을 매개로 하여 상호 관련되어 자연학에서 윤리학에 이르는 독특한 세계관을 형성하고 있다. 스토아학파의 지배적인 현상은 외적 권위나 세속적인 것을 거부하고 금욕과 극기의 태도를 갖고자 하는 것이다.

행동하기만 하면 이것이 바로 지선한 행위라고 생각했다. 이러한 관점은 시세로와 세네카에서부터 루소에 이르기까지 두루 영향을 미쳤다.

루소는 인간의 본성은 본래 선한 것인데, 문명과 사회제도의 영향을 받아 악하게 되었다고 생각했다. 그는 자연이 만든 사물은 모두가 선하지만 일단 인위를 거치게 되면 악으로 변한다고 주장했다. 그의 주장에 의하면 선은 천성에 속하고 악은 인위에 속한다. 그 후 피히테, 프뢰벨 등도 이러한 성선(性善)의 관점을 따랐다.

성악설은 사람은 본래 악하며, 선하게 되는 것은 인위적인 노력에 의한 것이라는 순자(荀子, 筍卿)의 인성론이다. 순자는 인성이 비록 악하지만, 사람의 후천적 노력에 의하여 선한 방향으로 바꿀 수 있다고 보았다. 또한 이러한 능력은 누구에게나 갖추어져 있는 것이기 때문에 그것을 모두 발휘할 수만 있다면 평범한 사람도 성인이 될 수 있다고 주장했다. 따라서 그는 인성이 형성되는 사회적 조건에 주목했고 교육의 효과를 강조했다.

그러나 유념해야 할 것은 순자의 성(性)은 인간의 감성적 욕구의 측면을 지칭한 반면 맹자는 비감성적이고 순수한 인간 본성을 지칭했다는 것이다. 즉 맹자는 심선(心善)을, 순자는 정악(情惡)을 주장했다.

기독교의 원죄는 인간의 본성이 근본적으로 악하다는 관점이다. 아우구스티누스 이래 마키아벨리, 홉스 등 서구의 논자들은 인간의 본성이 악하다고 보았다. 쇼펜하우어는 죄악은 인간본성 가운데 뿌리 깊게 박혀 있기 때문에 제거할 방법이 없다고 했다.

성무선악설은 선하고 악함의 본성은 없다는 고자(告子)의 인성론이다. 인간의 타고난 본성은 없지만 살아가면서 부딪치는 환경과 선택, 의지 등에 의해 선해질 수도, 악해질 수도 있다는 것이다. 고자는 가두어둔 물은 동쪽으로 물꼬를 트면 동쪽으로 흐르고, 서쪽으로 물꼬를 트면 서쪽으로 흐른다고 하면서 인간의 본성도 물과 같아서 이쪽으로 트면 이쪽으로, 저쪽으로 트면 저쪽으로 흐른다고 주장했다. 본성에 해당되는 물, 그 자체가 중요한 것이 아니라 물길을 트는 것이 중요하다는 입장이다.

정약용의 '성기호설' 도 성무선악설과 유사하다. 선악은 본질적으로 결정되어 있는 것이 아니라 구체적 행위의 실천을 통하여 나타나는 자유의지에 의한 것이라는 주장이다.

로크와 칸트의 주장도 이와 유사하다. 로크는 백지설을 통해서 인간의 본성은 백지와 같이 아무 것도 쓰여져 있지 않은 상태인데 그곳에 무엇을 쓰느냐에 따라 달라진다고 주장했다. 도덕철학을 제안하는 칸트 역시 선악은 개인의 자유의지에 달려 있다고 제안했다. 그는 구체적인 도덕적 행위를 실천하는 선한 자유의지에 초점을 맞추고 있다. 또한 듀이도 인성의 본질에는 선악이 없고 환경과의 상호작용을 통해 선해질 수도 악해질 수도 있다고 보았다.

성선악혼설은 인간의 성은 선하기도 하며 악하기도 하다는 왕충(王充)의 인성론이다. 그는 인간의 선성을 길러서 돋우면 선이 자라고 악성을 길러서 돋우면 악이 자란다고 주장했다. 플라톤도 유사한 입장이다. 플라톤은 스승 소크라테스의 '진리는 변하지 않는다' 는 절대주의론을 확인하기 위해 방황하다가 '이 세상에 절대적인 진리란 없다. 즉, 변하지 않는 것은 없다' 라고 결론을 내린다. 그는 이 세상이 아닌 이데아(idea)의 세상에는 절대적 진리가 존재한다고 믿었다. 이때 이데아의 세계란 영혼의 세계를 말한다. 즉 현실세계에서 육체와 영혼은 분리되어 있다는 것이다. 플라톤은 영혼이 육체의 온몸에 퍼져 있다고 생각했기 때문에 인간의 영혼을 이성(머리), 의성(가슴), 욕성(배)으로 구분했다. 머리에는 이성이, 가슴에는 열정이, 배에는 욕망이 있다는 것이다. 이성이란 지혜이고, 열정이란 용기이고, 욕망은 절제해야 하는 것이다. 따라서 이성은 합리적이고, 의성과 욕성은 비합리적이고 충동적이다. 그의 주장에 의하면 이성을 잘 조절하면 욕성도 선으로 변화시킬 수 있다. 지혜, 용기, 절제가 모여 정의를 이루고 이것을 플라톤의 4주덕이라 한다.

그렇다면 사람은 원래부터 선한가? 아니면 본래부터 악한 것인가?

맹자의 성선설은 맥그리거가 제시했던 Y론적 인간과도 유사하다. 또한 서양에서는 "자연으로부터 온 것은 선하다"라고 제시하며 인간의 선함을 주장했던 루소는 "자연은 인간을 착하고 자유롭고 행복하게 하는데, 사회는 인간을 악하고 노예화시키고 불행하게 한다"고 하면서 자연이 만들어낸 미덕과 행복으로 부터 멀어진 인공적인 사회의 역사가 더 이상 타락하지 않도록 모든 분야에 걸친 노력을 해야 한다고 주장했다. 그의 사상은 철학, 정치, 교육, 문화 등 근대 사상에 많은 영향을 끼쳤다. 그러나 역설적이게도 루소 자신은 정체성에 대한 불안 속에서 평생을 자신의 사상과는 모순되게 살다 갔다. 루소는 미덕을 실천하려고 했지만 자신에게는 미덕을 실천할 힘이 없었음을 인정한다. 그렇지만 잘못을 저지른 후 지워지지 않는 양심의 가책은 그에게 나쁜 의도가 없었음을 증명한다. 그리고 그는 진리를 말했기 때문에 받는 박해를 불교론적인 카르마[3]처럼 자신이 저지른 잘못에 대한 처벌로 받아들였다.

순자의 성악설은 맥그리거가 제시했던 X론적 인간과도 유사하다. 또한 모든 사람은 원죄를 가지고 태어났다는 사상이 지배하고 있는 서양의 기독교 문명과도 관련이 있다.

악마와 미스 프랭

보보의 책

베스코스라는 한 시골마을에 낯선 이방인이 찾아온다. 그는 테러리스트들에게 가족을 잃고 "인간은 과연 선한 존재인가, 악한 존재인가?"라는 의문을 품게 된 무기회사의 총수이다. 지도상에서 눈에 띄지도 않는 마을 베스코스를 찾아와 자신의 의문에 대한 답을 얻기로 한 것이다.

그는 이 마을의 유일한 젊은이인 샹탈 프랭에게 그녀와 마을 사람들이 "도둑질을 하지 말라"는 계명과 "살인을 하지 말라"는 계명을 어기길 바란다고 말한다. 그가 제시하는 것은 금괴 열한 개이며 기한은 일주일이다. 샹탈은 극심한 번민에 휩싸여 사흘 밤을 악몽에 시달린다. 그녀는 선과 악, 도덕과 욕망, 현실과 꿈의 경계에서 몸부림친다.

이후 베스코스 주민들은 선악에 관한 악마의 시험을 당하게 된다. 외지에서 온 중년 남자가 제시하는 유혹적 제안과 그 앞에서 갈등하는, 나약하지만 한없이 추악한 인간 군상이 겪는 일주일을 그리고 있다. 이 이야기는 외딴 산골 마을의 샹탈 프랭이라는 아가씨와 마을주민들에게 일어난 기이한 사건 이상을 의미한다. 그것은 생의 의미와 인간의 본성에 관한 성찰이다.

전혀 예상치 못한 순간에 삶은 우리를 난관에 봉착시켜 우리의 용기와 변화의 의지를 시험한다. 그럴 때 아무 일도 일

---

3) 카르마는 업(業)이라고도 하며, 생각한 것이 원인이 되어 그 결과가 현실로 나타나는 것이다. 즉 인생은 마음에 그리는 대로 이루어진다는 것이다. 앙드레 말로는 말했다. "꿈을 그리는 사람은 마침내 그 꿈을 닮아간다."

어나지 않은 척하거나 아직 준비가 되어 있지 않다는 핑계를 대며 슬그머니 달아다는 것은 어리석은 짓이다. 도전은 기다리지 않는다. 삶은 뒤돌아보지 않는다. 일주일, 그 정도면 우리가 운명을 받아들일지 말지 결정하기에 충분한 시간이다.

코엘료는 말한다.

"인간은 천사와 악마를 동시에 지니고 있다고 생각한다. 이런 대립이 삶을 신비롭게 만든다. 우리는 우리가 어떻게 생각하느냐 혹은 어떤 의도를 품고 있느냐가 아니라 어떻게 행동하느냐에 따라 선해지기도 하고 악해지기도 한다. 하지만 선하게 사는 것이 더 현명한 일이라고 생각한다. 멀리 본다면 선하게 사는 것이 더 잘 사는 길이기 때문이다. 사람들은 당신이 그들을 존중하기 때문에 당신을 존중할 것이다. 그리고 당신은 삶이 좀 더 즐겁고 편안하다고 느끼게 될 것이다.

자료 : 파울로 코엘료의 「악마와 미스프랭」 (저자 재구성)

그는…

보보의 책

그는 어느 작은 마을에서 한 농촌 여성의 아들로 태어났다.

그는 또 다른 마을에서 자랐는데 그곳에서 30세가 될 때까지 목수로 일했다.

그러고 나서 3년 동안 그는 방랑하는 설교자가 되었다.

그는 결코 책을 쓴 적이 없다. 사무실을 연 적도 없었다.

결코 가족이나 가정을 가지지 않았다. 대학에도 가지 않았다.

그가 난 곳에서 300킬로 이상 밖으로 여행한 적도 없었다.

거대함과 관련된 그 어떤 것도 성취한 적이 없었다.

여론이 그에게서 등을 돌렸을 때 그는 겨우 서른 세 살이었다.

그의 친구들도 그를 버렸다.

그는 적들의 손에 넘겨졌고 그들은 재판에서 그를 조롱했다.

그는 두 도둑 가운데에서 십자가에 못 박혔다. 그리고 그가 하느님께 왜 자기를 버렸느냐고 물으면서 고통에 휩싸여 있을 때 그를 고문한 자들은 유일한 소유물인 그의 옷을 놓고 제비를 뽑고 있었다.

그가 죽었을 때 한 친구가 묘를 빌려서 그곳에 그를 매장했다.

20세기가 지나갔지만 오늘 그는 우리 세계의 중심인물로 자리잡고 있다.

그는 인간 변화에 있어서 결정적인 요인이다.

행진해갔던 어떤 군대도
항해했던 어떤 해군도
회의를 했던 어떤 국회도
지배했던 어떤 왕도

이 모든 권력을 다 합쳐도 그의 이 고독한 삶만큼 지상에 존재하는 사람들의 삶을 바꾼 것은 없었다.

호세 곤잘레스 하우스의 「전환과 복종을 위하여 나자렛 예수를 기억하다」 중에서

보보의 영화

프라이멀 피어 – 현대판 지킬박사와 하이드

사람들은 흔히 겉과 속이 다른 사람을 '이중인격자'라고 부른다. 그러나 '다중인격장애'란 두 가지의 인격(원래의 1차적 인격, 병적인 2차적 인격)이 한 사람 속에서 교대로 나타나는 일종의 해리성 장애이다.

이때 해리(解離)란 받아들이기 어려운 성격의 한 부분이 자아의 통제를 벗어나 독립적으로 행동하는 것을 말한다. 감정적으로 고통을 주는 인격의 한 부분이 제거되는 것이다. 평범한 상황에서 윤리관의 지배를 받는 1차적 인격이 스트레스를 겪게 되면 갑자기 2차적 인격으로 돌변하여 퇴행되거나 공격적이 되기 쉽다.

상처받기 쉬운 자아가 반복적으로 외상을 입게 되면, 스스로를 보호할 목적으로 학대를 대신 받아주고, 위로하면서 지켜주는 인격을 발전시키게 되면서 다중인격이 형성된다. 때문에 일종의 방어기제로 병인이 설명되고 있기도 하다.

소설 '지킬박사와 하이드'가 좋은 예이다. 현대판 '프라이멀 피어'는 '가장 큰 두려움'을 의미하며, 주인공 애런은 전형적인 다중인격장애 환자로 등장한다. 사회문화적 병폐와 밀접한 관련이 있는 이런 장애의 증가는 그 사회의 건강성을 재는 척도가 된다. 그러나 일부 학자들은 다중인격장애란 단지 정신의학자들이 만들어 낸 병일뿐이라고 비판하고 있다.

자료 : 무비스트(www.movist.com)를 재구성

'태이(Thay)'라 불리는 틱낫한 스님은 말씀하신다.

"기독교에서 말하는 '신의 의지'는 불교의 '인과응보'에 해당한다. 어떤 이가 몇 년 전에 부주의하게 몸을 움직인 탓에 지금 뼈에 이상이 생겼다면, 이는 '카르마'에 따른 결과다. 카르마는 우리가 과거에 했던 어떤 행위가 가져온 결과이다.

그런 의미에서 카르마는 이미 결정된 것이다."

인본주의 심리학자 매슬로우도 한 사람의 인격체 안에는 선함과 악함이 공존하며 그 차이에 따라 외부로 보여지는 인격이 드러난다고 주장했다.

인간에게는 자기의 입장에서 사고하고 행동하는 존재로서의 '이기주의(egoism)' 가 있고, 타인의 이익을 위해 사고하고 행동하는 존재로서의 '이타주의(altruism)' 가 있다. 환경적응론적인 관점에서 볼 때에 인간은 두 가지 본성을 모두 다 보유하고 있으며, 상황에 따라 그 정도의 차이가 있을 뿐이다.[4)]

리처드 도킨스(R. Dawkins)는 세계적인 초베스트셀러가 된 그의 저서「이기적 유전자(The Selfish Gene)」에서 사람은 유전자에 의해 창조된 기계이며, 성공한 유전자에게 기대되는 특질 중 가장 중요한 것은 '비정한 이기주의' 라고 했다. 자연 선택의 과정을 보면 진화되어 온 것은 무엇이든 이기적일 수밖에 없다는 것을 알게 된다. 그의 관점에서 본다면 '행복' 은 '생존의 기회' 로 정의될 수 있으며, 이타주의와 이기주의는 주관적인 것이 아닌 행동적인 것으로 정의된다는 사실을 이해함이 중요하다.

그러나 나일즈 엘드리지(N. Eldredge)는「우리는 왜 섹스를 하는가(Why We Do It)」에서 현대의 인간은 유전자의 위대함에 마취되어 더 이상 유전자에 대해서 합리적인 사고를 하지 못하고 있다고 주장하면서, 오늘날의 생물학계는 유전자에 잠

| 그림 1-4 | 인간 본성의 비교

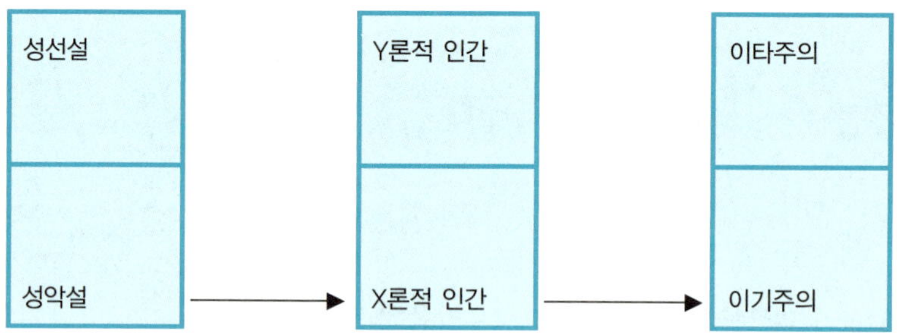

4) '환경에 대한 적응' 을 의미하는 '적자생존' 이라는 개념은 '찰스 다윈' 이 아니라 사회학자 '허버트 스펜서' 에 의해 만들어졌다. 다윈의 자연선택론은 적자생존을 포함하는 더 광범위한 이론이다. 즉 생태계가 수용할 수 있는 적정수준 이상의 개체수가 태어나면 환경은 척박해지고, 이런 환경에서도 살아남는 생물이 자손을 얻을 가능성이 더 높다는 것이 자연선택론이다.

식되어 있다고 주장한다. 또한 이러한 지나친 쏠림은 필연적인 왜곡을 가져온다고 주장했다.

보보의 이야기 5

보보가 자신을 희생해 가면서 모모의 행복을 위해 행동했다면 이는 이기적인 행동인가? 아니면 이타적인 행동인가?

극단의 이기는 이타와 통한다.

보보와 모모는 월드컵 경기장에 나들이를 갔다가 주인을 잃어버렸다. 오랜만에 느껴 본 여름햇살은 너무 따뜻했고, 그들을 비롯한 모든 생물체들은 햇살이 보여주는 삶의 충만함에 들떠 있었다.

그러나 새장 밖의 세상은 너무 가혹했다. 어떤 아이는 그들에게 아무런 이유 없이 돌을 던졌고, 어떤 이들은 위협을 일삼았으며, 불량배견들을 피해 다니기까지 해야 했다. 엄마에 대한 그리움도 컸지만 무엇보다도 그들을 괴롭히던 것은 배고픔이라는 생리적 욕구였다.

정직과 충성심이 보보의 삶을 지탱해주는 가치관이었지만 지금의 상황에서 그 가치를 지켜나간다면 애꿎은 모모가 희생될 것이 뻔했다. 모모의 체력은 급격하게 떨어지고 있었다.

보보는 난생 처음 도둑질이란 것을 해보았다. 동네 슈퍼마켓을 기웃거리다가 드디어 빵 한 조각을 훔쳐 왔다. 한순간 양심의 가책을 느끼기도 했지만 자신을 장발장이라고 정당화 하면서 기쁜 마음으로 모모에게 빵을 가져다주었다.

모모는 허겁지겁 빵을 먹었고, 남겨진 부스러기는 보보의 몫이 되었다.

보보의 행동은 악하고, 이기주의적인 것이었다고 평가할 수 있는가?

보보의 신문

친구도 유전자가 결정한다

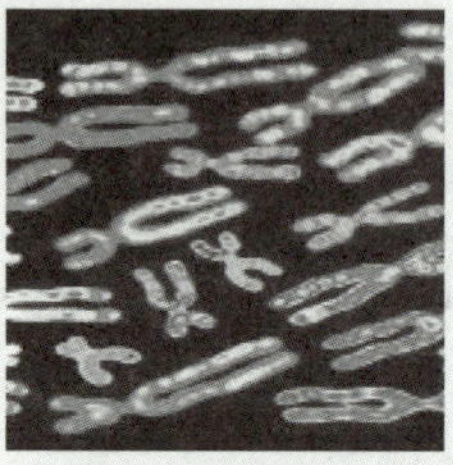

영국 BBC방송 인터넷판은 미 연구진들이 사람이 살아가면서 어떤 친구를 사귀느냐는 것도 유전자에 의해 결정된다고 보도했다.

청소년 건강에 대한 장기조사와 프라밍엄 하트 연구 등 유전자자료와 친구들에 대한 정보를 담고 있는 두 가지 장기 연구조사 결과를 종합한 결과 이 같은 결론에 도달했다고 미 국립과학회보(PNAS)에 게재한 보고서를 통해 밝혔다.

연구결과 조사대상이었던 6개의 유전자 가운데 알콜중독과 관련된 DRD2라는 유전자를 가진 사람은 같은 유전자를 가진 사람들과 더 잘 어울리며 쉽게 친구가 되는 것으로 드러났다. 그러나 신진대사 및 개방성과 관련된 CYP2A6이라는 또 다른 유전자는 오히려 같은 유전자를 가진 사람들을 기피하게 만드는 것으로 나타났다. 한편 DRD2와 CYP2A6 등 2개의 유전자를 제외한 다른 4개의 유전자는 어떤 친구를 사귀는지와 아무 연관성도 없는 것으로 나타났다.

연구진들은 유전자들이 어떤 이유로 이러한 성향을 갖게 하는지는 밝혀내지 못했지만 방어적인 이유 때문으로 보인다고 추정했다.

연구를 주도한 캘리포니아대학의 제임스 파울러 교수는 우리가 다른 사람을 처음 만났을 때 본능적으로 그를 좋아할지 좋아하지 않을지를 결정하는 것에 대해 유전자가 단서를 제공할 수 있을 것으로 보인다고 말했다. 그는 유전자형과 친구를 사귀는 것 사이의 관계를 이해하게 되면 친구를 사귀는 과정에 대해 좀 더 잘 이해할 수 있게 될 것으로 생각한다고 덧붙였다.

자료 : 뉴시스, 2011. 1. 18

보보의 한 말씀

착한 인간은 비록 어두운 충동에 채찍질 당해도 올바른 길을 결코 잊지 않는다.

– 파우스트 중에서 –

제2장

인간관계론의 태동과 발전과정

1. 인간관계론의 배경

02 인간관계론의 태동과 발전과정

창조한다는 것, 그것은 두 번 사는 것이다

보보의 책

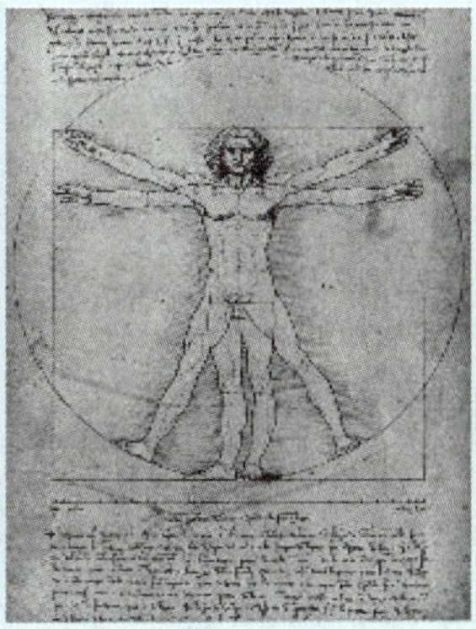

레오나르도는 저명한 아버지의 집에서 자랐지만 겨우 초등교육만 받았다. 그는 피렌체 변호사와 하녀 사이에 태어난 서출이었다.

그에게는 생기 넘치는 지성이나 신체적 매력, 음악가로서의 자질 외에 훨씬 더 비범한 재능이 있었다. 즉 그는 다른 사람이 보지 못하는 것을 볼 줄 알았다. 남보다 훨씬 탐구적으로 집중하여 사물을 분별했기 때문이다. 그는 타의 추종을 불허하는 집중력을 발휘하여 스스로 깨친 형태와 기능에 대한 지식을 가지고, 손을 자유자재로 놀리면서 그림을 그렸다. 후세의 비평가들은 그가 '천사처럼' 그림을 그렸다고 말했다.

그는 그리스와 로마시대의 고전적인 예술작품을 최고의 미학적 업적으로 존경하라는 교육을 받지 않았다. 르네상스는 그러한 미학을 재발견하고 재탄생시켰다. 그는 직접 관찰한 그대로 삶을 그리고 칠하고 조각했다. 인간의 눈으로 볼 수 있는 그대로의 삶이었다. 그는 과거시대의 표현기준을 자신의 예술이나 관찰에 강요하거나 타협하지 않았다.

역사가 인정하는 천재들 중에서도 동류와 묶이지 않고 언급되는 사람은 그리 많지 않다. 레오나르도는 그런 극소수 중의 한 사람이었다. 그의 포부는 당대의 위대한 화가 또는 예술가가 되려는 데 그치지 않았다. 그것은 천재성이 부족한 이들이나 품는 생각이다. 그의 야망은 사방을 향해 있었다. 그는 스케치, 회화, 조각을 통해 자연을 관찰하고 이해하며 설명하고자 했다. 인간 몸의 움직임 같은 자연의 일부가 아니라 전부를 원했다. 사물을 꿰뚫어보는 눈과 남다르게 훈련된 관찰력으로 분별할 수 있는 모든 것을 이해하길 원했다. 그런 완벽한 지식을 얻을 수 있는 사람은 없다. 레오나르도 다빈치도 마찬가지였다. 그는 인생 후반부에 이렇게 탄식했다.

"나는 내 작품이 마땅히 도달해야 할 수준에 가지 못했기 때문에 신과 인류를 모욕했다."

그러나 그는 노력했고 그 과정에서 이전이나 이후의 누구도 이루지 못한 폭넓은 업적을 성취했다. 모든 인간은 그의 천재성에서 만족을 느낄 수 있을 것이다. 그런 업적이 신의 지성으로 인해 발현된 것이 아니라 우리와 같은 인간적인 특징에서 나왔기 때문이다.

자료 : 존 맥케인 · 마크 솔터의 「인격은 운명이다」 중에서

1. 인간관계론의 배경

1) 고전적 경영이론 이전의 경영학

지난 수천 년 동안 조직이 존재했고 경영되어 왔다. 그러나 경영이 체계적인 연구대상이 되고 공식적인 학문분야로 자리 잡은 것은 오래되지 않았다. 정확히 말하면 지난 19세기부터였다고 할 수 있다.

중세에는 이탈리아를 중심으로 상업이 크게 발전했는데, 이탈리아의 상거래기법과 관습이 프랑스를 거쳐 스위스, 독일 등의 유럽대륙으로 전파되었다. 이 과정에서 프랑스 학자인 사바리는 「완전한 상인(1675)」이라는 책을 통해서 이탈리아의 상업학을 학문적으로 체계화하는 데 큰 공헌을 했다. 유럽의 경영학자들은 이 책이 출판된 1675년을 경영학의 시발점으로 보고 있기도 하다.

역사적으로 보면 산업혁명 이전까지는 주로 도로, 성곽, 궁전, 교회 등을 건설한다든가, 조세징수, 군대관리를 하기 위해 정부, 군대, 교회 등의 기관에서 경영개념의 실천이 이루어졌다.

18세기 산업혁명 이후 경영에 대한 과학적인 접근방법이 시도되었다. 산업혁명은 인류의 생활방식에 큰 변화를 가져왔다. 생산기술의 혁신과 교통수단의 발달은 토지에 의존하던 대부분의 사람들과 소수 장인에 의해 소규모 가내수공업 수준으로 생활하던 종래의 방식을 기계를 기반으로 한 대규모 공장이 존재하는 산업사회로 급격히 전환시켰다. 이러한 성공은 분업론에 근거한다.

당시 근대 경제학의 창시자인 아담 스미스는 1776년 저서 「국부론(The Wealth of Nations)」을 통해서 사회가 분업을 통해 경제적 이익을 얻을 수 있다고 주장했다. 그는 분업을 통해 노동자들이 동일한 작업을 반복함으로써 숙련도를 높일 수 있고, 작업을 전환하는 데 소요되는 시간을 절약할 수 있고, 효과적인 작업방법을 개발할 수 있는 계기를 제공함으로써 생산성을 향상시킨다고 했다.

스미스의 분업론을 발전시킨 베비지는 단순히 분업이 생산성을 보장하는 것은 아니라고 주장하면서 생산의 효율성에 초점을 두었다. 그는 1832년에 발표한 자신의 저서 「기계 및 생산의 경제(On the Economy of machinery and manufactures)」에서 분업의 중요성과 설비 · 원재료의 효율적 이용을 위해 수학을 이용해야 한다고 밝혔다. 그는 '숙련제한의 원칙'을 통해 분업의 효과를 극대화하기 위해서 중요한 공정과 중요도가 다른 1,400공정을 구분하고 차별함으로써 숙련공의 기능을 극대화할 수 있었다.

한편 영국에서 목화공장을 경영하던 기업가이자 개혁가였던 오웬은 조직에 있어서 인적자원의 중요성을 최초로 인식한 사람이었다. 그는 1813년경 10세 이하 어린이의 고용을 금지하고, 어린이에게는 야근을 시키지 않고, 종업원의 식사를 개선하고 표준작업시간을 10시간 30분으로 단축하는 등 혁신적인 개혁을 도입했다. 또한 작업자에게 관심을 많이 쏟을수록 생산량이 증가할 것이라고 가정했다. 당시 다른 생산업자나 정치가들 입장에서 그의 제안은 너무 급진적이었기 때문에 개혁의도는 좌절되었다. 그 후 오웬은 개방적인 미국을 찾았고 1824년 인디애나주의 뉴하모니에 자신의 원리에 바탕을 둔 최초의 조합공동체사회를 세웠지만 역시 실패하였다.

그의 시도는 실패했지만 그는 인적자원의 중요성을 최초로 인식한 사람이었고 그의 아이디어는 후일 행동적 경영이론이 발전하게 되는 효시가 되었다.

산업혁명기에 선구자적 역할을 한 오웬과 베비지의 공헌에도 불구하고 경영학에 대한 체계적인 연구가 시작된 것은 아담 스미스의 자유무역주의와 분업에 대한 주장이 있은 지 100여 년이 지난 뒤였다.

공장에서는 노동분업과 새로운 기계의 개발로 대량생산이 가능해지고 이에 의해 공장의 규모도 대규모화되었다. 또한 철로의 급속한 확장으로 인해 수송비가 크게 감소했고, 정부규제가 없어지면서 록펠러의 석유회사나 카네기의 철강회사 등과 같은 거대기업이 등장했다. 더욱이 19세기 말이 되면서 시장은 포화상태에 이르렀고, 기업 간 경쟁이 치열해졌다. 따라서 비용절감과 경영효율성을 높이는 것이 기업생존을 위한 주요 과제가 되었다. 이런 상황들은 경영에 대한 체계적인 접근과 연구를 필요로 하게 되었다. 이에 따라 본격적으로 이루어진 연구를 일반적으로 고전적 경영이론이라고 부른다.

보보의 이야기 1 | 옷핀을 통해 영감을 얻다

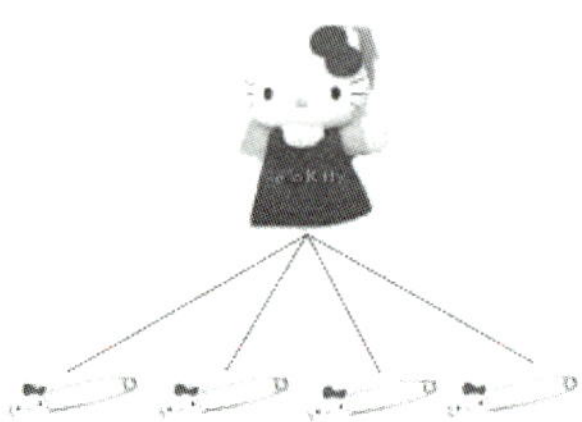

아담 스미스는 어느 날 옷핀 만드는 공장을 방문하게 된다. 공장에서는 열 명의 작업자가 똑같은 작업을 통해 옷핀을 하나씩 만들고 있었다. 그에게는 그 일이 매우 비능률적으로 보였다. 철사를 펴고, 납땜을 하고, 손질을 하는 등의 18가지의 작업공정을 한 사람의 작업자가 개별적으로 할 경우에 만들 수 있는 옷핀의 양은 하루에 10개에서 200개 정도에 불과했다. 그러나 분업을 통해 작업을 하게 되면서 하루에 약 4만 8,000개의 옷핀을 생산할 수 있게 되었다.

| 표 2-1 | 국부를 증진시키는 방법

국부를 증진시키는 방법
생활용품을 생산하는 노동자수를 증가시키기 위해 자본을 축적한다
축적된 자본은 생산직 노동자를 많이 고용하는 부문에 투자되어야 한다
투입된 노동자의 생산성을 향상시키기 위해 분업을 실시한다
분업에 의한 대량생산을 통해서 제국민의 부를 증가시킨다

보보의 이야기 2 | 만약 정약용이 귀양을 가지 않았다면?

아담 스미스가 활동했던 비슷한 시기에 한국의 대표적인 학자인 정약용도 「목민심서」에서 이미 분업을 주장했다는 사실을 알고 있는 사람은 많지 않다.

그는 광산업에 적용시킬 '화도법' 을 소개하면서 흙을 파는 노동자 100명, 흙을 나르는 인부 50명, 광석에서 금의 함량을 탐색하는 인부 수 명, 땔나무를 해오는 화부 10명, 인부 15명마다 감독을 1명씩 두는 방식을 통해 채광작업에서의 분업을 제안했다.

아담 스미스와 비교해 보면 그의 국부론이 영국정부의 정책에 바로 반영된 것과는 반대로 정약용의 목민심서는 당시 큰 반향을 불러일으키지 못했다는 아쉬움이 있다.

| 표 2-2 | 경영이론의 발전과정

고전이론		신고전이론(인간관계론)		현대적 이론
과학적 관리	고전적 조직론	인간관계론	행동과학 (후기인간관계론)	
테일러리즘 길브레스 간트 포디즘	경영과정론 관료제	호손실험	XY이론 ERG이론 욕구단계설 이요인이론 성취욕구이론	시스템이론 환경적응론

2) 고전이론

(1) 과학적 관리(테일러시스템)

'경영학의 아버지', '과학적 관리의 아버지' 로 불리는 테일러는 필라델피아의 철강회사에서 일하면서 실제 작업현장에서의 경험을 통해 과학적 관리의 기반을 확립했다. 그는 이후 「성과급제도」, 「공장관리」, 「과학적 관리의 원리」 등 세 권의 저서를 출간하여 자신의 관리이론을 제시했고, 이 저서들은 학자에 따라서는 현대 경영학의 시작에 해당하는 것이라 보기도 한다.

테일러의 관리론의 핵심은 과학적 방법을 통해 효율성을 높임으로써 자본가에게는 높은 이윤을, 노동자에게는 높은 임금을 지불하고자 하는 매우 바람직한 그러나 다소 이상적인 이론이었다.

테일러가 활동하던 19세기 후반은 산업혁명이 급속하게 진행되던 시기로서 대규모 공장이 생기고 철도, 도로, 통신 등 산업사회를 위한 많은 간접시설들이 건설되었다. 그러나 당시 종업원들 대부분의 교육수준은 아주 낮은 상태였고 경영자들도 경영에 대한 별다른 지식이 없이 단지 상식과 경험에 의존해서 기업을 경영하고 있었다.

이러한 상황 속에서 테일러는 자신의 경험을 통해 작업현장 곳곳에 비효율적인 요소가 산재해 있음을 발견하게 되었다. 당시 작업현장에서의 가장 큰 문제점은 태업과 노사대립이었다. 20세기가 시작될 무렵 미국기업들은 생산성의 향상에 많은 관심을 기울였다. 기업의 입장에서는 생산비를 절감하기 위해서 노무비의 절감이 중요했으나 노동자의 생각은 달랐다. 노동자들은 오히려 임금이 지나치게 적다고 생각했고 임금투쟁과 조직적 태업을 벌였다.

테일러는 이것을 종업원들이 그들의 생산성 증가로 인해 자기 자신이나 직장동료가 직장을 잃게 될 수도 있다는 두려움과 경영자에 의해 설정된 불안정한 임금체계, 일반적 작업의 비효율성 때문이라고 보았다. 이는 후술하게 되는 호손실험에 의해서도 밝혀진 바 있지만 당시 작업현장에서의 태업은 비공식적인 조직에 의한 조직적 압력 때문이라는 것이 정설이다.

그 시대에는 임금과 성과가 연결되지 않았다. 따라서 열심히 일하게 되면 잉여분만큼의 노동자는 필연적으로 실업을 피할 수 없게 되고, 효율성이 높아지더라도 노동자의 보수는 함께 상승되지 않는다는 현실 때문에 태업은 더욱 만연하게 되었다.

그는 노동자의 작업에 대한 시간연구를 통해서 작업을 요소별로 세분화하고 각각의 표준시간을 정함으로써 불필요한 동작을 최소화하였다. 그리고 표준시간을 기초로 초과작업을 한 경우에는 성과급을 지급하게 함으로써 동기부여도 꾀하고 임금과 관련된 분쟁도 해결하고자 하였다. 그러므로 테일러의 과학적 관리의 의도는 몇 배 높은 생산성을 가능하게 하되, 높은 생산성으로 인해 얻어지게 되는 이익을 60%에서 2배까지 노동자에게 돌려주자는 것이었다. 즉 그는 고임금과 저노무비라는 모순되는 두 마리 토끼를 잡고자 했다.

그러나 테일러의 원래 의도와는 달리 작업이 단순화·표준화됨으로써 작업에 대한 만족도가 떨어지고 성과급제는 작업에 대한 의욕을 높이기보다는 성과급을 달성치 못한 종업원들에 대한 해고의 수단으로 악용되는 경우가 많아 여러 가지 문제점을 노출시켰다. 기계는 사람보다 더 빨리, 더 많이 일할 수 있으므로 기계의 사용과 분업, 전문화가 가속화될수록 물질적인 풍요는 이루어졌지만 역으로 기계로 인해 일자리를 잃는 사람들이 늘어나기도 했다. 실제로 이런 현상에 분노한 사람들은 기계를 파괴하기도 했다. 19세기 영국에서 일어난 이런 움직임을 러다이트 운동[1]이라 한다. 테일러는 생산의 효율성이라는 해법을 발견한 산업심리학의 아버지로 불리기도 하지만 이러한 이유 때문에 많은 노동자들에게 비난을 받았다.

그러나 그의 과학적 관리론은 노사가 협력하여 과거의 주먹구구식 방식을 대체할 수 있는 과학적 방법을 사용하자는 주장을 함으로써 이후 경영학 발전에 결정적인 역할을 하였다. 그는 종업원들이 최대한 효율적인 생산을 하도록 만드는 유일최선의 방법을 발견하고자 노력했다. 테일러가 경영에서 이룩한 공헌은 에디슨이 과학에서 이룩한 공헌만큼 높이 평가받고 있으며, 프로이트만큼 오늘날 많은 영향을 미치고 있다.

- 과업관리(task management)
- 과학적인 선발과 훈련
- 성과급제도
- 직능별 감독제도

과업이란?

과업(task)이란 공평한 하루의 일을 의미한다. 이는 작업연구(work study)를 통해 규정지을 수 있다. 작업연구는 구체적으로 시간연구(time study)와 동작연구(motion study)로 이루어진다.

---

1) 러다이트(Luddite)운동은 19세기(1811~1817)에 영국의 수공업자들에 일어났던 폭동을 의미한다. 그들은 섬유기계가 자신들의 일자리를 빼앗았다고 생각하고 기계를 파괴했다. 정체불명의 지도자 네드 러드라는 인물의 주도로 전개되었기 때문에 러다이트 운동이라 불린다.

불필요한 동작(useless motion), 느린 동작(slow motion), 허위동작(false motion) 등을 제거하고, '동작경제의 원칙(motion economy)'에 의해 작업을 수행할 때 일류직공이 하루에 실천할 수 있는 작업의 양을 시간연구에 기초하여 확정하고 이를 과업이라 정의했다.

즉, 과업관리는 특정 작업을 위해 소요되는 일련의 행위를 면밀하게 분석한 후 거기에 맞는 일련의 작업원칙, 관리방법을 개발해야 한다는 것을 의미한다. 이렇게 하면 작업자의 비능률적 요소를 미연에 방지할 수 있다.

테일러식 삽질

보보의 책

테일러가 활동하던 당시 철강회사에는 많은 운반작업이 있었는데 모든 운반대상물이 동일한 삽으로 운반되고 있었다. 테일러는 단순한 삽질에도 과학이 적용되면 훨씬 더 큰 성과를 거둘 수 있다는 것을 확인했다.

그는 작업자의 삽질작업량을 최대화하는 최적의 삽의 무게가 있어야 하고, 삽의 크기도 다양해져야 한다고 생각했다. 이를 위해 건장한 사람이 한 삽의 무게가 어느 정도일 때 가장 효율적으로 일할 수 있는지를 분석했다.

무게가 다른 여러 종류의 삽을 실험해 본 결과, 21파운드일 때 가장 효율적으로 일할 수 있으며, 삽질의 속도와 경사각 등이 작업능률에 큰 영향을 미친다는 사실을 발견했다. 이에 따라 옮겨야 하는 물건에 따라 알맞은 삽의 크기를 결정하고 작업자에게 배치함으로써 작업량이 크게 증가하는 결과를 가져오게 되었다.

1인당 하루 작업량을 16톤에서 59톤으로 증가시킬 수 있게 되었고, 3년 만에 500명의 종업원을 140명으로 감원하고, 작업자의 급료를 60% 인상하면서도 자재 취급비를 50% 이상 절감할 수 있었다. 특히 표준작업량을 종업원 모두에게 일률적으로 적용시키기보다는 개인차를 고려한 차별성과급제를 실시함으로써 3년 만에 새로운 제도가 과거의 제도보다 훨씬 더 효율적임을 증명해 보였다.

실제로 테일러의 삽질에 대한 과학을 베들레헴 철강회사에 적용한 결과 당시 연 8만 달러를 절약할 수 있었다.

자료 : 박기찬의 「경영의 교양을 읽는다」(일부 인용)

(2) 동작연구(길브레스)

테일러의 과학적 관리는 길브레스 부부에게 큰 영향을 끼쳤다. 이들 부부의 대표적인 저서는 「동작연구(1911)」이다. 이 책에서 소개되고 있는 동작연구는 보통

시간연구와 함께 실시되며, 테일러가 공정한 1일 작업량을 정하기 위해 창안한 작업시간연구에 이어서 길브레스 부부가 고안한 동작과 시간에 대한 연구의 진전을 제안하고 있다.

길브레스 부부는 동작연구의 창시자로서 동작연구를 '비능률적이고 잘못된 동작으로부터 생긴 낭비를 없애는 과학' 이라고 정의했다. 테일러가 인간적 측면보다는 작업방법의 개선에 보다 역점을 둔 것과 달리, 길브레스는 인간의 심리적 · 생리적인 면에 중점을 둔 연구를 하였다. 길브레스의 연구는 빠르고, 쉽고, 편한 '유일최선의 방법' 을 찾아서 작업능률을 높임과 동시에 작업자의 피로를 줄이자는 것이었다. 그들 부부는 사회과학을 산업관리에 적용했으며, 생산과정의 요소 중 특히 인간에게 가장 큰 관심을 가졌는데 그 이유는 심리학자였던 부인의 영향이 컸다.

그는 벽돌공의 조수로 일할 때 숙련공들이 일하는 방식이 천차만별이라는 것을 깨달았다. 같은 작업자라도 매번 다른 방식으로 일하는 것을 발견하고 왜 그렇게 되는지 의문을 갖게 되었다. 이때부터 작업방법에 대한 능률화에 관심을 갖게 되었다.

벽돌 쌓는 과정을 관찰하면서 그는 벽돌 쌓는 동작을 분석하여 불필요한 동작을 제거하고 몇 가지 동작을 하나로 결합하여 외부벽 작업동작을 모두 18가지에서 5가지로 줄이고, 내부벽 작업동작을 18가지에서 2가지로 줄였다. 그 결과 숙련공이 한 시간에 120개 정도 쌓던 것을 350개로 늘릴 수 있었다. 즉 생산성이 3배 정도

| 표 2-3 | 동작연구의 기법

기법	내용
미세동작연구 (Micromotion Study)	• 작업자의 동작을 정밀하게 분석하기 위한 촬영법 • 작업자의 동작이 어떤 종류의 기본동작으로 구성되어 있는지 고속영화로 촬영하여 분석하는 방법
사이클 그래프 (Cycle Graph)	• 작업자의 동작의 궤적을 추적하기 위해 작업자의 신체부위에 꼬마전구를 달고 스틸카메라로 장시간 촬영하는 방법 • 궤적이 단순하고 일관된 것이 좋은 동작
크로노사이클 그래프 (Chronocycle Graph)	• 사이클 그래프를 통해서는 궤적의 기록은 남길 수 있지만 동작의 어느 부분에서 속도가 빠르고 느린지 알 수 없기 때문에 깜박등을 부착하고 같은 방법으로 촬영하는 방법 • 등이 켜지는 순간만 사진상의 기록으로 남게 되므로 동작의 궤적이 점선으로 나타나게 됨 • 동작의 속도가 빠를수록 점 하나의 길이가 길게 나타나므로 동작의 궤적과 함께 시간적 요소까지 알 수 있음

증가한 것이다.

길브레스는 동작연구가 시간연구에 선행하며 시간연구는 동작연구만큼 중요하지는 않다고 주장했다. 그러나 이는 시간연구를 부정하고 있는 것이 아니라 동작연구가 선행되어야 한다는 것을 의미한다. 그는 시간연구를 무시하지는 않았지만 테일러의 시간연구로 만족하지 않았다. 그래서 더욱 상세한 분석을 요구한 것이다.

보보의 뼈다귀!

서블릭기호

길브레스는 '찾다', '발견하다', '쥐다', '나르다' 등 18종의 기본단위를 정하고 여기에 그의 성인 Gilbreth을 거꾸로 철자하여 서블릭(therblig)법이라고 명명했다.

작업동작을 말로 설명하면 복잡하고 불분명하지만 서블릭으로 나타내면 간결하고 분명하기 때문에 오늘날에도 작업동작분석을 위해 서블릭을 유용하게 사용하고 있다.

보보의 뼈다귀!

찰리 채플린의 '모던타임즈'

"컨베이어 벨트 앞에 서서 기계와 하나가 된 인간은 행복한가?"

찰리 채플린의 생각은 '아니다'였다.

그는 영화 '모던타임즈'를 통해서 인간은 기계를 떠나야 한다는 강한 메시지를 전달했다. 이리저리 몰려다니는 양떼들과 지하도에서 우르르 쏟아져 나오는 노동자들이 비교된다. 카메라는 기계화 · 표준화 · 익명화된 산업사회 노동자의 불행을 놓치지 않았다.

채플린은 훗날 "자동화공장에서 일했던 적지 않은 노동자들이 정신병을 앓았다는 사실에 착안했다"고 회고했다. 하지만 그는 이 영화로 공산주의자로 의심받고 결국 미국에서 추방당했다.

그러나 채플린은 노동자의 임금상승은 고려하지 못했다. 포드는 새로운 시스템에 적응하지 못하고 회사를 떠나는 노동자를 잡기 위해 임금을 단숨에 2배로 올렸다. '중산층'이란 부유한 노동자 계층이 생겨난 것도 그 덕분이다.

보보의 한 말씀

> 문명은 지구상에 있는 모든 남녀노소에게 기본적인 의 · 식 · 주를 안정적으로 공급하고, 각 개인의 가치관을 인정할 수 있을 때 비로소 그 의미를 갖는다. 이 정도도 만족시키지 못한다면 그러한 문명은 낙제다. 인간다운 생활을 하고자 하는 사람들 모두에게 개별적으로 기회가 주어지지 않는다면 아무런 의미가 없다.
>
> -헨리 포드-

(3) 경영과정론

페욜은 테일러와 거의 비슷한 시기에 연구를 시작했다. 테일러가 생산현장에서의 기술적 생산관리방식에 관심을 가지고 과학적 방법을 제안했다면 페욜은 기업조직 전체의 관리라는 문제에 관심을 가지고 과학적 원칙을 제안했다. 페욜이 테일러에 비해 상대적으로 주목받지 못한 이유는 당시 기업현장의 문제가 '관리' 보다는 '생산현장' 이라는 이유와 불어라는 언어적 문제에 있었다고 평가된다. 그럼에도 불구하고 테일러의 과학적 관리법은 페욜과 비교했을 때 보다 하위계층에 초점을 맞춘 생산관리의 영역으로 폄하되기도 한다.

| 표 2-4 | 기업의 본질적 기능

기업의 6가지 기능
1. 기술활동(technology) : 생산, 가공 2. 상업활동(commerce) : 판매, 구매 3. 재무활동(finance) : 자본조달, 자금운용 4. 회계활동(accounting) : 대차대조표 작성, 손익계산, 재산평가 5. 보전활동(security) : 자산보전, 종업원 보호 6. 경영관리활동(administration) : 계획, 조직, 지휘, 조정, 통제

계획	미래활동에 대한 탐구와 활동계획 수립
조직	경영을 위한 물적 · 사회적 유기체 구성
지휘	종업원을 각 기능에 맞게 일하게 함
조정	단결과 조화의 유지
통제	규칙과 명령에 준하여 활동할 수 있도록 관리

페욜은 원래 기업가 집안에서 태어나 어려서부터 최고경영자의 입장에서 모든 것을 관찰했으며 일류대학 졸업 후 대규모 광산업체의 전무이사로 있으면서 단순한 작업감독자가 아닌 전체 관리자로서 경영을 이해했다.

그는 '경영(management)'과 '관리(administration)'를 구분해야 한다고 주장했다. 그는 관리를 기업뿐만 아니라 정부, 가정, 병원 등 모든 조직의 보편적 활동이라고 정의했으며, 6가지 관리활동으로 요약하고 있다. 페욜에 의하면 경영은 제자원을 활용하여 이익을 통해 기업목적을 달성하도록 하는 것이며, 기본적인 여섯 가지의 기능활동을 확보하는 것이다. 이에 비해 관리는 여섯 가지 기능 중 하나에 불과하다.

페욜의 기능구분은 오늘날 경영관리분야를 마케팅, 재무관리, 회계학, 경영정보시스템, 인적자원관리 등으로 구분하는 것과 유사하다. 마지막의 경영관리활동은

| 표 2-5 | 페욜의 14개 원칙

구분	내용
분업	분업은 동일한 노력으로 보다 많은 성과를 얻게 한다
권한과 책임	경영자에게는 명령을 할 수 있는 권한과 이에 수반되는 책임이 있다
규율	구성원들은 조직의 규율에 복종해야 한다
명령의 통일	종업원들은 한 사람의 상사로부터만 명령을 받아야 한다
방향의 통일	한 가지 목표를 갖고 있는 일련의 활동은 한 가지 계획과 한 명의 부서장 하에서 통합되어야 한다
조직이익이 개인이익에 우선	조직 전체의 이익이 종업원들의 개인적인 이익에 우선한다
합당한 보상	종업원의 충성심을 제고하기 위해서 일에 대한 대가가 공평하게 보상되어져야만 한다
집권화	종업원을 의사결정에 어느 정도 참여토록 하는가라는 집권화는 조직에 따라 다르다
계층연쇄	조직의 계층에 따라 보고와 명령계통이 체계적으로 이루어져야만 한다
질서	인적 · 물적 자원은 적재적소에 있어야 한다
공평	종업원을 친절하고 공정하게 대해야 한다
고용안정	높은 이직률은 비효율성을 초래하므로 장기적인 고용안정을 도모해야 한다
창의성	창의성은 계획을 고안하고 성공적으로 이끌기 때문에 조직의 활력소가 된다
단결	개인들의 조화에서 생겨나는 단결의 힘은 강력하다

오늘날 경영의 핵심을 이루고 있는 활동이다. 페욜은 조직규모가 확대됨에 따라 업무담당자의 수가 늘어나기 때문에 실무담당자들에 대한 관리가 필요하다고 생각하여 경영활동을 수행하기 위한 14가지 경영원칙을 제시했다.

이 14가지 경영원칙들은 능률, 질서, 안정성, 공정성을 강조한 것으로 요약된다. 이들 대부분의 원칙들은 현대 경영에서도 중요시되는 것들이지만 학자들로부터 칭송과 함께 비판도 많이 듣고 있다. 왜냐하면 14가지 원칙들 서로 간의 구분과 경계가 애매모호하여 비슷한 것들도 많고 또 어떤 것들은 이율배반적이라서 한 가지 원칙을 지키려면 다른 원칙은 파괴될 수밖에 없기 때문이다.

테일러는 조직의 하위계층에 있는 노동자가 그 중심이었다. 반면 페욜은 조직의 상위계층에 있는 경영자를 중심으로 했다. 즉 테일러는 생산의 과학화를 추구했고, 페욜은 관리의 과학화를 추구했다. 페욜의 연구는 빠르게 성장하는 당시 경제 상황에서는 생산의 문제가 중요시되었기 때문에 테일러의 과학적 관리에 가려 거의 빛을 보지 못했다. 그러나 1950년대 후반 리더십 기능이 주목받기 시작하고, 1970년대, 1980년대에 걸쳐 계획의 문제가 중요한 경영테마로 떠오르면서 다시 부각되었다.

3) 인간관계론

(1) 전기 인간관계론

20세기 이전의 미국의 기업환경은 경제적 · 합리적 인간관에 입각한 과학적 관리가 성공할 수 있는 여러 조건을 구비하고 있었다. 그러나 시대와 무대를 달리함에 따라 학문의 강조점이 변하게 된다. 인간의 심리적 측면과 사회적 측면을 전혀 고려하지 않았던 과학적 관리에 대한 비판과 더불어 제1차 세계대전의 영향을 받게 된다.

당시에는 많은 비숙련 노동자들이 조직에서 일하는 상황 속에서 많은 변화들이 일어났고, 기존의 고전이론만으로는 설명될 수 없는 현상들이 야기되었다. 이러한 이유 때문에 조직에서의 인간적 측면, 사회적 관계 등이 중요한 문제점으로 부각되기 시작했다.

기존의 과학적 관리는 인간을 목적이 아닌 수단적 존재로서 인식했고 이는 많은 부작용을 초래했다. 인간은 경제적 목적에 의해서만 움직이는 존재가 아니며, 기계적이며 수단적인 존재가 아니라는 사실이 곳곳에서 드러나기 시작했다. 이러한 현상과 더불어 과학적인 방법이 효율성을 높여준다고 할지라도 그것이 인간을 위한 목적을 지니고 있지 못하면 이미 그 존재가치 자체를 잃어버린 것이라는 주장과 더불어 바람직한 인간관계를 확립하는 일이 경영자의 의무라는 관점이 대두되기 시작했다.

매슬로우는 이와 같은 가치에 근거하여 유사이키안 경영(eupsychian management)을 제안했는데, 이는 조직에서 중요한 것은 기술적으로 숙달된 종업원보다는 심리적으로 성숙한 종업원을 육성하는 일이며 이것이 장기적으로는 조직과 사회발전의 기틀이 된다는 것이다.

인간을 수단적 가치가 아닌 목적지향적 가치로 보는 관점이 바로 인간관계론이다. 인간이 일을 하는 동기는 무언가를 얻기 위해서이다. 때문에 욕구충족의 주기가 경제성장을 촉진시킨다고 보는 것이 인간관계론적인 관점이다. 과학적 관리가 지배하던 시기에는 물질적인 유인에 의해 동기부여가 되고, 물질을 통해 만족을 얻었지만 그 후 과학적 관리가 성공할 수 있었던 사회적 환경과 경제적 환경이 변화했다. 때문에 미제로 남아 있던 인간적 측면의 중요성이 강조되기 시작했다.

인간성을 무시하는 과학적 관리는 더 이상 획기적 모델이 되지 못했을 뿐만 아니라 노동쟁의는 계속되고 이런 현실에서 노동자와 관리자의 반목과 생산성 저하는 많은 문제를 가져왔다. 당시 산업체의 문제는 노동생산성의 저하였으며, 생산업체마다 대책을 구상하기에 이르렀고, 이런 현실에서 록펠러재단의 지원을 통한 생산성 제고를 위한 연구는 메이요의 연구에 큰 전환기를 가져다주었다. 과학적 관리의 선조인 테일러가 경영의 합리화로 생산성을 향상시키고자 한 데 비해, 메이요는 인간의 감성을 회복함으로써 생산성을 향상시키고자 했다.

인간관계론의 중심을 이루는 호손실험(Hawthorne experiments)은 미국의 Bell식 전화기 제조사인 웨스턴 일렉트릭사의 호손공장에서 이루어졌다. 이 연구는 하버드대학의 경영대학원 산업조사연구실의 협력으로 이루어졌으며, 재정은 록펠러재단의 지원으로, 메이요가 주도하고 동 대학의 뢰스리스버거의 협력으로 이루어졌다. 호손실험 전까지 “인간은 기계이다. 인간은 생산을 위한 수단과 도구이다”라는 생각이 지배적이었다.

마찬가지로 호손실험은 “노동자의 생산능률은 임금, 작업시간, 노동환경 등 물적 · 인적 제조건의 함수”라는 전통적 산업심리학적 가설에 역점을 두고 이를 검증하려는 데 목표를 둔 실험이었다. 그러나 실험의 결과는 이 가설을 전면 부정함으로써 새로운 국면을 맞이했다.

① 제1차 실험

조명실험 ; 조명도가 생산성에 미치는 정(+)의 영향(1924~1927)

호손공장이 자체적으로 1924~27년 사이에 조명도가 생산성에 미치는 정(+)의 영향을 실험한 것이다.

당시 미국 전등설치업자들은 시장확대전략으로 “작업장의 조명도를 높이면 생산성이 향상된다”는 캠페인을 벌이고 있었으나 작업현장에서는 매출액이 증가하지 않았다. 이에 따라 업자들은 산업조명위원회(CIL : Committee on Industrial Lighting)를 구성하여 에디슨(T. Edison)을 명예위원장으로 앉힌 다음, 조명도가 생산성에 미치는 정(+)의 효과를 입증하기 위한 실험을 착수하였으며, 그 실험대상지의 하나로 웨스턴 전기회사의 호손공장이 선정된 것이다.

이 실험에서는 여성작업자를 대상으로 작업집단을 두 개로 나누어 하나의 집단(실험집단)에는 조명의 강도를 다양하게 변화시키고, 다른 집단(통제집단)에는 동일한 조명하에서 작업을 하게 한 다음 두 집단 간의 생산성의 차이를 측정하였다. 놀랍게도 두 집단 모두에서 생산성이 증가되었다. 더구나 조명을 감소시켜도 두 집단 모두에서 생산성이 증가하였다. 심지어는 조명의 밝기를 달빛수준까지 감소시키자 그때서부터 비로소 생산성이 떨어지기 시작하였다.

또한 작업일수를 늘리고 휴식기간을 단축해도 생산성이 증가하였다. 이에 당황한 호손공장 측에서 이 실험결과에 대한 해명을 하버드대학에 의뢰함으로써 호손실험은 새로운 국면을 맞이하게 된 것이다. 메이요와 그의 동료들은 추가실험에서 여성작업자들이 휴식을 마음대로 하도록 감독권한을 변경하였다. 그 다음에 실험집단에는 임금을 올려주고 통제집단의 임금은 그대로 두었다. 그러나 역시 두 집단 모두에서 생산성이 증가하였다. 실험자들은 조명의 강도와 생산성과는 직접적 관련이 없다는 결론을 내렸지만 자신들이 경험한 것을 적절하게 설명할 수는 없었다. 이에 연구는 1932년까지 계속된다.

② 제2차 실험

계전기 조립실험 ; 조명도 이외의 작업조건(작업시간, 임금, 휴식시간 등)이 생산성에 미치는 영향(1927~1929)

전화기에 사용하는 계전기를 조립하는 6명의 여공들을 대상으로 하였다.

처음에는 회사에서 2명의 여공들을 선발하고 나머지 4명은 먼저 선발된 2명으로 하여금 각각 2명의 여공을 스스로 선발하도록 하였다. 그리고 1차 실험에서 나타난 결과 이외의 변화를 충분히 관찰할 수 있도록 그들을 별도로 격리시켰다.

이 실험에서는 그동안 생산성의 향상을 가져온다고 생각되었던 여러 조건, 즉 노동시간의 조정, 휴식시간의 도입, 직무 재설계 등 새로운 제도를 도입하여 여공들의 작업조건을 개선해주었다. 작업조건이 개선됨에 따라 작업능률은 급격하게 향상되었다. 그러나 일정기간 후 작업조건을 개선되기 이전의 상태로 환원시켰는데도 불구하고 작업능률은 오히려 더욱 상승하였다.

이 실험의 결과는 1차 실험과 마찬가지로 물리적인 작업조건의 변화보다는 심리적 변화가 더 중요성을 갖는다는 사실을 보여준다. 즉, 실험대상자인 여공들은 자신들이 중요한 실험을 받고 있다는 인식에서 오는 긴장감, 여러 사람이 자신들을 주목하고 있다는 인식, 작업조건의 개선에 자신들의 의견이 존중되고 있다는 만족감, 자신의 팀을 스스로 선발하여 구성함으로써 생기는 협동적 노력 등이 매개체가 되어 적극적인 작업이 가능했고, 이를 통해 생산능률이 향상된 것이다.

이와 같이 종업원들이 감독자로부터 특별한 주목을 받을 때 작업조건의 변화에 관계없이 열심히 일하게 되어 생산성이 향상되는 현상을 호손효과(Hawthorne effect)라고 한다. 이 실험으로 인하여 지금까지 간과되어 온 근로자들의 감정이나 태도 등에 관한 문제가 새로운 연구과제로 대두되었다.

③ 제3차 실험

면접실험 ; 작업자의 심리적 요인이 작업자의 태도와 생산성에 미치는 영향(1928~1930)

메이요팀들은 인간의 감정적 · 심리적 요인이 생산에 새로운 변수라는 것을 알게 되면서 면접계획을 시도하게 되었다. 회사의 전 부문에서 2,000여 명에게 상사의 감독 및 지도방법, 작업환경, 업무 등에 대하여 종업원의 면접을 통해 불평불만을 조사하였다. 종업원들은 흉금을 털어놓을 수 있는 기회를 가질 수 있었고, 그들이 제안한 많은 사항들이 실제로 이행되었다. 그 결과 종업원들은 경영자들이 그들을 개인으로서 또는 집단으로서 중요하게 보고 있다고 느끼기 시작하였다.

이 실험에서는 종업원들의 작업의욕이 개인적 감정에 의해서도 영향을 받지만 그들이 속해 있는 집단의 사회적 조건에 따라서도 크게 좌우된다는 사실이 밝혀졌다. 많은 종업원들이 말하는 불만이 반드시 객관적이지는 않더라도 그들이 그렇게 느끼고 있다는 사실이 중요하다. 즉 사실이 아닐지라도 그것은 '감정의 논리(logic of sentiments)' 에 근거하여 심리적으로는 실재하여 많은 영향을 미친다.

④ 제4차 실험

배선 관찰실험 ; 작업장의 사회적 요인으로 작용하는 비공식조직과 비공식규범 분석 (1931~1932)

이는 생산성이 전혀 오르지 않는 작업집단을 대상으로 한 관찰실험이었다.

호손실험의 마지막 단계로서 전화자동교환기의 일부인 배선작업에 종사하는 14명의 남자종업원을 대상으로 실험하였다.

관찰 결과 종업원들은 자생적으로 비공식집단을 구성하여 일부 작업자들이 구성원들에게 고의적으로 산출량을 제한하도록 사회적 압력을 행사하면서 작업량을 증가시킨 작업자를 소외시키거나 고립시키고 있었다. 그 이유는 표준상승에 대한 두려움과 성과가 낮은 작업자를 보호하기 위한 것이었다. 인간은 누구나 감정을 가지고 있고, 왕따를 두려워하며 원만한 관계의 유지를 통해 작업장에서도 수단이 아닌 목적으로 살아가고 싶어 한다.

이 연구를 통해 연구팀은 작업장이 단순히 돈을 벌려는 인간과 기계의 집합체가 아니라 머리와 가슴을 가진 인간들의 사회적 장소임을 깨닫게 되었다. 또한 내 안에 또 다른 내가 존재하는 것처럼 조직 안에는 또 다른 조직이 있다. 즉 조직은 하나가 아니라 둘이며 이를 공식조직과 비공식조직이라 부른다. 호손실험을 통해 비공식조직에는 자연적으로 선발된 리더가 있고, 몇 가지 행동규범, 가치체계, 지위

관계 등이 형성되어 공식조직에 크게 영향을 미친다는 것을 알게 되었다.

비공식조직에 긍정적인 면만 존재하는 것은 아니지만 긍정적 요소의 도출과 활용을 통해 공식조직의 효율을 높이고 시너지효과를 창출할 수 있는 방안이 필요하다. 오늘날의 복리후생제도, 다양한 사내면담제도 등은 메이요와 뢰스리스버거의 인간관계론에 그 바탕을 두고 있다. 이는 오늘날 많은 기업들이 지향하는 관계지향적 경영의 시초라 볼 수 있다.

| 그림 2-1 | 경영사상의 비교

(2) 후기 인간관계론(행동과학)

인간관계론은 공헌과 비판 속에 1940년대부터 발전한 행동과학(behavioral science)의 기초를 마련한다. 인간관계론의 한계점으로 인하여 인간에 대한 정교하고 과학적인 지식의 필요성을 절감하게 되었다. 이런 지식들을 발전시키는 데는 당시의 경영학 내부에서는 한계가 있었기 때문에 심리학, 사회심리학, 생리학, 문화인류학 등 다방면의 인접과학들의 신세를 지게 되었고, 상호교류를 하면서 인간행동에 대한 연구를 함께 추진하였는데 이를 포괄적으로 '행동과학'이라고 부른다.

행동과학이란 "인간행동에 대한 체계적인 연구"로 정의할 수 있으며, 인간행동에 중점을 두고 관리문제를 해석하려는 것이다. 원래 행동과학은 1940년대 말에 시카고대학에서 철학자, 심리학자, 사회학자, 생물학자, 정신병리학자들이 모여 생물학적 · 사회과학적 측면을 포함한 인간행동을 직접실험과 관찰을 통해 검증하여 일반이론을 전개할 수 있는지 없는지를 토론하고 대화를 나눈 데서 비롯되었다.

이들은 테일러가 과학적 관리법에서 시도했던 것처럼 과학적 방법을 이용하여 인간행동을 연구하려 했다. 다만 인간관계론자들과 다른 점은 인간행동을 객관적이고 과학적인 관찰을 통해 파악하려 했다는 것이다.

행동과학의 학문적 영역에 대해 명확한 정설은 없지만 일반적으로 심리학, 사회학, 인류학, 사회심리학 등을 일컫는다. 이같이 인간행동을 연구하는 행동과학분야들이 점차 종합적 관점에서 인간행동을 연구하게 되고, 이런 연구가 기업이나 조직체를 대상으로 개인, 집단, 전체 조직분석에 적용되어 종합적 학문으로 발전하게 된 것이다.

① 욕구계층설(욕구단계설, Need Hierarchy Theory)

개인이 지닌 욕구와 동기부여의 이론으로 가장 널리 알려진 것은 매슬로우의 욕구계층설(Need Hierarchy Theory)이다. 매슬로우는 인간에게 동기를 부여할 수 있는 욕구가 계층을 형성하고 있는 것으로 파악하였다.

욕구계층설은 1943년에 소개되었으며, 인간에게 동기를 부여하려면 단계별로 상승하는 인간의 욕구를 제대로 이해하고 있어야 한다는 것이다. 인간의 욕구는 낮은 단계의 욕구로부터 시작하여 그것이 충족됨에 따라서 차츰 상위 단계로 올라간다. 이러한 매슬로우의 이론은 브랜다이스 대학에 재직할 당시에 집필한 「인간의 동기와 성격(Motivation and Personality)」이라는 책에서 소개되었다.

매슬로우는 인간의 내부에는 단계를 이루는 다섯 가지 욕구가 존재한다고 주장한다. 그에 의하면 인간은 이러한 욕구를 한 단계씩 충족시키며, 욕구들 사이에는 우선서열계층이 있다. 이러한 논리에는 다음과 같은 몇 가지의 가정이 자리 잡고 있다.

- 인간은 만족할 수 없는 욕구를 가지고 있다.
- 인간행동은 만족하지 못한 욕구를 채우는 것을 목표로 한다.
- 인간욕구는 기본욕구(생리적, 안전 · 안정욕구)에서부터 상위욕구(사회적, 자존, 자기실현욕구)까지 5단계로 이루어지며, 기본적인 욕구가 채워져야 상위 욕구를 채우려 한다.
- 일단 만족된 욕구는 더 이상 동기부여요인이 될 수 없다.

매슬로우의 욕구계층설은 경영자들로 하여금 인간욕구에 대한 체계적인 인식을 최초로 갖게 해준 이론이었다. 또한 종업원들의 하위욕구를 어느 정도 충족시켜 준 이후에도 동기부여효과를 지속적으로 얻기 위해서는 상위욕구를 충족시켜 줄 수 있는 조직분위기가 조성되어야 한다는 중요성을 일깨워준 이론이었다.

| 표 2-6 | 욕구계층설의 구성

구분	내용
생리적 욕구 (physiological needs)	• 의, 식, 주, 수면, 성생활 등과 같은 인간생명을 유지하고 보존하기 위한 기본적 욕구
안전의 욕구 (safety needs)	• 신체적 또는 감정적 위험으로부터 보호되고 안전해지기를 바라는 욕구
사회적 욕구 (social needs)	• 집단을 만들고 싶다거나 동료들로부터 받아들여지고 싶다는 욕구 • 사랑의 욕구
자존의 욕구 (esteem needs)	• 집단에 속하고 싶은 욕구의 만족 이후에 어느 이상의 것이 되기를 바라는 욕구 • 내적으로 자존을 성취하려는 욕구(내적 존경욕구)와 타인으로부터 인정을 받고 지위를 확보하려는 욕구(외적 존경욕구)
자기실현의 욕구 (self-actualization needs)	• 인간이 바라는 최종적인 욕구이며 욕구수준의 최정상에 위치 • 자신이 지니고 있는 잠재적 능력을 최대한 발휘하여 충족시키고자 하는 욕구 • 결코 충분히 충족되지 못하고 연속되는 욕구

| 그림 2-2 | 매슬로우의 욕구계층설

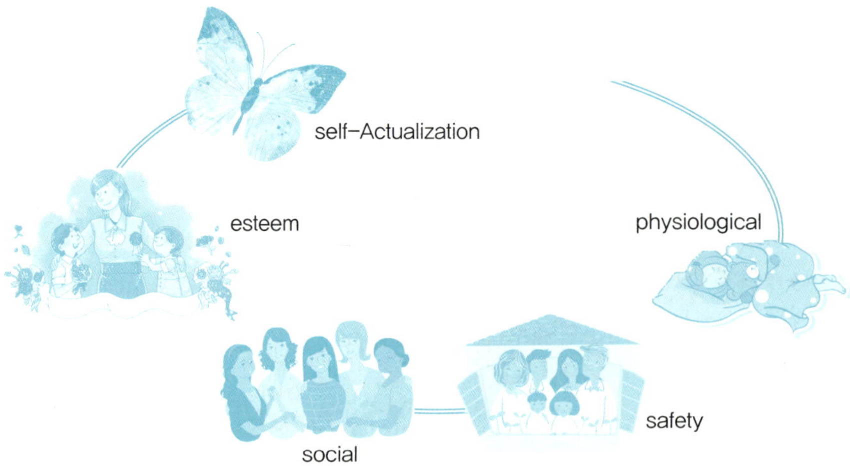

보보의 한 말씀

> 마음이 변하면 태도는 저절로 변하고 태도가 달라지면 습관도 따라서 달라진다. 또 습관이 바뀌면 성격이 바뀌고, 성격이 바뀌면 인생도 따라서 변화한다. 일이 순조로울 때는 감사하고, 힘들 때는 평온한 마음을 유지하며 진지하게 생활해야 한다.
>
> -매슬로우-

② XY이론

맥그리거는 「기업의 인간적 측면(The Human Side of Enterprise, 1960)」이란 저서를 통해 X · Y이론을 주장했다. 그는 메이요의 과학적 관리론에 대한 비판적 사고와 매슬로우의 욕구계층설에 영향을 받아 X · Y이론을 전개하였다. 그가 제안한 '기업의 인간적 측면'은 관리자의 입장에서는 인간을 다루는 것에 해당되고 종업원의 입장에서는 그들이 즐겁게 일할 수 있는 방법에 해당되는 것이다.

그는 과학적 관리론이 주장하는 인간관은 X이론에 근거한다고 보았다. 과학적 관리론에서는 인간의 생리적 욕구나 안전욕구와 같은 저차원적 욕구만 충족되면 생산성이 향상된다고 가정한다. 이는 인간을 근본적으로 게으르고, 경제적 동기에 의해서만 움직이는 존재로 보는 가치에 근거하고 있기 때문에 필연적으로 권위주의적 관리방식과 근접관리가 수반되므로 중앙통제식 조직풍토가 조성될 수밖에 없다.

이와 달리 인간관계론적 인간관은 Y이론에 근거한다. Y이론의 기본은 기업의 목표와 개인의 목표와의 통합과 자기통제이다. 인간관계론에서는 작업자들도 사회적 욕구, 자존욕구, 자기실현욕구와 같은 고차원의 욕구를 가지고 있으며, 이러한 욕구가 충족되어야 인간다운 삶이 실현됨과 동시에 생산성도 향상된다고 주장한다. 이는 인간을 스스로 성장하고자 하는 욕구가 있는 존재로 보는 가치에 근거하고 있기 때문에 자기실현을 위한 자극을 통해서 생산성을 향상시키고자 한다. 그러므로 기업의 목표와 개인의 목표를 일치시킬 수 있는 환경을 조성함이 중요하고, 자유롭고 창의적인 기업환경이 조성된다.

X이론이란 인간은 작업을 통해서는 본질적인 만족을 느낄 수 없고, 가능한 한 작업을 피하려고 하며 야망이나 독창성이 거의 없다고 보는 이론이다. 따라서 기업목표를 달성하기 위해서는 강제로 명령을 내리거나 처벌하는 등의 적극적인 지

도가 필요하다는 것이다.

| 표 2-7 | X론적 인간관

X론적 인간관	성악설에 근거한다 인간을 멸시한다 인간은 일하기 싫어하고 가능하면 일을 하지 않는다 인간은 명령을 받기 좋아하고 안전을 추구하며 책임을 회피한다 인간은 통제나 처벌의 위협이 없으면 최선의 노력을 다하지 않는다 인간관계의 가치는 '불신' 이다.

Y이론은 X이론과는 반대로 사람을 긍정적으로 파악하여 사람은 일을 즐기고 조건 여하에 따라서 자기만족의 근원이 된다고 보는 이론이다. 따라서 이 이론에서는 일을 할 때 강제적인 분위기보다는 협력적인 분위기가 필요하다는 것이다.

| 표 2-8 | Y론적 인간관

Y론적 인간관	성선설에 근거한다 인간을 신뢰한다 인간은 일을 좋아한다 인간은 목표달성을 위해 자발적으로 노력한다 인간은 자기통제능력이 있으며 기꺼이 책임을 수용한다 인간은 자기지시능력을 가지고 있다 인간관계의 가치는 '신뢰' 이다

맥그리거는 이 이론을 통해 조직에 있어서 인적자원의 통제근거를 밝혔다. 맥그리거는 경영자에게 X이론보다는 Y이론이 더욱 적절한 관리철학이며, 조직에 있어서 어떤 문제가 발생하면 Y이론의 관점에서 제반활동을 조정해야 한다고 주장한다. 개인이 기업의 목표를 이해하는 정도가 높아지면 외부의 통제는 줄어들게 된다. 오늘날의 목표관리는 대부분 Y이론에 기초하고 있다.

③ 이요인이론(동기유발-위생요인이론, Two Factor Theory)

1923년생인 허즈버그는 제2차 세계대전에 참전했다가 종전 이후 다차우 유태인 강제 수용소에서 근무했는데 그곳에서의 생활은 그에게 강한 인상을 심어주었다.

그러므로 허즈버그의 이론은 "인간은 과연 어떤 존재일까"라는 문제의식에 근거하고 있다. 그는 현실 그 자체의 인간성에 초점을 두고 있다. 그의 연구과제는 "인간은 왜 일하는가?", "인간은 일을 통해서 무엇을 찾는가?"였다.

그는 매슬로우, 맥그리거 등과 함께 1950년대의 인간관계론 학파의 일원이다. 그의 저술 중 가장 큰 주목과 평가를 받은 것은 1968년 「하버드 비즈니스 리뷰」에 실린 논문이었다. '종업원에 대한 동기부여 방법(One More Time: How do you motivate employees?)' 이란 제목의 이 논문은 재인쇄되어 100만 부 이상 팔려 리뷰에 게재된 논문으로서는 가장 큰 인기를 끌었다.

이요인이론은 매슬로우의 문제점을 극복하기 위해 그의 연장선상에서 전개된 이론으로서 인간에게는 전혀 이질적인 두 가지 욕구가 동시에 존재한다는 개념이다.

허즈버그는 이요인이론을 전개하기 위해 구약성서에 나오는 아담과 아브라함을 빌려 왔다. 아담의 상징은 원죄이다. 그는 타락에 의해 괴뢰운 인생을 살았으며, 기본적인 욕구는 고통의 회피이다. 아담은 일과 일을 둘러싼 환경 속에서 고통과 불만을 느끼는 생물적 가치를 대변한다. 아브라함은 인류의 조상이며 신에게 무한한 축복을 받았으므로 성장을 상징한다. 그러므로 아브라함의 기본적 욕구는 잠재능력의 향상이다. 아브라함은 일을 통한 잠재력의 발휘에서 만족을 느끼는 인간존재적 가치를 대변한다.

성서에 근거하여 허즈버그는 인간의 욕구를 아담적 욕구와 아브라함적 욕구로 구분하고 아담적 욕구란 불쾌한 것을 회피하려는 인간의 욕구를, 아브라함적 욕구란 계속적인 정신적 성장을 통해 잠재능력을 현실화 하고자 하는 인간의 욕구를 대변한다고 주장했다.

12회에 걸친 연구에서 낮은 지위에 있는 감독자, 직업여성, 농업분야관리자, 관리직에서 사직한 사람들, 병원보수유지 및 인사관리담당자, 생산감독자, 간호원, 주방장, 군무원, 엔지니어, 과학자, 주부, 교사, 기술자, 여성컴퓨터기술자, 회계사 등이 포함되어 있는 조사대상자 1,685명의 샘플로부터 유추된 직무불만족과 직무만족을 일으키는 요인을 분석했다. 이들 중 직무만족에 기여하는 요인이 81%가 동기유발요인이었고, 직무불만족에 기여하는 요인의 69%가 위생요인이었다.

허즈버그가 '위생' 이란 말을 쓴 것은 의학적인 면에서 그것들이 지닌 예방적 의미와 환경적 의미 때문이다. 즉, 위생요인이란 사람들의 직무에 대한 불만족을 미리 예방할 수 있는 환경적 조건이란 뜻이다. 이런 의미에서 위생요인을 '불만족요인' 이라고도 부른다. 반면 동기유발요인은 사람들로 하여금 보다 나은 만족과 성과를 가져오게끔 동기를 부여하는 데 효과적이기 때문에 '만족요인' 이라고도 부른다. 때문에 이요인이론은 '동기유발-위생요인이론' 이라고도 불린다.

아담적 욕구의 충족은 단지 불만족의 감소만을 가져올 뿐이지 만족에는 영향을 미치지 못하는 반면, 아브라함적 욕구는 충족되지 못한다 하더라도 불만은 없고 충족되면 만족에 적극적인 영향을 준다. 즉 만족의 반대는 불만(dissatisfaction)이 아니라 무만족(no satisfaction), 불만의 반대는 만족이 아니라 무불만(no dissatisfaction)인 것이다. 그러나 간과할 수 없는 사실은 위생요인이 충족되어야만 동기유발요인의 충족이 가능하다는 것이다. 그러므로 위생요인은 집을 짓기 위한 토대이며, 동기유발요인은 그 토대 위에 세워진 집이다.

허즈버그의 이론은 어떤 일의 결과가 가져다주는 인간의 모든 욕구의 충족 여부가 그 일에 대한 만족 또는 불만족을 가져오며, 만족하면 할수록 그 일에 대한 동기부여가 커지고, 불만족하면 할수록 동기부여가 작아진다는 전통적 견해와는 달리, 두 종류의 욕구 중 아브라함적 욕구의 충족만이 동기부여와 관련되어 있다는 점에서 많은 관심을 모았다. 이는 불만의 해소에만 관심을 가졌던 전통적 경영방식과는 전혀 다른 획기적 개념인 것이다. 또한 불만의 원인이 거의 제거된 선진공

| 그림 2-3 | 이요인이론의 구조

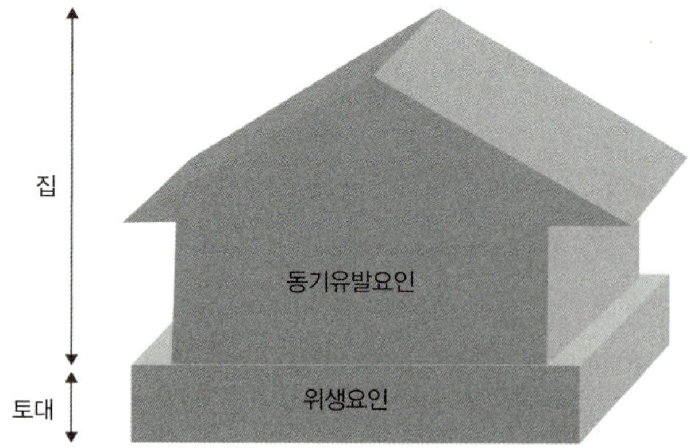

업국, 우량기업의 경영풍토에 혁명적 변화를 가져다주기도 했다.

사랑받는 기업

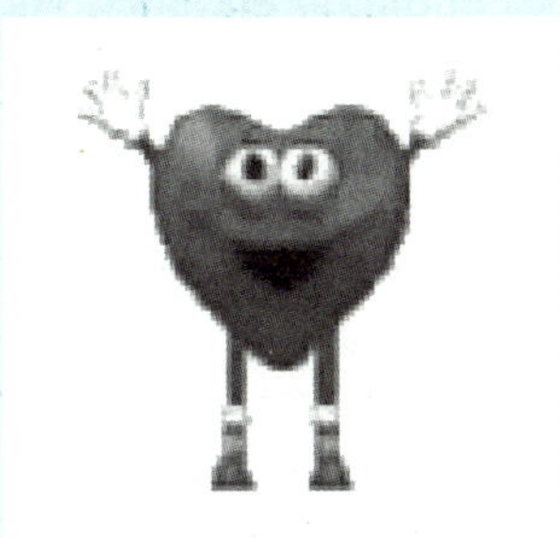

허즈버그의 이론은 시소디아 교수가 제안한 '사랑받는 기업'의 개념과 일맥 상통한다. 사랑받는 기업들의 특징을 살펴보면 한 가지 공통점을 발견할 수 있다.

이들 기업은 스톡옵션, 급여, 직무환경 등의 위생요인을 특별히 크게 충족시켜주지는 않는다. 하지만 사랑받는 기업들은 인간존중의 사상을 기본으로 구성원들의 자기충족, 성장 등 동기유발요인에 매우 깊은 관심을 가지고 있다.

구글, 뉴발란스, 도요타, BMW, 사우스웨스트항공, 스타벅스, 아마존 등은 위대한 기업을 넘어 고객들에게 진정으로 사랑받는 기업들이다. 사랑받는 기업들은 S&P500 기업의 8배, '위대한 기업'의 3배 더 높은 수익률을 올렸다.

20세기 말부터 물질이 아닌 삶의 의미를 찾는 사람들이 많아지면서 초월성의 시대에 접어들고 있다. 초월성의 가치는 시장과 일터는 물론이고 자본주의의 정신까지 변화시키고 있다. 오늘날 대부분의 성공하는 기업들은 사랑, 즐거움, 신뢰, 공감 그리고 영혼 등의 정서적인 가치를 중요하게 생각한다. 그들은 이윤만을 추구하는 것이 아니라 감성적이고, 경험적이며, 사회적인 가치를 전달하고자 노력한다.

사랑받는 기업이란 모든 이해당사자 집단의 이익을 전략적으로 정렬함으로써 모두로부터 사랑받는 회사를 지칭한다. 이런 기업과 관련된 어떤 이해당사자도 다른 이해당사자 집단의 희생으로 혜택을 보지 않으며, 각 이해당사자 집단은 자체적으로 각각 번영을 누린다. 이런 기업들은 이해당사자들이 원하는 유·무형의 요구를 만족시키고 있고, 그 보답으로 이해당사자들은 기꺼이 그 기업에 애정과 충성심을 갖게 된다.

사랑받는 기업들의 등장은 아담 스미스 이후 자본주의의 가장 근본적인 변화를 보여주는 사례이다. 기업의 DNA가 변화하고 있다. 초월성의 시대에는 칸트의 도덕의지와 자율성이 절실하게 필요하다.

보보의 한 말씀

동기유발요인에 관한 만족 정도에 따라 인간은 긍지와 자부심을 가지기도 잃어버리기도 한다.

-허즈버그-

인간은 빵만으로 사는 것이 아니라 어떤 의미로 산다

인간의 정상적인 감성을 잃어버린, 인간의 한계를 뛰어넘는 죽음의 수용소에서 죽음과 같은 노동을 마치고 돌아오면서도 저녁나절의 석양을 보고 그 아름다움에 감탄하는 수용소의 사람들, 자기에게 주어진 빵 한 조각을 안 먹으면 죽을지도 모르는 상황에서 노동력을 상실하여 빵을 배급받을 수 없는 환자를 위해 자기의 빵 반 조각을 계속 나누어주고도 더 힘이 나는 것을 발견한 프랭클이라는 위대한 심리학자가 있다.

그는 말한다.

우리가 삶에 걸고 있는 기대는 진실로 문제되지 않는다. 그러나 보다 중요한 것은 삶이 우리들에게 걸고 있는 기대인 것이다.

이 세상에서 내가 두려워하는 한 가지 사실은 내가 겪어야 하는 괴로움이 헛되다는 것, 오직 그것뿐이다. 이 말은 강제수용소에서 최후의 내적 자유는 상실할 수 없다는 사실을 행동으로써, 고통과 죽음으로써 증언을 해준 순교자들을 알게 된 이후 빈번하게 나의 마음속에 떠오르곤 하였다. 그러니까 그들이 받은 고통은 보람 찬 것이었고, 그들이 고통을 참고 견뎌 낸 방법은 순수한 내적인 성취라고 말할 수 있을 것이다. 이와 같이 빼앗길 수 없는 심령적 자유야말로 삶을 의미있고 목적이 있는 것으로 만드는 것이다.

자료 : 빅터 프랭클의 「죽음의 수용소에서」 중에서

보보의 한 말씀

살아갈 이유를 알고 있는 사람은
거의 어떠한 상황에서도 견뎌낼 수 있다

-니체-

④ 미성숙 · 성숙이론(immaturity-maturity theory)

아지리스는 많은 사람들이 작업환경에서 성숙된 인간으로 대접받지 못하고 있다는 점을 직시하고 관리방법이 인간행위나 개인적 성장에 미치는 영향에 대해서 연구했다. 그는 노동자의 미숙함만을 전제로 한 규제, 지휘 등은 과학적 관리의 '기계적 인간관' 과 다르지 않다고 주장하고 있다.

테일러의 과학적 관리는 경제인의 인간관에 기초하고 있으며 3S[2]를 통해서 작업 성과의 향상과 이에 수반되는 성과급을 주장하고 있다. 이러한 경제적, 기계적, 합리적 인간관은 종업원을 계속 미성숙한 인간으로 인식하고 묶어두며, 성숙한 인간으로서의 책임과 권한이 제한된 상황에서 통제와 규율을 통해 효율성을 추구하게 된다. 이에 비해 아지리스는 종업원에게 책임과 권한을 부여함으로써 생산성을 향상시키는 방법을 연구했으며, 종업원이 미성숙한 인간에서 성숙한 인간으로 변화했을 때는 그에 알맞은 비전과 관리방식을 제시해 주어야만 한다고 주장한다.

그는 한 인간이 미성숙한 어린이에서 성숙한 어른으로 성장하는 과정에서 개인의 퍼스낼리티(personality)는 7가지 차원에서 변화가 일어난다고 주장했다. 그는 7가지 변화를 통해 인간의 퍼스낼리티가 미성숙 상태에서 성숙 상태로 발전한다고 제안하고 있다. 아지리스는 7가지 차원을 통해 인간의 퍼스낼리티는 미성숙한 상태에서 성숙한 상태로 발전해 나간다고 하였다. 정신적인 성숙은 성숙할수록 점점 더 나은 성숙을 추구하는 욕구가 있다. 그러나 실제의 작업환경에서는 많은 노동자들이 성숙한 인간으로서의 대접을 받지 못하고 있다. 조직은 여전히 그들을 미성숙한 인간으로 인식하고, 개인은 자신을 성숙한 인간으로 자각함에 따라 이들 양자 사이에는 인식의 차이가 발생하게 되고 이는 필연적으로 갈등관계를 초래한다.

그는 공식조직이 인간을 성숙하지 못하게 붙들어 두는 속성을 가지고 있다고 주장했다. 공식조직은 구성원들로 하여금 자기가 맡은 일만을 기계적으로 처리하도록 하고, 상사의 명령에 복종하도록 하며, 부하들이 한 명의 상사에게 매달리도록 강요하고 있다는 것이다. 이러한 조직환경에서는 권한이 몇 명의 최고경영자에게 집중되고 조직의 말단에 있는 사람들은 상사의 지시에 따라 일 자체에 사람을 맞추어 일을 수행하게 된다. 그 결과 공식조직은 인간의 퍼스낼리티가 성숙한 단계로 발전하는데 장애가 된다는 것이다.

따라서 조직은 개인의 변화를 인식하고 이에 알맞은 작업환경을 개선해 주어야만 개인과 조직 간의 갈등이 감소할 수 있다. 즉 조직에서 일함으로써 그것이 개인적인 성장으로 이어질 수 있는 환경의 조성이 필요하다. 아지리스는 이를 위해 직

2) 단순화(Simplification), 전문화(Specialization), 표준화(Standardization)

무확대와 참여적 리더십을 제안했다. 모든 구성원들이 조직의 목표를 위해 일하면서 동시에 개인의 욕구도 충족하고, 자신의 퍼스낼리티도 성숙시킬 수 있는 방안을 마련하는 것이 개인이나 조직 양쪽에 모두 유익하다는 사실을 인식해야 한다.

| 표 2-9 | 미성숙에서 성숙으로의 퍼스낼리티 변화

미성숙단계 →	성숙단계
수동적 행동	능동적 행동
한정된 행동	다양한 행동
엉뚱하고 얕은 관심	깊고 강한 관심
의존심	독립심
자아의식 결여	자아의식과 자기통제
종속적 위치	대등하거나 우월한 위치
단기적 전망	장기적 전망

| 그림 2-4 | 경영이론의 발전과정

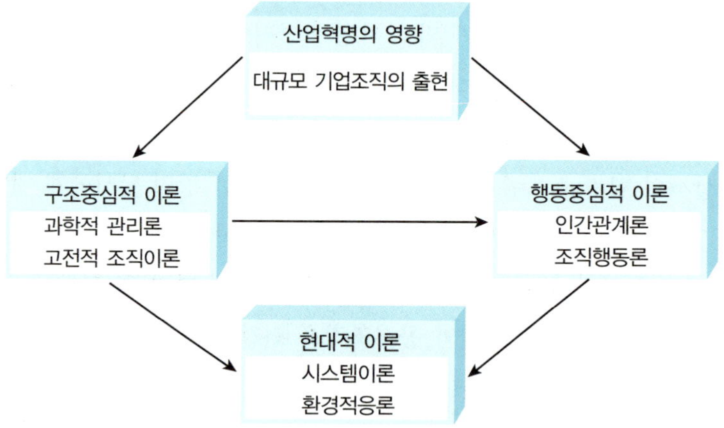

자료 : 森本三男, 經營學の原理, 中央經濟社, 1978.

보보의 한 말씀

인간이 얼마나 클 수 있을까에 대한 답을 얻고자 한다면 세계에서 가장 키가 큰 사람을 연구하는 게 좋은 것이다.
인간이 얼마나 빨리 달릴 수 있는지 알고 싶다면 올림픽 금메달리스트들을 불러다가 달려보게 하라.
전 세계 인구의 달리기 평균속도를 계산해봤자 소용이 없다.
인간의 영적 수준, 가치관, 도덕성이 어디까지 성장할 수 있는지 알고 싶다면 가장 도덕적인 사람, 가장 윤리적인 사람, 최고의 성인군자를 연구해보라.

-매슬로우-

제3장

성격과 MBTI

1. 성격(personality)

03

성격과 MBTI

보보의 뼈다귀

사이코패스(Psychopath)

에드바르트 뭉크의 「절규」(1893)

'사이코패스(psychopath)'에 관해 저술한 최초의 임상 전문가는 19세기 초의 프랑스인 정신과의사 필리프 피넬(Philippe Pinel)이다. 그는 철저하게 잔혹하고 자제력이 결여된 행동패턴을 '정신착란 증세 없는 정신이상'이라고 정의하면서 '일반인이 저지르는 범죄'와 구분했다. 독일의 슈나이더 박사는 발정, 광신, 자기현시, 의지결여, 폭발적 성격, 무기력 등 10가지 특징을 사이코패스에 속하는 인격 유형으로 규정했다.

사이코패스들은 외형상 타인에게 매력적이거나 착실한 평범한 사람으로 인식되는 경우가 많다. 타인에게 친근하고 외향적이며 호감이 가고, 종종 좋은 교육을 받고, 아는 것이 많으며, 사회적 상호작용을 잘하는 듯이 보인다. 그러나 이들은 자신의 이욕을 위해서는 극단적인 범죄까지도 아무런 거리낌 없이 행할 수 있는 사람들이다.

자료 : 로버즈 D. 헤어, 진단명 사이코패스, 바다출판사, 2005
서지형, 속마음을 들킨 위대한 예술가들, 시공사, 2006
한국일보, 2005. 4. 10

1. 성격(personality)

| 그림 3-1 | 성격(personality)의 빙산모형

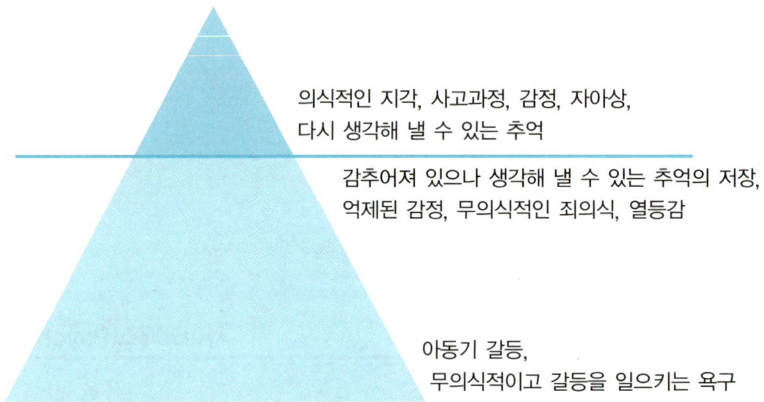

자료 : J.C. Williams, *Human Behavior in Organizations*, South-Western Public., 1978.

1) 성격(personality)의 개념

성격(personality)은 한 개인의 특별하고 일관된 패턴을 의미하는데 이는 '꿰뚫어 말함(to speak through)'을 의미하는 라틴어의 합성어 'persona'[1]에서 유래되었다. 고대 로마의 배우들은 극중의 역할을 수행하기 위해 가면을 사용하였는데, 'persona'는 불어로 '가면'이란 의미를 가지고 있다. 따라서 성격이란 개인의 행동을 일관성 있게 만들며, 다른 사람들과는 다르도록 만드는 안정적이고 내적인 요인들이라 정의할 수 있다.

성격에 관하여 정리할 때 필수적인 사안은 개인차(individual differences)와 개인 내 기능(intrapersonal functioning)이다. 여기서 개인 내 기능은 올포트(Allport)가 체계의 '역동적 조직'이라고 불렀던 과정을 의미한다.

심리학자들과 일반인들이 정의하는 성격의 차이점은 무엇에 초점을 두는가에

1) 융(Jung)은 집단무의식의 구조적 요소를 의미하는 '원형(Archetypes)' 중 하나로서 페르조나(persona)를 제시하고 있다. 페르조나는 개인의 진정한 자기가 아니라 타인에게 좋은 인상을 주거나 자신을 은폐시키는 역할을 한다.

있다. 일반인들은 특정한 사람의 성격, 즉 '보보'의 성격에 초점을 맞추는 경향이 있으나 심리학자들은 추상화된 성격(일반적 성격)에 초점을 맞추는 경향이 있다.

| 표 3-1 | 성격의 정의(Gordon Allport, 1961 수정)

성격의 정의
성격은 개별 조각들의 단순한 축적이 아니다. 조직이다
성격은 수동적인 존재가 아니다. 능동적이며 일종의 과정이다
성격은 심리적 개념이다. 그러나 물질적 신체와도 연결되어 있다
성격은 원인적 힘이다. 세상과 어떻게 관계를 맺는가를 결정하도록 도와준다
성격은 재현과 일관성을 특징으로 하는 양상으로 드러난다
성격은 한 가지 방식이 아니라 다양한 방식의 행동, 사고, 감정으로 드러난다

가면과 연극

보보의 책

고대 연극에 쓰였던 마스크와 이 마스크 제작을 위한 스케치

박물관에서는 종종 다양한 가면들을 만날 수 있는데 그 재료나 형태 또한 다양하다. 일반적인 가면은 주술적인 이유에서, 또 다른 용도의 가면은 연극의 역사 속에서 발달되어 왔다. 가면을 만드는 재료 역시 쇠, 종이, 라텍스, 나무, 플라스틱, 가죽, 털 등 다양하고, 가면을 만드는 사람들은 이 무생물의 재료들에 생명을 부여하기 위해 자신의 기술들을 쏟아 넣는다.

겁이 많은 사람은 눈이 크고 연약해 보이거나 반대로 덩치가 클 것 같은 몇 가지 특징적인 그림이 그려지지만, 잔인한 사람은 왠지 곱고 얇고 전체적으로 흐린 색일 것 같은 추상적인 느낌이 든다. 구체적으로 서술하면 '하얀 피부에 눈썹이 흐림, 각진 눈에 눈동자의 색도 흐림, 귀는 작으면서 귀 꼭대기가 뾰족하고, 코도 뾰족하고 입술은 얇고 붉을 것 같은 느낌'이다. 반대로 추상적인 느낌의 설명이 없이, '피부는 하얗고, 눈썹도 흐리고, 눈은 각진 모양에, 눈동자의 색은 흐리고, 귀는 작고 귀 꼭대기가 뾰족하고, 코도 뾰족하고 입술은 얇고 붉을 것 같은 느낌' 같은 구체적인 묘사가 주어지고 어떤 느낌의 사람이냐 묻는다면 약간 병약하고, 신경질적이거나 예민할 것 같은 사람이라고 할 수 있다.

관상학에서는 크게 얼굴을 세로로 삼등분하는데 이를 상정, 중정, 하정이라 칭한다. 이상형의 얼굴에서와 같이 관상학에서도 삼정이 고르게 조화되는 것을 좋은 상의 기본으로 치고 있다. 옛날 중국의 진박이라는 제자에게 상법[2]을 가르쳐 송나라 태조의 스승이 되게 했던 마의선생이 "삼정이 평등하면 평생 의록이 무휴라" 했던 것도 여기에 기초한 것이다.

자료 : 황현규의 「분장이야기」 중에서

2) 성격의 형성요인

성격은 어떻게 결정되고 규정되는가에 대한 질문은 오랫동안의 연구과제였다. 어떤 학자들은 선천설을 주장하고, 또 다른 학자들은 후천설을 주장하기도 한다. 서로 비슷한 환경에서 자랐음에도 불구하고 매우 다른 성격을 나타내는 경우가 있으며, 서로 다른 환경에서 자란 일란성 쌍둥이가 몸짓, 태도, 말하는 속도, 어조, 습관 등에 있어서 많은 유사점을 보이기도 한다. 어쨌든 성격은 공통적으로 어떤 사람에 대한 일관성(consistency)과 연속성(continuity)의 개념을 포함하고 있다.

성격이라는 단어를 사용하는 이유는 다음과 같다.

첫째, 한 사람 내부의 일관성이나 연속성에 관한 느낌을 전달하고 싶기 때문이다.

둘째, 그 사람이 생각하거나 느끼고 있는 것이 본인 내부에서 유래한다는 느낌을 전달하고 싶어서이다.

인간은 타인의 행동을 예측하고 이해하려고 할 때에도 앞서 기술한 두 가지 개념을 결합해서 사용한다. 행동에 대한 예측은 심리학자들뿐만 아니라 일반인들에게도 매우 중요한 의미를 지닌다.

프로이트(Freud)는 유아기의 습관과 발달에 의해 개인의 전 생애가 필연적인 인과율에 의해 지배된다고 주장한다. 반면 융(Jung)은 현재가 과거에 의해 영향을 받을 뿐만 아니라 미래에 대한 목적의식에 의해서도 영향을 받는다고 주장한다. 이

2) 관상을 보는 법을 의미함.

처럼 인과율과 목적론에 의해 동시에 영향을 받는다는 원리를 '동시성의 원리(principle of synchronicity)' 라고 부른다. 또한 융(Jung)은 유전적 소인도 중요한 역할을 한다고 하며, 인간은 생물학적 본능뿐만 아니라 선조의 경험까지도 유전으로 물려받았다고 주장한다.

| 그림 3-2 | 성격의 결정요인

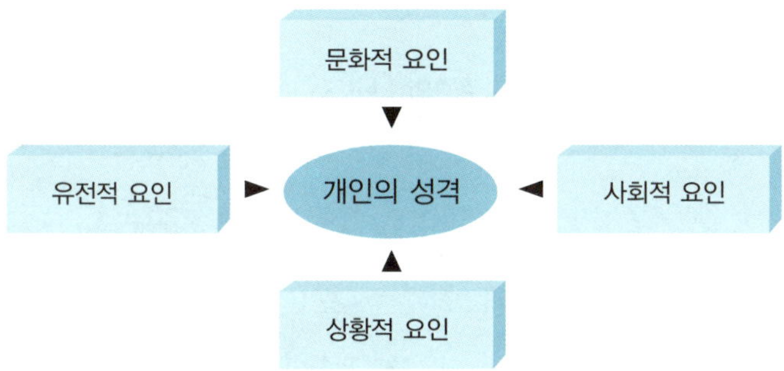

인간의 뇌의 신경세포는 갓난아기 때가 가장 많고, 그 뒤로는 1초에 하나씩 줄어든다. 사람의 기억은 한정되어 있으며, 그렇게 볼 때 살아가면서 경험하는 모든 일들이 언제까지나 머릿속에 남아 있게 되는 불편함을 방지할 수 있다. 그러나 특이하게도 뇌 속에서 정보선택과 기억을 담당하는 해마(Hippocampus)의 신경세포는 노력에 따라 늘어나기도 한다.

달라이 라마는 인간의 뇌는 놀라운 적응력이 있어서 계속 변화하고 새로운 생각과 경험에 따라 자기의 배선을 바꾼다고 했다. 새로운 정보를 학습하면 신경의 역할에 변화가 생기고 이렇게 변화된 신경은 전기신호를 더욱 쉽게 전달할 수 있다. 과학자들은 뇌가 선천적으로 갖고 있는 이러한 변화의 능력을 적응성이라 부른다. 이 관점에 의하면 생각을 통해서 새로운 사고방식을 연습하면 신경세포를 재구성할 수 있고 뇌가 움직이는 방식을 바꿀 수 있다. 즉 학습과정을 통해 마음의 부정적 상태를 긍정적 상태로 변화시킬 수 있다는 것이다. 따라서 행복에 이르는 긍정적 성격으로의 실현가능성이 매우 높다고 볼 수 있는 것이다.[3] 이는 NLP(Neuro

3) 달라이 라마, 달라이 라마의 행복론, 김영사, 2001.

Linguistic Programming)[4]와도 연결된다. NLP는 인간두뇌의 작용을 효율적이게 하는 소프트웨어와 같다. 인간이 경험하는 느낌, 생각, 행동 등은 신경감각작용과 뇌의 유기적인 프로그래밍기능에 의해서 일어나며 언어를 활용하여 내면에서 경험하는 생각과 느낌을 표현한다. 따라서 NLP는 감각기능을 조종하고 변화시켜 불안과 갈등을 해소하고, 개인의 긍정적 잠재력을 극대화시킴을 도모한다. 어떻게 생각하는가가 어떻게 경험하는가에 결정적인 차이를 만들어내는 것이다.

| 그림 3-3 | 시크릿가든의 길라임과 김주원의 뇌구조

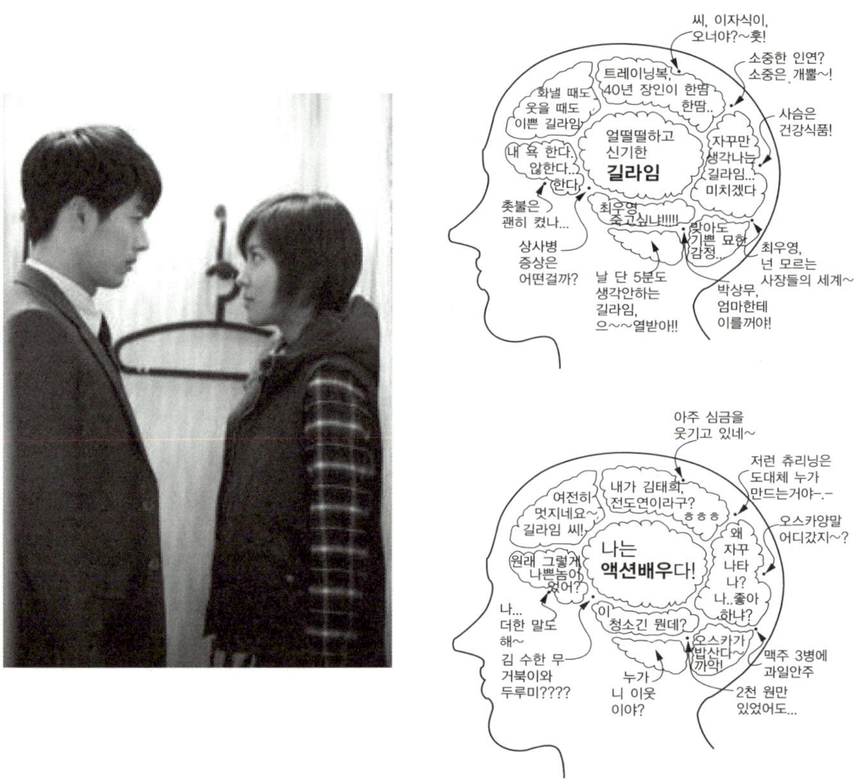

4) 세계적 의학최면술사인 밀턴 에릭슨 박사의 최면기술, 수학도였던 리차드 밴들러와 존 그린더의 모델링 기술의 결합을 통해 만들어진 'Modeling Human Excellence 기법'

보보의 이야기 1

보보는 얼마나 멍청한지 세상 모든 사람들이 실은 그렇게 행복하지 않다는 사실도 모르고 이 세상 모든 불행이 자기에게만 쏟아진다고 생각해 왔다.

모모는 얼짱이고, 또또는 머리가 좋고, 니모는 돈이 많고, 다른 이들에게만 쏟아지는 온갖 행운들이 자기만 비켜간다고 생각했었다.

그러던 어느날 만약 신이 "아무나 지적해 보아라. 내가 그대로 만들어주마. 누구처럼 살고 싶으냐?"라고 묻는다면 그러한 표본이 이 세상에 존재하지 않는다는 것을 알게 되었다. "하느님, 나 꼭 저렇게 살고 싶어요"라고 말할 수 있는 표본이 보보에게는 없다는 것을 깨달았던 것이다.

이미 보보에게는 자기를 사랑해주는 주인도 있고, 끼니마다 따뜻하고 맛있는 음식을 배불리 먹을 수 있으며, 주인님 부부의 침대 위에서 다정하게 나란히 누워서 잘 수 있는 엽기적인 특권도 누리고 있었다.

그 사실을 깨닫는 순간 보보는 스스로에 대한 부족함도 용서할 수 있었고, 머리로 깨달은 것을 마음으로 받아들일 수 있었다.

자료 : 공지영의 「빗방울처럼 나는 혼자였다」를 재구성

보보의 뼈다구!

제1차 세계대전 중에 우드워드(R.S. Woodworth)가 미군에 입대하려는 사람들 중에서 정서적으로 불안정한 사람을 가려내기 위해 만든 PDS(Personal Data Sheet)가 최초로 고안된 성격검사이다. 그 후 125문항으로 만들어진 Bernreuter Personality Inventory(1931)가 최초의 다인성검사이다. 1940년대 초에는 지금까지 가장 폭넓게 사용되는 미네소타 다면적 인성검사(MMPI : Minnesota Multiphasic Personality Inventory)가 개발되었다.

처음에는 정신병질을 가려내기 위해 고안되었지만 최근에는 개인의 성격적 특성을 확인하기 위한 수단으로 더 많이 활용된다. 1950년대에는 정신병적인 기질을 가진 사람이 아닌 정상인을 위한 캘리포니아 인성검사(CPI : California Psychological Inventory)와 에드워드의 개인선호도검사(EPPS : Edward Personal Preference Schedule) 등이 개발되었다.

1921년에는 가장 오래 되고 널리 알려진 투사적 기법인 로르샤흐(Rorschach) 잉크반점 검사가 개발되어 1920~30년대 유럽과 북미지역을 중심으로 주목받았으며, 1930년대 말에는 또 다른 유형의 투사적 검사인 TAT(Thematic Apperception Test)가 개발되었다. 또한 1961년에는 정신병 환자의 반응과 정상인의 반응을 비교할 수 있는 홀츠만(Horltzman) 잉크반점 검사가 개발되었다.

자료 : 한국교육과정평가원

3) 성격의 유형

(1) 한국의 사상의학

성격의 유형에는 여러 가지 학설이 있다.

한국에서는 기질적 특성을 언급할 때 자주 대두되는 것이 사상의학이다. 사상의학은 사람과 사람 간의 차이를 관찰하고 인간의 심리적 유형을 파악하여 심성의 차이로 인한 적성, 대인관계 등 사회적 활동이 달라지게 된다는 것에 기초하고 있다. 이제마[5]는 이를 태양인(太陽人), 태음인(太陰人), 소양인(少陽人), 소음인(少陰人)으로 나누었다.

① 태양인(太陽人)

태양인에 해당하는 사람은 극소수에 불과하다.

이들은 급진적이고 영웅심이 많아서 주도적 지도자로서의 카리스마를 발휘하지만 때로는 자기주장이 너무 강해 다른 사람을 무시하거나 상처를 주기도 한다.

그들의 강점은 추진력과 창의력이기 때문에 새로운 일을 개척하는 것에 대한 두려움이나 거부감이 없다. 그러나 빠른 선택과 실행은 때로는 실수로 이어지기도 하며, 감정조절이 어려워 분노의 폭발로 이어지기도 한다.

② 태음인(太陰人)

태음인에 속하는 사람은 비교적 비만이 많은 편이다.

스트레스 상황하에서 쉽게 무력감을 느끼고 타인에 대한 의존도가 높다. 따라서 리더로서는 자기통제가 낮은 성향을 보이지만 갈등을 싫어하기 때문에 따뜻한 상사라는 평가를 받기도 한다.

---

5) 조선 말기의 한의학자. 자는 무평(務平), 호는 동무(東武). 본관은 전주(全州). 함흥(咸興) 출신. 어려서부터 의약에 능통했으며, 무인이 되기를 원해 군사관계 서적도 많이 읽었다. 사상의서의 저술을 시작하여 「동의수세보원(東醫壽世保元, 2권)」을 끝냈다. 그 뒤 고향에 돌아가 일생을 의학연구와 제자들을 기르는 데 보냈다. 그는 「주역(周易)」의 태극설에 의한 태양(太陽)·소양(少陽)·태음(太陰)·소음(少陰)의 사상(四象)을 인체에 적용하여 기질과 성격의 차이에 따라 사람의 체질을 4가지로 나누고 그에 적합한 치료방법을 제시한 사상의학(四象醫學)을 정립했다. 이것은 종래의 한방의학의 전통을 깨뜨리고 임상학적 치료방법을 제시한 점에 의의가 있다.

이들은 팀의 결속을 중요하게 생각하며 사람과 사람과의 관계성을 중요하게 생각한다. 따라서 팀원 간의 결속력이 필요한 집단에 태음인을 넣으면 좋은 결과를 가져올 수 있다.

그러나 태음인들은 변화를 싫어하기 때문에 새로운 일의 시작에는 더딘 편이며, 이들 중 전문가로 인정받는 사람이 많은 이유는 한 분야에 집중하며 변화를 시도하지 않는 성향 때문이다.

③ 소양인(少陽人)

소양인은 사교형의 성향을 지닌 사람이다.

이들 중에는 외향성을 지닌 사람이 많으며, 정서적 관계에 민감하다. 타인을 신뢰하고 배려하며, 커뮤니케이션 기술이 뛰어나다. 이들이 리더가 되면 뛰어난 언변과 설득력으로 많은 사람들이 따른다. 이들은 인간관계에서 탁월한 능력을 발휘하므로 협상분야의 최고 전문가가 될 수 있다.

네 가지 체질 중에 가장 이타적 성향이기는 하지만 규칙적인 활동의 수행이나 성실성은 낮은 편이다.

④ 소음인(少陰人)

소음인은 진지하지만 심리적 불안을 자주 느끼는 성향을 지니고 있다.

내성적이며 의심이 많고, 원리원칙을 중요하게 생각하고 자신에 대한 기대치가 높아 일의 결과에 대해 쉽게 만족하지 못한다.

다른 체질보다 철저한 계획과 준비를 거치기 때문에 완벽하다는 평가를 많이 받는다. 때문에 자신의 기준과 타인의 것이 맞지 않을 때 타협이 이루어지기 어렵기도 하다.

네 가지 체질 중 가장 정서적으로 예민하다. 학자들 중에 소음인 체질이 많으며, 이들은 학업수행 정도가 뛰어나지만 완벽주의 때문에 건강을 돌보지 않아 문제가 되는 경우가 많다.

열등기능이 나를 괴롭혀요!

우리 모두는 어느 날 아주 낯선 누군가를 내 안에서 경험하게 된다. 이 이상하고 낯선 열등기능은 '지킬박사와 하이드'처럼 우리를 놀라고 당혹스럽게 한다.

우리들 자신이나 다른 사람들에게서 여느 때와는 다른 그 무엇인가를 발견하게 될 때 때로는 즐겁고, 때로는 기쁘고, 때로는 두렵고, 때로는 언짢고, 때로는 당황스러울 것이다.

갑작스럽게 찾아오는 이 손님은 우리가 가지고 있는 성격 중 의식적으로 드러나지 않는 부분으로서 스트레스, 피로, 질병 등의 특수한 상황에서 극적으로 출현하게 될 가능성이 많다. 우리는 이 나답지 않은 특성들을 이해하고 통제함으로써 개인적인 깨달음과 성장의 기회를 얻을 수 있다.

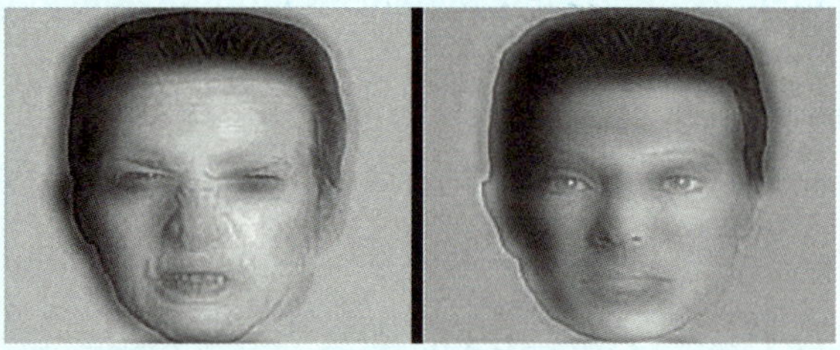

'화난 박사와 미소씨'(Dr Angry and Mr Smiles)라는 착시 작품. 2~3m 뒤로 물러나 작품을 보면 상반된 표정으로 인식된다.

위 사진은 '화난 박사와 미소씨(Dr Angry and Mr Smile)'라는 착시작품이다.

친절한 지킬박사와 무시무시한 괴물 하이드가 공존하는 로버트 스티븐슨의 원작처럼 이 착시작품은 어떤 사물이라도 관점에 따라 전혀 다른 느낌을 줄 수 있다는 평범한 진리를 다시 깨우쳐준다.

MIT의 오드 올리바(Aude Oliva) 박사와 글래스고대학의 필리페 사이킨스(Philippe Schyns) 박사의 연구결과를 바탕으로 만들어진 이 작품의 왼쪽에는 무섭게 찡그린 사람(Dr. Angry)의 얼굴이, 오른쪽에는 편안한 인상을 한 사람(Mr. Smile)의 얼굴이 그려져 있다.

그러나 사진을 2~3미터 뒤로 물러서서 감상하면 '화난 박사'의 얼굴은 편안한 인상으로 '미소씨'의 얼굴은 화난 인상으로 뒤바뀌어 보인다.

이 신기한 현상은 인간의 눈이 가까운 대상은 미세한(fine) 부분을, 먼 대상은 대략적인(coarse) 부분을 받아들이는 원리를 이용했다. 즉, 화난 박사의 얼굴의 미세한 부분은 화가 난 표정을 구성하지만 대략적인 부분은 편안한 인상으로 보이도록 구성되어 있을 뿐이다.

자료 : 국민일보, 2005. 11. 23
한국심리검사연구소

보보의 한 말씀

"우리에게 '다르다는 것'은 언제나 낯설고 받아들이기 어려운 것으로 보인다. 그러나 만약 이런 감정이 우리 안에 스며들어 고민하도록 우리 자신에게 허용한다면, 우리는 이 작은 자각으로 인해 더 풍요로운 사람이 될 것이다."

-융(Jung)의 「변화의 문명」 중에서-

(2) MBTI(Myers-Briggs Type Indicator)

성격유형에 대한 개념은 스위스의 정신과 의사이자 심리학자인 칼 융(Jung)과 두 명의 미국인 브릭스(K. Briggs)와 마이어(I. Myers)에 의해 개발되었다. 융(Jung)은 사람을 지배하는 정신기능과 그들이 선호하는 태도를 이해하게 되면 행동도 예측 가능하다는 것을 깨달았다.

1921년 융(Jung)의 성격이론은 「Psychological Types」[6]라는 책으로 출간되었다. 1923년 이 책을 읽은 캐서린은 그의 모델을 통해 성격유형에 대한 연구를 시작했으며 그녀의 딸에게도 관심을 갖도록 유도했다. 두 모녀는 융(Jung)이 만든 유형의 이론적 토대를 기초로 하여 MBTI(Myers-Briggs Type Indicator)[7]를 만들었다. 이는 네 가지의 선호도와 열여섯 가지의 성격유형으로 이루어져 있다. MBTI는 일종의 성격유형 선호지표이며 개인의 성격을 진단하는 자료로 대중적으로 활용되고 있다.

한국에서는 문화적 차이를 고려한 번역과정과 엄격한 표준화 과정을 거쳐서 한국판 MBTI를 개발하여 1990년부터 사용하고 있다.

유형발달은 일생동안 이루어지는 과정이다. 네 가지 기능 중에서 출생할 때부터 선호하는 두 가지의 기능을 최대한 발달시키고(출생→청년기), 상대적으로 관심이 적은 나머지 두 기능도 어느 정도 활용할 수 있는 상태로 발전시킨다(중년기 이후

---

6) 융(Jung)의 심리유형론은 프로이트(Freud)와의 견해차이 때문에 갈등하던 경험을 바탕으로 사람들이 어떻게 다른가 하는 회의가 계기가 되어 이론으로 발전하게 됨.

7) www.mbti.co.kr(한국MBTI연구소)
www,kapt.or.kr(한국심리유형학회)
www.kpti.com(한국심리검사연구소)

→조화).

융(Jung)의 심리유형론은 인간의 행동이 다양성으로 예측할 수 없는 것 같아 보여도, 그 안에는 아주 질서정연하고 일관된 성향이 존재한다는 가정에서 출발하였다. 심리유형론은 4가지 구도로 되어 있으며, 에너지를 사용하고, 정보를 수집하고, 결론에 도달하고, 외부세계와 관계를 맺는 것에 대한 상반되는 방식을 포함하고 있다. 개인이 행동의 다양성을 보이는 것은 인식(Perceiving)하는 방식과 판단(Judging)하는 방식이 다르기 때문이다. 인식이란 사물, 사람, 사건, 생각에 대해서 깨닫게 되는 기능이 포함된다. 판단에는 이미 인식한 것과 관련을 지어서 결론을 내리는 기능이 포함된다.

융이 제안한 정신적 기능의 구성요소는 사고, 감정, 감각, 직관이다. 이는 정신의 반대원리에 따라 합리적 차원(사고–감정)과 비합리적 차원(감각–직관)으로 구분된다.

두 가지 인식방법 중의 하나는 감각(sensing)으로 이는 오감을 통해 사물을 직접적으로 인식하는 것이다. 또 다른 하나인 직관(intuition)은 간접적이고 무의식적인 방식으로 인식하는 것이다. 그러므로 직관에는 외부로부터의 인식에 무의식이 첨가된다.

판단의 방식 중 하나인 사고(thinking)는 논리적 방식에 의해 객관적인 판단을 하는 것이다. 또 다른 하나인 감정(feeling)은 감지하는 것이다. 감정도 합리적 방식이며 개인적이고 주관적인 가치를 사물에 적용해서 판단을 내리는 방식이다.

인식과 판단을 사용함에 있어서 또 하나 주의를 기울여야 하는 것은 인간이 외부세계와 내부세계에 보이는 관심이다. 융은 이것은 외향성(extraversion)과 내향성(introversion)으로 설명했다. 외향성을 지닌 사람들은 타인과 외부세계에 많은 관심을 가지며, 내향성을 지닌 사람들은 자신의 생각을 인식하고 판단하는 데 집중한다.

융(Jung)의 관점은 에너지를 한 방향으로 사용하는 것은 인간을 편협하게 만들고, 균형을 잃게 만들고, 삶을 서투르게 다루도록 만들기 때문에 에너지 사용의 균형을 강조한다.

| 그림 3-4 | 융(Jung)의 심리유형론

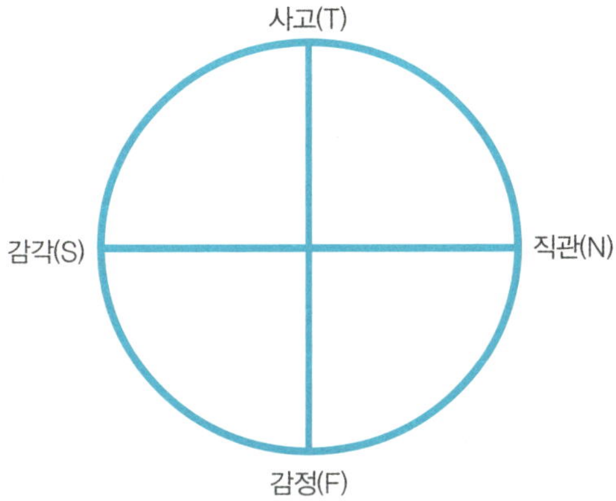

원형

융은 조상으로부터 물려받은 정신적 소인이며 집단무의식을 구성하고 있는 것을 원형이라 보았다. 원형은 인간이 갖는 보편적, 집단적, 선험적인 심상들이며 성격의 주요한 구성요소이다.

① 페르조나

페로조나는 사회에서 요구하는 반응들에 대해서 바깥으로 보여지는 외부적 모습이다. 인간은 페르조나를 통해 자신이 원하는 좋은 인상을 줄 수도 있고, 원하지 않는 모습을 은폐시킬 수도 있다.

② 아니마와 아니무스

남성의 내부에 있는 여성성을 아니마라 하고, 여성의 내부에 있는 남성성을 아니무스라 한다. 남성성의 속성은 이성(logos)이고, 여성성의 속성은 사랑(eros)이다. 온전한 인간이 되기 위해서는 남자는 여성성을, 여성은 남성성을 개발해야만 한다.

③ 그림자

인간의 억압되고 추악한 측면이다. 원초적이며 동물적인 원형이다. 그림자에는 부정적 의미만 존재하는 것이 아니라 이것을 잘 활용하면 창조성과 생명력의 원천이 되기도 한다.

④ 자기

융은 모든 인간의 삶이 자기가 되기 위한 과정이라고 보았다. 모든 정신체계가 충분히 발달해야만 나타난다. 인생의 가장 결정적 변화의 시기인 중년기에 나타난다. 개인은 자기실현을 통해 자신에 대한 정확한 지각과 미래의 목표의식을 확인할 수 있다.

보보의 뼈다귀

아니마의 딜레마

오늘날에도 베아트리체의 영향력은 결코 줄어들지 않았다. 모든 남성은 이중적인 아니마를 갖고 있다. 남성은 생리적으로 여성에 대한 두 개의 비전을 가지고 있으며, 둘 사이의 딜레마를 어떻게 처리하느냐에 따라 남성의 고결함이 결정된다.

첫 번째 비전은 여성을 천상의 존재로 보는 것이다. 베아트리체처럼 남성에게 미지의 세계를 열어 보여주고는 말없이 떠나간다. 베아트리체는 남성의 삶에서 이른 시기에 등장하는데, 남성은 그녀를 다시 만날 수 있을 만큼 강해질 때까지 멀리 하려 한다.

또 다른 비전은 재미있고 성적인 매력이 넘치는 완벽한 배우자감인 세속적 여성상이다. 이런 여성은 어두운 면(한 마리 용, 암컷, 창녀)을 포함하여 인간적인 속성을 모두 가지고 있다. 모든 남성은 여성에 대한 어두운 기대와 밝은 기대 사이에서 혼란을 겪고 있다. 그리고 모든 여성은 남성이 이 두 가지 비전 사이에서 방황하고 있다는 것을 경험을 통해 알고 있다.

자료 : 로버트 존슨의 「내면의 황금」 중에서

보보의 뼈다귀

두 명의 베아트리체

베아트리체 첸치 – 귀도 레니, 16세기

프란체스코 첸치는 아내와 아들들을 학대하였으며, 딸인 베아트리체와는 근친상간을 벌이는 패륜을 저질렀다. 베아트리체 그리고 그녀를 동정했던 계모와 친오빠, 이복남동생은 프란체스코에게 복수하고 말겠다고 결심, 그를 죽이기 위한 음모를 계획하였다.

1598년 9월 9일, 두 명의 하인이 베아트리체 일당을 도와 프란체스코에게 독약을 먹였지만 죽지 않았다. 그러자 베아트리체와 그녀의 형제, 계모는 망치로 프란체스코를 쳐 죽인 다음 실족사한 것으로 위장하려고 높은 난간에서 시체를 떨어뜨렸다. 그렇지만 결국 음모가 밝혀졌고, 첸치 가문의 가담자 전원이 체포되었으며, 유죄로 인정되어 사형판결을 받았다. 베아트리체의 시신은 산 피에트로 인 몬토리오 성당에 매장되었다. 이 일로 로마사람들은 베아트리체를 오만한 귀족계급에 대한 저항의 상징으로 삼았다.

프랑스의 작가 스탕달은 1817년 이탈리아의 피렌체를 방문하여 귀도 레니의 '베아트리체 첸치'의 초상을 감상하다가 무릎에 힘이 빠지고 심장이 빠르게 뛰는 것을 수차례 경험했다.

여기에서 유래하여 아름다운 그림 같은 뛰어난 예술작품을 감상하면서 심장이 빨리 뛰고, 의식혼란, 어지러움증, 심하면 환각을 경험하는 현상을 스탕달증후군(Stendhal syndrome)이라 한다.

또 하나의 베아트리체는 이탈리아의 시인 단테의 영원한 연인이다. 단테는 아홉 살 때 피렌체 귀족의 딸 베아트리체를 만나 첫눈에 반한다. 9년 뒤인 열여덟 살 때 다시 베아트리체를 만난 단테는 몇 해 동안 온갖 열정을 쏟아 사랑한다. 그러나 운명의 여신은 단테의 소망을 들어주지 않는다. 베아트리체는 다른 사람과 결혼했다가 스물네 살의 젊은 나이로 죽는다. 단테는 베아트리체를 잊지 못해 10여 년 동안이나 타락한 생활을 한다. 방랑생활을 하면서 필생의 대작 「신곡」을 구상하고 1307년(42세)에 집필을 시작, 13년에 걸쳐 완성한 뒤 바로 숨을 거둔다.

「신곡」의 '지옥편'은 첫사랑을 잃은 뒤 타락한 생활을 한 자신의 모습이, '연옥편'은 영혼이 갱생하는 고통스런 과정이 반영되어 있다. 연옥을 빠져 나온 단테는 '천국편'에서 자신의 젊은 시절 연인이면서 우상이었던 베아트리체를 만나 그녀의 안내로 천국을 유람한다.

(3) MBTI의 4가지 선호경향

① 주기능(Dominant Function)

네 가지 기능 중 심리적 에너지가 가장 많이 사용되는 기능이다. 그러므로 가장 의식적인 기능이 된다. 보편적으로 내가 잘 알고 통제할 수 있는 기능이기 때문에 많이 사용하고 사용을 통해 즐거움과 유익을 얻게 된다.

② 부기능(Auxiliary Function)

주기능에 이어서 두 번째로 많이 사용하는 기능이다. 부기능은 주기능을 보완하고 균형을 잡아주는 역할을 하게 된다. 그러나 주기능만큼 의식적이거나 통제가능하지는 않다.

③ 3차기능(Tertiary Function)

3차기능은 부기능의 반대에 위치한다. 그리고 무의식적이어서 사용이 어렵고, 불편함을 느끼며 종종 만족스럽지 못한 느낌을 받는다.

④ 열등기능(Inferior Function)

의식적인 에너지가 가장 적은 부분이며 본질적으로 무의식적이다. 보통 주기능이 사용되는 동안 잠복되어 있는 경우가 많다. 열등기능은 개인의 성격에 있어 균형을 잡아주는 특별한 역할을 한다.

| 표 3-2 | MBTI의 네 가지 선호지표

지표	선호경향	주요 활동
외향–내향	에너지의 방향은 어느 쪽인가?	주의초점
감각–직관	무엇을 인식하는가?	인식기능
사고–감정	어떻게 결정하는가?	판단기능
판단–인식	채택하는 생활양식은 무엇인가?	생활양식

자료 : P.D. Tieger & B.B. Tieger, *Do What You Are, Little*, brown and Company, 2001.

(4) MBTI의 주요 내용

① 내향성과 외향성

■ 내향성(I : Introversion)

- 사색을 즐겨하며 혼자 있는 것을 선호한다.
- 낯선 모임에 가면 매우 불편해진다.
- 깊이 있는 인간관계를 선호하므로 소수의 친구들과 사이좋게 지낸다.
- 혼자 시간을 보내거나 책읽기를 좋아한다.
- 묻기 전에 먼저 이야기하지 않는다.
- 조용하고 신중하기 때문에 자유로운 의사소통이 힘들다.
- 자신만의 공간과 시간을 소중하게 생각한다.
- 생각한 후에 행동한다.

■ 외향성(E : Extraversion)

- 사람들과 어울리는 것을 좋아한다.
- 낯선 사람과도 쉽게 친해진다.
- 폭넓은 대인관계를 선호한다.
- 말을 많이 하고 적극적으로 행동한다.
- 여러 사람들과 동시에 대화가 가능하다.

- 사교적이고 활동적이다.
- 혼자 있기보다는 다른 사람들과 어울리는 것을 좋아한다.
- 자신의 기분이 바깥으로 잘 드러난다.
- 행동한 후에 사고하고 반성한다.

② 감각형과 직관형

감각형(S : Sensing)

- 오감(五感)에 의존한다.
- 구체적이고 정확한 표현을 즐겨한다.
- 꼼꼼한 편이다.
- 일상적인 일이 편하다.
- 현재에 초점을 맞춘다.
- 실제의 경험을 중요시 한다.
- 구체적이고 세밀한 조각을 잘 본다.
- 실제적인 문제를 선호한다.
- 숲보다는 나무를 보는 경향이 있다.

직관형(N : iNtuition)[8)]

- 육감(六感)에 의존한다.
- 이야기를 잘 지어낸다.
- 무엇을 어디에 두었는지 잘 기억하지 못한다.
- 창의력과 상상력이 풍부하다.
- 엉뚱한 행동을 자주 하며, 호기심이 많다.
- 미래에 초점을 맞춘다.
- 가능성을 추구한다.
- 전체적 관련성을 잘 본다.
- 비유적인 암시를 선호한다.

---

8) MBTI에서는 내향성(introversion)과 직관형(intuition)의 'i'가 겹치므로 직관형의 첫 번째 알파벳은 소문자로, 두 번째 알파벳은 대문자 N으로 표기하고, 직관형을 지칭할 때 N이라 한다.

• 나무보다는 숲을 보는 경향이 있다.

| 그림 3-5 | 사고의 비약적 패턴을 보여주는 어린왕자

"내 그림이 무섭지 않아요?"
"모자가 뭐가 무섭다는 거니?"
내 그림은 모자가 아니라 코끼리를 소화시키는 보아구렁이였다.
어른들은 언제나 설명을 해주어야만 한다.

"양 한 마리를 그려줘."
....
"이건 상자야. 네가 원하는 양은 그 안에 있어."
"이게 바로 내가 원하던 거야!"

자료 : 생떽쥐베리의 「어린왕자」 중에서

③ 감정형과 사고형

■ 감정형(F : Feeling)

• 감정이 풍부하고 정이 많다.
• 어려운 사람을 보면 마음이 아프다.
• 부드러운 성격이라는 말을 자주 듣는다.
• 쉽게 결정을 못 내릴 때가 많다.
• 관계를 중요시한다.
• 마음으로 결정한다.
• 나에게 주는 의미가 중요하다.
• 관심의 주제는 사람이다.

- 상황에 따른다.

■ 사고형(T : Thinking)

- 관계보다는 원칙이 중요하다.
- '왜' 라는 질문이 많다.
- 인내력이 강하다.
- 궁금한 것을 참지 못한다.
- 한 번 결정한 일은 꾸준히 밀고 나간다.
- 머리로 결정한다.
- 규범과 기준이 중요하다.
- 관심의 주제는 사실(진실)이다.
- 논리에 따른다.

④ 판단형과 인식형

■ 판단형(J : Judging)

- 체계적이다.
- 해야 될 일을 끝내놓고 다른 일을 한다.
- 의견표현이 분명하다.
- 돌발적인 상황을 좋아하지 않는다.
- 규칙적인 생활과 계획을 선호한다.
- 명확한 한계와 범주를 선호한다.
- 계획에 맞춘다.
- 분명한 목적의식이 있다.
- 삶을 통제하는 것을 좋아한다.

■ 인식형(P : Perceiving)

- 자율적이다.
- 그때 그때 계획없이 일을 처리한다.
- 새로운 상황에 잘 적응한다.
- 마음에 따라 행동하는 것을 좋아한다.
- 주변이 어수선해도 개의치 않는다.

- 뜻밖의 일을 즐긴다.
- 최후의 순간에 마감을 맞는다.
- 유연성 있는 생활양식을 선호한다.
- 개방을 유지하는 것에서 편안함을 느낀다.

| 그림 3-6 | MBTI의 16가지 유형

ISTJ 세상의 소금형	ISFJ 임금 뒷편의 권력형	INFJ 예언자형	INTJ 과학자형
ISTP 백과사전형	ISFP 성인군자형	INFP 잔다르크형	INTP 아이디어 뱅크형
ESTP 수완좋은 활동가형	ESFP 사교적인 유형	ENFP 스파크형	ENTP 발명가형
ESTJ 사업가형	ESFJ 친선도모형	ENFJ 언변능숙형	ENTJ 지도자형

강한 여자의 딜레마

보보의 책

융은 일생 동안 많은 사람들을 분석했고, 이 과정에서 계속해서 특정한 현상을 목격했다. 그리고 이 현상들을 체계화하려고 노력했으며 각 현상에 명칭을 부여했다.

융이 설명한 여러 현상들 가운데 가장 중요한 것은 인간정신의 양성성이다. 융은 여성들의 꿈속에는 남성이, 남성의 꿈속에는 여성이 등장하며, 이 인물들은 아주 특별한 성격을 띠고 있다고 주장했다. 융은 이런 신비로운 꿈속 인물들이 특정 시대, 특정 문화 속에서 남성이나 여성으로 살아가면서 꿈꾸는 사람의 인생을 보충해주는 심리적 내용을 구현하고 있다고 생각했다.

생물학적으로 보면 인간의 성은 분명하게 정해져 있지만 인간의 정신은 그렇지가 못하다. 인간의 정신에는 반대되는 성의 일부가 담겨 있다. 이런 반대되는 성의 일부를 인식하고 그것을 일상생활이나 일상행동에 편입시키는 것은, 한 인간의 인격발달에서 아주 중요한 과정이다.

여성의 정신 속에 남성적 요소가 들어

있듯이, 남성의 정신 속에도 여성적 요소가 숨어 있다. 융은 여성의 정신 속에 들어 있는 남성적 요소를 '아니무스(Animuis)'라 불렀고, 반대로 남성의 정신 속에 들어 있는 여성적 요소를 '아니마(Anima)'라 불렀다. 전 세계에서 통용되는 이 남성상과 여성상에게 그는 '원형(Archetype)'이라는 이름을 붙여주었다. 그러므로 융의 '원형'이란 전 인류가 소유하고 있는 인간정신의 구성요소를 가리킨다고 할 수 있다.

원형은 유전된 인간의 기질을 일컫기도 한다. 동물의 세계에도 이와 유사한 것이 있지만 그것은 본능이고, 인간에게는 동물과 달리 의식이 있다. 때문에 인간에게서는 본능적 태도가 행위로만 나타나지 않는다. 내면의 상이나 꿈, 신화, 동화, 예술작품 등은 인간의 본능적 태도를 표현하는 형태인 것이다.

융의 이론이 흥미로운 점은 세계 어디에서나 원형을 찾아볼 수 있다는 사실이다. 우리는 전 세계 모든 문화권의 인간과 원형을 공유하고 있다. 인간은 특정한 원형이 등장함으로써 특정한 정서가 나타나며, 그리하여 아주 특수한 행동을 하기 위한 준비를 갖추게 된다.

자료 : 마야 스토르히의 「강한 여자의 낭만적 딜레마」 중에서

사랑의 비밀?

사랑에 빠진다는 말은 곧 투사를 한다는 말이다. 특히 사랑하는 사람에게 자신의 그림자 중 최고의 부분인 신의 이미지를 투사하는 것이다. 그러므로 사랑하는 이는 모든 숭고함과 신성함의 소유자가 된다. 이런 체험은 극단적으로 편향된 것으로 시소의 오른쪽에서만 벌어진다. 따라서 이 경험은 시소의 반대쪽에 그림자를 키우게 된다. 사랑하다가 돌아섰을 때보다 더 씁쓸한 것은 없다고 느끼는 것도 바로 이 때문이다.

대부분의 결혼은 투사에서 비롯된다. 그래서 반드시 이 환상이 깨지는 시기를 겪는다. 다행히 눈꺼풀에 씌인 것이 벗겨지면 우리는 훨씬 인간적으로 변한다. 인간적으로 변한다는 것은 결혼생활이 훨씬 견고한 실체를 기반으로 지속된다는 뜻이다. 이럴 때 배우자는 맨 처음 투사단계 때와는 전혀 다른 사람이 되었다고 볼 수 있다. 사랑에 빠진 상태는 신에 가까워지는 체험인 반면, 견고한 실체를 바탕으로 지속되는 사랑은 평범한 우리의 일상을 높이 끌어올린다. 그러므로 우리는 어느 날 땅으로 되돌아와서 현실적으로 서로를 바라봐야 한다. 이때부터 비로소 성숙한 사랑의 가능성이 열린다.

짝사랑하고 있다면 그 상대에게 다음과 같이 말해보자.

"만일 당신이 나에게서 당신 자신의 이미지를 보는 대신에 있는 그대로의 나를 바라본다면 우리 사이에 뭔가 이루어질 수도 있을 텐데." 자료 : 로버트 존슨의 「당신의 그림자가 울고 있다」 중에서

(5) 히포크라테스(Hippocrates)의 기질론

히포크라테스는 최초로 성향의 관점에서 인간성격을 기술하려고 시도했다. 그 후 18세기에 칸트가 히포크라테스의 네 가지 기질을 감정과 활동성의 차원에서 재정의하였다. 우울한 사람은 연약한 감정, 다혈질은 강한 감정을 가진 것으로 보았으며, 점액질은 미약한 활동성을 보이고, 담즙질은 강한 활동성을 가지고 있다고 제안했다.

히포크라테스는 기원전 약 400년경에는 사람들을 네 가지 집단으로 나눌 수 있다고 생각했다. 성격에 대한 히포크라테스(Hippocrates)의 정의는 후에 갈렌(Galen, 기원후 약 150년경)에 의해 확장되었다.

히포크라테스, 갈렌, 칸트의 관점과 현대학자들의 관점은 유형과 특질로 구분될 수 있다. 유형은 한 개인특성을 분리된 범주로 분류하는 것이고, 특질은 한 개인이 연속되는 차원에서 정도의 차이를 보이는 것이다.

히포크라테스에 의한 유형구분은 다음과 같다.

첫째, 담즙질(choleric)의 유형이다. 이 유형은 화를 잘 내는 성향을 지니고 있다.

둘째, 우울질(melancholic)의 유형이다. 이 유형은 침울한 성향을 지니고 있다.

셋째, 다혈질(sanguine)의 유형이다. 이 유형은 낙천적인 성향을 지니고 있다.

넷째, 점액질(phlegmatic)의 유형이다. 이 유형은 침착한 성향을 지니고 있다.

| 표 3-3 | 개인의 성격과 기질에 따른 색채선호(soul color)

기질	성격	선호색
다혈질	• 장기간 작업에서의 훌륭한 제안자 • 문제를 얕잡아 보는 경향	노란색 (공기요소와 결합)
우울질	• 세부적인 것에 관심 • 계획의 실천에 능함 • 슬픔에 쉽게 빠져듦	푸른색 (물요소와 연관)
담즙질	• 화를 잘 냄 • 생각보다 행동이 앞선다	빨간색 (불요소와 연관)
점액질	• 무기력 또는 침착 • 앞으로 생길 일을 끝없이 기다린다	초록색 (땅요소와 연관)

자료 : 배은우의 「색깔로 나를 바꾼다」 중에서

아이젠크(H. Eysenck)는 히포크라테스(Hippocrates)와 갈렌(Galen)에 의해 확인된 네 가지 유형을 확장하여 두 개의 차원으로부터 분류된 네 가지 범주의 조합으로 구성되었을 것이라고 제안했다.

그는 두 개의 특성을 '내향성–외향성(introversion-extraversion)'과 '정서적 안정성(emotionality-stability)'이라 구분했다. 외향성 차원은 사교성(sociability), 흥분을 갈망함(craving excitement), 쾌활함(liveliness), 활동성(activeness), 지배성(dominance)의 경향성과 관련이 있으며 이런 것들이 외향적인 사람을 특징짓는다. 그리고 신경증의 차원, 즉 정서적 불안정성 차원은 사람이 쉽게, 자주 혼란에 빠지거나 고통을 받는 것, 불안하고, 변덕스러운 것과 관련된다. 반대 극단인 정서적 안정성은 안정적이고, 조용하고, 침착한 것과 관련된다. 정서적 불안정성(신경증) 수준이 높은 것은 침울함, 불안감, 우울감으로 반영된다.[9]

아이젠크는 기본적 유형을 측정하기 위해 EPQ(Eysenk Personality Questionnaire)를 개발하였다.

| 표 3-4 | EPQ의 해당문항의 사례

외향성
1. 당신은 사람들과 어울리는 것을 좋아합니까? 2. 당신은 외출하는 것을 좋아합니까? 3. 당신은 자신을 낙천적인 사람이라고 생각합니까?
신경증
1. 기분의 변화가 자주 일어납니까? 2. 짜증이 자주 납니까? 3. 초조한 기분을 자주 느낍니까?

자료 : H.J. Eysenck, S.B.G. Eysenck, *Manual of the Eysenck Personality Questionnaire*, San Diego : EdITS., 1975.

선행연구들을 통해서 긍정적 감정에 빠지는 성향의 원인으로 입증된 것은 외향성, 교육, 직장, 적극적인 사회참여, 긍정적인 사건, 만족스러운 여가활동 등이다. 부정적 감정에 빠지는 성향의 원인으로 입증된 것은 신경증적 성격, 감정에 좌우

9) C.S. Carver & M.F. Scheier, *Perspectives on Personality*, Allyn & Bacon, 2004.

되는 성격, 낮은 사회적 지위, 좋지 않은 건강, 낮은 자부심, 스트레스를 주는 사건 등이다.

미국 국립보건연구원의 폴 코스타는 장기간의 연구를 통해 발표한 보고서에서 외향성 지수가 높은 사람은 17년 뒤에 실시한 행복평가에서 높은 점수를 받았다고 말했다. 외향적인 사람들이 더 행복한 이유는 여러 가지로 설명될 수 있으나 그들은 주위 사람들의 반응을 선택적으로 받아들이기 때문이라고 주장했다. 내향적인 사람들에 비해 외향적인 사람들은 타인의 긍정적인 반응에 더 민감하고, 부정적인 반응에는 덜 민감하다는 것이다. 또한 사회심리학자인 마이어스(D. Myers)는 자신의 저서 「The Pursuit of Happiness」에서 자부심, 낙천성, 외향성이라는 세 가지 특질을 가지고 있느냐 없느냐의 여부에 따라 행복이 결정된다고 말했다.

| 그림 3-7 | 아이젠크의 성격특성

	정서적으로 안정된	정서적으로 불안정한
내향적인	수동적인 조심성 있는 사려깊은 자제력 있는 신뢰할 수 있는 마음이 평온한 침착한 점액질 Phlegmatic	조용한 비관적인 비사교적인 냉정한 경직된 불안한 우울한 우울질 Melancholic
외향적인	사교적인 활달한 말이 많은 반응적인 느긋한 생기발랄한 근심없는 리더십 있는 다혈질 Sanguine	활동적인 낙천적인 충동적인 변덕스러운 흥분하기 쉬운 공격적인 들떠 있는 성미가 급한 담즙질 Choleric

자료 : H.J. Eysenck, S.B.G. Eysenck, *Manual of the Eysenck Personality Questionnaire*, San Diego : EdITS., 1975.

그러나 외향성과 행복은 완전한 상관관계에 있지 않고 행복한 사람이 반드시 외향적일 필요는 없으며, 행복하고 내향적인 사람도 있을 수 있다. 이러한 부분에 초점을 맞춘 결과 행복한 사람은 외향성 이외의 행복과 관련된 성격특성 중 신경증적 성향이 거의 없었다.

심리학자들은 얼마나 자주 불안이나 우울한 기분을 느끼느냐는 등의 설문을 통해 신경증적 성향을 측정한다. 베일러대학과 미주리대학의 크리스티나 드네브와 해리스 쿠퍼는 행복과 신경증적 성향의 관계를 조사한 74건의 연구결과를 분석하여, 신경증적 성향이 강한 사람일수록 행복도가 낮다고 보고했다. 신경증적 성향을 가진 사람이 불행한 이유는 그들이 우울해지기 쉽고, 불안해하고, 스트레스에 민감하여 감정상태가 대체로 부정적이기 때문이다.

심리학밖에 수강할 수 없다니!

아이젠크는 원래 물리학을 전공하려 했으나 학교측으로부터 필수과목에 대한 선행 공부가 부족하여 불가능하다는 통보를 받았다.

아이젠크는 담당자에게 전공이 가능한 다른 과목이 있는지 문의했고 담당자로부터 "심리학밖에 없다"는 답변을 듣고 심리학을 공부하기 시작했다. 재미있게도 뛰어난 심리학자로 알려져 있는 아이젠크의 연구는 어쩔 수 없는 상황 때문에 시작된 것이다.

보보의 한 말씀

관계란 존재하는 모든 것에 있다. 우주의 모든 것들은 다른 모든 것들과의 관계 안에 있기 때문에 존재하는 것이다. 고립 속에 존재할 수 있는 것은 아무 것도 없다. 우리는 혼자서 살아갈 수 있는 개별적 존재인 듯 가장하는 것을 그만두어야 한다.

–마거릿 위틀리–

제4장

지각(perception)과 인간관계

1. 지각

04 지각(perception)과 인간관계

보보의 뼈다귀

지각의 차이?

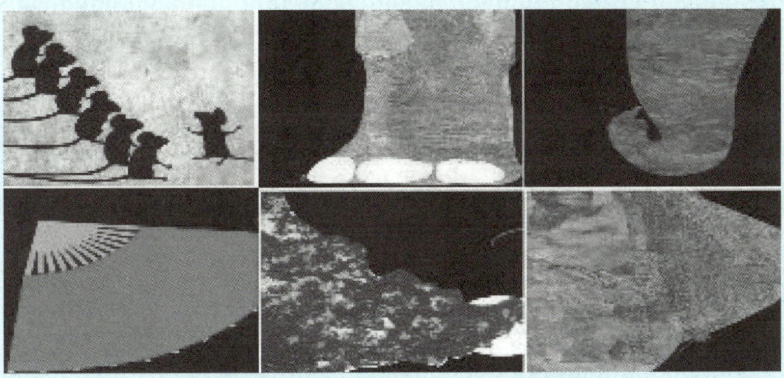

어느 날 일곱 마리 눈먼 생쥐가 연못가에서 아주 이상한 것을 발견했어요.
월요일에 빨간 생쥐가 첫 번째로 알아보러 갔습니다.
"그건 기둥이야"
빨간 생쥐가 돌아와서 말했지만 아무도 믿지 않았어요.
화요일에 초록 생쥐가 갔습니다.
"그건 뱀이야"
초록 생쥐가 돌아와 말했습니다.
수요일에는 노란 생쥐가 갔습니다.
"아냐! 그건 창이었어."
네 번째로 보라색 생쥐가 갔습니다.
"그건 굉장히 높은 낭떠러지였어."
금요일에는 다섯 번째로 주황색 생쥐가 갔습니다.
"그건 부채야! 살랑살랑 움직이던걸."

여섯 번째로 파란 생쥐가 갔습니다.
"그건 그냥 밧줄일 뿐이야!"
그러나 모두 고개를 내저으며 서로의 주장이 맞다고 다투기 시작했습니다.
일요일에 일곱 번째로 하얀 생쥐가 갔습니다.
하얀 생쥐는 이상한 물체에 다가가 위로 올라가 보기도 하고, 반대쪽으로 미끄러져 내려와 보기도 하고, 꼭대기를 따라 끝에서 끝으로 달려가 보기도 했습니다.
"아하, 이제 알았다. 기둥처럼 튼튼하고, 뱀처럼 부드럽고, 낭떠러지처럼 높다랗고, 창처럼 뾰족하고, 부채처럼 살랑거리고, 밧줄처럼 배배 꼬였지만 전체를 말하자면 코끼리야!"

에드 영의 「일곱 마리 눈먼 생쥐」[1] 중에서

1. 지각

1) 지각(perception)의 개념

화이트(D.D. White)는 환경으로부터 자극을 받아들이는 신체적 과정을 '감각'이라 하고, 자극을 선택하고 조직화하여 해석하는 심리적 과정을 '지각'이라고 정의했다. 따라서 지각(perception)은 상대적인 개념이 된다.

객관적인(objective) 지각은 카메라로 사진을 찍는 것처럼 모든 사람들이 같이 경험하는 세계이고, 주관적인(subjective) 지각은 사람들이 신체적, 심리적, 과거의 경험으로 인해 선호하는 바가 다르기 때문에 자신만의 독특한 준거기준(frame of reference)으로 지각하는 세계를 의미한다. 엄밀한 의미에서 본다면 객관적인 실재는 없고, 모든 실재는 자신의 눈으로 본 주관적인 것이다.

모든 인간은 실재(reality)에 기반하여 행동하기보다는 지각된 실재(perceived reality)에 기반하여 행동하기 때문에 중요한 것은 실재가 아니라 지각된 실재가 된다.

1) 칼데콧 아너(Caldecott Honor)상을 받은 에드 영(Ed Young)의 'Seven Blind Mice'로서 힌두우화에도 비슷한 이야기가 있는 것으로 보아 힌두우화를 바탕으로 한 동화로 추정된다.

| 그림 4-1 | 지각의 차이

자료 : Istvan Banyai, *RE-ZOOM*, Viking Children' s books, 2006.[2)]

2) 지각의 과정

(1) 선택(selecting)

지구상에는 수많은 정보와 자극들이 널려져 있으나 인간에 의해 모두 선택되어지는 것이 아니라 그 중 극히 일부만이 선택된다. 따라서 선택이란 인간의 오관에 의해서 외부로부터 수집된 정보(자극) 가운데서 의미 있는 것을 한정적으로 선택함을 뜻한다.

인간은 자신에게 필요로 하는 것만을 지각하려는 성향을 지니는데, 이것을 '지각적 선택(perceptual selection)' 또는 '선택적 지각(selective perception)' 이라 한다.

| 표 4-1 | 선택(selecting)의 심리적 원리[3)]

	형태-바탕의 원리 (figure-ground relationship)	지각관련성 (perceptual relevancy)
형태	의미 있는 것으로 부각되는 사물	자신의 욕구와 관련된 자극만을 선택적으로 지각하는 원리
바탕	무의미한 것으로 남아 있는 사물	

2) 「뉴욕 타임스」와 「퍼블리셔스 위클리」 선정 '올해의 최고 어린이책' 으로 선정되었다.

3) 리비트(H.J. Leavitt)는 사람은 자신을 기쁘게 하는 것을 지각하고, 방해하는 것을 거절하며, 위협이 되는 것들에 주의를 기울인다고 주장한다.

(2) 조직화(organizing)

이 메커니즘은 외부로부터 선택된 자극(투입물)을 의미 있는 것으로 만드는 과정을 의미한다. 즉 정신적 심상(picture)으로 조직화하는 과정이다. 지각된 투입물이 의미 있는 심상으로 조직화되는 과정을 형태과정이라고도 한다.

(3) 해석(interpreting)

사람들은 자신이 목적하는 바에 부합되게 활용할 수 있도록 지각된 것을 해석한다. 외부로부터의 자극은 그 자체로 의미 있는 것이 아니라 해석과정을 통해서 비로소 의미를 부여받게 된다.

해석과정은 주관적(subjective)이고 판단적(judgmental)이기 때문에 왜곡될 가능성이 높지만 가장 중요한 단계이므로 각별한 주의가 필요하다.

How Asians and Westerners Think Differently…and Why

보보와 모모에게 물었다.

"다음의 그림 3개를 보고 그 중 2개를 하나로 묶는다면 무엇을 묶을 것인가?"

보보의 국적은 미국이라고 가정하고, 모모의 국적은 한국이라고 가정하자.

보보는 소와 닭을 하나로 묶었고, 모모는 소와 풀을 하나로 묶었다.

서양인들은 동일한 분류범주(동물)에 해당하는 것끼리 묶은 반면, 동양인들은 '소가 풀을 먹는다'라는 관계에 근거하여 묶었다.

서양인들은 사물들 간의 유사성을 판단할 때 동일한 규칙에 의해 범주화될 수 있는지의 여부에 영향을 받으며, 동양인들은 규칙과는 무관한 '사물들 간의 표면적인 유사성'에 영향을 받는다.

자료 : Richard E. Nisbett, *The Geography of Thought, Brockman,* Inc., 2003(저자가 재구성)

3) 지각과정의 영향요인

(1) 외적 영향요인

① 규모의 원칙(principle of size)

일정한 상황에서 상대적으로 대상물(자극)의 크기가 매우 크거나 매우 작으면 더 쉽고 빠르게 지각된다. 신문의 전면광고, 키가 큰 사람 등이 여기에 속한다.

② 강도의 원칙(principle of intensity)

지각대상의 강도가 강하면 강할수록 더 잘 지각된다. 강도는 소리, 색상, 조도 등 다양하다. 이러한 원리로 TV광고는 정규 프로그램보다 더 큰 소리로 방송된다.

③ 대조의 원칙(principle of contrast)

지각대상이 주변의 다른 자극과 구별될 때 더 많은 주의를 기울이게 된다. 지면에서 색감을 다르게 하거나, 메시지의 내용을 비정상적으로 거꾸로 쓰거나 아무렇게나 배열하는 것 등이 여기에 속한다.

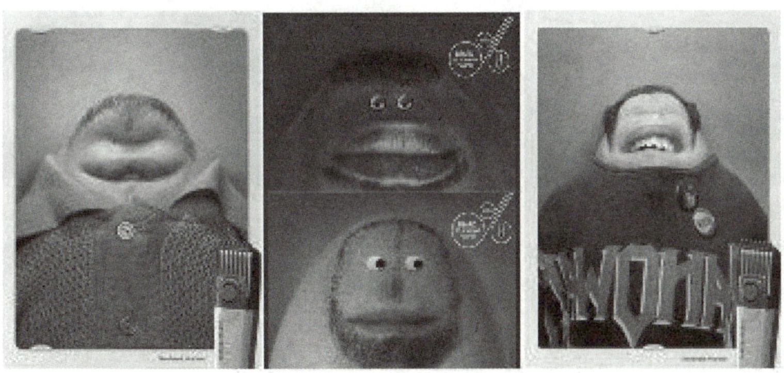

자료 : Daum 플래닛

④ 신기성의 원칙(principle of novelty) & 익숙함의 원칙(principle of familiarity)

신기하거나 익숙한 외적인 상황을 크게 집중시키는 방법이다. 익숙한 무대에서의 새로운 사건이나 새로운 무대에서의 익숙한 사건은 많은 시선을 집중시킬 수 있다.

신기성의 원칙은 지각하는 자의 기대와 표준이나 정상에 대한 개념이 작용한 것인 반면, 대조의 원칙은 시간적 또는 공간적으로 동일한 환경 속에서 특정 대상이 비교되어질 때 나타나는 현상이다.

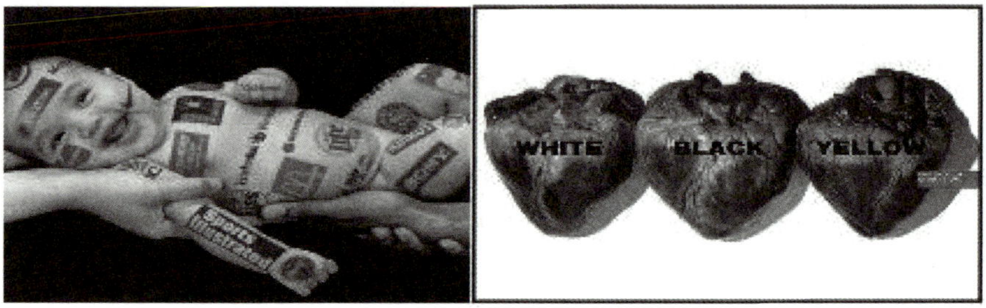

자료 : Daum 플래닛

⑤ 동태성의 원칙(principle of motion)

인간은 정지상태에 있는 것보다 움직이는 대상물에 더 많은 주의를 기울인다. 움직임, 반짝임 등이 여기에 해당된다.

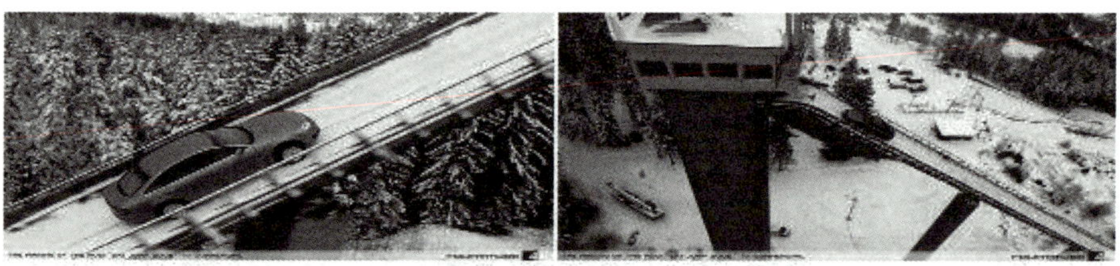

자료 : 스키점프대를 거꾸로 올라가는 아우디의 광고
아우디의 콰트로 25주년 기념으로 1986년도에 눈 덮인 스키점프대를 올라가던 광고를 19년 만에 같은 장소에서 다시 재현함.

⑥ 반복성의 원칙(principle of repetition)

반복되는 외적인 자극은 반복효과로 인하여 단 한 번의 자극보다 더 많은 주의를 끌 수 있다. 반복광고는 처음에는 거부감을 불러일으키지만 '단순접촉의 원리'에 의해 기억에 새겨지고 친밀감이 늘어나게 된다. 실험실의 흰쥐조차도 반복해서 들려주는 음악을 좋아하게 된다.

자료 : Daum 플래닛

보보의 한 말씀

반복적인 암시의 불가사의한 힘은 인간의 이성을 마비시키고 감정에 직접적으로 작용해 잠재의식의 밑바닥까지 스며든다. 이것은 바로 성공하는 광고의 기본원리이기도 하다. 광고를 통한 지속적이고 반복적인 암시는 처음에는 사람들을 믿게 만들고 다음에는 광고한 물건을 간절히 사고 싶게 만든다.

–클라우드 브리스톨의 「신념의 마력」 중에서–

(2) 내적 영향요인

주로 개인의 주관적인 영향요인을 의미한다.

한 개인이 지니고 있는 자아개념, 성격, 동기부여, 과거의 경험, 심리적 요인, 욕구, 감수성, 학습, 지능, 인지구조 등이 여기에 속한다.

| 그림 4-2 | 살바도르 달리의 작품을 통해서 본 인지적 인식의 다양성

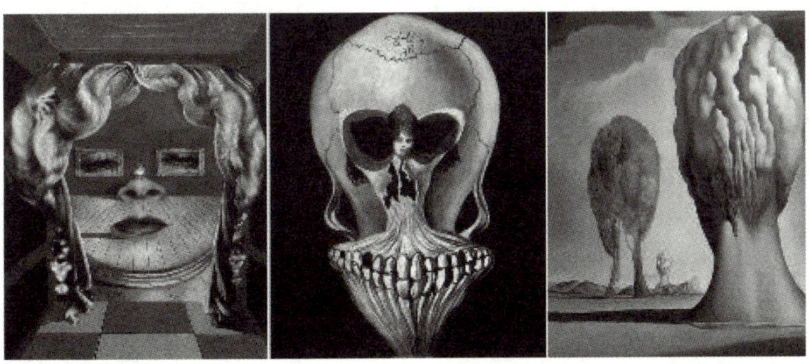

(3) 귀인에 의한 영향요인

① 지각하는 사람(perceiver)의 특성

가장 중요한 영향요인으로서 사람이 대상물을 보고 그것을 해석하려 할 때 지각하는 사람의 개인적 특성에 크게 영향을 받는다는 것이다. 자아개념, 인지구조, 타인과의 과거경험, 동인, 과거의 학습경험, 퍼스낼리티, 태도, 관심사, 기대 등이 여기에 속한다.

② 지각되는 사람(perceived)의 특성

지각되는 사람의 특성이 그의 지각에 영향을 미친다. 여기에는 신체적인 외관, 언어적 의사소통, 비언어적 의사소통, 직위, 직업, 교육, 연령, 성, 종교 등이 속하게 된다.

③ 지각이 이루어지는 상황(situation)의 특성

지각하는 사람이나 지각되는 사람이 같다고 가정해도 상황(환경)이 다르면 지각은 달라지게 된다.

4) 지각의 오류

인간의 판단에는 필연적으로 오류가 따른다. 때문에 인간은 종종 객관적인 사건들을 부정확하게 지각하기도 한다. 지각은 여러 가지 요인에 의해서 영향을 받으면서 형성되기 때문에 오류(errors), 곡해(distortions), 장애(barriers) 등이 형성되게 된다.

(1) 고정관념(stereotyping)

사람을 평가할 때 개인차를 무시하고 그가 속한 집단에 대한 지각을 바탕으로 평가하게 되는 것이다. 어떤 특정한 대상이나 집단에 대해 많은 사람들이 공통으로 가지는 비교적 고정된 견해와 사고를 의미한다. 즉, 지각과정을 단순화시켜 다른 사람을 유사성의 범주에 귀인시키는 경향을 말한다.

대개의 경우 뚜렷한 근거가 없고 감정적 판단에 근거하며, 한 개인의 개인차를 무시하고 그가 속한 집단의 평가에 근거하여 일반화하는 경향이 있다.

20세기를 대표하는 정신의학자인 엘리자베스 퀴블러 로스(Elisabeth K. Ross)는 말한다.

"편견에서 벗어나는 것이 곧 자유이다."

예) 여성은 감정적이고, 남성은 지성적이다.
이탈리아인은 바람둥이고, 미국인은 이성적이다.
젊은이들은 혁신적이고, 늙은이들은 보수적이다.
눈이 큰 사람은 겁이 많고, 눈이 작은 사람은 겁이 없다.

보보의 신문

그들은 미안하다고 말하지 않는다

대개의 경우 남녀는 합일점을 찾지 못하지만 남자와 여자의 공통점이 한 가지 있다. 남자는 절대로 미안하다는 말을 하지 않고, 여자는 끝까지 그 말을 듣고 싶어 한다.

비슷한 일이 반복되면 상대에 대한 이해부족으로 서운함과 앙금이 쌓인다. 도대체 왜 그럴까? 「말을 듣지 않는 남자, 지도를 읽지 못하는 여자」를 쓴 앨런 피즈와 바바라 피즈는 "그건 남녀가 다르기 때문"이라고 답한다.

남자는 사냥, 여자는 채집과 양육에 적합하도록 진화된 결과 뇌구조는 물론 눈귀의 지각력까지 상당한 차이가 난다는 주장이다. 여자는 좌뇌와 우뇌가 연결돼 있지만 남자는 떨어져 있고, 여자의 눈은 바로 앞의 것들을 넓게 보는 반면 남자의 눈은 좁게 멀리 보고, 귀 역시 여자가 소리의 크기나 높낮이에 훨씬 예민하다는 얘기다. 함께 간 파티에서 여자는 10분만 지나면 누가 누구에게 관심이 있는지 모두 파악하는 반면 남자는 돌아올 때까지 모르는 건 이런 데서 연유한다는 분석이다.

여자가 남자보다 빨리 사과하는 건 잘못을 쉽게 인정해서가 아니라 상대방의 감정을 헤아리고 좋은 관계를 갖기 원해서이고, 남자가 '미안하다'는 말을 하지 않는 건 불쾌한 행동의 기준을 낮게 잡기 때문이라는 연구결과가 나왔다. "여자는 대인관계에서 불행하면 일에 집중할 수 없고, 남자는 일에서 불행하다 싶으면 대인관계에 집중할 수 없다"는 말이 다시 확인된 셈이다.

중요한 건 남녀가 서로 이와 같은 차이를 알고 받아들여야 한다는 사실이다. 안 그러면 늘 뭔가 삐걱거릴 테니 말이다.

자료 : 한국경제, 2010. 10. 1(재구성)

(2) 현혹효과(halo effects)

고정관념과 깊이 관련된다. 한 사람이 보유하고 있는 좋거나 나쁜 자질, 행동 등을 보고 그 사람의 전부를 판단하게 되는 일반적 경향이다.

이미지메이킹을 중요하게 부각시키는 추세는 현혹효과와도 깊은 관련이 있다. '블링크(blink)'[4]라는 단어가 의미하는 것처럼 첫 만남에서 순간적으로 판단되는 인상에 기초해서 다른 모든 것들이 결정되기 때문에 현혹효과를 무시할 수 없는 것이다.

예를 들어 "'아이유' 는 아름답다", "아름다우니까 심성도 바를 것이다", "심성이 바르니까 좋은 일을 많이 할 것이다"로 논리적인 근거 없이 사고가 연결되는 것을 의미한다.

성과관리제도에 영향을 미치는 지각의 오류

성과관리제도에서도 현혹효과의 문제점은 확연히 드러난다. 전통적인 성과관리제도하에서는 시간적 근접오류(recency bias)와 현혹효과(halo effect)가 많이 일어나고 있다.

사람의 지각과 판단에는 한계가 있기 때문에 평가에 대한 오류는 언제나 존재할 수밖에 없다. 평가시점에 가장 근접된 행위가 1년에 대한 성과판단에 영향을 미치며, 공정한 평가보다는 프로젝트의 중요성이나 평상시 탁월한 기량을 보였던 직원에게 더 관대하게 평가할 수 있다.

이럴 때 유연성과관리제도를 채택하게 되면 직원의 성과를 다수의 평가자로부터 평가받게 되기 때문에 한 사람의 편견과 오류를 줄일 수 있는 장점이 있으나 그 성공여부는 평가자의 동일한 잣대가 우선이 된다.

(3) 투사(projection)

인간은 흔히 타인도 나와 유사할 것이라고 판단하는 경향이 있다. 타인도 나와 같은 생각을 하고 나와 같은 특성을 지니고 있다고 가정하게 된다. '자신과의 유사

---

4) 블링크' 는 '말콤 글래드웰' 에 의해 제시되었으며 2초 안에 일어나는 순간적인 판단을 말한다. 순간적인 판단(snap judgment)은 무의식의 영역에서 일어나는 문제해결방식으로, 우리가 보통 직관 또는 통찰이라고 부르는 능력과 비슷하다. MBTI의 iNtuition과 비슷한 개념이다.

성 효과(similar-to-me effect)' 라고도 한다.

투사는 인지의 재구성에 있어서 중요한 역할을 하게 되는데 의식으로 떠오른 사고를 자신의 것이라 생각하지 않고 다른 사람이 가지고 있는 사고라고 믿게 된다. 타인을 나의 환상(reflection)인 것처럼 보게 되는 것이다.

예를 들어 제니퍼 애니스톤이 "브래드피트를 미워한다"가 "브래드피트가 나를 미워한다"로 표현되는 것이다. 프로이트(Freud)는 이것을 "더 이상 의식 밖으로 추방시킬 수만은 없는 억압된 욕구에 저항하기 위한 필사적 방어"라고 정의했다.

전통적인 투사의 오류는 관리자의 욕구와 부하의 욕구가 같다고 전제하는 것이다. 투사는 라캉(Lacan)이 1936년 국제 정신분석학 학술모임에서 도입한 '거울단계(Le stade du miroir)' 와 비교해 볼 수 있다. 그는 태어난지 6개월에서 18개월 가량 성장한 아이는 거울에 비친 자신의 모습을 지각하고 환호성을 지르며 반응한다고 했다. 환호성을 지르는 아이는 자신의 모습을 결핍이 없는 완전한 것으로 본다.

이처럼 거울단계는 아이에게 일종의 착각을 선사한다. 서로가 서로에게 가장 완벽한 상을 제시하는 듯한 환상에 빠지게 되는 이 관계에서 자아는 주체에 있지 않고 주체 외부에 존재한다는 것이다.

(4) 선택적 지각(selective perception)

사람은 누구나 자신에게 유리한 방향의 생각과 정보만을 수집하고, 다르거나 불

| 그림 4-3 | 행동으로서의 방어 메커니즘

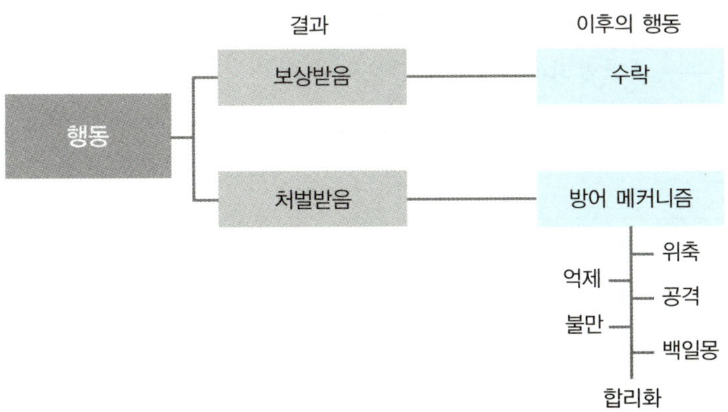

리한 견해는 무시하는 경향이 있다.

미래학자 앨빈 토플러는 21세기의 문제점 중의 하나는 "정보의 부재가 아니라 정보의 홍수 속에서 어떻게 하면 의미 있는 정보를 선택하고 수집하느냐에 있다" 라고 했다. 미국의 한 포털사이트의 조사에 의하면 'IMF' 라는 단어를 검색했을 때 수십 만 개의 정보가 딸려 나오는데, 문제는 현시점에서 필요한 우선순위에 따른 정보의 분류가 아니라 무작위라는 데 있다고 했다.

(5) 기대(expectation)

이는 지각하는 사람의 기대가 그 대상이 되는 사람에게 실제로 나타나게 만드는 과정을 의미한다. 반두라(A. Bandura)와 같은 사회학습이론가(social learning theorist)들은 사람들 간에 차이가 나는 인지적 요소들 중의 하나로 기대를 제시하고 있다.

사회학자 고프만이 제시하는 '낙인' 이나 로젠탈과 자콥슨이 제시하는 '피그말리온효과', 머턴이 제시하는 '자기충족적 예언' 등이 이와 같다. 이는 '기대는 실현된다' 는 의미를 포함하고 있다.

피그말리온효과(Pygmalion effect)[5]는 긍정적 기대 실현의 효과만을 지칭하는 것이 아니라, 긍정적이든 부정적이든 대상에 대한 기대가 그 대상의 행동으로 실현되는 현상을 모두 의미한다. 자기충족적 예언(self-fulfilling prophecy), 지각의 준비(conceptual readiness)라고도 한다. 때문에 편견이나 고정관념이 대상의 행동이나 자아개념으로 실현되는 현상도 포함된다. 초기 인간관계론의 호손실험에서 나타난 호손효과(Hawthorn Effect)와도 유사한 결과를 보인다.

강준만 교수는 피그말리온효과를 극단으로 표현해서 "말하는 대로 된다"는 슬로건으로 압축할 수 있다고 했다. 그는 이 효과에 의해 자식들은 부모가 써준 스크립

---

5) 하버드대학의 로젠탈(Robert Rosenthal) 교수가 처음 사용한 개념이다. 초등학교 학생들과 교사들을 대상으로 한 실험에서 평균 정도의 지능을 가진 아이들을 시험을 통해 선발한 뒤 "이 아이들은 특별하며 앞으로 지적 발달이 빠르고 학업성적도 높아질 것이다"라고 교사들에게 거짓으로 이야기하였다. 일정기간이 지난 후 아이들의 성취도는 월등하게 향상되었다.

트에 따라 인생을 살게 된다고까지 말하고 있다. 이처럼 타인이나 자신에 대한 기대는 반드시 결과에 영향력을 미치게 된다.

보보의 뼈다귀

피그말리온(Pygmalion)

피그말리온과 관련된 명화들

그리스 신화에 나오는 키프로스의 젊은 왕 피그말리온은 대리석에 아름다운 여인상을 조각하였다. 그는 자기가 조각한 이 여인상에 반해 결혼하고 싶은 소망이 들었다. 그래서 아프로디테에게 조각상을 사람으로 만들어 달라고 간절하게 소원을 빌었다.

그의 염원에 부응하여 미와 사랑의 여신 아프로디테는 그 조각상에 생명을 불어 넣어 사람으로 변신시켜 주었고 두 사람은 행복하게 살았다.

이는 자신의 염원과 객관적 현실을 일치시키고자 하는 자기충족적 예언을 은유적으로 잘 표현해주는 신화이다.

발렌타인데이에 생긴 일

보보의 책

래리와 조 앤은 평범한 부부였다.

다른 평범한 부부들처럼 남에게 빚 안 지고 살고, 자식들을 잘 키우기 위해서 열심히 노력했다. 그들은 다른 면에 있어서도 평범한 부부였다. 그들도 여느 부부들처럼 가끔씩 말다툼을 벌였다. 결혼한 걸 후회한다거나 속아서 살아왔다는 등 언쟁을 벌이고, 서로의 감정을 해치며 잘잘못을 따지곤 했다.

그러던 어느 날 매우 특별한 사건이 그들 부부에게 일어났다. 래리가 말했다.

"난 마술의 서랍장을 갖고 있어. 내가 서랍을 열기만 하면 언제든지 그 안에 깨끗한 양말과 속옷들이 차곡차곡 챙겨져 있거든. 나와 함께 사는 동안 당신이 하루도 변함없이 내 양말과 속옷들을 챙겨줘서 정말 고마워."

조 앤은 의심스런 눈초리로 남편에게

물었다.

"원하는 게 뭐죠?"

"아무 것도 원하지 않아. 난 다만 당신에게 고맙다는 말을 하고 싶은 것뿐이야."

래리가 엉뚱한 말을 한 것이 그때가 처음이 아니었으므로 조 앤은 금방 그 사건을 잊었다.

그러나 래리는 계속해서 조 앤에게 칭찬의 말을 아끼지 않았다.

"도대체 저이가 무슨 마음을 먹은 걸까?"

"정말로 날 칭찬하는 건가, 아니면 조롱하는 건가?"

뭐가 잘못되었는지는 모르지만 아무튼 래리는 중단하지 않고 밤이나 낮이나 긍정적인 시각에만 초점을 맞췄다. 그렇게 몇 주일이 지나자 조 앤은 남편의 비정상적인 행동에 많이 익숙해졌고, 때로는 마지못해 이렇게 대답했다.

"그렇게 말해 주니 고맙군요."

그녀는 남편의 이상한 행동에 자신이 잘 대처하는 것에 자부심까지 갖게 되었다. 그러던 어느 날 그것이 무너졌다. 래리는 부엌으로 들어오더니 이렇게 말했다.

"당신은 좀 쉬도록 해. 설거지는 내가 할테니까. 어서 나가요."

조 앤은 한참 동안 말없이 서서 남편을 바라보았다. 이윽고 그녀는 입을 열어 남편에게 말했다.

"고마워요, 래리. 정말 고마워요!"

그녀는 삶의 자신감을 갖게 되었고, 그토록 많았던 우울한 순간들이 말끔히 떠나갔다. 이번에는 조 앤이 먼저 말했다.

"래리, 당신이 우리 식구를 위해 하루도 빠짐없이 일터에 나간 것에 대해 고맙게 생각해요. 내가 얼마나 감사하게 생각하고 있는지 당신은 모를 거예요."

그 후에도 래리는 자신의 행동이 그토록 극적으로 바뀌게 된 이유에 대해서는 아무리 물어도 대답하지 않았다. 그래서 그것은 인생의 여러 수수께끼 중 하나로 남게 되었다. 하지만 그 수수께끼에 대해 나는 진심으로 고맙게 여긴다.

자료 : 잭 캔필드와 마크 빅터 한센의 「영혼을 위한 닭고기 수프」 중에서

보보의 한 말씀

상반되는 사고를 사용하면 가치가 있는 정신의 독특한 여러 습관을 개발할 수 있다. 교육의 한 요소로서 그런 상반되는 생각을 수련할 가치는 매우 크다. 수년간 성실하게 추구한다면 우리는 상반되는 사고와 아주 흡사한 사고의 습관을 개발할 수 있다. 그것을 병렬적 혹은 복합적 사고습관이라고 부를 사람도 있을 것이다. 그 과정은 생각이 단순히 순차적으로 전개되는 것이 아니라 복잡하며 또한 각기 다른 관점에서 바라본 여러 관점이 동시에 작용하는 것처럼 보인다. 그것은 분석적이면서 동시에 통합적인 관점으로 생각하는 현상이다.

-체임벌린-

제5장

자아개념과 자긍심

1. 자아개념(self-concept)
2. 자긍심(self-esteem)과 열등감(feelings of inferiority)

05 자아개념과 자긍심

보보의 책

누군가 미켈란젤로에게 어떻게 피에타 상이나 다비드상 같은 훌륭한 조각상을 만들 수 있었느냐고 물었습니다. 그러자 미켈란젤로는 이미 조각상이 대리석 안에 있다고 상상하고, 필요 없는 부분을 깎아 내어 원래 존재하던 것을 꺼내 주었을 뿐이라고 대답했습니다.

마찬가지로 당신 안에 있는 위대한 사람도 밖으로 나오기만을 기다리고 있습니다. 사람은 누구나 내면에 위대함의 씨앗을 가지고 있습니다. 위대한 사람이란 다른 사람이 갖기 못한 특별한 무언가를 가진 사람이 아닙니다. 그는 단지 가장 뛰어난 자신을 드러내는 데 장애물이 되는 것들을 제거해 버렸을 뿐입니다.

자료 : 엘리자베스 퀴블러 로스의 「인생수업」 중에서

1. 자아개념(self-concept)

자아개념이란 인간의 가장 기본을 이루는 가치로 자신을 스스로 어떻게 인식하고 있는가를 의미하는 개념이다. 자신을 타인과 차별화할 수 있는 자신의 이미지(self-image), 자아정체감(self-identify), 자아존중감(self-esteem) 등의 개념과 유사하다.

인간이 삶을 영위하면서 하게 되는 여러 가지 역할들은 자아개념에 기본해서 이루어지기 때문에 긍정적인 자아개념을 확립하는 일은 매우 중요하다. 라캉(Lacan)의 '거울단계((Le stade du miroir)' 처럼 인간은 자신이 보고 판단하는 자아상에 따라서 긍정적인 자아개념은 긍정적인 결과에 영향을 미치고, 부정적인 자아개념은 부정적인 결과를 초래하게 된다.

그가 제안한 거울단계는 개인의 인생주기에서 인성이 위태로운 상태에 놓이게 되는 최초의 순간을 찾아보자는 것이다. '거울' 의 순간은 자아탄생의 신화와 자아의 타락신화를 동시에 마련해 준다. 생후 6개월에서 18개월 된 유아는 거울에 비친 자기 이미지를 보거나 어른 혹은 다른 아이의 모방적 동작에서 자신과 유사한 동작을 볼 때 하나의 특징적 반응을 보인다.

거울단계의 시기에는 아이의 세계에 처음으로 무언가가 보이기 시작한다. 이 시기에는 여전히 어른에게 의존해야 하지만 거울 앞에는 하나의 자율성 또는 개인의 통제력이 희미하게 어른거리는 것이다. 즉 거울의 이미지는 이제 막 생겨나기 시작하는 자아의 작은 모습이다. 이 모습을 바탕으로 아이는 미래의 자아, 성숙된 자기 등을 내다볼 수 있다.

융(Jung)은 자아에 대해 비관적인 입장을 취한 프로이트(Freud)와는 다르게 자아를 낙관적인 개념으로 인식했다. 융(Jung)의 분석심리학의 개념 중 집단무의식은 조상의 경험이 누적되어 저장되어 있는 곳이며 유전적이다. 프로이트(Freud)는 개인의 무의식을 인간이 가지고 있는 부정적인 그늘로 인식한 데 비해 융은 집단무의식을 무한한 인간잠재력의 보고로 보았다는 차이가 있다.

자아개념에는 자아상(self-image), 실제적 자아(real-self), 타인에게 비추어지는 자아(looking-glass-self), 이상적 자아(ideal-self) 등이 있다. 일찍이 융(Jung)은 "나의 일생은 무의식의 세계로부터 자기실현화의 기록이다"라고 말했다. 대부분의 경우에 여러 가지 자아개념이 일치하지 않으며, 자아개념의 일치를 위한 인격적 성숙이 궁극적인 삶의 목표라 할 수 있다.

2. 자긍심(self-esteem)과 열등감(feelings of inferiority)

1) 자긍심(self-esteem)

자긍심(self-esteem) 은 스스로에 대해서 얼마나 가치 있다고 생각하는 믿음의 정도를 의미한다. 우리가 생각하고 느끼는 모든 것들은 끊임없이 잠재의식에 입력되고, 잠재의식은 옳고 그름을 판단하여 구분할 수 없기 때문에 그것은 현재의 삶에 커다란 영향을 미치게 된다.

인간이 가진 욕구 중에서 가장 커다란 욕구는 '타인으로부터 인정받고 싶다는 욕구' 이다. 이는 '다른 사람보다 더 뛰어났으면, 더 잘 했으면, 존경받았으면' 하는 등의 강렬한 욕구를 의미한다. 윌리엄 제임스(William James)는 "인간의 본성 중에서 가장 강한 것은 타인으로부터 인정받고자 하는 갈망이다"라고 일찍이 제안했다. 존중이란 기회, 재정적 보상, 일과 가정의 균형에 대한 관심 등 많은 의미를 함축하지만 존중의 최고봉은 '그냥' 존중이다.

인간은 대개 강한 자아정체성을 가지고 있기보다는 타인의 희망사항이나 시각에 신경을 쓰게 되고, 그렇게 해야만 바른 사람으로 성장할 수 있다고 배우고 자라왔다. 그러나 행복한 삶을 살기 위해서는 타인의 시각이 아닌 스스로의 시각으로 자신 그 자체가 가치 있고, 경이로운 존재라는 것을 인정하는 용기가 필요하다. 진정한 자긍심은 자신이 누구이며 자신의 자리가 어디인지 깨달을 수 있는 사람만이 가질 수 있다.

불행하게도 우리들은 성장하면서 조건적인 사랑에 의해 인정되도록 훈련되어져 왔다. '착하게', '거짓말 하지 않고', '공부 잘하고', '부모님의 말씀을 잘 듣는' 등의 조건이 충족되어야만 타인(부모)으로부터 인정받을 수 있었다. 이는 자신의 정체성을 내부에서가 아니라 외부에서 찾아오게 하는 위험한 훈련이며, 자긍심을 형성하는 데 결정적인 방해요인으로 작용한다.

20세기를 대표하는 정신의학자이며 호스피스운동의 선구자인 엘리자베스 퀴블러 로스(Elisabeth K. Ross)는 죄의식은 인간을 가장 어두운 내면에 묶어 두며, 그것은 인간을 나약함, 수치심, 냉정함과 연결한다고 주장했다. 또한 인간의 부정적인 부분은 그 죄의식을 먹고 성장한다고 했다. 죄의식은 자신이 무슨 일을 했는가에 대한 과거의 개념이며, 진정한 자긍심을 가지고 있는 사람은 죄의식을 알지 못한다.

자긍심은 '뉴 소트(new thought)'[1]가 주장하는 것처럼 인간의 마음가짐에 따라 자신이 가지고 있는 에너지를 무한대로 끄집어낼 수 있으며, 인생의 방향을 얼마든지 긍정적인 방향으로 바꿀 수 있다는 것을 말해준다. 내가 어떤 생각을 하느냐가 무엇보다도 인생에 중요한 역할을 한다.

내가 존중받고 싶은 대로 남을 존중하라는 말이 있다. 이는 피그말리온효과와도 연결된다. 긍정적인 나의 자아상을 발견하고 자긍심을 형성하되 타인의 존재를 인정해 주는 것이 진정한 자긍심의 모습이다. 역으로 본다면 상대방을 높여줌으로써 그의 존재를 인정해주는 것이 타인의 권리도 받아들이고 나의 권리도 주장할 수 있는 가장 쉬운 방법이다. 남의 행복을 인정해 주고, 남의 행복이 커진다고 해서 나의 행복이 줄어들지는 않는다.

보보는 태어날 때부터 역마살이 있었다. 그래서 지구촌 구석구석을 누비고 다니는 것이 삶의 목표이자 취미였다. 그를 살아있게 하는 것은 새로운 세상을 접하는 것이었다.

그러다가 여러 세상에서 본 이야기들을 글로 쓰기 시작했다. 돈을 목적으로 한 것은 아니었다. 그저 기억의 저장창고로서 한계가 있는 '해마'를 믿지 못해서 자신의 여정을 남겨놓고 싶었던 것뿐이었다. 그랬더니 출판사들이 보보의 글을 찾기 시작했다. 독자들의 반응도 좋았다. 보보는 떼돈을 벌었다. 그러나 돈과 명성이 가져다주는 기쁨은 더 많은 자극을 필요로 하는 교감신경형 쾌락으로 삶에 깊이 있는 의미를 가져다주지 못했다.

뭔가 의미 있는 일을 하고 싶었다. 매슬로우가 제시한 '자기실현인'이든, 콜린스가 제시한 '단계 5의 리더'이든, 그 개념이 무엇이든 간에 사회에 공헌하는 일을 하고 싶었다. 그래서 안젤리나 졸리처럼 아프리카로 갔다.

보보는 케냐의 이동병원에서 케냐인 안과의사를 만날 기회가 있었다. 그런데 알고 보니 그는

---

1) 19세기 중반에 미국의 사상가인 에머슨에 의해 등장한 "인생을 행복과 성공으로 이끄는 방법을 설명해주는 신사상"으로서, 우주의 광대한 힘에는 긍정적 에너지가 깃들어 있으며, 그 에너지는 사람의 마음가짐에 따라 무한대로 끄집어낼 수 있다는 개념이다. 후에 뉴 소트의 연구자들이 '신' 또는 '우주의 힘'이라고 부르던 '보이지 않는 힘'을 프로이트와 융은 '잠재의식'이라는 단어로 바꾸어 제시했다.

대통령도 며칠을 기다려야 할 정도로 유명한 의사였다. 그럼에도 그런 열악한 곳에서 전염성 풍토병 환자들을 아무렇지 않게 만지며 치료하고 있었다. 궁금해진 보보는 물었다.

"당신은 아주 유명한 의사이면서 왜 아무도 알아주지 않는 이런 험한 곳에서 일하고 있어요?"

그러자 이 친구, 어금니가 모두 보일 정도로 활짝 웃으며 이렇게 말했다.

"내가 가지고 있는 기술과 재능을 돈 버는 데만 쓰는 건 너무 아깝잖아요. 그러나 무엇보다도 이 일이 내 가슴을 몹시 뛰게 하기 때문이에요."

그 말을 듣는 순간 보보는 벼락을 맞은 것처럼 온몸에 전율이 일고 머릿속이 짜릿해졌다. 서슴없이 가슴 뛰는 일을 하고 있다고 말하는 그 의사가 몹시 부러웠고, 나도 언젠가 저렇게 말할 수 있다면 얼마나 좋을까 생각했다.

한비야의 「지도 밖으로 행군하라」를 재구성

보보의 한 말씀

무엇보다 이게 가장 중요한데, 너 자신에게 정직해라.
그러면 밤이 낮을 따르듯
너도 자연히 남들에게 거짓되지 않을 것이다.

-햄릿, 1막 3장 중에서-

2) 열등감(feelings of inferiority)

두려움(fear)이란 '실제처럼 보이는 가짜 증거(False Evidence Appearing Real)'의 약자이다. 두려움은 과거의 경험에 기초를 두고 있으며, 미래의 두려움의 원인이 된다. 두려움은 삶을 가로막으며 열등감의 근원이 된다.

그러나 동전의 양면을 보이는 삶의 모든 모습처럼 긍정적인 면도 있다.

아들러(Adler)는 열등감을 갖고 있는 사람은 언제나 보상과정이 활성화되고 우월추구를 하게 된다고 제안했다. 아들러 역시 어린 시절에 거의 죽을 뻔 했던 병약한 아이였다. 그러나 그는 상당한 노력을 통해 자신의 건강문제를 스스로 극복했다. 이런 과정은 노이로제 증상을 가지고 있었던 융(Jung)이나 강박증세를 보였던 프로이트(Freud)도 마찬가지였다. 역설적이게도 그러한 질병들은 그들을 위대한 정신의학자로 만들었다.

사람들은 연습과 훈련을 통해 약한 부분을 강하게 함으로써 보상하고자 한다. 이러한 노력을 우월추구(striving for superiority)라고 부른다. 이와 같이 열등한 부분을 보상하고자 하는 원리는 인생에 지대한 영향을 미친다.

보보를 예로 들어보자.

보보는 남가좌동 일대에서 100미터를 10초에 뛰지 못하는 거의 유일한 개였기에 자신이 열등하다고 느꼈다. 그러나 역설적이게도 자신이 열등하다고 느끼기 때문에 마의 10초의 벽을 깨기 위해서 피나는 훈련을 지속했다. 마치 축구선수로서는 치명적인 약점을 가진 키 작은 프리미어리거 박지성처럼 말이다. 그래서 결국엔 10초의 벽을 깨게 된다. 그러나 보보의 성공에 대한 만족은 오래 가지 못한다. 이제 보보는 자신이 10초보다 더 빠르게 뛸 수 있다고 깨닫게 되면 열등감은 다시 시작되고 더 빨리 뛰기 위해 새로운 목표를 설정하게 된다.

보보의 경우처럼 열등감에 대응하는 방식에 따라 그것은 삶을 긍정적인 방향으로 이끌기도 하고, 부정적인 방향으로 이끌기도 한다. 아들러는 이를 '생활양식(lifestyle)' 이라는 용어를 사용해 설명했는데, 건강한 생활양식은 개인을 적응적으로 발달하도록 이끈다. 또한 사람들이 의미 있는 목표에 도달하고 타인들과 잘 어울려 지낼 수 있도록 만들어 준다. 때문에 생활양식은 삶을 영위하는 기본적 전제와 가정을 의미하며 인간은 생활양식에 따라 생각하고 행동한다. 형성된 생활양식은 외부세계에 대한 태도를 결정하고 기본적 성격구조로 일관성 있게 유지된다. 이는 개인이 직업, 사회, 사랑이라는 과제에 어떻게 접근하는지 설명해준다. 사회적 관심과 활동수준 등 사회환경적 관계를 강조한 아들러의 입장은 호나이와 유사하다. 그는 인간이 건강하게 성장하기 위해서는 필수적으로 어린 시절 안전에 대한 욕구가 만족되어야 하며, 안전에 대한 욕구가 만족되지 않으면 근본적인 불안이 생겨난다고 주장한다. 근본적인 불안으로부터 자신을 보호하기 위한 인간의 행동은 사람들을 향해 나아가기, 사람들과 부딪치고 대항하기, 사람들을 회피하고 거리를 유지하기 등의 세 가지로 나타난다.

반면 잘못된 생활양식도 있다. '잘못된 생활양식(mistaken lifestyle)' 은 타인을 지배하려고 하고, 스스로 노력하기 보다는 타인에게 의존하는 방식으로 열등감에 대응하려고 한다.

예를 들어 모모의 경우를 보자.

모모는 병약하기보다는 지나치게 심약하고 영리한 개였다. 그러다보니 보보처럼 열심히 훈련해서 마의 10초를 넘기기보다는 아예 몸이 약하다는 이유로 주인의 손에 안겨서 다니기를 즐겨 했다. 주인의 손에 안겨서 내려다보는 세상은 더 넓어 보였고, 더 따뜻했다. 그렇기 때문에 애써 힘들여 다른 견공들처럼 뛰어다닐 필요가 없었다. 당연히 모모의 건강상태는 나빠졌고, 몸무게가 지나치게 많이 나가는 과체중견이 되고 말았다.

모모의 경우처럼 어떤 사람들은 열등감을 일으킬 수 있는 상황을 회피함으로써 열등감에 반응하기도 한다. 일종의 방어기제(defense mechanism)인 셈이다. 그들은 어떤 시도도 하지 않음으로써 열등감을 회피하려고 한다.

프리츠(Fritz)는 이런 사람들은 자신의 자아와 감정에 대해 제대로 직면하지 못하기 때문에 타인의 욕구에 지나치게 관심을 갖고, 자아존중감이 낮으며, 자신의 욕구를 부정하는 경향이 높았다고 보고했다. 그러나 아들러(Adler)는 열등감과 우월추구는 서로 지속적으로 순환한다고 믿었으며, 향상하고자 하는 노력은 열등감에서 생기고 열등감에 뿌리를 두고 있다고 보았다.

모든 사람은 순환적으로 열등감에 직면하게 되며, 열등감은 인간의 일부분으로 인정될 수밖에 없다. 그러나 열등감의 중요한 결과가 더 나은 자신이 되고자 하는 노력이라는 관점이 중요한 의미를 지닌다고 볼 수 있다.

헬렌 켈러는 말했다.

| 표 5-1 | 아들러의 생활양식

지배형	• 부모가 지배와 통제를 통해 자녀를 양육할 때 나타나는 생활양식 • 지배와 복종을 강요
기생형	• 부모가 자녀를 지나치게 과잉보호할 때 나타나는 생활양식 • 의존성과 독립심 결여
회피형	• 부모가 자녀교육을 할 때 자녀의 기를 꺾어버리는 것이 원인 • 매사에 소극적, 부정적, 사회적 관심이 떨어짐
사회적 유용형	• 긍정적 태도를 가진 성숙한 사람 • 심리적으로 건강한 사람의 표본

"삶은 하나의 모험이거나, 그렇지 않으면 아무 것도 아니다."

보보의 이야기 1

또또는 '귀남이' 라는 말이 통용되던 호랑이가 담배 피던 옛날옛적에 태어난 여자였다. 머리도 적당히 좋았고, 얼굴도 적당히 생겼으며, 모든 면들이 적당히 평균적이었다. 멘사클럽에 들어가도 좋을 정도로 머리 좋은 남자로 태어난 보보나 모모에 대해서 열등감도 많았지만 또또는 적당히 살아가면서 세상의 꽃으로 남고 싶은 생각이 없었던 당시로서는 좀 문제 있는 여자였다. 한비야 씨가 표현하는 새장 밖의 세상을 한 번도 넘겨다보지 않았던 성실한 삶이 또또의 인생의 전부였다.

그러나 운명은 또또의 편이 아니었다. 또또는 대학에 떨어지고 후기대에 가게 된다. 그리고 평생 꿈꾸어 왔던 '영문학' 이란 분야를 과감히 '경영학' 이란 분야로 바꾸어 버렸다. 그리고 그곳에서 수석으로 졸업했다. 또또의 삶은 공부가 전부였다. 그것은 또또가 잘할 수 있는 일이자 유일한 취미였다. 그러나 세상은 만만치 않았다. 작은 실수로 오갈 데 없는 신세가 되어버린 또또는 몇 년을 방황했다. 술도 마셔 보고, 멍하니 하늘을 바라보며 신도 원망해 보았지만 또또가 할 수 있는 일은 아무 것도 없었다.

그러나 책을 손에서 놓지 못하던 또또에게 어느 멋진 날 「나도 세상에 태어난 값을 하고 싶다」라는 책이 눈에 들어왔다. 이 세상엔 신에 의해 계획되지 않은 일이 하나도 없다는 말처럼 그것은 운명이었다. 그 책은 또또처럼 여자로 살아가기 힘든 세상에서 불평등을 몸소 경험하고 치열하게 싸워가며 불혹의 나이에 뒤늦게 의사로서 출발을 하게 된 존경스러운 '고명인' 이라는 한 여성의 자전적 에세이였다. 그 책을 읽는 순간 또또는 머리를 망치로 맞은 듯한 멍한 충격에 사로잡혔다. 그리고 다시 치열하게 공부하고 삶과 적극적으로 부딪치기 시작했다. 다시 세상 속으로 들어가기 위한 과정들은 또또를 멍들고 아프게 했지만 또또 안에 불타오르는 열정을 이겨낼 수는 없었다.

'공병호 경영연구소' 의 공병호 소장은 말한다. 만약 내가 엘리트 코스만을 따라 갔더라면 지금의 나는 없었을 거라고. 어쩌면 직선이 아닌 삶의 곡선코스가 지금의 그를 만들었는지도 모른다.

또또는 이제 안다. 대학실패라는 것이 또또도 모르고 있었던 내재되어 있던 잠재력을 세상 밖으로 꺼내주려는, 그리고 긴 방황의 시간들이 또또 안에 도사리고 있던 이기심과 지나친 자만심을 내려놓고 세상을 향해 겸허한 마음으로 걸어가게 하기 위한 신의 치밀한 계획이었음을 말이다. 앙드레 말로가 제시한 '꿈을 그리는 사람' 과 짐 콜린스가 제시한 '단계5의 리더십' 의 겸양이 합쳐질 때 비로소 꿈이 실현되는 것이다.

보보의 한 말씀

서로의 경험을 공유하고, 서로를 이해하고, 함께 살고, 서로에게 자기 자신을 보여주고, 표현하는 것은 인간으로서 자연스러운 일이기 때문에 우리는 사랑이라는 관계 속에서 서로를 만난다.

-맥머레이-

3) 조하리창

조셉 루프트(Joseph Luft)와 해리 잉그햄(Harry Ingham)에 의해 제안된 개념으로서 그들의 이름 알파벳을 조합하여 조하리창(Johari Window)이라고 부른다.

그들은 인간의 내면세계를 자기개방(self-disclosure)과 피드백(feedback)의 두 분면으로 나누어 네 가지 영역으로 제안하였다. 이때 자기개방은 자기노출이라고도 하며 자신에 대한 개방 정도를 의미하며, 자신의 사고, 감정, 욕구 등에 대해 타인이 알도록 하는 것이다. 반면 피드백은 타인으로부터의 반응 정도를 의미한다.

인간의 내면세계는 개방영역(open), 숨기는 영역(hidden), 스스로 알지 못하는 영역(blind), 미지의 영역(unknown) 등으로 구분되어진다. 이 영역들은 스스로가 '자신에 대하여 얼마나 알고 있는가'와 '타인에게 자신을 얼마나 나타내는가'의 두 가지 요소에 의해 결정된다. 조하리창을 통해 자기 스스로를 이해하고, 그 이해의 바탕 위에 사람들과 교류하는 정도를 알 수 있다. 때문에 조하리창은 뒷장의 의사거래분석(transactional analysis)과 연결된다.

(1) 개방영역(open)

자기 스스로도 잘 알고 있고, 다른 사람에게도 숨길 필요가 없는 영역을 의미한다. 다른 사람들과 관계를 발전시켜 나갈수록 개방영역이 넓어진다.

예를 들어 모모는 겉으로 보기에는 냉정하고 사리분별이 확실한 것 같은 외강내유의 성격이다. 흔히 이런 성격은 타인들로부터 상처를 받지 않기 위해 방어기제로서 자신의 방어막을 높이 쌓는 유형이다. 그러나 일단 가까워지면 자신의 간도 내어줄 수 있는 성격이 이 유형이다. 모모는 보보와 가까워질수록 자신을 둘러싸고 있던 방어막을 낮추고 많은 부분을 숨김없이 드러내 보였다. 그래서 보보와 절친한 친구로 깊은 우정을 나눌 수 있었다. 바로 이것이 개방영역을 넓혀가는 사례이다.

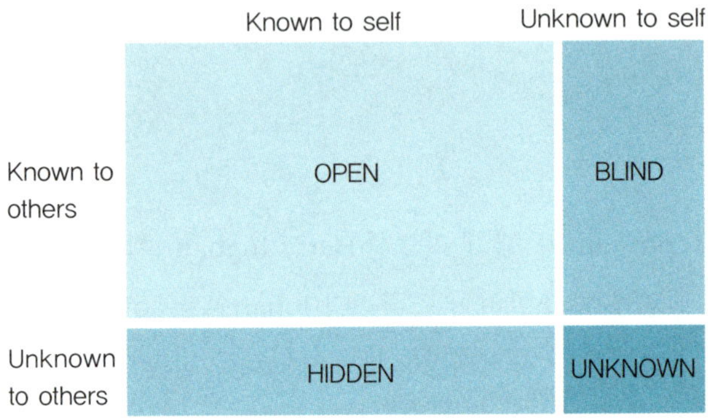

(2) 숨기는 영역(hidden)

이 영역은 자신에 대해서 타인에게 보여주기를 꺼려하는 감정이나 정보를 보유하고 있는 영역이다. 타인에게 보여줌으로써 두려움을 느끼거나, 부끄럽고 부족하다고 생각하는 부분이다. 내향형의 성격에게 이 영역은 상당히 큰 부분을 차지할 수 있다. 그러나 모모의 경우처럼 깊고 친밀한 관계를 발전시켜 나가면 숨기는 영역(hidden)은 점점 줄어들고 개방영역(open)이 점차 넓어진다.

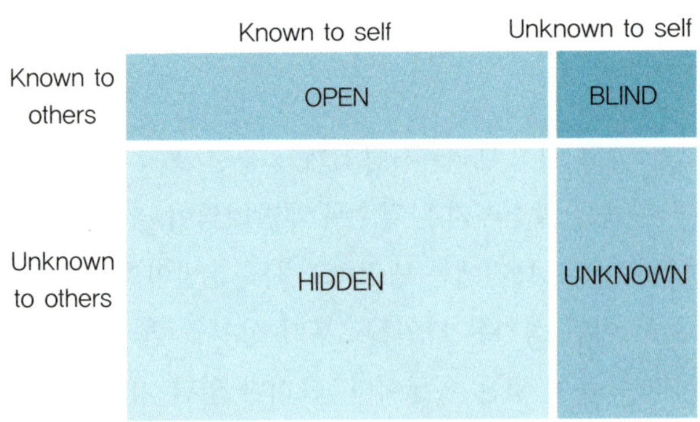

(3) 스스로 알지 못하는 영역(blind)

이 영역은 다른 사람에게는 잘 알려져 있지만 정작 자신은 잘 모르는 영역이다.

프랑스의 생리학자 카렐(A.Carrel)이 "인간, 그것은 미지의 것이다"라고 말했듯이 인간은 자신의 약점을 잘 모르는 존재이다. 미국 제일의 잔인한 갱단두목이었던 알 카포네는 "나는 내 생애의 황금기를 전부 사회를 위해 바쳤다. 그런데 내가 얻은 것은 차가운 세간의 시선과 비난, 그리고 범죄자라는 낙인뿐이었다"라고 말하며 자기 자신을 옹호했으며, 스스로를 인정받지 못한 독지가, 오해받는 자선가로 생각했다.

예를 들어 보보는 자신이 내성적이고 능력이 부족하다고 스스로 평가하지만 다른 이들에게는 성실하고 묵묵하게 주어진 일을 잘 해낸다고 평가받는다. 모모는 자신의 외모가 출중하다고 생각하는 공주병과지만 다른 이들에게는 그저 평범한 한 견공에 불과하다. 똑똑하고 매사에 빈틈없는 이들은 자신에 대한 프라이드가 상당히 높지만 역으로 이는 다른 이들에게 거만하고 냉정하다는 인상을 줄 수도 있다.

위의 모모의 사례처럼 다른 이들과의 긍정적인 상호관계가 발전할수록 이 영역은 점차 줄어들 수 있다. 또한 스스로 보지 못하는 긍정적인 면이나 부정적인 면들을 오히려 상대방은 더 잘 알아볼 수 있기 때문에 도움이 될 수도 있다.

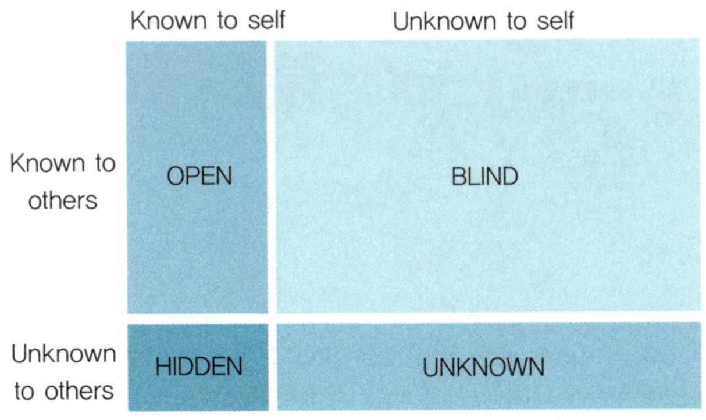

(4) 미지의 영역(unknown)

이 영역은 나도 모르고 타인도 모르는 영역이다.

예를 들면 억압(repression)[2]에 의해서 잠재되어 있는 과거의 기억일 수도 있고, 무의식중으로 가지고 있는 고정관념이나 편견일 수도 있다. 융(Jung)이 제시했던 그림자(shadow)[3]의 개념에 해당될 수도 있다.

이 영역에 감추어져 있던 부분들이 수면으로 떠오르면서 자신을 더 잘 이해하고 알아가게 되기도 하고, 역으로 억압되어 있던 몰랐던 부분들로 인해 상처받을 수도 있다.

조셉 루프트(Joseph Luft)는 대인관계가 원만하지 못한 것은 미지의 영역(unknown)이 큰 경우로서 그 부분이 커지면 커질수록 상대방에 대한 정확한 판단이 흐려지며, 상대방의 현실적 기대를 정확하게 파악하지 못하기 때문에 상호간의 기대충족이 결여되고, 신뢰수준이 감소되어 갈등이 증가하게 되며, 그 결과 대인관계가 원만하게 유지되지 못한다고 주장했다.

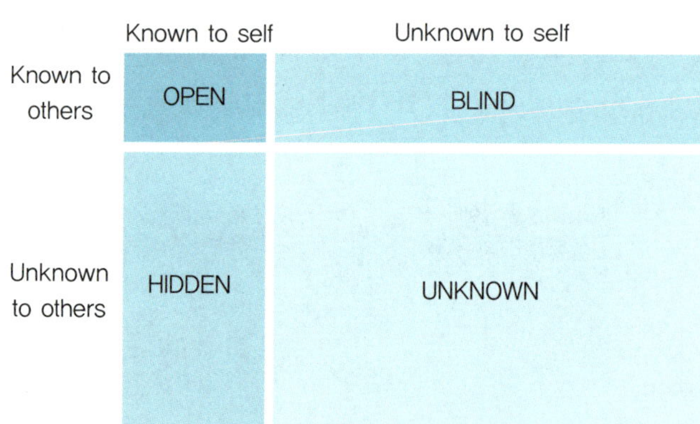

---

2) 프로이트의 정신분석의 기초개념. 자신이 받아들이기 어려운 사고, 관념, 감정, 충동, 기억 등을 의식에서 배제하여 무의식의 세계로 쫓아버리는 자아행동. 방어기제의 기반을 이루는 것이 바로 억압의 개념.

3) 한 사람의 인격의 반영이라고도 할 수 있다. 프로이트의 id와 유사한 개념으로, 인간의 부정적 측면을 가리킨다. 인간의 동물적인 사악한 면, 부도덕성과 공격성, 잔인성 등의 원형이 그림자에 해당한다. 인간의 원죄라는 개념을 형성시킨 근원이다. 스트레스 상황이나 심리적 · 육체적 피로도가 극에 달했을 때 나타나기 쉽다.

이 영역도 긍정적인 상호관계를 발전시켜 나가면 교류에 의해 좁혀질 수 있다. 타인에 의해 바라본 시각으로 인한 피드백은 스스로 생각해 내지 못했던 부분들에 대하여 뒤돌아보게끔 하는 하나의 계기가 될 수 있기 때문이다.

(5) 자기개방(self-disclosure) 영역의 확대

대부분의 사람들은 자기개방(자기노출)을 하기 싫어하고 자신을 폐쇄(non-disclosure)시키는 경향이 있다. 그러나 인간의 마음은 낙하산과 같아서 펼쳐지지 않으면 쓸 수가 없다. 펄머(R.M. Fulmer)는 자신의 태도를 바꿈으로써 성공이 가능해진다고 주장했다.

자신을 솔직하게 드러내게 되면 약점을 노출시키게 되고, 이로 인해 역으로 공격을 받을 수 있고, 이는 두려움으로 이어진다. 때문에 관계가 발전되지 않은 상황에서 자기개방을 하기는 어려운 일이며, 충분히 성숙되지 못한 관계에서 자기개방을 하게 되면 오히려 상대방으로 하여금 거부감을 일으키게 하기 쉽다.

일본의 유명작가인 나츠메 쇼세키는 「초침(草枕)」에서 "지적(知的)으로 움직이면 모가 나고, 정(情)으로 노 저으면 떠내려가고, 의(意)로 밀고 나가면 뜻대로 안 되어 숨막힌다. 이럭저럭 세상은 살기 어렵다"고 표현하면서 인간관계의 어려움을 묘사했다.

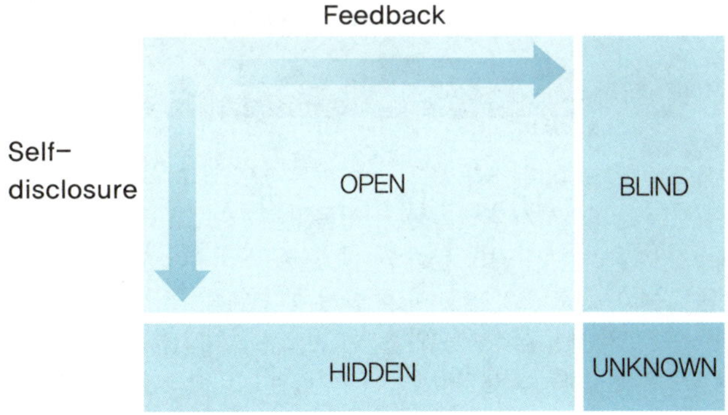

긍정적인 자기개방이란 타인들이 자신이 생각하고 느끼며 원하는 바를 알게 하는 과정이므로 강력한 상호관계를 구축하는 데 결정적인 도움을 준다. 건설적인

자기개방을 통해서 의사소통을 원만하게 할 수 있으며, 대인관계에서 오는 스트레스를 줄여줄 수 있고, 적절한 자기지각(self-awareness)을 통해 올바른 의사결정을 할 수 있다.

| 표 5-2 | 펄머(R.M. Fulmer)가 제시한 건강하고 행복한 사람의 특성

1. 바꿀 수 없는 상황이라면 그것을 수용할 수 있다
2. 다른 사람들과 가까이 지내는 일을 두려워하지 않는다
3. 상황판단을 능률적으로 한다
4. 창의적이고 이상이 높다
5. 상이한 북소리에 맞추어 행진한다
6. 다른 사람들로부터 기꺼이 배우려고 한다

보보의 신문

내 마음을 몰라주는 당신

심리학에 대한 정의는 학자들마다 조금씩 다르다. 하지만 거의 모든 심리학자가 심리학을 정의할 때 공통적으로 사용하는 세 개의 단어가 있다. 인간, 행동, 과학이 바로 그것이다. 이 세 개의 단어를 문장으로 엮으면, 심리학은 인간의 행동을 과학적으로 연구하는 학문이라고 정의할 수 있다.

이러한 정의에 대해 이야기할 때마다 받는 질문 가운데 하나는 왜 마음이라는 단어가 빠졌는가 하는 것이다. 심리학의 심(心)자가 마음이라는 것인데, 마음을 연구한다고 하지 않고 행동을 연구한다고 하니 조금 수상하다는 것이다. 물론, 심리학이 사람의 마음의 이치를 연구하는 학문임에는 틀림없다. 문제는 사람의 마음을 눈으로 들여다볼 수 없다는 것에 있다.

따라서 심리학의 선구자들은 인간의 행동에 주목했다. 특히, 심리학을 과학으로 만들었다고 평가받는 행동주의 심리학자들은 심리학이 과학이 되기 위해서는 관찰할 수 없고 측정할 수 없는 마음 대신 관찰과 측정이 가능한 인간의 행

동을 연구의 대상으로 삼아야 한다고 주장했다.

행동주의 이후로 심리학은 인간행동을 연구하는 전통을 확립했는데, 이것이 심리학이 사람의 마음에 관심이 없다는 것을 의미하는 것은 아니다. 오히려 행동을 연구 대상으로 삼은 궁극적 목표가 인간의 마음을 과학적인 방법으로 연구하자는 데 있는 것이다. 행동을 통해서 사람의 마음을 측정하는 것은 행동주의 심리학자들만의 전유물이 아니다. 우리가 타인의 진심이 무엇인지 판단하고자 할 때 거의 자동적으로 채택하는 방법은 타인이 지금까지 어떤 행동을 했는지 따져보는 것이다. 그가 했던 말보다는 행동이 그의 진심을 추론하는 데 사용할 수 있는 더 타당한 자료이다.

대한민국 드라마 역사상 가장 멋진 캐릭터 중의 하나는 '모래시계'에 등장하는 재희이다. 이정재가 연기한 재희는 한 명의 여인(고현정)을 지키는 보디가드이다. 그는 검은색 양복을 입고 목검 하나만으로 그녀를 지켜낸다. 그리고 그녀를 위해 자신의 죽음이 기다리고 있는 곳을 향해 달려간다. 재희라는 캐릭터가 멋진 이유 가운데 하나는 그의 침묵에 있었다.

재희는 자신이 가지고 있는 상대에 대한 감정을 언어를 통해서 표현하지 않는다. 단지, 그녀가 위기에 닥쳤을 때마다, 자신의 안위에 대한 고려 없이, 죽음을 무릅쓰고 달려가 여인을 구할 뿐이다. 여기서 궁금해지는 것은 재희가 고현정을 사랑한다고 말 한마디 한 적이 없는데, 어떻게 시청자들은 재희가 그녀를 사랑한다고 굳게 믿게 되었을까 하는 것이다. 이 의문에 대한 답은 너무도 쉽다. 재희의 사랑이 여성뿐만 아니라 남성 시청자들까지도 눈물을 흘리게 했던 것은 그가 여인을 향한 자신의 사랑을 언어적으로 표현하지 않고 침묵으로 일관했지만, 우리는 그의 행동을 통해 그가 가지고 있던 애정의 정도를 충분히 쉽게 추론할 수 있었기 때문이다. 즉, 재희는 언어적으로 드러내지 않았을 뿐, 행동을 통해서 자신의 감정을 분명하게 전달한 것이다.

사람들은 일상적으로 그리고 무의식적으로 타인의 행동을 통해 그 사람이 가지고 있는 마음을 추론하는 경향이 있다. 당신을 사랑한다고 말하는 두 명의 사람이 있다고 하자. 당신은 두 사람 중에서 당신을 더 사랑하는 사람과 결혼하고 싶다. 과연 누가 당신을 더 사랑하는 것일까? 이 경우에도 당신은 두 사람의 사랑의 강도를 비교하기 위해서 두 사람의 마음속으로 들어갈 수 없다.

따라서 두 사람이 지금까지 당신에게 보여주었던 다양한 행동들을 머릿속에 떠올리고 비교하기 시작할 것이다. 누가 더 자주 당신에게 문자를 보냈는지, 약속 시간에 당신이 늦게 나갔을 때 누가 더 오랫동안 기다려주었는지, 기념일을 잊지 않고 꼬박꼬박 챙겼던 사람은 누구인지 등과 같은 두 사람의 행동을 비교할 수 있는 질문들이 당신의 마음속에 떠오를 것이다. 당신도 행동을 통해 타인의 마음을 측정하는 행동주의 심리학의 방법론을 당신의 의사결정을 위해 사용하는 데 이미 익숙한 것이다.

그런데 흥미로운 것은 사람들은 상대방의 행동을 토대로 상대방의 마음을 추론하고 자신의 마음도 자신의 행동을 토대로 추론하면서, 정작 상대방은 자신이 아무런 행동을 보여주지 않았을 때조차 자신의 마음을 미루어 짐작해주기를 바란다는 것이다. 내 마음을 몰라주는 상대방이 우리를 힘들게 만드는 것만은 분명하다. 특히, 그 상대방이 나에게 중요한 사람일수록 내 마음을 몰라주는 상대방을 이해하기 힘들고, 그럴수록 상대방에 대한 서운함과 원망의 강도도 커지게 마련이다.

하지만 분명한 사실은 물리적으로 아무리 가까이 있어도 상대방은 우리의 마음을 볼 수 없다는 것이다. 상대방이 눈으로 보고 관찰할 수 있는 것은 우리의 행동뿐이다. 따라서 상대방이 내 마음을 몰라주는 가장 기본적인 이유는 내 행동에서 찾아야 한다. 상대방이 자신의 마음을 알아주기를 원한다면 자신의 마음이 담긴 행동을 하는 수밖에 없다.

행동을 하더라도 상대방이 나의 행동을 보지 못하거나, 또는 그 행동을 한 사람이 당신이라는 사실을 모른다면 아무 소용이 없다. 또한 행동을 하더라도 상대방의 입장에서는 나의 마음이 무엇인지에 대해 확신을 가지기에는 내 행동이 애매하거나 충분히 강하지 않았을 수도 있다. 상대방에게 확신을 주기 위해서는, 행동이 일관성이 있어야 하고 지속적이어야 한다.

상대방이 자신의 마음을 알아주도록 행동하는 것은 중요하다. 하지만 더 중요한 것은 들여다볼 수 없는 나의 마음을 이해하는 것이 상대방에게는 매우 어렵다는 사실을 인정하고 받아들이는 것이다. 기본적으로 보이지 않는 마음을 헤아린다는 것은 당신을 진심으로 사랑하는 사람에게조차도 매우 어려운 과제이기 때문이다.

자료 : 시사저널, 2011. 1. 19

보보의 한 말씀

만일 자신의 참 모습과 직면하는 용기만 있다면 자신의 결점을 알고 개선하여 성공할 수 있다. 또 과거의 실패 중에서 이익을 만들어낼 수도 있다. 즉, 자신의 약점만 알고 있으면 우리들은 어디에서나 배울 수 있다. 그것에 비해 자신을 분석하지 않고 얼렁뚱땅하려고 하거나 핑계거리만을 생각한다면 누구든 자신을 성장시킬 수 없다.

-나폴레온 힐-

제6장

자기주장성과 의사거래분석

1. 자기주장성(self-assertion) 훈련
2. 스트로크(Stroke)
3. 의사거래분석(transactional analysis)
4. 거래의 유형

06 자기주장성과 의사거래분석

'올드보이'의 주장

"내가 웃으려고 노력하면 세상은 나와 같이 웃어줄 것이다. 하지만 만약 세상을 향해 울게 된다면 나 혼자만 울게 될 것이다."

영화 「올드보이」 중에서

1. 자기주장성(self-assertion) 훈련

사회심리학자 맥도갈(W. McDougall)은 인간행동의 대부분을 본능의 발현으로 이해했다. 그는 도주(flight), 거절(repulsion), 호기심(curiosity), 투쟁(pugnacity), 자기비하(self-abasement), 자기주장(self-assertion), 친성(parental) 등 일곱 가지의 기본적 본능을 제시했다.

그는 인간본능은 특정 사물을 지각하게 하고 관심을 표시하게 하며 이 사물에 대해 어떤 특정한 방식으로 행동하게 하는 타고난 정신적 성질이라고 했다. 또한 이는 맹목적이라기보다는 목표지향적인 것이라고 생각했다.

자기주장성이란 적절한 방법으로 어떤 사람이 원하는 것을 요청하는 동안 감정과 사고를 표현하는 과정이다. 즉, 자기주장성은 타인의 권리를 침해하지 않으면서도 효과적으로 자신의 의견을 전달할 수 있는 능력이다. 자기주장성 훈련을 통해 타인의 감정을 상하게 하지 않으면서도 더불어 자신의 권리도 침해당하지 않을 수 있는 효과적인 방법을 습득할 수 있다.

자기주장성 훈련을 통해서 사람들은 근심상황을 생산적 방법으로 다루는 법을 배우게 된다. 참가자들은 감정을 표현하고, 호의를 요청하고, 칭찬을 주고 받고, 행동의 변화를 요청하고, 납득할 수 없는 요청을 거절하는 법을 배운다. 건강한 사람들은 다른 이들의 정당성을 침해하지 않고 자신의 정당성을 주장할 때 자기주장적인 행동을 한다.

때문에 수많은 조직에서 그들의 종업원들을 자기주장성을 습득할 수 있도록 훈련시킨다. 세계적으로 유명한 포드, 월트 디즈니, 트랜스 월드 에어라인, 미국정부 등에서도 도입하였다.

자기주장성을 설명하기 위한 각 행동들은 제1장에서 다루었던 해리스(Harris)의 인생태도(Life Position)와 연결해서 생각해 볼 수 있다.

1) 수동적 행동

수동적 행동을 하는 사람은 "나는 옳지 않다(I'm not OK)"는 생활자세 속에 존재한다. 때문에 자기부정과 자기희생을 수반한다. 의사거래분석에서 다루게 되는 자아상태 중 '자연스런 어린이'와 '양육적인 어버이'의 자아상태로부터 나오는 행동이다.

수동적 행동을 하는 사람은 많은 스트레스를 받으며 종종 고통에 빠지게 된다. 따라서 자기개념이 없으며, 행복을 느끼지 못하고, 빈번하게 공포감에 사로잡힌다. 그들의 행동은 특정한 비언어적 의사소통을 수반하는데, 눈을 마주치지 못하거나, 조용하고 작은 음성으로 이야기하고, 수동적인 태도 등을 보여준다.

사람들은 수동적 행동을 하는 사람들을 이용하려는 경향이 있으며, 많은 사회학자들의 연구에 의하면 남자들은 여자들의 업무를 방해하고, 그녀들의 아이디어를 무시하며, 많은 여성들이 이를 관대하게 보아주는 태도를 보인다고 한다. 이는 개인과 조직 모두에게 비생산적인 행동이다.

보보는 대략난감중?

보보는 신입사원이다. 입사한지 얼마 되지 않았기 때문에 업무에 있어서나 동료들과의 관계에 있어서 상당히 조심스러운 입장이다. 종종 잡무를 떠맡고, 정작 자신에게 주어진 일은 처리하지 못하여 끼니를 거르기도 하고, 야근을 하기도 한다.

어느 날 점심도 먹지 못하고 일처리를 끝낸 후 샌드위치로 허기진 배를 채우려 하는 순간, 옆자리에 있던 직장상사 모모가 와서 말했다.

"야, 참치 샌드위치네. 내가 제일 좋아하는 건데. 좀 나눠줄래?"

순간 보보는 망설였지만 거절하지 못하고 샌드위치를 통째로 모모에게 줘버리고 만다. 모모는 고맙다는 말도 없이 샌드위치를 들고 바람처럼 사라져 버렸다. 보보의 위장은 하루 종일 고통스러웠고, 모모가 납득할 수 있도록 부적절한 요청을 정당하게 거절하지 못한 자신에게 화가 났다.

2) 공격적 행동

공격적 행동을 하는 사람은 "나는 옳지 않다(I'm not OK)"는 생활자세 속에 존재하지만 다른 사람들을 통제하는 과정에서 "나는 옳다(I'm OK)"는 방향으로 생활자세를 조정한다. 공격적 행동은 '적응적인 어린이'와 '비판적인 어버이'의 자아상태로부터 나온다.

그들은 매우 경쟁적이고 지는 것을 싫어하기 때문에 자기가치를 향상시키기 위해 승리하여야 하며, 다른 사람들의 정당성을 침해하는 경향이 있다. 공격적 행동을 하는 사람들은 요구하고, 거칠게 행동하고, 무례하고, 저돌적인 양상을 보여준다. 그들은 자기확신이 강한 듯 보이지만 표면적으로 나타나는 행동들은 종종 자기개념이 빈약한 결과이다.

공격적인 행동에 맞부딪칠 때, 대부분의 사람들은 그러한 행동에 응수하거나,

웅츠리거나, 굴복한다. 즉 그들과의 접촉을 아예 피하거나 싸움에 대비하게 된다. 그들이 사용하는 비언어적인 의사소통은 차가움을 의미하는 날카로운 눈빛과 찌푸린 표정, 높은 톤의 큰 목소리, 빠른 제스처, 협박하는 듯한 자세 등이다.

조직생활 속에서 어떤 부류의 여성들은 공격적이 되는데, 이는 남성 중심의 조직생활에서 살아남고 경쟁하기 위해서 필요한 행동이라고 느끼기 때문이다. 이 행동도 개인이나 조직에게 모두 해로울 수 있다.

남자처럼 일하고 여자처럼 승리하면 어떨까?

모모는 깡통사료의 디자인과 도색작업을 담당하고 있는 중간관리자이다. 사료의 브랜드를 결정하게 되는 주체는 견공들을 키우는 사람이기 때문에 그들의 욕구에 민감하게 반응해야 된다고 생각하고 있다. 21세기를 디지털 시대라고는 하지만 아직도 어린이들이 어린이날에 받고 싶은 선물 1위는 컴퓨터도 게임기도 아닌 '강아지'이다. 때문에 어린이 고객의 흥미를 불러일으키고 시선을 끌기 위해 밝은 색상과 활동적인 캐릭터들을 사용하고, 교육적 목적을 위해 캐릭터들이 책을 들고 있거나 학습하는 과정을 시각적으로 나타내는 새로운 디자인 컨셉을 기획했다.

그러나 상사인 또또의 생각은 달랐다.

"이게 뭐야? 너무 장난스럽잖아. 다시 한 번 기획해봐."

모모는 물러서지 않고 냉정하지만 또박또박한 음성으로 말했다.

"부장님은 시대의 흐름을 따라가지 못하고 있어요. 이 캐릭터를 보세요. 뭐가 문제죠? 부모들의 호주머니를 터는 주체는 아이들이라고요. 부장님의 고정관념을 버리세요."

모모는 저돌적으로 자신의 의견을 주장했지만 결과적으로는 또또의 심경도 불편하게 했고, 자신의 기획안도 통과시키지 못했다.

3) 수동적-공격적 행동

수동적-공격적 행동을 사용하는 사람들은 세 가지 중요한 방법을 활용한다.

첫째, 이 유형의 인간은 산발적으로 두 가지 유형의 행동을 하게 된다. 예를 들어 어떤 유형의 관리자는 부하에게는 매우 공격적이지만 상사에게는 수동적이다. 또는 어느 순간에는 수동적이었던 사람이 다음 날에는 공격적이 되기도 한다. 이러한 유형의 사람은 무엇을 기대하는지 예측할 수 없기 때문에 함께 일하기 매우 힘든 상대가 된다.

둘째, 수동적인 행동을 하고 바로 공격적인 행동을 한다. 예를 들어 어떤 직원이 마지못해 어떠한 일에 동의하고 나서 문을 쾅 하고 소리 나게 닫거나, 일처리 직후 처음 만난 사람에게 고함을 치는 경우가 여기에 해당된다.

셋째, 수동적 행동은 하지만 속으로는 적개심을 쌓는 경우가 여기에 해당된다. 수동적 행동이 반복적으로 쌓이면 공격적인 행동으로 나타나게 된다.

또또에게 뺨 맞고, 보보에게 화풀이 하다

모모는 새로운 기획안을 들고 상사의 사무실을 찾았다. 며칠을 걸려 기획한 참신한 아이디어였기에 그만큼 기대도 컸다. 그러나 상사인 또또에게 일언지하에 거절당하자 일단 겉으로는 또또의 의견에 동의했지만 속으로는 적개심이 쌓여갔다.

사무실로 돌아오니 보보가 열심히 일하고 있는 모습이 눈에 들어왔다. 순간적으로 참고 있던 화가 솟구쳐 올라왔다. 그래서 보보에게 엉뚱하게 고함을 지르고 만다.

"아직도 못했어? 내가 빨리 처리하라고 했잖아. 그렇게 능력이 없으면 그만두던지."

애꿎은 희생양이 된 보보는 큰 눈으로 멀뚱멀뚱 모모를 쳐다볼 수밖에 없었다.

4) 자기주장적 행동

자지주장적 행동은 "나는 옳다-너도 옳다(I'm OK, You're OK)"라는 생활자세에 근거하며 '어른'의 자아상태로부터 나온다.

자기주장적 행동을 하는 사람들은 긍정적인 자기개념을 가지고 있기 때문에 공격적인 행동의 사용 없이도 자신의 감정과 사고를 자유롭게 표현하고 필요한 것을 요청할 수 있다. 그러므로 이 유형의 사람은 타인의 정당성을 침해하지 않으면서도 자신의 정당성을 주장할 수 있다. 이들은 다른 사람들을 위협하지도 않고, 통제하지도 않는다. 그들은 자신감이 있고, 친숙하게 행동하며, 정직하고 긍정적인 자기이미지를 만들어 나가기 때문에 다른 사람들로부터 존경을 받는다.

그들이 사용하는 비언어적인 의사소통은 밝고 즐거운 음성, 확고한 태도, 똑바른 자세, 미소, 따뜻하게 눈을 맞추는 것과 같은 긍정적이고 대면적인 표현을 수반한다.

자기주장적 행동은 '승-승(Win-Win)' 상황을 창조하지만 유념해야 할 것은 수동적이고 공격적인 행동이 적절한 상황도 분명 존재한다는 것이다.

너도 좋고 나도 좋고, 공존공생, 함께 살자!

상사인 모모는 항상 보보의 계산기를 가져다가 사용한다. 그렇기 때문에 정작 보보가 필요할 때는 계산기를 사용할 수가 없어 난처할 때가 한 두 번이 아니다. 생각다 못한 보보는 모모에게 가서 말한다.

"제가 아주 급한 일이 있습니다. 먼저 그 일을 끝마치고 나서 계산기를 빌려드리겠습니다."

보보는 모모의 기분을 언짢게 만들지 않으면서도 자신의 의견을 효과적으로 전달했다. 만약 보보가 계산기를 가져가기 위해서 공격적인 행동을 했다면 그 행동이 약해져서 계산기 없이 모모가 떠날 때까지 그러한 행동을 지속적으로 반복해야 하기 때문에 서로에게 득이 되지 않는 '승-패' 상황을 만들었을 것이다.

〈자기주장성의 단계〉

1. 목표를 설정한다.
2. 어떻게 '승-승' 상황을 창조할 것인지 결정한다.
3. 자기주장적인 국면을 계발한다.
4. 당신의 계획을 지속적으로 이행한다.

| 표 6-1 | 수동적, 공격적, 자기주장적 국면

수동적 국면	수동적 인간은 그들의 요구를 유지하지 못하고 제한적인 표현을 사용한다. • 난 모르겠어요. • 상관없습니다. • 미안해요. • 단지 나의 의견이에요… • 당신을 괴롭히고 싶지 않아요. 하지만… • 그것은 정말 중요하지 않아요. 하지만…

공격적 국면	공격적 인간은 다른 이들의 정당성을 침해하면서 그들의 요구를 유지한다. • 당신은 필요없어… • 당신의 의견은 옳지 않아. • 당신은 무엇을 말하는지 모르고 있어. • 당신은 잘못했어. • 당신은…해야만 해.
자기주장적 국면	자기주장적 인간은 그들의 자세를 일관되게 유지하고, 타인의 정당성을 침해하지 않는다. • 이해하지 못하겠어요… • 난 지금 무엇을 원합니다. • 난 지금 무엇을 필요로 합니다. • 나는…하고 싶어요. • 아니오, 난 더 이상 할 수 없을 것 같아요. • 당신이 더 이상 그런 유머를 사용하지 않았으면 더 좋겠어요. • 나의 의견은… • 당신이…를 알기 원한다고 생각했어요.

나는 누구인가?

보보의 책

"당신 자신에 대해서 말해보시오"라는 요구는 누구나 쉽게 이해할 수 있는 지극히 상식적인 것으로 보인다. 그러나 자기개념(self-concept)을 묻는 이 질문에 대한 대답은 문화에 따라 천차만별이다.

미국과 캐나다인들은 주로 성격형용사(친절하다, 근면하다)를 사용하거나, 자신의 행동(나는 캠핑을 자주 한다)을 서술한다. 이에 반해, 중국, 일본 그리고 한국 사람들은 주로 자신이 속해 있는 사회적 맥락을 동원하여 대답하고(예: "나는 친구들과 노는 것을 좋아한다", "나는 직장에서 아주 열심히 일한다"), 또한 자신의 사회적 역할에 대해 많이 언급한다.

동양인에게 있어서 행위란 다른 사람들과의 관계에 의해 조정되고 또한 다른 사람들에게 영향을 주는 것이기 때문에 인간관계에서 조화를 유지하는 것이 사회생활의 가장 중요한 목표가 된다.

동양인들은 자신들이 속한 내집단에 대해서는 강한 애정을 보이지만, 외집단이나 그저 아는 사이인 사람들에게는 상당한 거리를 둔다. 그들은 자신의 내집단의 다른 구성원들과 매우 유사하다고 느끼고, 그들을 외집단 구성원보다 훨씬 더 신뢰한다. 그러나 서양인들은 자신과 내집단 사이에도 일정한 거리를 두고 싶어하며, 내집단원이나 외집단원을 크게 구분하지 않는 보편주의적 행동원리를 따른다.

동양과 서양의 자기개념의 차이는 자신을 얼마나 독특한 존재로 보는가 하는 문제에서도 발견된다. 미국인들은 자신의 독특성을 과대평가하는 경향이 있는 반면, 동양인들은 그러한 착각을 좀처럼 하지 않는다.

동양인들이 자신의 특성을 일부러 부정적으로 보는 것은 아니다. 그보다 동양인들에게는 자신이 '특별하다', '남들보다 탁월하다'라고 믿게 하는 문화적 압력이 없다. 관계를 중시하는 동양사회에서는 개인의 과제는 '남들보다 더 뛰어나다' 혹은 '더 독특하다'라는 평가를 얻어내는 것이 아니라, 복잡한 인간관계 속에서 화목을 유지하고 집단의 목표를 달성하기 위해 자신의 몫을 다하는 것이기 때문이다.

이를 위해서는 어느 정도의 자기비판이 필수적이다. 집단에 소속되기 위해서는 다른 구성원들을 불편하게 하거나 집단의 과제달성을 방해하는 개인의 단점이나 특성을 반드시 고쳐야 하기 때문이다. 따라서 동양의 학교에서는 학생들에게 남들과 마찰 없이 더불어 사는 법을 가르치지만, 서양에서는 학생들이 자신을 '특별한 존재'로 느끼도록 가르친다.

자료 : 리처드 니스벳의 「생각의 지도」 중에서

2. 스트로크(stroke)

스트로크(stroke)를 직역하면 '쓰다듬다'라는 뜻을 지니고 있다. 이는 몸짓, 눈짓, 표정, 감정, 언어 등 자신의 반응을 상대방에게 알리는 존재인지의 기본단위로 사용된다.

단순히 스킨십의 의미뿐만 아니라 신체적 접촉으로부터 윙크, 말하기, 타인에 대한 인정 등의 정신적 스트로크까지 매우 광범위한 개념으로서 타인의 존재를 인정하기 위한 작용이나 행위를 의미한다.

길거리에서 우연히 만난 지인에게 "안녕하세요?" 등과 같이 인사를 교환하는 것도 스트로크의 교환에 해당된다. 스트로크는 이처럼 긍정적인 개념만 존재하는 것이 아니라 부정적인 것도 동시에 존재한다. 중요한 점은 '스트로크' 개선훈련을 통해서 보다 나은 대인관계를 활성화시킬 수 있고, 개선방향을 도모할 수 있다는 것이다.

유아기에 부모로부터 받는 접촉 등의 신체적 스트로크의 욕구는 성장한 뒤에는 칭찬 등의 정신적 스트로크의 욕구로 이행하게 된다. 프로이트는 유아기에 경험한 부모와의 정서적 관계가 성격발달에 지대한 영향을 미친다고 했다. 또한 신체적 접촉시에 나오는 옥시토닌이란 호르몬은 성인이 되어 대인관계를 원활하게 해주는 역할을 하기 때문에 이 시기에 이루어지는 부모와 아이와의 교감은 매우 중요하다.

"애인이 바나나를 맛있게 먹는 것을 지켜 본 침팬지의 뇌를 MRI로 찍어서 분석해 보았더니 옥시토닌 호르몬이 나온다."

이것은 미국 의학잡지에 실린 기사다. 옥시토닌은 엔돌핀처럼 사랑, 신뢰, 기쁨의 호르몬이다. 임산부의 젖분비 때 옥시토닌이 과다분비되고, 사랑할 때도 생성되는데 이 호르몬은 수줍음을 극복하여 대인관계를 원만하게 해주고, 불안을 해소하는 신비한 호르몬이다. 인간관계 속에서 이루어지는 따뜻한 말 한 마디, 가벼운 신체접촉 시에도 옥시토닌은 생성된다.

인간에게 스트로크의 욕구가 있다는 것은 자신의 존재를 인정받기 위한 욕구가 내재되어 있다는 것을 증명해준다. 매슬로우(Maslow)는 이를 '자존의 욕구'라 표현했다. 이는 동기부여편에서 자세히 설명된다.

인간은 때로 스트로크를 주고받는 행위 자체에 지쳐서 타인과 접촉하지 않으려는 양상을 보이기도 하지만, 반면 스트로크가 부족하면 기아에 허덕이는 것처럼 '생리적 욕구'가 부족해 스트로크 기아(stroke hunger) 상태에 빠지게 된다. 특히 꼭 인간관계가 이루어져야만 하는 상대에게서 부정적 스트로크를 받게 되면 무리를 해서라도 스트로크를 받기 위한 수단으로서 부정적 행동을 하기도 하는데 이것이 반복적으로 이루어지면 심리게임이 된다.

사람은 받은 스트로크의 종류와 그 정도에 따라 사람됨이 정해진다. 이는 유사이키안 경영(eupsychian management)을 주장했던 매슬로우(Maslow)가 기업에서 필요한 것은 종업원의 기술적 숙달이 아니라 그들의 심리적 성숙을 도와 훌륭한 사회인으로 양성해야 한다고 말했던 것과도 연결된다. 프로이트(Freud)의 결정론처럼 인생의 초반에 부모와 자식의 접촉을 통해 이루어지는 결과도 스트로크의 양과 질에 따라 좌우된다.

| 표 6-2 | 스트로크의 종류

스트로크	신체적	정신적	조건부	무조건
존재인지	• 접촉에 의한 스트로크 • 직접적 스트로크	• 언어에 의한 스트로크 • 간접적 스트로크	• 행위나 태도에 대한 스트로크	• 존재나 인격에 대한 스트로크
긍정적 스트로크	• 손을 다정하게 잡아준다 • 등을 두들겨 준다 • 머리를 쓰다듬는다	• 칭찬의 말을 듣는다 • 상장 등을 받는다	• "그 일을 도와줘서 고마워" • "좋은 일을 해서 자랑스럽다"	• "자네와 같은 부하를 데리고 있는 것이 행운이네" • "난 널 사랑해"
부정적 스트로크	• 발로 걷어찬다 • 손바닥으로 때린다 • 꼬집는다	• 야단을 맞는다 • 상대를 얕잡아본다 • 무서운 눈으로 쳐다본다	• "너 때문에 망쳤어" • "공부 안 하면 혼나"	• "난 네가 미워 죽겠어" • "사표 내" • "이혼하자"

3. 의사거래분석(transactional analysis)

의사거래분석은 교류분석(transactional analysis : TA)이라고도 하며 1957년 미국의 정신과 의사인 에릭 번(Eric Bern)에 의해 창안되었다. 이는 인간의 교류나 행동에 관한 이론이자 치료요법이기도 하다.

의사거래분석은 개인치료에 사용되기도 하지만 특히 집단치료에 적합한 상호역동적인 심리치료이다. 이는 성격의 인지적 · 합리적 · 행동적인 면을 모두 강조하며 내담자가 새로운 결정을 내리고 삶의 과정을 바꿀 수 있도록 하기 위한 적극적인 치료법이다.

주요 개념들은 부모(Parent), 어른(Adult), 어린이(Child), 결정(decision), 재결정(redecision), 게임(game), 극본(script), 라켓(racket), 스트로크(strokes), 할인(discounting), 우표수집(stamps) 등이다. 또한 세 가지로 구분되는 행동 형태인 부모(Parent), 어른(Adult), 어린이(Child) 자아상태로 설명된다.

모든 사람은 서로 다른 자아상태(ego state)를 가지고 있으며, 이는 어버이, 어른, 어린이로 구성된다. 사람들은 세 가지 자아상태로 인격을 이루고 이 인격은 행동의 원천이 된다. 그렇기 때문에 이들 중 어느 하나의 입장에서 다른 이들과 의사

| 표 6-3 | 의사거래분석의 목적

1. 선택의 자유, 마음대로 바꾸는 자유, 다시 일어나는 반응과 새로운 자극을 도모하기 위함
2. 개인이 부모로부터 친근감을 가지면서 독립하는 것
3. 실패자에서 성공자가 되는 것
4. 어린이, 어른, 부모 자아상태의 사이를 자유롭게 왕래하는 것
5. 어린이로부터 왕자나 공주가 되는 것
6. 개인의 잠재력 성장과 향상
7. 원활한 의사소통

소통을 하게 된다. 따라서 자아상태는 역할을 의미하기보다는 심리적인 실체를 의미한다.

에릭 번(Eric Bern)은 "비록 그 위치에서 절정에 달했던 초기의 경험이 지워지지 않는다 해도 초기의 결정이 변화될 수 있다고 믿는다. 일단 결정된 것도 다시 결정될 수 있다"고 말하면서, 인간은 언제나 새로운 결정을 내릴 수 있으며 과거에 구속되지 않는다고 주장했다. 그러나 인간이 선택할 수 있는 능력은 갖고 있으나 자율적인 존재가 되기에 필요한 자각을 얻은 사람은 많지 않다고 보았다.

의사거래분석의 목적 중 '어린이로부터 왕자나 공주가 되는 것'이라는 개념은 쉽게 이해되지 않을 수도 있다. 한국적 문화에서는 왕자병과 공주병이라는 신조어 때문에 긍정적인 개념으로 인식되지 않기 때문이다. 그래서 이해가 쉽도록 하기 위해 사제이자 경영학자, 신학자, 심리학자인 안셀름 그륀이 쓴 글귀를 통해 설명하고자 한다.

"우리 안에는 신적 품위가 존재하고, 그것은 이 세상에 속한 것이 아니기 때문에 이 세상의 어떤 힘도 우리로부터 이것을 빼앗아 갈 수 없다. 죽음 직전과 같은 완전히 무력한 상황에서도 우리의 왕과 같은 품위는 어느 누구도 빼앗아 갈 수가 없다."

"인간은 육화된 하느님의 말씀이다. 그래서 우리 각자가 지닌 과제는 자신에게 주어진 하느님의 유일한 말씀이 드러나도록 하는 것이다. 유일성은 내가 가치 있다고 생각하고 자랑하려는 온갖 종류의 장점들과는 무관하다. 유일성은 하느님께서 나를 만드셨다는 사실로 성립된다."

본서에서는 안셀름 그륀이 제안했던 신적 품위의 의미를 한 가지 종교에 고착시키고 싶지는 않다. 여기서 왕자나 공주라는 단어를 이해함에 있어 신적 품위는 오히려 파올로 코엘료가 자신의 저서에서 여러 번 언급했던 우리 안의 내적 신성이라고 보는 것이 무방할 것이다. 따라서 그러한 내적 신성을 발견하고 이끌어내자는 의미 정도로 해석하고자 한다.

의사거래분석의 목적은 사람을 진단하는 것이 아니라 교육을 받은 사람이 자신의 특징을 이해하고 자신의 장점을 살리기 위한 자료를 제공하는 것이다.

1) 어버이 자아상태

어린 시절의 부모 또는 이에 대체되는 사람에 대한 관찰에서 연유된다. 5세 전후의 아이들은 양육자의 말이나 행동을 무비판적으로 받아들여 내면화시킨다. 당시의 자신은 왜소했고 의존적이었으므로 그들은 언제나 옳았다는 기억 때문에 이 상태에 있는 사람은 어버이처럼 생각하고 행동하려는 경향이 있다.

(1) 비판적 어버이(critical parent : CP)

부모의 윤리, 도덕, 가치판단 등의 기준이 내면화된 자아상태로서 엄격한 아버지처럼 행동하는 경우에 해당된다. "해라", "하지 말아라"는 말을 많이 사용한다.

(2) 양육적 어버이(nurturing parent : NP)

자애스럽고 친절하게 자녀를 돌보는 말이나 행동이 내면화된 자아상태로서 보호적, 동정적, 배려적 성격이 강하다. 따뜻한 어머니처럼 행동하는 경우가 여기에 해당되며 남의 고통을 자신의 고통으로 여기는 면도 가지고 있다. 여러 자아상태의 유형 중 가장 중요하지만 이 성향이 지나치게 높으면 스스로에게 스트레스로 작용될 수 있기 때문에 적절한 조절이 필요하다.

참여형, 자유방임형 관리자의 경우 지원적, 관계적 성향이 많으므로 이 유형이 많다. 오늘날의 사회지능과도 유사하다.

신은 모든 곳에 있을 수 없기에 어머니를 만들었다

보보의 책

클림트의 '여자의 세 시기 (The three ages of woman)'

우리 몸에는 디옥시리보핵산(DNA)이라는 우아한 문자에 새겨진 메시지가 흐른다. 사슬, 사다리, 생명의 흐름, 어떤 메타포로 부르건, 이것은 죽은 자의 메시지를 아직 태어나지 않은 사람에게 전달한다. 그 메시지가 전하는 것은 무엇인가? 그 사슬에 나는 무어라고 쓰고 싶은가?

그저 이렇게 쓰고 싶다. 사람을 사랑한다는 것은 힘겨운 일이다. 만일 사랑이, 그 속에서 혹은 그 자체로 생명이 흐르는 중심이 아니라면, 단테가 말한 것처럼 사랑이 별을 움직이지 않았더라면, 우리가 어찌 그 무게를 감당할 수 있겠는가? 사랑은 모든 것을 견디게 한다. 하느님의 역사가 대부분 그렇듯, 사랑도 양날의 검이다. 우리 안에는 사랑의 씨앗이 심어져 있다. 사랑의 시작은 본능적인 일이겠지만 결국은 선택이다. 자유의지를 가진 피조물에게는 그럴 수밖에 없다. 사랑은 계속해서 선택하며 살아야 하는 우리 삶의 일부다.

사랑이라는 어머니의 특별한 메시지를 세포에 담고 있을 아직 태어나지 않은 아기들과, 우리 어머니가 성령처럼 품고 있던 모든 아이들에게, 어머니가 실천하며 살았던 가장 진실한 말을 전한다. 그 힘든 일을 받아들여 축복되게 하고, 별을 움직여라.

버지니아 스템 오언스의 「어머니를 돌보며」 중에서

2) 어린이 자아상태

5세 전후에 경험했던 상황들, 부모와의 관계에서 형성된 감정 등이 내면화된 것으로서 이 자아상태의 사람은 어린 시절의 기억을 갖고 그때처럼 생각하고 행동한다.

(1) 자연스런 어린이(free child : FC)

내면에서 일어나는 것들을 자연스럽게 그대로 나타내며 호기심이 많고, 즐겁고,

재미있고, 환상적인 행동을 보여준다.

(2) 적응적인 어린이(adapted child : AC)

부모나 사회적 권위로부터 관심을 얻기 위해 그들의 요구에 부응하려는 성향이다. 순응적, 소극적, 의존적, 반항적인 특징을 지닌다. 이 자아상태의 사람은 화내고, 공포를 느끼고, 근심하고, 부정적이고, 노여워하는 양상을 보인다.

종업원들이 감정적이 될 수 있으므로 관리자는 이 행동유형은 피하는 것이 좋다.

3) 어른 자아상태

현실을 객관적으로 다루는 상태이며, 논리적 사고와 합리적 행동을 한다. 이 자아상태의 사람은 감정이 아닌 사실에 입각하여 행동하기를 좋아한다. 사려 깊고, 비감정적인 행동을 보여주며, 이는 나이와 관계되는 것이 아니라 교육과 경험에 관련된다. 객관적, 합리적, 분석적, 지성적, 논리적 경향이 강하다.

| 표 6-3 | 세 가지 자아상태

어버이 자아상태 (Parent ego state)	ⓟ	NP	비판적 어버이 (critical parent : CP)
		CP	양육적 어버이 (nurturing parent : NP)
어른 자아상태 (Adult ego state)	Ⓐ		
어린이 자아상태 (Child ego state)	ⓒ	FC	자연스런 어린이 (free child : FC)
		AC	적응적인 어린이 (adapted child : AC)

4. 거래의 유형

1) 상호보완적 의사거래

특정한 자아상태로부터 송신한 메시지가 다른 사람의 특정한 자아상태로부터 예측했던 반응을 얻을 때 일어난다.

■ 유형 1

〈유형의 정리〉

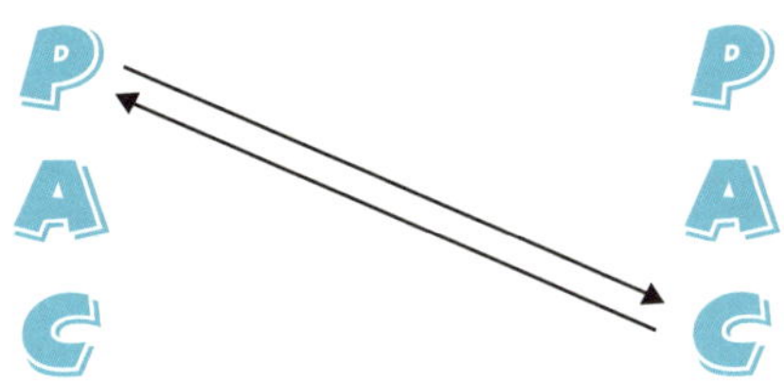

또 다른 예는 직무를 끝마치기를 원하는 관리자가 종업원이 그 일을 하기를 기대하는 경우이다. 상사는 어른 대 어른의 수준으로 행동한다.

■ 유형 2

〈유형의 정리〉

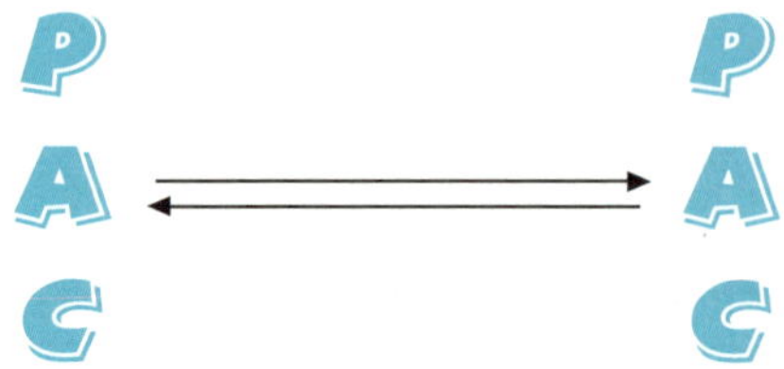

소모적인 논쟁을 일으키지 않고도 효과적인 의사소통결과를 산출하며, 인간관계와 조직성과에 도움을 준다. 부하가 어른 자아상태로 질문하면 관리자는 어른 자아상태로 대답하고, 부하가 어린이 자아상태를 취하면 관리자는 어버이 자아상태로 반응한다.

2) 상호교차적 의사거래

관리자가 올바른 자아상태를 선택하지 못했을 때 일어나고, 결과적으로 대인간계에서 문제를 일으킨다. 즉, 적당하지 않거나 기대하지 않은 반응이 있을 때 일어난다.

■ 유형 1

〈유형의 정리〉

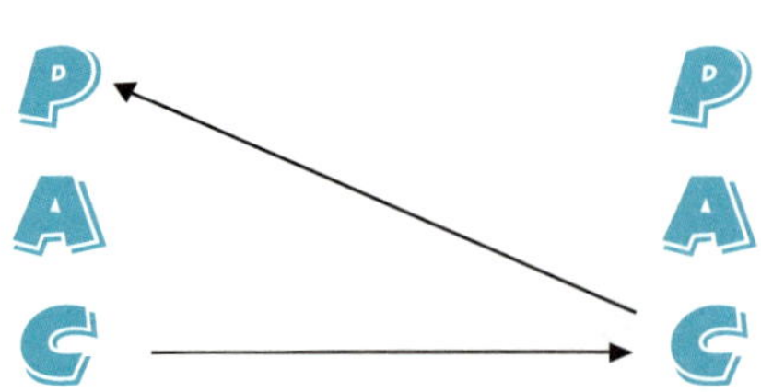

■ 유형 2

〈유형의 정리〉

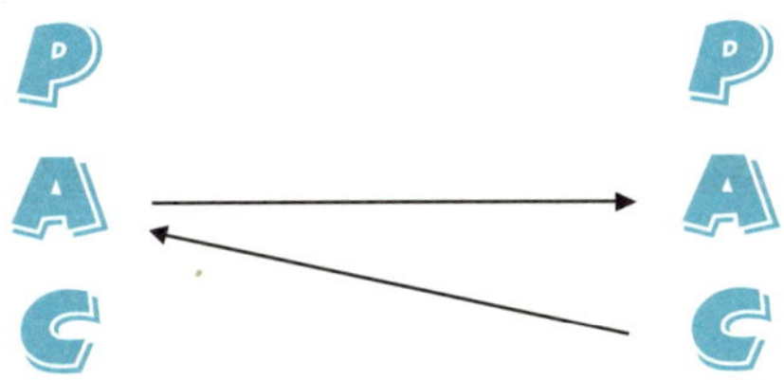

이 유형은 커다란 놀라움과 실망감을 안겨주고, 감정을 상하게 하며, 종종 논쟁으로 끝을 맺어 인간관계를 망치거나 단절시킨다.

3) 비노출적 의사거래

메시지가 어떤 것을 전달하고 있는데, 그것이 의미하는 바가 따로 숨겨져 있을 때 일어난다.

■ 유형

〈유형의 정리〉

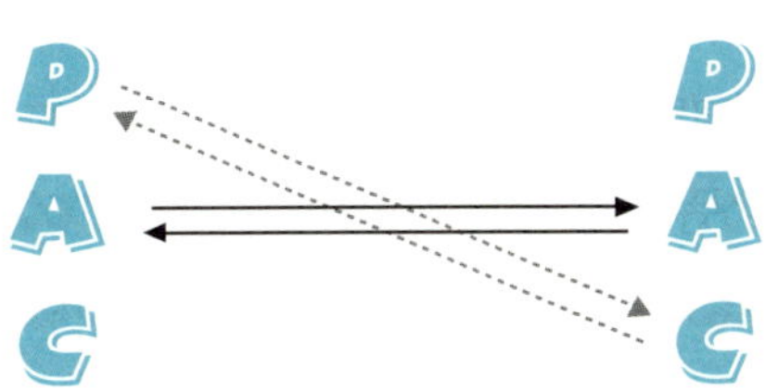

이 유형은 시간을 낭비하게 하고, 인간관계를 단절하는 원인이 되므로 원활한 의사소통과 인간관계를 지속시키기 위해서는 숨겨져 있는 의미를 찾아내는 노력이 필요하다.

| 그림 6-1 | 일어나기 쉬운 의사거래의 종류

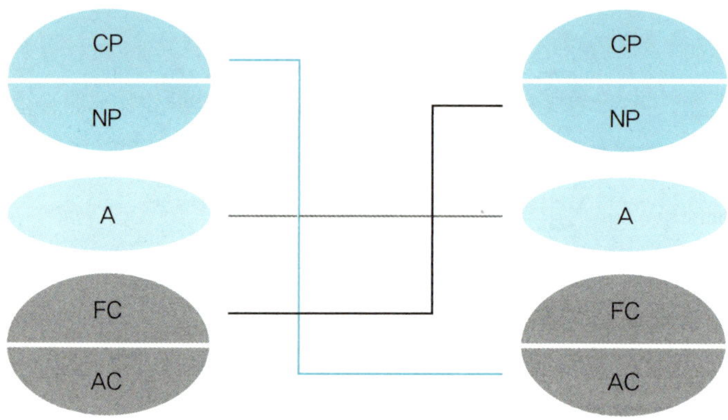

모래알 하나를 보고도
너를 생각했지
풀잎 하나를 보고도
너를 생각했지
너를 생각하게 하지 않는 것은
이 세상에 없어
너를 생각하는 것이
나의 일생이었지

자료 : 정채봉의 '너를 생각하는 것이 나의 일생이었지'

| 자아상태 설문지 |

각 질문의 빈칸에 점수를 기입하고, 세로로 합산을 하면 총 5개의 점수가 나오게 되는데 CP, NP, A, FC, AC의 순서이다.

그렇다(2점) 보통이다(1점) 아니다(0점)

1	자기의 손익을 생각하고 행동하는 편이다					
2	자신을 자유롭게 행동하는 사람이라고 생각한다					
3	남의 말을 가로막고 자기 생각을 말하는 일이 있다					
4	생각하고 있는 바를 말하지 못하는 성질이다					
5	다른 사람을 엄하게 비판하는 편이다					
6	다른 사람에 대해 헤아려 주는 바가 강하다					
7	상대방의 좋은 점을 잘 알아차리는 편이다					
8	대화 중에 감정적이 되는 일이 적다					
9	호기심이 강한 편이다					
10	시간이나 금전에 대한 약속을 소홀히 하는 것을 싫어한다					
11	사람들로부터 좋은 인상을 받고 싶어한다					
12	남이 부탁하면 거절 못하는 편이다					
13	양보심이 많으며 앞으로 나서지 않는 편이다					
14	사회의 규칙, 윤리, 도덕 등을 중시한다					
15	사물을 분석적으로 깊게 생각한 다음에 결정한다					
16	싫은 일은 이유를 붙여 뒤로 미루는 경향이 있다					
17	아이들이나 남의 일을 돌보아 주는 것을 좋아한다					
18	자기 생각을 주장하기보다 타협하는 일이 많다					
19	감정보다는 이성적인 편이다					
20	예절이나 규범에 까다로운 편이다					
21	의견이 서로 다를 때는 양쪽 의견을 모두 듣고 결정한다					
22	오락, 음식 등을 만족할 때까지 찾는 편이다					
23	책임감을 남에게 강하게 요구한다					
24	타인에 대해 융통성 있는 편이다					
25	불만이 있더라도 참는 편이다					
26	다른 사람의 안색이나 말에 신경을 쓰게 된다					
27	"해야 한다. 하지 않으면 안 된다"는 말을 자주 쓴다					
28	말하고자 하는 것을 서슴 없이 말해 버리는 편이다					

29	작은 잘못이라도 흐지부지 지나치지 않는 편이다					
30	다른 사람의 기대에 어긋나지 않도록 노력을 많이 한다					
31	자기 감정을 억누르는 편이다					
32	원하는 것을 손에 넣지 않으면 못배기는 편이다					
33	무슨 일이나 사실에 입각해서 판단한다					
34	"야, 멋있다. 와." 등 감탄사를 자주 쓴다					
35	자신감이 없고 열등감을 느낄 때가 많다					
36	여러 가지 책을 많이 읽는 편이다					
37	농담을 잘하는 편이다					
38	화내는 일이 많은 편이다					
39	좋다, 나쁘다를 분명하게 말한다					
40	앞으로의 일을 냉정하게 생각하고 행동한다					
41	잘 모르는 것은 질문이나 상의해서 처리한다					
42	아이들이나 부하의 잘못에 대해 관대하다					
43	상대방의 말에 귀를 기울여 공감하는 편이다					
44	아이들이나 부하를 엄격히 교육시킨다					
45	흥에 취하면 도가 지나치는 행동을 할 때가 있다					
46	길을 물으면 친절히 가르쳐 준다					
47	감정이 풍부하고 눈물이 많은 편이다					
48	친구나 가족들에게 무엇이든 사주는 것을 좋아한다					
49	몸이 좋지 않을 때는 자중해서 무리를 피한다					
50	스스로 동정심이 많다고 생각한다					

| 보보의 문제 |

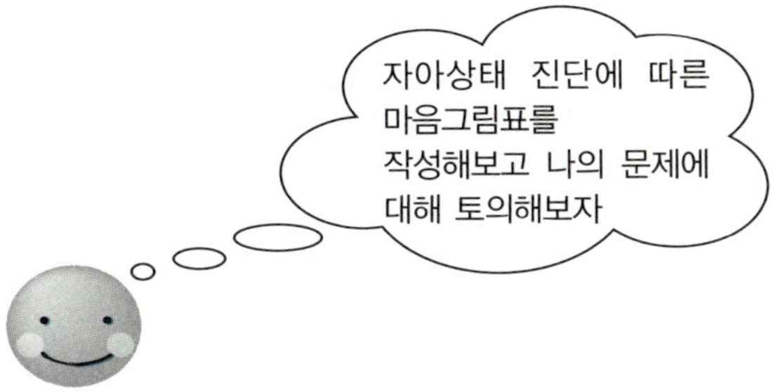
자아상태 진단에 따른
마음그림표를
작성해보고 나의 문제에
대해 토의해보자

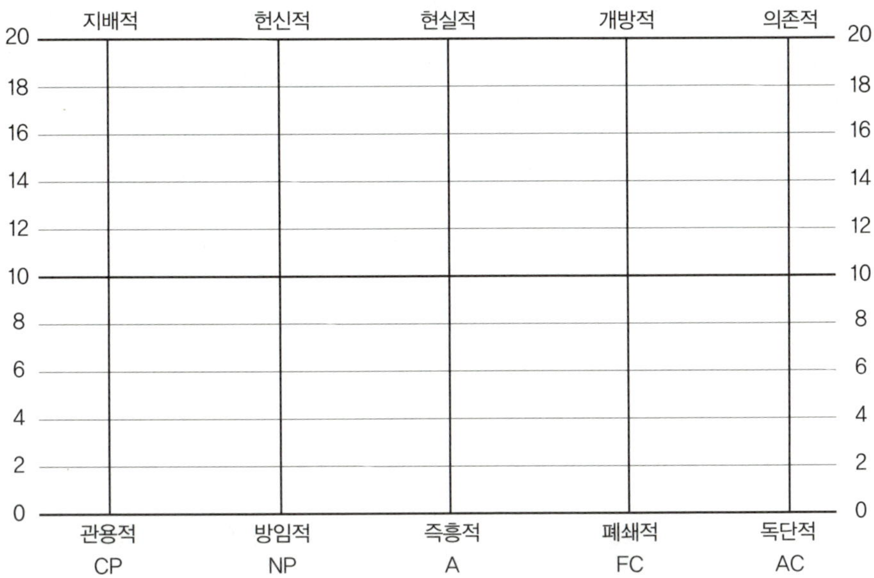
지배적
헌신적
현실적
개방적
의존적
20
18
16
14
12
10
8
6
4
2
0
관용적
방임적
즉흥적
폐쇄적
독단적
CP
NP
A
FC
AC

보보의 뼈다귀!

사람들은 왜 자신의 정보를 누설하는가?

인간의 관심이 어디 있다고 생각하는가?

공공선, 우주, 조국, 원대한 이상....모두 틀렸다. 인간 최대의 관심사는 바로 자기 자신이다. 바넘효과[1]가 통할 수 있는 이유 자신에 대한 인간의 지나친 관심 때문이다.

새해가 되면 몹시 바쁜 사람들이 있다. 신년운수를 보러 가는 많은 사람들 때문에 이러한 호황은 계속된다. 점술가는 그저 그런 이야기를 했을 뿐인데 '용하다', '내 상황을 어쩜 딱 맞추나' 등으로 감탄하는 것이 대표적인 바넘효과에 속한다.

바넘효과의 가장 큰 수혜자는 혈액형별 인간의 분류이다. 세상의 모든 B형 남자는 나쁜 놈인가? 대한민국에 몹시 억울한 B형 남자들 많다. 혈액형에 대한 연구는 모두 O형 인간들이 했을 것이라는 원망이 나올 법도 하다.

바넘효과를 역으로 해석해 보면 인간은 대화를 통해 자신의 정보를 누설한다는 것을 쉽게 알 수 있다. 언어적인 표현이 아니더라도 비언어적인 표현을 통해 자신의 정보를 상대방에게 누설함으로써 자신에 대한 해석이 가능하도록 무의식적으로 돕고 있는 것이다. 여기서 우리가 배울 점은 무엇일까? 상대방이 나에 대한 해석이 가능하다면 역으로 나도 상대방에 대해서 해석할 수 있다는 것이다.

대화를 성공적으로 이끄는 사람은 상대방을 자신의 분위기로 끌어들임으로써 상대방이 자발적으로 자신의 정보를 제공하도록 만든다. 이것은 성공적인 화술의 필수요건이다.

오바마 대통령의 비밀

보보의 책

오바마 대통령은 외향적인 제스처를 사용하는 대표적인 정치가이다. 연설장면을 보면 손동작이 바깥으로 향해 있다. 오바마의 표정과 손놀림 등을 유심히 살펴보면 여러 명의 청중이 아닌 바로 나 자신 하나만을 앞에 두고 말하는 것 같은 착각을 불러일으킨다. 그의 말과 눈빛이 오로지 나 한 사람을 향하고 있다고 믿게 만드는 것이다. 손과 팔을 사용하는 동작이 크고 바깥 방향으로 뻗어서 마치 앞에 있는 사람

1) 모든 사람들이 갖고 있는 보편적 특징을 마치 자신만의 특징이라고 여기는 현상을 의미한다. 19세기 말 곡예단에서 사람들의 성격과 특징을 조사하는 일을 하던 바넘에게서 유래하였기에 '바넘효과'라 부른다. 1940년대 말 심리학자 포러가 성격진단실험을 통해 처음으로 증명하였기 때문에 '포러효과'라고도 부른다.

을 열린 마음으로 환영하는 듯하다.

그리고 그에게는 사람들을 한순간에 사로잡을 수 있는 또 다른 몸의 표현이 있다. 바로 미소이다. 진지한 표정 뒤에 이어지는 환한 미소는 마치 보는 사람들을 무장해제시키는 듯하다. 카리스마 있는 미소란 전체 얼굴을 이용한 미소이다. 눈을 깜빡여 눈과 입이 같이 웃으면 얼굴 전반이 환해진다. 오바마의 이런 미소는 상당히 인상적이었으며 그가 말하고자 하는 것을 효과적으로 전달하는 좋은 방법이 되었다.

오바마는 다른 연설자들처럼 손가락질을 하거나 위에서 아래를 내려다보는 듯한 표정은 짓지 않는다. 거만하지 않으면서도 비굴하지 않고 자신감 있는 태도는 모든 계층을 아우르는 오바마의 인기비결이다.

자신감은 카리스마를 형성하고 매력을 발산하게 한다. 사람들은 타인의 자신감 정도에 많은 영향을 받는다. 오바마의 모든 것, 즉 좋은 신체와 잘 생긴 얼굴, 긍정적이고 자신감 넘치는 모습이 모두 영향을 미친다. 대중을 빨아들이는 오바마 대통령의 비밀은 바로 '몸짓언어'인 것이다.

자료 : SBS 스페셜 제작팀의 '매력 DNA 그들이 인기 있는 이유' 중에서

보보의 한 말씀

신경제의 시대에 지속가능한 경쟁력의 유일한 원천이 될 수 있는 것은 당신이 만들어내는 충성스러운 유대관계일 것이다. 인적자본이란 다른 자산들과는 달리 시간이 지나도 감가상각이 되지 않는다. 좋은 와인처럼 해가 갈수록 더욱 가치가 높아지는 것이다.

-프레드 라이켈트(베인앤드컴퍼니의 경영 컨설턴트)-

제7장

커뮤니케이션과 인간관계

1. 의사소통의 개념
2. 의사소통의 유형
3. 의사소통의 수단
4. 의사소통의 과정
5. 대인 의사소통의 모델

07 커뮤니케이션과 인간관계

Thanks Herb!

"우리의 이름을 모두 기억해 주시고 추수감사절에 직접 선물을 주시며
보스가 아닌 우리의 친구가 되어 주신 것에
1만 6,000명 임직원이 허브 씨에게 깊은 감사를 드립니다."

이것은 1994년 '미국 경영자의 날'에 사우스웨스트항공사 직원들이 자비를 들여 유에스 투데이(US Today)에 실은 광고이다. 전 세계 CEO 중에서 이런 사랑을 받을 수 있는 CEO가 또 있을까?

허브 캘러허는 독특한 경영철학으로 모두를 즐겁고 기쁘게 만든다. 그는 직원이 즐거우면 고객을 가족처럼 대하고, 만족한 고객은 성과를 통해 보상할 것이라는 신념을 가지고 있다. 유머는 어려운 상황을 이겨나갈 수 있는 힘을 주고, 미움과 갈등을 녹여버린다. 때문에 직장은 항상 즐거운 곳이어야 한다.

삼성경제연구소 이일한 선임연구원은 "소통역량강화를 위해서는 경영진과 관리자가 현장의 소리에 귀를 기울여야 한다"며 "조직 간 장벽을 제거하기 위해 노력하는 것이 필수"라고 분석했다.

소통강화의 성공사례로 차란, 래리 등이 공저한 「실행에 집중하라(2004)」에서 샘 월튼(월마트)이나 허브 캘러허(사우스웨스트항공) 같은 CEO가 뛰어난 리더로 평가받을 수 있었던 것은 현장에서 솔직한 대화를 자주 하고, 이를 통해 리더의 생각과 지식을 전파했기 때문이다"란 부분을 인용했다.

원활한 소통의 비결로는 ▲신뢰구축 ▲소통의 정확성 ▲소통채널의 다변화 ▲가치공유와 일체감 확보 ▲소통의 스피드를 꼽았다.

자료 : 삼성경제연구소(일부인용)

1. 의사소통의 개념

'communication' 이란 어휘는 영어의 'common' 을 의미하는 라틴어의 'communis' 에서 유래되었으며, 이 때문에 송신자는 수신자와의 공통성(commonness)을 형성하려 한다. 때문에 의사소통이란 한 사람의 머리에서 다른 사람의 머리로 느낌을 포함한 생각을 옮기는 과정이라고 볼 수 있다.

| 표 7-1 | 의사소통의 개념

D.P. Dawson	의사소통은 한 사람의 머리에서 다른 사람의 머리로 느낌을 포함한 생각을 옮기는 과정이다
L. Donaldson	의사소통은 효과적인 수단을 통한 정보와 이해의 상호교환이다
S.P. Robbins	의사소통은 의미의 전달이고 이해이다

의사소통이 경영의 핵심이 되는 이유는 계획화를 통해서 시작되는 경영의 기능들이 의사소통을 통해서만 실현될 수 있기 때문이다. 즉 관리자와 부하의 관계를 연결시켜주는 중추신경의 역할을 한다고 볼 수 있다. 때문에 루탄스는 성공적인 경영자는 업무시간의 48%를 의사소통에 할애한다고 했으며, 블레이크는 관리자들의 60% 이상이 조직의 효과에 있어서 주된 장애요인이 의사소통이라고 언급했다.

보보는 아이러브보보스라는 사료기업을 경영하면서 모모와 또또와 많은 관계를 형성했다.

모모에게는 구체적인 작업의 지시를 위해서 '…를 해라.' '…는 이런 절차에 의해 이루어진다' 등의 이야기를 했다. 그런 대화를 통해서 구체적인 작업의 내용도 이해시키고, 정보도 전달할 수 있었으며, 왜 아이러브보보스는 돈을 벌어야 하는가 등에 대해서도 훌륭하게 설명할 수 있었다. 이것이 바로 하향식 의사소통에 해당한다.

때로는 모모와 또또도 보보에게 하고 싶은 말이 있었다. 그들은 열심히 일했지만 가끔씩은 보보에게 불만도 있었고, 보보가 정해 놓은 일의 절차가 마음에 들지 않을 때도 있었다. 그래서 새로운 아이디어도 제안하고, 그들의 느낌도 이야기했다. 바로 이것이 상향식 의사소통이다.

모모와 또또는 서로 다른 일을 맡고 있었지만 동급이었다. 그들은 때로는 좋은 사료란 어떤 것인가에 관한 정보도 공유해야 했고, 제때 사료공급이 되지 않을 때 문제를 어떻게 해결해야 하는지에 대한 것도 의논해야 했으며, 때로는 작은 문제가 생겨나 갈등의 소지가 있을 때 원활히 풀기도 해야 했다. 바로 이것이 수평식 의사소통인 것이다.

위의 내용을 정리해 볼 때 의사소통은 움직이는 과정이며, 의미를 교환하는 과정이다. 송신자가 전달하고자 하는 메시지가 암호의 형태로 어떤 경로를 통해 수신자에게 보내지면 수신자는 암호화된 메시지를 해독하여 송신자가 보낸 의미를 이해하는 모형을 따르게 된다. 이때 '의미(정보, 메시지, 아이디어)' 는 수신자에게 의도하는 바대로 전달되지 않으면 무의미하게 되기 때문에, 의사소통은 송신자가 전달하는 바의 것이라기보다는 수신자가 이해하는 바의 것으로 볼 수 있다.

| 그림 7-1 | 의사소통의 모형

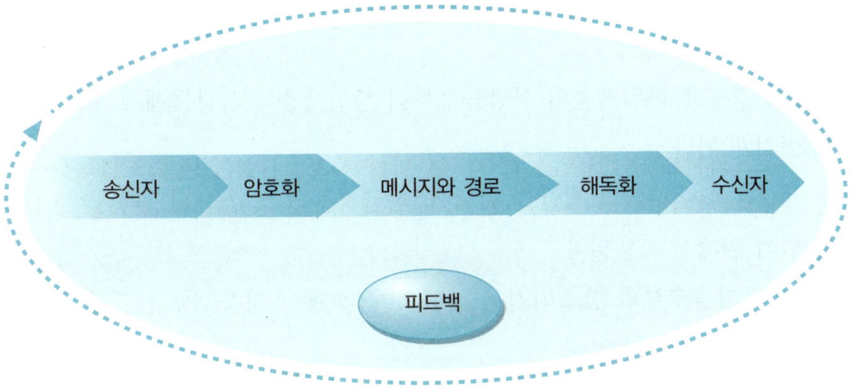

2. 의사소통의 유형

1) 공식적인 의사소통

(1) 하향식 의사소통

대부분의 경우에 명령과 메시지가 지시의 형태로 상급자로부터 하급자에 이르는 의사소통의 유형이다.

주로 구체적인 직무상의 지시를 위해서, 작업내용을 이해시키기 위해서, 작업에 대한 정보를 제공하기 위해서, 부하들의 업적에 대한 피드백을 하기 위해서, 조직의 목적을 이해시키기 위해서 이용된다.

고전론자들이 많이 이용하며, 전제적인 분위기를 조성하기 때문에 사기를 저하시킬 수 있다. 또한 정보가 계층을 통해 하향하면서 많은 양이 손실되고 왜곡될 수 있다는 문제점을 가지고 있다.

(2) 상향식 의사소통

대부분의 경우에 하위계층의 사람들로부터 상위계층의 사람들에게 보고의 형태로 이루어지게 된다.

주로 새로운 아이디어의 제안을 위해서, 하급자들의 느낌을 피드백하기 위해서, 정보를 얻기 위해서 이용된다.

인간관계론자들로부터 강조되기 시작했으며, 하향식 의사소통과는 반대로 의사소통이 수축되는 경향이 있다.

(3) 수평식 의사소통

동일계층의 사람들 사이에서 이루어지는 상호작용적 의사소통이며, 비공식적 의사소통의 주된 과제가 된다.

주로 부서 내의 문제를 해결하거나, 부서 간의 협조가 필요할 때, 라인부서에 대한 스탭부서의 조언의 형태로 이루어진다.

정보를 공유하게 하는 주된 방법이며, 다양한 문제의 해결을 유도하고, 곡해나 왜곡으로부터 생길 수 있는 각종 갈등을 예방하고 해결한다.

(4) 사선식 의사소통

서로 다른 계층에 있는 사람들 사이에서 우회하면서 일어나는 의사소통의 유형이다. 통상 어느 한편 또는 양편에게 정보나 협조를 제공하려는 목적에서 일어나며, 구성원들이 다른 방향의 의사소통으로는 효과적일 수 없는 상황에서 유효하다.

| 그림 7-2 | 의사소통의 유형과 흐름

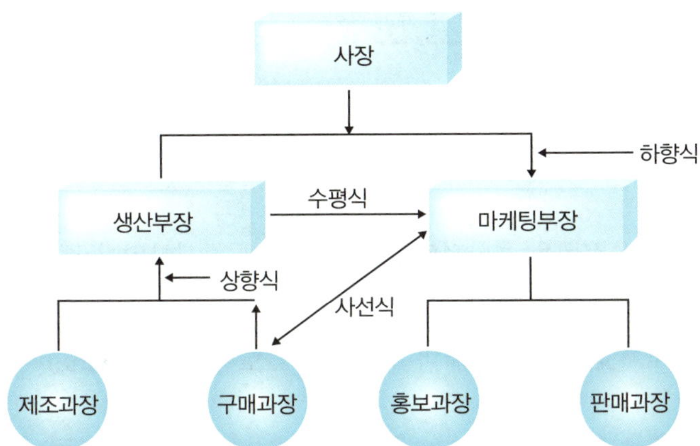

"이야기가 뛰어나야 이긴다"

'아미스타드(Amistad)'는 스티븐 스필버그가 만든 노예선에서 일어난 폭동을 다룬 영화이다.

미국으로 향하는 중에 흑인들의 지도자격인 신케이는 쇠고랑을 푸는 데 성공하고 아미스타드 선상의 반란을 주도한다. 잔혹한 학살극이 벌어지고 흑인들은 아프리카로 데려다 줄 두 명의 백인 선원만을 살려둔다.

하지만 결국 그들에게 속아 아프리카가 아닌 미국의 코네티컷주에 상륙한다. 흑인 노예들에게는 이미 살인자라는 무거운 죄목이 내려져 있는 상태이다. 그리고 이들에 대한 재판이 진행됨에 따라 자유를 위한 싸움의 긴 여정이 시작된다.

노예들의 대표로 노예폐지론자인 흑인 변호사 시어도어 조드슨이 변론을 맡고, 전 미국 대통령 존 퀸시 애덤스는 그에게 조언을 하는 역할을 한다. 애덤스는 조드슨에게 주장을 요약해서 진술해 보라고 제안한다. 조드슨의 진술은 명료하고 정확하지만 감정이 전혀 담겨 있지 않았다.

애덤스는 이렇게 조언한다.

"법조계에 발을 들여 놓은지 얼마 안 되어 나는 이야기가 뛰어나야 이길 수 있다는 사실을 깨달았다네. 자네의 이야기는 무엇인가?"

영화 '아미스타드(Amistad)' 중에서

2) 비공식적인 의사소통

비공식적인 의사소통은 공식적인 경로의 외부에 존재하면서 조직 내부의 권한계층에 집착하지 않는 의사소통을 의미한다. 주된 경로는 조직의 인간관계적 측면이다. 비공식적인 사교집단에 의해 만들어지며, 포도넝쿨(grapevine) 이라 불리운다.

| 그림 7-3 | 공식적 의사소통과 비공식적 의사소통

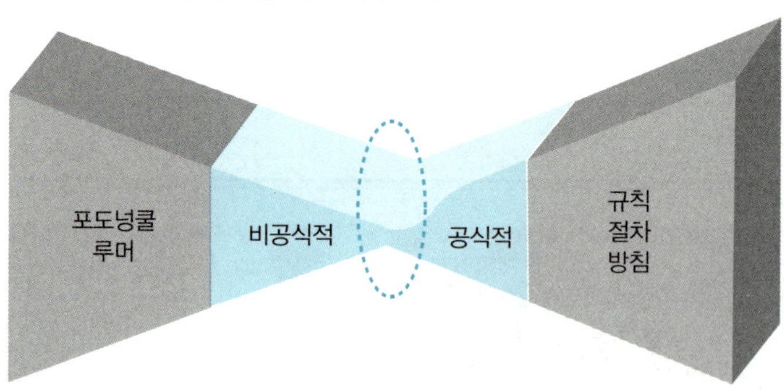

대다수의 종업원들이 포도넝쿨이 조직 내에서 일어나는 일들에 대한 주된 정보원이라고 생각하고, 때때로 공식적 경로를 통해서 전달되는 메시지보다 더 많은

영향을 미치기도 한다.

정보가 중요할수록 더 빠르게 전달되며, 전달의 모형은 문서적 · 비언어적인 것보다는 구두적인 것이 많다. 또한 수신자는 한 사람이 아니라 여러 사람일 경우가 많다.

| 표 7-2 | 포도넝쿨의 유형

실오라기형 (single strand)	한 사람이 다른 사람에게, 그 사람은 다시 다른 사람에게 경로를 따라 정보를 전달하는 유형
수다쟁이형 (gossip)	직무에 관련되지 않지만, 흥미 있는 정보를 갖고 있는 사람이 많은 사람들에게 전달하는 유형
무작위형 (probability)	재미는 있지만 중요하지 않은 정보를 가진 사람이 닥치는 대로 정보를 전달하고, 정보를 전달받은 사람도 그런 방식으로 전파시키는 유형
덩어리형 (cluster)	정보를 갖고 있는 사람이 몇몇 사람을 선택해서 정보를 전달하는 유형

어려운 대화 다루기

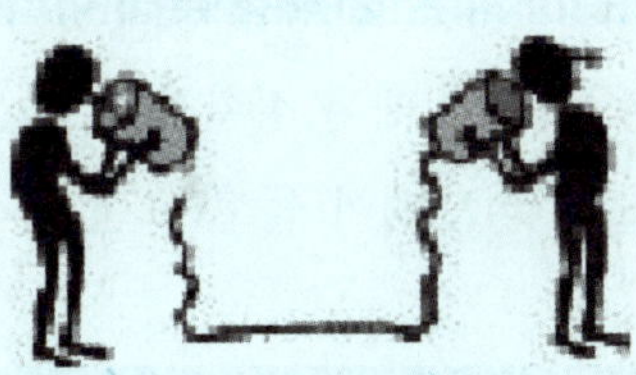

대화가 잘 풀리지 않을 때 염두에 두어야 할 것이 있다.

우선 동의하면서 대화를 시작하라. 당신의 생각이 타인과 다를 때 두 사람이 합의점에 이를 수 있는 부분에서 대화를 시작하라. 그것이 맨땅에 헤딩하는 것만큼 힘들더라도 그렇게 하라.

'그러나'라는 단어보다는 '그리고'라는 단어를 자주 사용하라. '그러나'라는 단어는 '내 머릿속의 지우개'와 같은 작용을 한다. 당신이 아무리 좋은 말을 했어도 '그러나'라는 단어를 사용함으로 인해서 방금 전에 했던 말의 가치를 지우개처럼 지워 버린다.

'너'라는 단어 대신에 '나'라는 단어를 자주 사용하라. '나'라는 단어는 상대방으로 하여금 나의 느낌과 생각을 명확하게 이해할 수 있게끔 만들어주는 반면 '너'라는 단어는 상대방에 대한 비난의 표현이 될 수 있다. '나'라는 말은 대화 중 방어적 태도를 감소시켜주면서 편안하고 부드러운 대화가 될 수 있도록 만들어주는 마법의 단어이다.

자료 : A. Leatz & W. Stolar, *Communication Briefings, as adapted from Career Success : Personal Stress*, McGraw-Hill, 1992.

3. 의사소통의 수단

1) 언어적인 수단

(1) 구두적인 수단

구두적인 의사소통은 빠르게 전달하고 빠르게 피드백 받을 수 있다는 장점이 있다. 그러나 메시지가 전달되는 과정에서 왜곡될 여지가 크다는 단점이 있으며, 많은 사람들에게 메시지가 전달되야 할 경우에는 각자 해석이 달라지므로 더욱 왜곡이 심해진다.

주로 대면적 대화, 연설, 전화를 통한 대화, 포도넝쿨, 회의 등을 통해 이루어진다.

- 어조가 높으면 적대감을, 낮으면 만족감을 일으킴
- 소리의 양이 크면 강조됨
- 너무 빠르거나 느리지 않은 적정 속도가 요구됨

(2) 문서적인 수단

인적인 것과 비인적인 수단으로 구분되며, 인적인 것에는 서신, 메모, 보고서, e-mail 등이 있고, 비인적인 것에는 회사소식, 포스터, 게시물, 간행물 등이 있다.

구두적인 수단과는 달리 기록으로 자료가 남겨지기 때문에 매우 정확하며, 많은 대중에게 전달할 수 있다는 장점이 있지만, 상대적으로 피드백이 늦고 오랜 시간이 소요된다는 단점을 가지고 있다.

2) 비언어적인 수단

언어적인 정보를 사용하지 않는 것을 의미한다. 얼굴표정, 육체언어, 말의 억양 등이 이에 해당된다.

비언어적인 수단은 애매하기 때문에 언어적인 수단을 수반하지 않으면 곡해가 일어날 수 있고, 의사소통의 효과가 감소될 수 있다. 때문에 대부분의 경우에 언어적 수단에 대해 보조적으로 사용하는 것이 바람직하다.

말로 숨기는 것을 몸이 말한다

보보의 책

우리 몸의 거울 체계는 몸 안에 내장된 거짓말탐지기와도 같다. 믿을 수 없을 만큼 미묘한 실마리를 포착하여 일부러 꾸미는 감정보다는 진실한 감정표현에 더 강하게 반응하기 때문이다.

물론 사람들이 미세한 표정을 보이는 순간 언제나 그것을 재빨리 알아차릴 수는 없다. 하지만 특정한 얼굴표정과 감정들을 인지할 수 있도록 우리 스스로를 훈련시키면, 우리 안에 내재된 거짓말탐지기를 강화시킬 수 있다.

폴 에크만과 그의 동료들은 인간의 얼굴에 있는 43개의 미세한 근육들이 각기 다른 조합으로 1만 가지 표정을 만들어내고, 이 가운데 3,000가지 표정은 몸으로 느끼는 특정한 감정과 관련이 있다는 연구결과를 내놓았다. 일단 명백히 드러나는 표정을 분간하는 방법을 터득하게 되면, 우리 내면의 잠재의식에서 나오는 미세표정을 직관적으로 알아볼 수 있게 된다.

우리는 이런 표정을 읽을 수 있는 능력을 본래 가지고 태어난다. 하지만 언제부턴가 이 능력을 잃어버렸기 때문에 우리 몸속에 내재된 이 재능을 발휘하기 위해서는 때로 훈련을 해주어야 할 필요가 있다는 사실을 기억하기 바란다.

토니야 레이맨의
「왜 그녀는 다리를 꼬았을까」 중에서

| 그림 7-4 | 의사소통의 과정

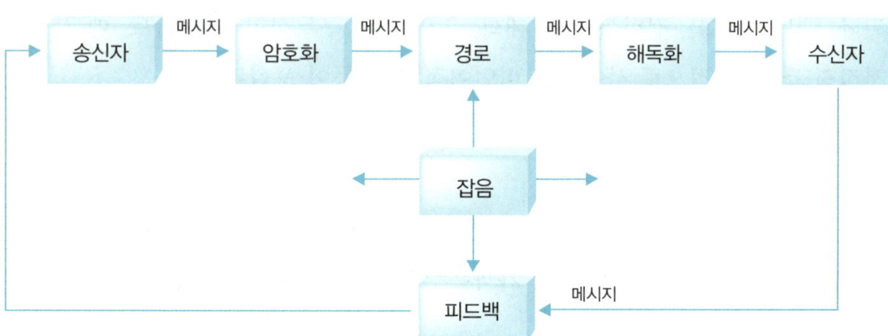

4. 의사소통의 과정

(1) 송신자

상대방에게 메시지를 보내는 사람으로서 원천(source), 착상자, 아이디어화 등으로 불린다. 송신자에 의해서 의사소통이 시작되며, 송신자가 생각하는 의미를 언어적 상징에 의해 암호화해서 전달하게 되므로 '암호를 만드는 사람(encoder)'이라고도 한다.

(2) 암호화

의사소통은 송신자가 수신자와 무언가를 공유하는 순간에서 비롯되며, 이때의 무엇이 메시지가 되고, 암호화되어 전달된다. 암호화는 메시지의 내용을 글, 말, 제스처 등의 형태로 바꾸는 과정이다.

(3) 메시지

송신자가 전달하고자 하는 상징적인 형태를 의미한다.

(4) 매체 및 경로

메시지가 결정되고 암호화가 선택되면, 이것은 어떤 경로를 통해 수신자에게 전달된다. 대면적 대화, 전화를 통한 대화, 회의 등의 구두적인 것과 차트, 메모 등의 문서적인 것, 보조적으로 사용되는 비언어적인 것 등이 포함된다.

(5) 해독

송신자가 보낸 메시지를 수신자가 암호를 풀어 해석하는 과정을 의미한다. 수신자의 해독이 송신자가 의도한 바에 가까울수록 더욱 효과적인 의사소통이 된다.

(6) 수신자

송신자가 보낸 메시지를 수신하고 해독하는 사람으로서 해독자(decoder)라 한다. 쌍방적 의사소통의 경우에는 최초의 송신자가 다시 수신자가 되어 해독자가 되기도 한다.

(7) 피드백

송신자의 의도대로 메시지가 전달되었는가를 확인하는 과정이다. 수신자의 반응을 송신자에게 다시 되돌려 전달한다. 이 과정에서 수신자가 송신자가 되고, 최초의 송신자가 수신자가 되는 과정이 역으로 흐르게 된다.

(8) 잡음

의사소통과정에서 의도한 메시지를 방해하고 왜곡시킬 수 있는 모든 종류의 요소를 의미한다. 의사소통의 전 단계에서 일어날 수 있다.

의사소통은 '닭과 달걀'의 과정이다

의사소통을 직선적인 인과관계에 의한 개념으로 생각하기 때문에 원인과 결과, 자극과 반응, 작용과 반작용, 송신과 수신, 시작과 끝을 찾게 된다. 이때 피드백은 대체적으로 작용에 대한 반작용으로 받아들여진다.

의사소통에서 닭과 달걀의 과정이란 의사소통의 요소들을 모아 순서대로 단위별로 체계화하는 것을 의미한다. 이때 체계화의 개념은 누가 그것을 하느냐에 달려 있다. 보보가 의사소통의 원인적 요소라고 생각한 것이 결과가 될 수도 있다. 보보가 의사소통의 시작이라고 생각한 부분이 모모가 시작이라고 생각한 부분과 전혀 일치하지 않을 수 있다.

예를 들어 모모라는 사원을 근접관리하기를 좋아하는 주임 보보를 생각해 보자. 보보는 모모에게 긍지가 부족하고 부주의하기 때문에 자신이 근접관리를 하지 않으면 실수가 잦아서 작업에 대한 감독이 필수적이라고 이야기한다. 그러나 과장인 또또에 의하면 사원 모모의 부주의함은 보보의 엄격한 감독 때문이다. 누구나 나를 쳐다보고 있다고 생각하면 긴장이 되지 않겠는가?

모모에게 이 상황에 대해 물으면 전혀 다른 이야기를 듣게 되는데 이것은 상황 자체가 다르기 때문이 아니라 의사소통의 요소들에 대한 순서짓기가 각각 다르기 때문이다. 모모로서는 보보가 하루 종일 뒤에서 감시하는 것이 자신을 신경질 나게 하며, 보보가 기다리는 것은 자신의 실수이고, 모모로서는 자발성을 발휘할 수 없기 때문에 일에 대한 긍지를 느끼지 못한다고 말할 것이다. 즉 모모는 보보의 행동을 원인으로 보는 것이다.

결론적으로 보보는 모모가 부주의해서 더 깐깐해지고, 모모는 보보가 꼬장꼬장하기 때문에 더 부주의해진다.

5. 대인 의사소통의 모델

1) 황소의 눈 이론(The bull's eye theory)

'황소의 눈 이론' 은 의사소통이 표적에 화살을 쏘는 것과 같은 일방적인 행동으로 이루어져 있다는 견해이다.

"보보, 너는 네 자신의 의견에 빠져있다", "모모, 네 귀는 닫혀 있다", "또또, 너는 표적을 맞추고자 한다" 등 모든 활동은 누군가에게 무엇인가를 하는 일방적인 행동에 집중되어 있다.

여기서 의사소통을 얼마나 잘 해내느냐는 주체가 얼마나 화살을 잘 쏘는가, 과녁을 잘 만드느냐에 달려 있다. 따라서 송신자와 송신자의 암호화 기술이 강조된다. 송신자가 메시지를 어떻게 구조화하는가, 어떻게 체계화하여 만들어 내는가가 의사소통의 성패를 좌우한다.

이 관점에서 본다면 송신자는 자기가 주장하고자 하는 단어에 의미를 부여하고 있으므로 그가 그 의미를 제대로 파악하고 있다면 똑같은 의미가 수신자에게 전달될 것이다. 이와 같은 관점에서는 전달하고자 하는 단어가 무엇을 의미하는지 모를 경우에만 곡해가 발생한다. 즉 표적에 똑바로 쏘지 못했기 때문에 화살이 약간 빗나간다는 것이다.

2) 핑퐁이론(The ping-pong theory)

핑퐁이론은 의사소통을 탁구에서 공을 주고받는 것에 비유한 개념이다. 즉 보보가 무언가를 말하고 모모가 그것에 대해 답하는 것이다. 이 과정에서 보보는 또 말하고 모모는 또 반복한다. 모모가 제공하고 보보가 무언가 반응을 보이게 된다. 보보와 모모는 서로 바꾸어가며 송신자와 수신자가 된다.

이 관점은 '황소의 눈 이론(표적이론)' 보다 의사소통의 복잡성에 대해 훨씬 더 많은 정보를 제공한다. 그러나 의사소통과정을 보보가 말하고 모모가 대답하는 원인과 결과의 과정으로 취급함으로써 여전히 단순화된 개념에 지나지 않는다.

핑퐁이론의 약점은 의사소통이 주고받는 것, 자극과 반응, 작용과 반작용으로 명확히 나누어지지 않는다는 것이다.

3) 나선이론(The spiral theory)

나선이론은 송신자와 수신자 사이의 단순한 상호작용 이상의 것을 설명한다. 대인 의사소통은 송신자가 동시에 수신자가 되고, 수신자는 동시에 송신자가 되는 체계일 때 가장 바람직하다.

이 관점에서는 서로가 원인이자 결과이고, 자극이자 반응이며, 송신자이자 수신자이다. 보보가 보보 자신의 의사소통 행위의 산물인 것처럼, 보보가 자신의 모습을 어떻게 보느냐는 다른 사람들이 보보를 어떻게 보느냐에 대한 보보의 생각(다른 사람의 인식), 의사소통에 대한 경험이라는 산물이다.

나선이론은 송신자의 행동이나 그 후에 일어나는 수신자의 반작용보다는 그들 상호반응의 동시성을 특징으로 한다. 누가 과정을 시작했는가는 무의미하다. 이 과정에는 구체적인 시작과 끝이 없기 때문이다. 그저 의사소통은 어디에선가 와서 어디론가 진행되는 개념이다.

한 조각 지식으로 천리 내다보기 보보의 책

'얇게 조각내기'란 매우 얇은 경험의 조각들을 토대로 상황과 행동의 패턴을 찾아내는 우리 무의식의 능력을 말한다. '얇게 조각내기'는 무의식을 눈부시게 만드는 빛들 중 하나다.

당신 상사가 나를 채용할까 말까 고민하고 있다 치자.

내 이력을 보니 자격은 되는 것 같다. 그러나 상사는 내가 조직에 꼭 맞는 사람인지 알고 싶다. 그는 나를 알기 위해 두 가지 방법 중 하나를 선택하라고 권한다.

첫째는 당신에게 나와 막역한 사이가 될 때까지 1년 동안 일주일에 두 번씩 점심이나 저녁을 먹든 영화를 함께 보러 가든 어쨌든 만나자는 것이다. 둘째는 내가 없는 사이에 내 집에 들러 30분쯤 집안을 둘러보라고 한다.

당신은 어느 쪽을 택할까?

분명한 답을 얻으려면 첫째 방법, 즉 두꺼운 조각을 선택할 가능성이 높다. 함께 보내는 시간이 많아질수록, 당신이 모으는 정보가 많아질수록 더 나은 답을 얻게 되니 말이다. 하지만 정말 그럴까? 심리학자 새뮤얼 고슬링은 '얇게 조각내어 관찰하기' 가 특히 사람성격을 판단하는 일에서 놀랄 만큼 큰 힘을 발휘한다는 점을 입증해 보였다.

고슬링은 대학생 80명을 대상으로 빅파이브 조사목록(Bif Five Inventory)을 사용하여 정밀성격검사실험을 실시했다. 이 조사목록은 외향성, 공감성, 성실성, 정서적 안정성, 개방성 등의 다섯 가지 범주로 사람을 평가한다. 그는 실험대상을 잘 아는 사람들에게는 그들의 친구를 평가하게 했고, 실험대상을 모르는 사람들에게는 실험대상의 기숙사방을 보고 그들을 평가하게 했다. 기숙사 관찰자들은 성실성, 정서적 안정성, 개방성 등의 세 가지 항목에서 훨씬 더 정확한 예측을 했다. 결국 모르는 사람들이 작업을 더 훌륭하게 수행한 것이다.

이는 우리를 전혀 만난 적이 없는 상황에서 겨우 20분 동안 우리에 대해 고민한 사람이 수 년 간 우리를 알았던 사람보다 우리가 어떤 사람인지 더 잘 알 수도 있다는 가능성을 분명하게 시사한다. 그러므로 끊임없이 서로를 알기 위해 만남을 약속하는 일은 그만둬도 좋다.

말콤 글래드웰의 「첫 2초의 힘 블링크」 중에서

보보의 한 말씀

우리는 제스처에 상당히 민감하게 반응한다.
이에 대해 혹자는 그 어디에도 쓰여 있지 않고 아무도 모르지만 모든 사람이 이해할 수 있는 정교하고 비밀스러운 신호에 따라 그런 반응을 하는 것이라고 말하리라

– 에드워드 사피어–

제8장

리더십과 인간관계

1. 특성이론
2. 행동이론
3. 상황이론
4. 새로운 리더십이론(변화적 리더십)
5. 짐 콜린스의 5단계(Level 5) 리더십

08 리더십과 인간관계

관습을 뒤집고 전통의 한계를 극복한다

보보의 책

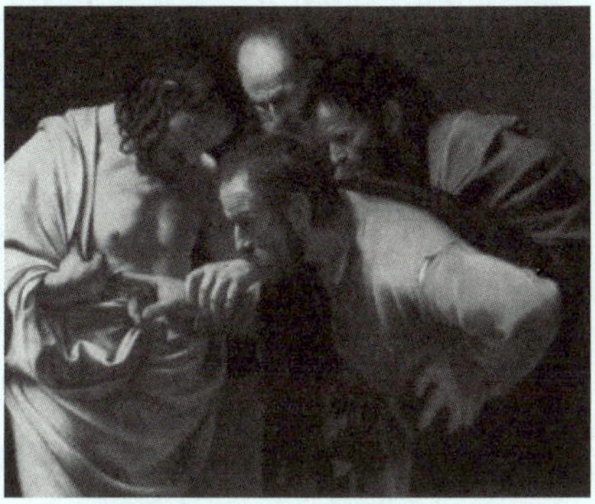

'의심하는 도마'-카라바조(1601~1602)

'바로크(Baroque)'는 1600~1750년 사이에 유행했던 미술양식을 가리킨다. '바로크'는 '바로코(barrocco)'라는 포르투갈어에서 파생되었다. 바로코의 뜻은 불규칙한 모양의 진주를 의미하며, 오늘날에는 다분히 중립적인 의미로 사용된다.

그러나 당시에 이 단어는 매우 부정적인 의미를 내포했다. 고고학자인 요한 빙켈만은 바로크 미술에 대해서 '학자들의 머리를 악의 수증기로 감염시키고, 그들의 피를 열병의 감정으로 들끓게 만든 무시무시한 열병'이라고 표현했다. 오늘날에도 사람들은 바로크라는 단어를 무언가 과장되고 현란하다는 뜻으로 받아들인다.

바로크 회화가 출현한 시점은 1600년 전후인데 바로크 회화 자체가 '매너리즘'에 대한 반작용 또는 후퇴현상으로 형성되었기 때문이다. 당시 라파엘로와 미켈란젤로로 대변되는 르네상스 회화는 절정에 달해 있었으며, 젊은 예술가들은 순례하듯이 미켈란젤로의 회화기법을 익혔다.

'매너리즘'이라는 단어, 이탈리아어로는 '마니에라(maniera)'라는 단어가 생긴 것은 당시의 많은 화가들이 미켈란젤로의 화풍을 모방하는 경향을 가리키기 위해서였다. 그러나 이 시기의 매너리즘이라는 단어가 부정적 의미를 함축하게 된 이유는 젊은 화가들의 그림이 무언가 짜맞추고 과장되고 감정이 과잉된 분위기로 점차 변질되었기 때문이다.

이런 현상은 결국 무수한 '매너리스트' 화가들이 출현하는 계기가 되었다. 이런 극단적 상황에서 매너리즘의 과장된 양식이 지나치고 자연스럽지 못해서 고전적 성격을 상실한 양식이라 생각하는 화가들이 등장했는데, 그들 중 하나가 카라바조이다.

카라바조는 가장 자연스러운 표정의 사

람들을 설득력 있게 묘사하기를 원했고, 성서에 등장하는 인물들이 영웅이 아니라 평범한 노동자나 농부라고 생각했다. 그는 빛을 처리하는 데에도 새로운 방식을 개척했다. 빛과 그림자의 극적인 명암대비효과와 경이로운 사실주의정신 때문에 카라바조는 순식간에 유명해졌고, 그의 화풍 역시 인기를 끌었다. 그러나 그는 폭행, 살인, 도피, 투옥 등으로 점철된 지극히 속된 삶을 살았고, 그럼에도 불구하고 자신의 예술 속에선 언제나 속(俗)의 세계에 숨겨져 있는 성(聖)의 의미를 찾았던 위대한 화가였다.

카라바조는 자신의 그림을 통해 진정한 구원과 진정한 성(聖)이 과연 무엇인지 집요하게 묻고 있다. 순교와 죽음을 주제로 하는 작품이 대부분인 카라바조의 종교화에는 루터와 칼뱅의 종교개혁에 대한 카톨릭 교회의 발악이 잘 녹아있다는 평가를 받고 있다.

안니발레 카라치, 루벤스, 카라바조 등의 화가로 대표되는 다양한 성격의 바로크 회화는 하나의 공통점을 지니고 있다. 그것은 바로 극적인 감정의 표현과 역동적인 동작, 업적이 발산하는 빛이었다.

바로크 회화는 리더십에 많은 시사점을 준다. 바로크 회화는 그림 그 자체로 리더십이 지녀야만 하는 가치를 상징한다. 리더는 현실에 안주해서는 안 된다. 끊임없이 변화를 모색하고, 환경에 대응하여 성장할 수 있는 기회를 탐색해야 한다. 그와 더불어 기존의 가치체계와 갈등을 일으키지 않고 새로운 가치가 수용될 수 있도록 중용의 덕을 발휘해야 하며, 열정을 불러일으키고, 그 열정이 지속될 수 있도록 가시적이고 비가시적인 성과로 보답해야 한다.

자료 : 플로리안 하이네의 「거꾸로 그린 그림」(일부 인용)

리더십에 대한 대중적 관심은 이 시대의 트렌드이며, 적응과 생존으로 대변되는 인간 삶의 불안정함을 가라앉혀 주는 유일한 출구로 보여진다. 우리가 딛고 서 있는 이 시대는 리더십을 논하지 않고서는 조직의 생존조차도 불투명한 시기임이 분명하다.

그렇다면 리더십이 무엇인가라는 정의 그 자체보다는 도대체 무엇이 이토록 많은 사람들로 하여금 리더십에 빠져들도록 하는가에 대한 탐구가 더욱 중요하다고 생각한다.

뉴소트의 선구적 사상가인 에머슨은 일찍이 말한 바 있다.

"내가 태어나기 전보다 더 나은 세상을 만들어 놓고 떠나는 것, 그것이 성공이다."

물론 관념적 접근으로 보았을 때 어떤 접근방법을 선택하느냐에 따라 위의 정의에 대한 필수요인은 수없이 많이 바뀔 수 있을 것이다. 그러나 어떠한 개념적 틀에서도 한 가지 중요한 핵심은 변하지 않는다. 그것은 변화이다. 이미 많은 경영학자와 다른 전공분야의 학자들이 생존의 필수요인으로서의 변화의 중요성을 역설한 바 있으며, 다양한 학설을 통해 그것이 입증되었고 실천되었다.

인간은 생명을 부여받음과 동시에 죽음에 이르기까지 다양한 변화의 과정을 거친다. 이 변화에는 육체적 · 심리적 · 관념적 요인 등이 포함된다. 아무리 많은 학설을 동원해서 설명한다 하더라도 인간의 생은 그 자체만으로도 하나의 훌륭한 이론적 모델이 된다. 인간은 삶의 매순간마다 자신을 한 차원 더 높은 영역으로 도약, 개선시켜야 할 의무가 있으며 자신의 발전을 통해 인류 전체의 발전을 돕는다. 그것이 사회적 동물인 인간이 가야 할 종착역이다. 그렇다면 리더십은 변화에 있어서 어떤 역할을 하게 되는가가 논점의 핵심이 될 것이다.

변화의 양상은 산업계에서도 분명하게 드러난다. 불과 얼마 전까지만 해도 잭 웰치는 CEO의 교과서였다. 피터스는 그의 저서 「리더십(Tom Peters Essentials : Leadership)」에서 GE의 전 CEO였던 잭 웰치와 애플의 스티브 잡스를 분노한 사람들로 표현하면서 더 좋은 세상을 꿈꾸는 사람들은 그 꿈이 계속해서 실현되지 않을 때 대개 자신에게 그리고 현상태에 짜증을 낸다고 했다. 그래서 화를 내는 사람이 이상적인 리더의 후보라고 단정지었다. 그러나 세계적인 경제전문지 '포춘'은 리더의 역할모델로 추앙받았던 잭 웰치를 과감히 잊어버리라고 충고하기도 했다. 경영과 기술에 인문학을 접목시켜 고객들이 새로운 문화를 경험하고 손에 쥐게 하는 스티브 잡스를 따르라고 제안했다. 스티브 잡스는 체계적이기보다는 직관적이며, 이미 존재했던 것들로부터도 새로움을 창조하는 21세기형 혁신적 리더이다. 바로 이것이 잭 웰치 자신조차도 항상 주장했던 그 변화이며 적응하지 못하면 사장되는 기업의 막다른 길이다.

웹스터가 사전을 저술한 이래 성경 외의 역사상 최고의 베스트셀러인 웹스터사전에서는 리더와 리더십을 다음과 같이 정의하고 있다.

"리더(leader)' 란 '이끄는 그 무엇(something that leads)', '이끄는 사람(a person that leads)', '물고기를 덫으로 들어가도록 인도하는 무엇(something for guiding fish into a trap)" 등으로 정의된다.

많은 사람들에게 '코이(KOI)' 라는 일본잉어는 무한한 잠재력을 지닌 생명체의 상징으로 여겨진다. 알려진 것처럼 '코이(KOI)' 라는 비단잉어는 일본에서 관상용으로 많이 길러진다. '코이(KOI)' 는 어항 안에서는 불과 몇 센티미터 밖에 자라지 않지만 강과 같은 넓은 환경에서는 그 크기를 90에서 120센티미터까지 성장시킬 수 있다. 그래서 잠재력의 한계가 없다는 것을 인간에게 깨우쳐주는 생명체로 그 경이로움을 인정받고 있다. 물론 관점에 따라서는 어항 안에서 작은 크기로 살아가는 것을 환경에 대한 선택이라기보다 적응으로 보기도 하지만 본서에서는 발전적 관점에서 논의하고자 한다.

그러나 모든 인간이 '코이(KOI)' 와 같은 무한한 잠재력을 개발시킬 수 있는 능력을 선천적으로 갖고 태어나는 것은 아니며, 그 일정 수준까지 우리를 이끌어줄 수 있는 매개체를 필요로 하기도 한다. 이때 필요한 것이 '리더십' 이다.

'리더십(leadership)' 이란 '리더의 지위(the position of a leader)', '이끄는 능력(capacity to lead)', '리더들(LEADERS)' 등으로 정의된다. 따라서 'lead', 'leadership' 등의 단어 속에는 '타인에게 영향을 미치는…' 이라는 의미가 내포되어 있다.

수많은 논자들의 정의를 보더라도 리더십의 정의는 영향력의 사용을 포함함을 내포하고 있다. 리더십이론의 권위적 근거가 되고 있는 'Handbook of leadership' 은 리더십을 집단구성원 사이의 상호작용으로 정의하고 있다.

즉, 리더십이란 집단구성원이 집단 속에서 다른 구성원의 능력이나 동기를 수정하고자 할 때 생겨난다는 것이다. 따라서 성공적인 리더들은 자신의 영향력을 사용하고 필요한 자원들을 동원함으로써 기존의 패러다임과 관행들을 변혁시켜서 그 집단 혹은 조직의 명시된 임무를 보다 유익하고 효과적으로 달성한다.

일찍이 '리더십' 의 개념은 '국가의 수반', '육군사령관', '우두머리', '왕', '군주', '총독' 등의 의미로 대부분의 사회에서 보편적으로 의미되어 왔다. '리더십' 은 상속, 임명 등에 근거한 '헤드십(headship)' 에 반대하여 앵글로색슨이 지배하는 국가에서 우세하게 생겨난 개념이다.

리더십과 헤드십을 어떻게 구별하느냐는 그 양자의 한계성을 어디에 두느냐에 달려 있다. 리더십을 아주 넓게 해석한다면 헤드십은 그 안에 포함된다. 그러나 리더십의 개념을 보다 명확히 이해하려면 단순한 관료적 상사로서의 헤드십은 배제시킬 필요가 있다.

헤드십은 공식적인 조직의 직위만을 근거로 발휘되는 반면, 리더십은 그런 직위와는 관계없이 리더 자체의 권위를 근거로 하여 이루어진다. 따라서 헤드십이 일방적이고 강제적인 성격을 갖는데 반해, 리더십은 상호적이고 자발적인 성격을 갖는다.

| 그림 8-1 | 리더십과 헤드십의 비교

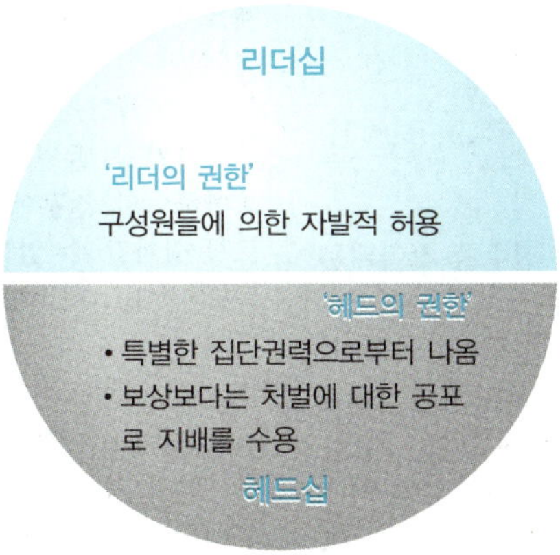

| 표 8-1 | 리더십의 발전과정

이론	접근방법	대표적 연구
특성이론 (1940~1950)	효과적인 리더의 특징이나 특성은 존재한다	• 마이너의 연구 • 맥클리랜드의 연구 • 버드, 스톡딜의 연구
행동이론 (1950~1960)	효과적인 리더의 행위는 존재한다	• 아이오와대학의 연구 • 오하이오주립대학의 연구 • 미시간대학의 연구 • 블레이크-무턴의 관리격자이론
환경적응론 (1970~현재)	효과적인 리더십은 리더의 특성뿐만 아니라 환경을 이루는 상황에 의해 결정된다	• 피들러의 환경적응론적 모형 • 하우스의 경로-목표이론 • 허시-블랜차드의 상황적응론 • 브룸-예턴-자고의 리더십의 의사결정모형 • VDL모델(Vertical Dyad Linkage Model)

I 믿(meet) YOU(나는 너를 믿는다)

보보의 책

캐스팅은 진흙 속에서 진주를 찾아내는 것이다. 내가 말하는 진주는 아직 만들어지지 않고 다듬어지지 않은 인재들을 말한다.

남의 눈에 아직 띄지 않은 사람, 아직 덜 다듬어져서 다른 사람이 그의 재능을 눈치 채지 못했지만 유난히 내 눈엔 미래에 완성될 보석이 뚜렷하게 보이는 일, 그래서 나만이 그걸 알아채고 혼자 그 원석을 깎아낼 때 그 순간순간의 폭발적인 희열, 그게 한 작품 속에서 짧게는 6주 안에 이뤄지든, 10년을 제자로 둬 천천히 깎든, 여하튼 남의 눈엔 버려야 마땅한 돌이 내 눈엔 반짝거릴 때, 또 그것이 보석으로 변해가는 모습을 볼 때의 벅찬 감정은 이루 말로 표현할 수 없는 것이다.

이미 완성된 사람을 제자리에만 갖다 꽂는 일은 누구나 할 수 있는 일이다. 나는 남들이 알아보지 못한 진흙 속의 진주를 알아볼 줄 아는 사람이 진정한 스승이고, 제작자, 에이전트, 매니저, 편집장 따위의 직책을 맡아야 한다고 생각한다. 나는 그들을 발견하는 순간, 흥분되고 그들에게 힘닿는 대로 기회를 주거나 도와주고 싶어 안달이 난다. 누군가를 발견했다는 것은 책임을 져야 한다는 말이다.

누군가를 발견하는 일을 내가 정말로 좋아해야만 진흙에 박혀 있던 돌도 진주로서 살아갈 수 있을 것이다. 그래야만 그들도 비로소 다이아몬드로 살 수 있을 것이다. 다이아몬드와 석탄은 본질적으로 같은 거다. 내 눈엔 그들이 다이아몬드로 살아갈 사람들로 보인다. 내 눈엔 자신을 사랑하면서, 믿으면서, 다이아몬드로 살아갈 수 있는 그들의 재능과 가능성이 보인다. 그것을 멀리서나마 지켜보는 것이 행복하고 내게 의미 있는 일이다. 그래서 그랬다. 아주 조금이었다. 나를 사랑하듯 그들에게 아주 조금 기울어갔을 뿐이다.

나머지는 그들이 할 일이다. 내게 캐스팅은 가능성이 보이는 누구를 열정의 뜨거운 곳에서 처음 만나는 것, 내게 캐스팅은 사랑이다. 누군가를 발견하는 일 자체와 사랑에 빠지는 일인 것이다.

자료 : 박칼린의 '그냥' 중에서
Daum(이미지)

1. 특성이론

보보는 대여섯 살 때부터 골목대장이었다. 학창시절에는 리더의 자리를 뺏기지 않았다. 무엇이 보보를 리더로 만들었을까? 보보에게는 다른 견들에게는 없는 비법이 있었을까?

우선 그의 덩치는 다른 견들과는 비교할 수 없을 정도로 위풍당당했다. 사회성도 좋아서 견들뿐만 아니라 많은 사람들의 사랑을 독차지 했다. 혈통도 죽여주는 도무지 부족한 점을 찾아볼 수 없는 행운견이었다.

학교행사가 있는 날이면 보보네 집 식구들이 개떼처럼 몰려와서 행사를 도왔으며, 보보 스스로도 다른 견들을 리드하는 특출한 능력을 보였다. 그는 그 자체만으로도 카리스마가 넘쳐나는 견이었던 것이다.

바로 이것이 특성이론의 핵심이다.

특성이론은 가장 오래된 리더십이론으로서 효율적인 리더는 비효율적인 리더와 명확하게 구별되는 몇 가지 특성과 자질을 가지고 있다는 가정에서 출발한다. 따라서 성공적인 리더들은 어떤 공통된 특성을 지니고 있는가를 집중적으로 연구하여 개념화한 이론이다.

이 이론은 제1차 세계대전 초에 미국심리학협회가 실시한 연구결과에서부터 대두되기 시작했다. 이 이론에 따르면 훌륭한 리더는 리더로서의 독특한 특성과 자질을 가지기 때문에 그가 처해 있는 상황이나 환경이 바뀌더라도 항상 리더가 될 수 있다는 것으로서 리더가 가지고 있는 특성, 즉 자질을 대상으로 하므로 '자질론' 이라고도 한다. 따라서 연구의 초점은 리더 개인의 개인성 또는 자질에 둔다.

스톡딜(Stogdill, 1974)은 1949년부터 1970년(21년) 사이에 163편의 연구를 통해서 신체적 특성, 사회적 배경, 지적 능력, 개성, 과업수행요인, 사회관계요인 등을 리더와 부하, 효율적 리더와 비효율적 리더를 구분해주는 특성요인이라고 밝혔다.

특성이론은 기본적으로 리더십 능력은 타고난 것이라는 가정에서부터 시작한다. 리더가 선천적으로 태어난 것인가 아니면 후천적으로 만들어진 것인가의 문제는 오랫동안 중요한 연구과제였다. 제2차 세계대전에서 미군은 수백 명의 평균적인 사람을 훈련시켜 훌륭한 리더로 만들었다는 연구결과로 리더도 만들어질 수 있다는 결론에 이르게 된다. 그럼에도 불구하고 특성이론은 선천설에 의존하고 있다.

과거 100년 동안 수많은 연구들이 이루어졌지만 연구의 결과는 모호하거나 불확실했다. 특성목록에 나타난 특성들의 수는 끝이 없는 것만 같다. 제닝스(Jennings, 1961)는 극단적으로 과거 50년간에 걸친 연구에서도 효율적인 리더와 그렇지 못한 리더를 식별하게 하는 특성을 확인할 수 없었다고 주장한다. 스톡딜이 지적한 바와 같이 상황적 요인들의 영향을 동시에 고려하지 않고 리더의 성격특성만을 따로 떼어내어 분리하기는 매우 어렵다.

어떤 특정한 상황에서 리더가 될 수 있도록 만든 한 특성을 소유한 다른 사람이 다른 상황에서는 리더가 되지 못하는 경우도 있다. 또한 어떤 시점에서는 리더가 되는 데 도움이 되었던 특성들이 시간의 경과 후 그렇지 않은 경우도 있다. 때문에 보편적인 일련의 특성을 확인해내는 것은 매우 어렵다.

리더십특성에 관한 연구결과는 매우 포괄적이고 광범위하기 때문에 연구결과의 의미에 대한 해석이 매우 주관적이 될 수 있다. 또한 특성론은 특성들의 확인을 강조했을 뿐이지 구성원이나 업적에 어떤 영향을 미치는지에 대해서는 강조하지 않았다. 예를 들어 높은 지능을 가진 리더가 그와 같은 특성을 갖지 않은 리더보다 더 좋은 성과를 만들어내는가와 같은 질문에 대한 해답을 주지 못하고 있다는 것이다.

그리고 결정적인 점은 리더의 특성이 확인되었다고 해도 그러한 특성을 갖도록 교육훈련시킨다는 것은 매우 어렵다는 것이다. 특성이란 쉽게 변화하는 성질의 것이 아니기 때문이다.

그러나 무엇보다도 이 이론의 기본적 실패는 상황적 요인을 무시했다는 점이다. 그리고 특성요인의 측정이 너무 모호하고, 상황에 따른 중요성의 정도를 파악하기 어렵다는 한계를 가지고 있다. 그렇기 때문에 현장에서의 리더선발, 리더십 활용

| 표 8-2 | 리더십 특성

육체적 특성	사회적 배경	지능
• 연령 • 체중 • 키 • 인상	• 교육정도 • 기동력 • 사회적 지위 • 가정환경	• 능력 • 판단력 • 결단력 • 언변
퍼스낼러티	**과업과 관련된 특성**	**사회적 환경**
• 독립심 • 자신감 • 지배력 • 공격성	• 성취욕구 • 창의성 • 결과에 대한 관심 • 책임감	• 공감능력 • 통합력 • 협동력 • 사교성과 대인관계능력

에 실용적이지 못하다는 단점을 가지고 있다.

그럼에도 불구하고 변화된 특성이론이 다시 대두되고 있는 원인은 리더의 특성이 집단구성원을 지휘하는데 매우 중요한 역할을 담당하고 있으며, 리더의 특성과 효과적인 리더십 간의 연결은 상황적 요인으로 크게 공헌하기 때문이다.

| 표 8-3 | 스톡딜의 연구목록

1차 연구목록	2차 연구목록
• 지능(intelligence) • 민감성(alertness) • 통찰력(insight) • 책임감(responsibility) • 솔선 · 주도성(initiation) • 지속성(persistence) • 자신감(self-confidence) • 사교성(sociability)	• 책임감 · 추진력 (drive for responsibility and task completion) • 활력 & 지속성(vigor persistence in pursuit of goals) • 모험성 & 독창성 (venturesomeness and originality in problem solving) • 솔선 · 주도성의 발휘 (drive to exercise initiative in social situation) • 자신감 & 자아정체감 (self-confidence & sense of personal identity) • 의사결정 및 활동의 결과를 수용하려는 자발성 (willingness to tolerate frustration and delay) • 대인 간의 스트레스 완화를 위한 준비성 (readiness to absorb interpersonal stress) • 욕구불만과 지연을 참아내는 수용성 (willingness to tolerate frustration and delay) • 다른 사람의 행동에 영향을 미치는 능력 (ability to influence other person's behavior) • 목표를 위해 사회적 상호작용시스템을 구조화하는 역량 (capacity to structure social interaction system to the purpose at hand)

2. 행동이론

보보와 모모는 학교 다닐 때 같은 반 짝꿍이었다. 둘은 친했지만 그들을 좋아하는 친구들은 항상 두 패로 갈리어서 대립했다.

보보는 대인관계지향적인 견이었다. 친구들을 잘 다독거리고, 그들이 어려울 때 도와주고, 그들의 말에 귀를 기울였다. 그를 따르는 친구들은 보보의 이런 점을 높이 샀다.

반대로 모모는 성과지향적인 견이었다. 그는 다방면에 능력이 뛰어나서 선생님께서 내주신 과제물을 훌륭하게 처리했다. 그래서 다른 견들은 그와 한 팀이 되고 싶어서 안달을 했다. 바로 여기에 행동이론에 대한 해답이 있다.

1950년대부터 리더십연구자들은 모호한 특성이론에 실망하게 되고, 그들은 관리자들의 실제 직무에 있어서의 행동에 더 관심을 기울이게 되었다. 그들은 특성을 조사하는 대신에 부하들의 생산과 만족감과 같은 효율성을 측정하는 데 있어서의 행동을 설명했다.

특성이론과 행동이론의 차이는 적용의 관점이다. 특성이론이 근거가 있는 것이라면 리더는 기본적으로 태어나는 것이다. 반대로 행동이론적 관점에서 리더를 확인해주는 특별한 행동이 있다면 리더십에 대한 학습이 가능하다. 이는 리더의 공급이 확대될 수 있음을 의미하는 매우 흥미로운 개념이다.

대표적인 이론으로는 오하이오주립대학의 연구, 미시간대학의 연구, 관리격자이론 등이 있다. 이들은 각기 조금씩 다른 단어를 사용하고 있지만 그 공통된 내용은 '인간' 과 '과업' 이다.

1) 오하이오주립대학의 연구

제2차 세계대전 이후에 개발된 리더십 조사 프로그램 중에서 가장 중요한 연구 중의 하나가 바로 오하이오 주립대학에서 이루어졌으며, 이를 '구조주도와 배려 리더십(Initiating structure and consideration leadership)' 이라고 한다. 이 프로그램은 두 가지 요인의 리더십이론을 개발했는데, 이는 리더는 '직무중심적' 이거나 '종업원중심적' 이 된다는 것이다.

오하이오주립대학은 리더의 유형을 측정하기 위해 리더행동기술질문서(LBDQ : leader behavior description questionnaire)와 감독행동기술질문서(supervisory behavior description questionnaire : SBDQ)를 개발했다. 세 번째 질문서로서 리

더의견질문서(LOQ : leader opinion questionnaire)가 개발되었는데 행동의 측정치로 취급되기도 하지만 리더태도의 측정치로 보는 견해가 더 바람직하다. 최종적으로 리더행동기술질문서-XII(LBDQ-XII)가 개발되었는데 여기에서는 구조주도와 배려의 범위를 좁히는 10개의 척도가 추가되었다. 이 질문서에 의해 리더는 구조주도적 리더와 배려적 리더로 분류된다.

(1) 구조주도(initiating structure)

목표달성을 위해 부하들의 역할과 그에 수반되는 것들을 규정하고 구조화하는 것을 의미한다. 직무, 목표를 조직화하는 시도, 책임의 확정 등이 포함된다.

(2) 배려(consideration)

상호신뢰, 종업원의 아이디어에 대한 존중, 그들의 감정에 대한 존중, 리더와 추종자 간의 인간관계 등에 의해 특징지어지는 직무관계성이다.

오하이오주립대학의 연구에서는 구조주도와 배려를 하나의 단일한 연속체상의 두 점으로 보지 않고, 두 개의 독립된 별개의 개념으로 보았다. 이에 따라 리더의

| 그림 8-2 | 오하이오주립대학의 리더십 유형

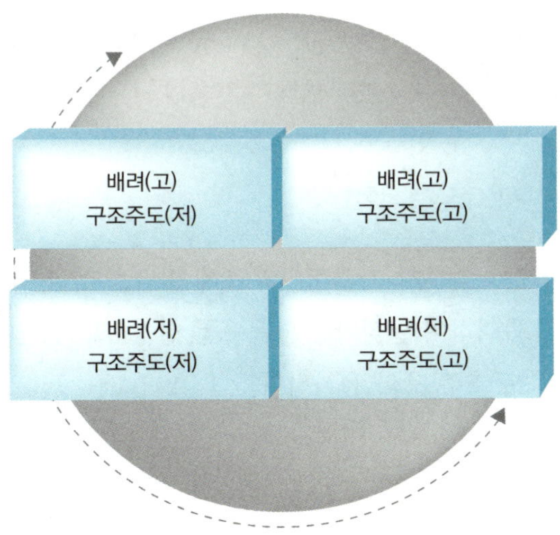

행동을 두 가지 차원을 별개의 축으로 하여 조합한 네 개의 범주 속에 포함시키고 있다. 때문에 구조주도행동에서는 높은 성향을 보이는 리더가 배려행동에서는 낮거나, 구조주도행동에서는 낮은 성향을 보이지만 배려행동에서는 높은 성향을 보일 수 있다. 이는 리더가 어떤 한 가지 행동유형을 보여주는 정도는 다른 유형의 행동을 보여주고 있는 정도와 관련이 없다는 의미이다.

이 연구에 의하면 높은 구조주도와 높은 배려의 리더유형이 낮은 구조주도 또는 낮은 배려, 혹은 모두에 해당하는 사람보다 높은 업적과 만족을 성취할 수 있다.

2) 미시간대학의 연구

오하이오주립대학의 연구와 거의 비슷한 시기에 미시간대학에서도 리더의 행동적 특성과 성과와의 관계를 연구했다. 리커트(Likert, 1947)를 중심으로 한 미시간대학의 연구팀은 관리자와 종업원들을 대상으로 강도 높은 인터뷰를 수행했다.

최초의 연구들은 보험사의 지역관리자들, 대규모 제조회사의 감독자들, 선로 보선반의 감독자들을 포함하여 다양한 리더들을 대상으로 실시되었다. 효율성의 기준으로 시간당 생산성, 직무만족, 결근률, 불량률, 손실, 종업원과 관리상의 동기부여 등을 사용했다. 연구의 초점은 리더행동, 집단과정, 집단수행 측정치 간의 관계를 파악하는 데 있었다.

그 결과를 바탕으로 해서 리더십에 대하여 두 가지 기본적인 접근방법을 이용했는데, 그것은 '생산지향형(직무중심형, job-centered style)'과 '종업원지향형(종업원중심형, employee-centered style)'으로 구분된다.

(1) 생산지향형 리더행동(직무중심형)

생산성을 높이기 위해서 직무의 기술적 · 과업적 측면을 강조하는 것을 의미한다. 부하들을 지도하고 독려하여 달성가능한 목표를 설정하도록 한다.

오하이오주립대학의 '구조주도'와 유사하다.

(2) 종업원지향형 리더행동(종업원중심형)

부하의 욕구에 개인적 관심을 가지고 구성원 간(종업원중심형)의 개인차를 받아들임으로써 대인관계를 강조하는 것을 의미한다. 그들이 수행할 직무보다 종업원의 복지를 더 강조하는 개념이다.

오하이오주립대학의 '배려'와 유사하다.

미시간대학의 연구는 종업원지향형과 생산지향형을 하나의 연속선상에서 파악했기 때문에 한 사람의 리더가 두 가지 범주의 행동을 함께 할 수는 없다고 가정했다. 이 연구에서는 종업원지향형 리더가 생산성과 만족도에 있어서 생산지향형 리더보다 높은 것으로 나타났다.

| 그림 8-3 | 미시간대학의 리더십 유형

과제행동과 관계행동에 관한 실험연구

리더의 행동과 성과 간의 인과관계를 결정하는 최선의 방법은 리더에게 특정한 행동을 사용하도록 훈련시키는 식으로 리더행동을 조작하는 실험을 실시하는 것이다. 그러나 리더십에 관한 대부분의 실험실실험의 한계는 실험들이 비현실적이어서 실험결과를 실제 조직의 종업원들에게 일반화하기 어렵다는 것이다.

실제 조직에서는 현장실험들을 실시하기 어려우며, 이들 중 극히 일부분만이 리더십 행동의 효과를 연구하기 위해 사용되었다. 이 현장실험들에서 리더십 행동은 통상적으로 훈련 프로그램을 통해서 조작된다.

철강공장의 관리자들을 대상으로 18개월간 이루어진 연구에서 훈련을 받은 관리자들은 통제집단의 관리자들보다 배려행동을 더 많이 사용했으며 더 높은 수행평정을 받았다. 과제지향행동의 경우에는 결과가 명확하지 않았다.

병원감독자들을 대상으로 실시한 연구에서 리더십훈련은 배려행동을 증가시켰으며, 훈련을 받은 지 2개월 후에 측정한 부하만족과 출근율은 높게 평정되었다.

일선생산감독자를 대상으로 실시한 연구에서는 훈련이 몇 가지 관계지향행동을 증가시켰으며, 훈련을 받은 지 1년 후에 감독자의 상사가 평가한 수행평정치도 유의하게 높아졌다.

감독자를 대상으로 한 연구에서는 감독자들이 인간관계훈련의 결과로 몇 가지 관계지향행동들을 더 많이 사용하였으며, 훈련이 완료된 지 6개월 후에 작업자 생산성은 17%나 유의하게 증가하였다.

가구공장의 생산감독자들을 대상으로 한 연구에서는 감독자들이 칭찬을 더 많이 사용하도록 훈련을 받은 지 6개월에서 2년 후에 4개 부서 중 3개 부서에서 생산성이 향상되었다. 결론적으로 실험실과 현장에서 이루어진 실험연구들은 관계지향행동이 증가하면 통상적으로 부하만족과 생산성이 높아짐을 발견했다.

자료 : 게리 유클, 현대조직의 리더십이론, 시그마프레스, 2004.

3) 블레이크-무턴의 관리격자이론

블레이크와 무턴(Blake & Mouton, 1964)에 의해 이루어진 관리격자이론은 오하이오주립대학의 연구를 더욱 구체화시킨 이론이다.

생산에 대한 관심과 인간에 대한 관심이라는 두 가지 차원을 기초로 하여 5가지 리더십유형을 구분하고 있다. 생산에 대한 관심은 리더가 과업달성을 위해 어떻게 노력하고 있는가를 의미하며, 인간에 대한 관심은 리더가 종업원들을 위해 어떻게 배려하고 있는가를 의미한다.

보다 더 구체적으로 두 가지 차원을 각각 9등급으로 나누어 81개의 격자를 형성하고, 이들 가운데 이론전개의 편의상 생각할 수 있는 5가지의 기본적 리더십유형을 제시했다. 두 축선은 9점 척도로 되어 있고, 각 척도상의 1은 최소한도의 관심을 나타내는 것이며, 9는 최대한도의 관심을 나타내는 것이다.

초기의 '관리격자모형'을 '리더십 그리드'로 변경했다.

(1) 무관심형(1 · 1 볼모형)

- 인간과 생산에 대해 모두 무관심한 행동유형이다.
- 자신의 직분을 유지하는 데 필요한 최소한의 노력만 한다.

- 리더가 리더십을 거의 행사하지 않는다.
- 일에 대해 소극적이다.
- 추종자들과 거의 접촉하지 않는다.
- 명확한 의견을 제시하지 않는다.

(2) 생산지향형(9 · 1 과업형)

- 인간에 대한 관심은 적고 생산에 대한 관심은 많은 행동유형이다.
- 리더는 과업능률에만 관심을 갖고 종업원을 기계처럼 다루는 유형이다.
- 종업원들을 업무달성의 수단으로 생각한다.
- 지시 이외의 목적으로는 의사소통을 활용하지 않는다.
- 지나치게 통제적이고, 고압적이다.

(3) 인간지향형(1 · 9 인기형)

- 인간에 대한 관심은 많고 생산에 대한 관심은 적은 행동유형이다.
- 리더는 구성원의 만족과 우호적 분위기를 조성하기 위해 노력하는 유형이다.
- 종업원의 감정과 그들의 개인적 · 사회적 욕구에 대해 많은 관심을 갖는다.
- 종업원들이 편안하고, 긍정적인 환경에서 일하도록 돕는다.

(4) 중용형(5 · 5)

- 인간과 생산에 대한 관심을 적당한 정도로 갖는 행동유형이다.
- 리더는 적당한 정도의 과업능률과 사기를 유지하고자 한다.
- 생산에 대해서도 지나친 관심을 갖지 않으며, 종업원의 욕구에도 많은 관심을 보이지 않는다.
- 업무준수사항을 강조하면서도 인간과 관련된 사항을 고려한다.

(5) 이상형(9 · 9 팀형)

- 인간과 생산 모두에 많은 관심을 갖는 행동유형이다.

• 리더는 성과와 종업원의 만족을 최대화시키고자 한다.
• 종업원의 참여를 촉진하기 위해 그들의 기본적 욕구를 충족시킨다.
• 종업원의 참가를 자극하고 촉진시킨다.
• 열린 마음으로 행동하되 단호하게 처리한다.
• 업무과정을 즐긴다.

블레이크와 무턴은 5가지 유형 중 조직의 목표를 달성함과 동시에 개인욕구를 충족시킬 수 있는 이상형이 가장 바람직한 유형이라 제시했다.

| 그림 8-4 | 블레이크와 무턴의 관리격자모형

행동이론은 리더의 행동의 중요한 구성요소를 제시함으로써 리더십의 효과를 발생시키도록 하는 이론이다. 리더는 어떤 상황에서는 과업지향적이 될 필요가 있기도 하고, 다른 상황에서는 관계지향적이 되기도 한다.

역으로 본다면 어떤 종업원은 성숙도 수준이 낮아 지시행동을 사용하는 리더를 필요로 하는가 하면, 또 다른 종업원은 지원적 행동을 하는 리더를 필요로 하기도 한다. 그래서 행동이론은 리더가 자신의 행동을 두 가지 차원으로 분할해서 숙고하도록 하는 방법을 제시하고 있다.

칭찬은 고래도 춤추게 한다

경영관리와 리더십의 권위자인 캔 블랜차드는 전 세계적으로 리더십과 동기부여이론을 강의하고 있다.

그는 칭찬의 힘이란 칭찬이 긍정적인 힘에 더욱 집중할 수 있도록 도와준다고 주장한다. 이를 설명하기 위해 '뒤통수치기반응'과 '고래반응'이라는 단어를 사용했다.

'뒤통수치기반응'이란 그냥 앉아서 일을 망칠 때까지 기다리는 것을 의미한다. 그리고 나서 잘못을 지적함으로써 자신이 훨씬 똑똑하다는 것을 보여주려 한다. 그런 식으로 일을 처리하는 상사를 '갈매기 관리자'라고 한다. '갈매기 관리자'는 직원들이 일을 잘못할 때까지 놔뒀다가 어느 순간 갑자기 나타나 소리를 지르면서 불평을 쏟아내는 유형이다. 이것이 바로 '놔뒀다 공격하기'라는 고전적 유형의 관리방식이다.

반대로 사람들이 잘한 일을 찾아내는 행동방식을 '고래반응'이라 한다. 작가는 1976년 샌디에고로 여행을 갔다가 씨월드 해양관에서 범고래 샴의 쇼를 보게 된다. 그리고 기존에 알고 있었던 상식에 의거하여 범고래는 무시무시한 바다의 포식자라는 사실을 알고 있었기 때문에 멋진 쇼는 불가능할 것이라고 생각하고 있었다. 그러나 상상 외로 멋진 쇼를 보았고 그 원인이 궁금해졌다. 그래서 수석 조련사를 만났고 그를 통해서 범고래와의 관계도 인간관계와 다르지 않다는 것을 알게 된다. 멋진 쇼의 비결은 상대방에 대한 긍정적인 관심과 칭찬이었던 것이다.

자료 : 캔 블랜차드의「칭찬은 고래도 춤추게 한다」중에서

3. 상황이론(환경적응론)

앞서 검토했던 접근방법은 리더의 개인적 특성에 초점을 둔 1차원적 접근방법과 과업과 인간이라는 2차원적 접근방법이었다. 그러나 특성론과 행동론 모두 효과적 리더의 유형을 완전히 해명할 수는 없었다. 이에 효과적인 리더십유형은 여러 가지 상황에 따라 다르다는 환경적응론적 리더십연구로 초점을 옮겨 리더십유형을

상황과 관련시켜 3차원적으로 연구하기 시작한다.

어떤 종류의 리더와 리더십행동은 다른 어떤 것보다도 몇몇의 부하들과 상황 속에서 더 효과적일 수 있다. 즉, 상황이론은 서로 다른 종류의 리더와 리더십행동이 부하와 상황 속에서 어떻게 보다 적합할 수 있느냐를 설명하는 이론인 것이다.

상황이론에는 많은 이론들이 있지만 다양한 실증연구를 통해 이론을 뒷받침한 피들러의 상황이론과 부하의 동기부여라는 새로운 시각을 부여한 경로-목표이론, 현장에서의 실용성으로 인해 조직현장에서 많은 사랑을 받고 있는 허쉬와 블랜차드의 이론을 중심으로 살펴보고자 한다.

1) 피들러의 상황이론

이 모형은 특성이론과 상황이론의 결합이라고 할 수 있으며, 피들러에 의해 1974년 개발되었다.

이 모형은 효과적인 집단업적은 부하들과 상호작용하는 리더의 유형과 리더에게 영향을 미치고 통제를 가하는 상황과의 적당한 연결에 달려 있다고 제안한다. 리더가 리더십을 발휘하기 위해서는 상황에 대한 이해가 필수적이다. 왜냐하면 효과적인 리더십은 리더의 행동유형을 적절하게 상황과 잘 조화시키는 데 달려 있기 때문이다.

피들러는 LPC질문서(the least-preferred co-worker questionnaire)를 개발하여 이 도구를 통해 개인이 과업지향적(task oriented)인지 관계지향적(relationship oriented)인지를 측정했다.

| 표 8-4 | LPC척도

1. 쾌활한 사람	8	7	6	5	4	3	2	1	쾌활하지 못한 사람
2. 친절한 사람	8	7	6	5	4	3	2	1	불친절한 사람
3. 거부적인 사람	1	2	3	4	5	6	7	8	수용적인 사람
4. 긴장하고 있는 사람	1	2	3	4	5	6	7	8	여유 있는 사람
5. 거리를 두는 사람	1	2	3	4	5	6	7	8	친근한 사람
6. 냉담한 사람	1	2	3	4	5	6	7	8	다정한 사람
7. 지원적인 사람	8	7	6	5	4	3	2	1	적대적인 사람

8. 따분해 하는 사람	1	2	3	4	5	6	7	8	흥미로워 하는 사람
9. 싸우기 좋아하는 사람	1	2	3	4	5	6	7	8	잘 조화하는 사람
10. 우울한 사람	1	2	3	4	5	6	7	8	쾌활한 사람
11. 개방적인 사람	8	7	6	5	4	3	2	1	폐쇄적인 사람
12. 험담을 잘하는 사람	1	2	3	4	5	6	7	8	관대한 사람
13. 신뢰할 수 없는 사람	1	2	3	4	5	6	7	8	신뢰할 수 있는 사람
14. 사려 깊은 사람	8	7	6	5	4	3	2	1	사려 깊지 못한 사람
15. 심술궂고 비열한 사람	1	2	3	4	5	6	7	8	점잖고 신사적인 사람
16. 마음에 맞는 사람	8	7	6	5	4	3	2	1	마음에 맞지 않는 사람
17. 성실하지 않은 사람	1	2	3	4	5	6	7	8	성실한 사람
18. 친절한 사람	8	7	6	5	4	3	2	1	불친절한 사람

자료 : Fiedler, F.E. & M.M. Chemers, *Improving Leadership Effectiveness*, John Wiley, 1982.
참고 : 1. 조직생활 속에서 함께 일하기 어려웠던 사람을 생각하고 그 사람에 대한 평가를 한다.
2. 가능한 빠른 속도로 생각나는 대로 체크한다.
3. 57점 이하는 과업지향적 리더, 64점 이상은 관계지향적 리더

그는 개인의 기본적 리더십유형은 리더십성공에 있어 중요한 요인이라고 믿었고, 그래서 그 유형을 찾고자 LPC질문서를 개발한 것이었다. 이 질문서는 18개의 대조적인 형용사를 포함한다.

이 질문서를 통해서 기본적인 리더십유형을 결정한다. 이에 따라 낮은 LPC리더들은 과업지향적인 리더십을 강조하고, 높은 LPC리더들은 관계지향적인 리더십을 강조한다.

LPC질문서를 통해 개인의 기본적 리더십유형이 결정되면 리더와 상황과의 연결이 필요하게 되는데, 피들러는 세 가지 상황요인을 제시했다.

| 표 8-5 | 피들러의 세 가지 상황요인

리더와 구성원과의 관계	구성원들이 리더에 대해 갖고 있는 신뢰, 믿음, 존경의 정도
과업구조 (과업의 구조화)	할당된 여러 과업이 얼마나 명확하게 정해져 있는가의 정도
지위권력 (리더의 직위력)	리더가 고용, 해고, 훈련, 승진, 임금인상 등과 같은 권력변수에 영향을 미치는 정도

(1) 리더와 구성원과의 관계

조직의 분위기, 상호신뢰, 하위자의 충성심, 리더에 대한 존경과 호감 등을 의미한다. 과업수행시 분위기가 긍정적이고 리더를 신뢰할 수 있다면 리더와 구성원과의 관계는 우호적인 것으로 설명될 수 있다. 반면 부정적이고 갈등이나 마찰이 잦으면 리더와 구성원과의 관계는 비우호적인 것으로 설명된다.

(2) 과업구조

실행해야 할 과업의 내용이 명확하게 규정되어 있는지, 과업상의 절차가 알기 쉽게 정해지고 기록되어 있는지를 의미한다. 잘 구조화된 과업은 리더에게 더 많은 통제력을 주고, 그렇지 않은 과업은 리더의 통제력을 감소시킨다. 통제의 범위는 리더의 영향력행사에 있어서 매우 중요한 개념이다.

(3) 지위권력

리더가 하위자에게 영향력을 행사할 수 있는 권한의 양을 의미한다. 여기에는 프렌치와 레이븐의 구분에 따른 합법적 권력이 포함된다. 리더가 합법적으로 부여된 지위에 의해 하위자들에 대한 채용, 승진, 급여인상 등의 권한을 가지고 있을 때 리더의 영향력은 강해진다.

다음 단계에서는 세 가지 환경변수의 관점에서 상황을 평가하게 된다. 리더와 구성원 간의 관계는 좋고 나쁨으로, 과업구조는 높고 낮음(구조화와 비구조화)으로, 지위권력은 강함과 약함으로 나타나게 된다.

피들러는 1,200개 이상의 집단을 상대로 하여 8개의 범주에서 과업지향적 리더십유형과 관계성을 비교했다. 결과는 과업지향적인 리더는 매우 유리한 상황과 매우 불리한 상황에서 더 나은 업적을 이루는 경향이 있다는 것이다. 또한 관계지향적 리더는 보통의 상황에서 더 나은 업적을 수행한다. 즉, 상황이 리더에게 매우 유리하거나 불리한 경우에는 낮은 LPC리더가 우세하고, 상황이 보통일 때는 높은 LPC리더가 우세하다는 것이다.

| 그림 8-5 | 피들러의 모형

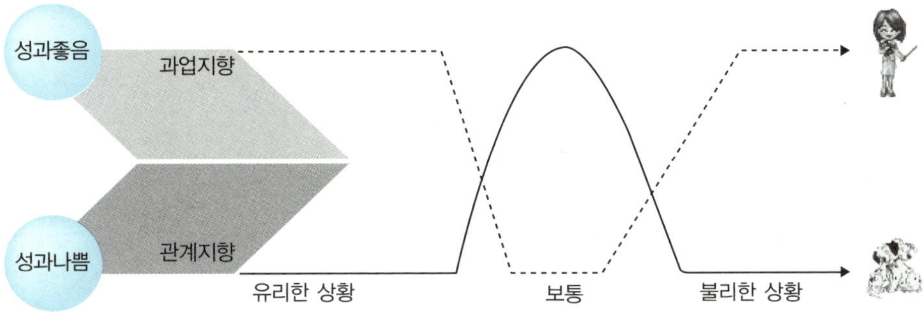

상황범주	I	II	III	IV	V	VI	VII	VIII
리더-구성원관계	좋음	좋음	좋음	좋음	나쁨	나쁨	나쁨	나쁨
과업구조	높음	높음	낮음	낮음	높음	높음	낮음	낮음
지위권력	강함	약함	강함	약함	강함	약함	강함	약함

그의 연구는 리더십이 행사되는 과정이 리더, 부하, 상황 등의 수많은 요인에 의해 영향을 받는 복잡한 과정임에도 불구하고 이들 요인을 지나치게 단순화시키고 있다는 점에서 비판받고 있다. 즉, 그는 리더와 부하의 가치, 태도, 선호, 집단의 응집력, 규범, 조직설계, 조직문화, 기타 환경적인 요인이 리더십과정에 미치는 효과를 거의 고려하지 않고 있다.

또한 LPC척도 자체에 대한 의문이 문제가 된다. LPC척도는 다른 사람의 행동특성을 측정하도록 하여 자신의 리더십유형을 측정하도록 구성되어 있다. 때문에 이 측정도구에는 기본적으로 투사(projection)의 원리가 개입되어 있다. 따라서 다른 사람의 특성을 표시한 척도를 통해 자신의 리더십유형을 측정한다는 것은 의미가 없다는 비판을 받고 있기도 하다. 과업지향적인 측면이 강한 사람들은 '함께 일하기가 가장 싫은 사람(least preferred coworker : LPC)'을 부정적인 시각으로 볼 수밖에 없다. 왜냐하면 그 자체가 과업달성에 방해가 되기 때문이다. 반대로 관계지향적인 사람들은 '함께 일하기가 가장 싫은 사람(least preferred coworker : LPC)'을 과업지향적 사람보다는 더 긍정적으로 인식하는 경향이 있다. 왜냐하면 관계지향적인 사람의 일차적 욕구는 사람들과 원만한 관계를 유지하는 것이기 때문이다.

그의 모형이 많은 비판을 받고 있음에도 불구하고 철저한 검증을 거치고 있을 뿐 아니라, 실제 상황에서도 상당한 실증적 지지를 얻고 있는 것도 사실이다.

투사의 오류

중요한 결정이나 행동이 개인의 주관적인 판단보다도 객관적인 조건과 관계에 의해 결정될 경우 그는 외향적인 태도를 지녔다고 말하고, 이런 외향적 태도가 습성화되어 생활의 일정한 특징을 이루면 그를 외향형이라고 부른다.

융은 외향형의 객체위주의 태도에 대해, "그는 순응(Adaptation)은 하지만 적응(Adjustment)하지 않는다. 왜냐하면 적응은 직접적인 주변의 그때그때의 조건에 아무 마찰 없이 살아가는 것 이상의 것을 요구하는 것이기 때문이다"라고 말하면서, 사회가 보편적인 생명법칙에 어긋나는 경우에 그것을 따르다가 사회와 더불어 파멸하는 경우가 외향형이 가질 수 있는 제약이라고 말했다.

내향형은 객체의 인상이 주체 안에서 형성한 것에 의거해서 사물을 보는 특성을 갖는다. 융은 "세계는 그 자체로 존재할 뿐 아니라 나에게 나타나는 대로 존재하기도 한다"고 하면서 객체적 태도와 똑같이 주관적인 태도의 중요성을 강조했다.

정상적인 경우 내향적인 태도는 원칙적으로 전승으로 주어진 전승구조, 즉 자아(ego) 이전에 존재하던 것, 원형(archetype)의 세계이며, 자아를 훨씬 능가하는 자기(Self)의 세계에 순종하는 태도이다. 그러므로 건전한 내향형은 타인의 생각보다도 자신의 마음에 따라 판단 또는 행동하려는 사람이며 자아에 매달리는 사람과는 다르다. 그러나 내향형의 주관중심경향이 절대시되면 자기중심주의에 빠져 편협한 관점에 사로잡힐 위험이 있다.

내향형과 외향형은 모두 나름의 가치를 지니고 있어 어느 것이 좋다거나 나쁘다고 말할 수는 없다. 내향형과 외향형은 대체로 무의식의 적절한 보상을 받아들여 원만하게 사회에서 자기 몫을 해나갈 수 있고 서로 협동하여 유익한 일을 할 수 있다. 그러나 각자의 우월한 태도에 지나치게 일방적으로 집착하고 각자의 무의식에 있는 열등한 성향을 보지 못할 때는 내향형은 외향형에게, 무의식의 열등한 외향성을 투사하여 그들을 오해하여 "잘난 척하고, 피상적이며 무모하고, 지조가 없고, 스스로를 책임지지 않는다"고 비난하고, 외향형은 내향형에게 "소심하고, 고집불통의 샌님이다"라고 비하한다. 그러나 이러한 갈등은 각자가 자신의 타고난 관점을 인식하고 무의식에 있는 미분화된 열등기능을 발견하고 발전시킬 때 인격성숙의 계기를 마련한다.

자료 : 한국융연구원

2) 하우스의 경로-목표이론(통로-목표이론)

미시간대학의 '사회조사연구소'에서 존스, 마호니 등이 리더의 성과에 대한 영향을 분석하기 위해 '경로-목표'의 개념과 용어를 사용하기 시작했으나 본격적인 연구는 그로부터 많은 시간이 흐른 뒤였다. '경로-목표이론'의 대표적인 이론가로는 에반스와 하우스 등을 들 수 있다. 에반스는 1960년대 말부터, 하우스는 1970년대 초반에 '경로-목표이론'을 제시했다. 하우스(House, 1971)는 에반스(Evans, 1970)가 제안한 이론에 입각하여 보다 정교한 이론을 구성했다.

이 이론은 피들러의 것과 어느 정도는 유사하다. 그러나 피들러의 것이 '리더의 동기부여(욕구)'에 초점을 두고 있는 데 반해, 경로-목표이론은 '부하의 동기부여'에 초점을 두고 있다.

하우스는 "리더의 동기적 기능은 업무목표 달성을 위해 부하들에게 개인적 이익을 증대시키고, 경로를 명확하게 함으로써 이익에 이르는 경로를 보다 쉽게 이동하도록 하고, 장애물과 함정을 제거하는 과정에서 개인적 만족의 기회를 증대시키는 것이다"라고 정의했다.

따라서 '경로-목표이론'이란 어휘가 사용된 것은 이 이론이 리더가 부하의 작업목표와 개인적 목표에 관한 지각에 어떻게 영향을 미치는가를 강조하고, 이들 두 목표 사이에서 발생되는 경로(path, 연결) 또는 통로를 강조하기 때문이다. 그에 의하면 효과적인 리더는 부하들이 자신의 작업목표를 달성하도록 암초를 제거해줌으로써 통로를 따라 여행할 수 있도록 돕는다는 신념에서 비롯되었다.

조직구성원들이 조직 내에서 개인적으로 기대하는 목표는 보상이므로, 리더의 역할은 부하들이 동기와 직무만족을 성취시킬 수 있도록 목표달성에 대한 개인적 보상을 증가시키고, 보상에 쉽게 도달할 수 있는 경로를 설정해주는 것이 리더십 기능이라고 생각함으로써, 기본적으로 브룸의 기대이론에 입각하고 그 연장선상에 있다.

조직의 구성원들은 보상을 위해서 열심히 노력한다. 그러나 그들의 노력이 바로 보상으로 이어지는 것이 아니라 경로-목표이론에서는 두 단계의 과정을 거쳐야만 한다. 첫 번째 단계는 노력을 통해 성과를 달성하는 과정이고, 두 번째 단계는 성과를 바탕으로 보상이 주어지는 단계이다. 첫 번째 단계에 따른 부하의 기대를 1차 기대치라 하고, 두 번째 단계에 다른 부하의 기대를 2차 기대치라고 한다. 그리고 그 결과 주어지는 보상에 대한 매력을 유인가(valence)라고 한다.

모모는 지난 해부터 보보에게 닌텐도를 사달라고 끊임없이 졸라댔다. 그러나 보보는 오락은 백해무익하다며 끝까지 안 사주고 버티었다. 그러나 닌텐도를 가지고 있지 않은 견들이 없기에 보보는 고민했다. 그래서 내놓은 해결책이 국어성적을 30점 올리면 사주겠다는 타협이었다. 모모의 국어성적은 바닥이었기 때문이다. 30점의 점수를 올린다는 것은 성과에 해당되고 그에 따른 닌텐도는 보상이다. 때문에 모모가 죽기살기로 매달리는 것이 노력이고 30점을 올리는 것이 성과이며 이것들이 1단계의 과정에 해당된다. 그 결과 30점의 성과를 바탕으로 닌텐도라는 보상을 얻는 것이 2단계의 과정이다. 만약 닌텐도가 가지고 싶은 열망이 강할수록 유인가는 높아지고 닌텐도에 대한 열망이 떨어질수록 유인가는 낮아지게 된다.

| 그림 8-6 | 경로-목표이론의 모델

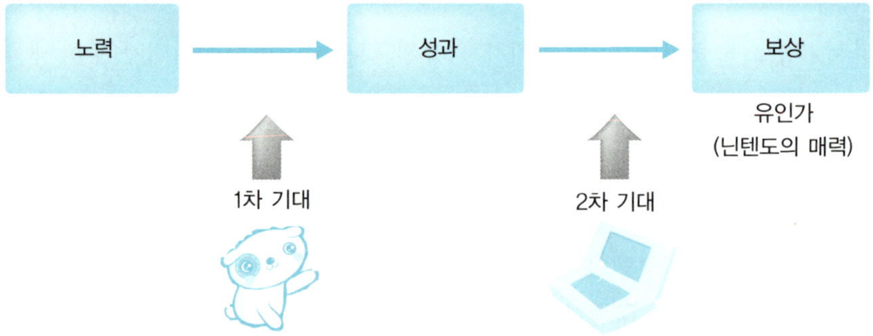

이제 동기부여에서의 기대치와 리더십을 연결시키기 위해 리더의 유형을 분류해야 한다. 부하의 동기부여, 직무만족, 업적에 영향을 미치는 리더의 행동은 리더십상황에 의존한다. 리더가 할 일은 상황을 분석하는 것, 상황의 본성에 따라 4가지 리더십유형이 있을 수 있다. 이 이론에서는 피들러의 이론에서와는 달리 상황에 따라 네 가지 유형 가운데 특정 유형을 취할 수 있게 된다. 그리고 네 가지 유형의 리더십효과는 상황에 따라 달라지게 된다.

| 표 8-6 | 하우스의 리더십 유형

지시적 리더십(도구화)	• 오하이오주립대학의 구조주도와 유사 • 리더는 부하에게 과업을 명확하게 지시함으로써 무엇을 기대하고 있는지 알게 함
지원적 리더십	• 오하이오주립대학의 배려와 유사 • 부하에게 친절하고, 그들의 욕구와 복지에 관심을 가짐
참여적(참가적) 리더십	• 크게 보면 종업원지향형적인 리더십유형에 속함 • 리더는 부하들 의사결정에 참여시키고, 그들의 의견을 반영함.
성취지향적 리더십	• 도전적인 목표를 설정하고 부하의 능력을 최대한 발휘할 것을 기대함

경로-목표이론은 상황특성으로서 부하의 개인적 특성(통제의 위치, 능력, 경험 등)과 환경요인(과업구조, 공식적 권한체계, 작업집단 등)을 들고 있다.

이 이론은 동기부여와 리더십을 체계적으로 통합한 최초의 이론이다. 때문에 부하가 특정 상황에서 특정한 리더십 유형에 대해 반응하는 이유를 이해하는 데 도움을 주고 있다.

지원적 리더십이 부하의 노력에 미치는 효과에 대한 인과관계

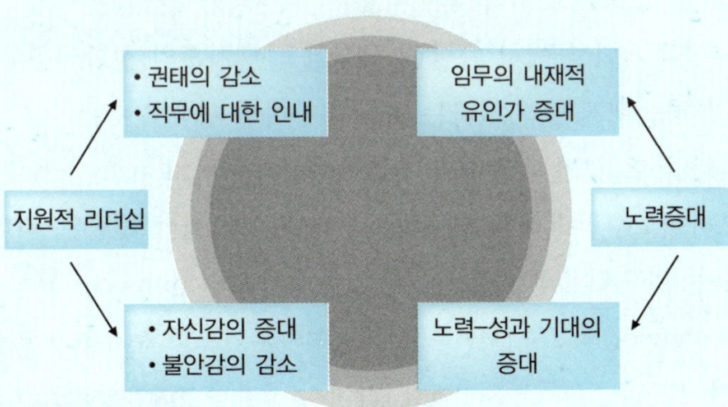

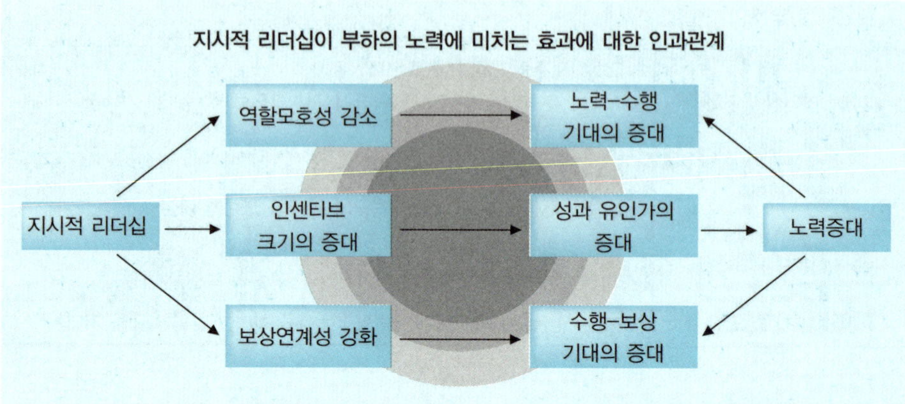

자료 : 게리 유클, 현대조직의 리더십이론, 시그마프레스, 2004 (수정하여 사용)

3) 허시-블랜차드의 수명주기이론

실제 작업현장에서의 관리자들은 기존의 이론들이 생산라인, 사무실 등에 도움을 줄 수 없다고 불평했고, 그들이 직접 활용하고 적용할 수 있는 무엇인가를 요청했다. 리더십의 진단과 실제적용이 편리한 허시와 블랜차드의 이론은 많은 관리자들의 관심을 끌었고, 그 가치를 증명했다. 때문에 오늘날 많은 기업과 군대에서 훈련프로그램으로 널리 쓰이고 있다.

리더십의 '수명주기이론'에서 출발한 허시와 블랜차드의 상황적응론의 초점은 리더십효과가 부하들에게 달려 있다는 것이다(부하의 성숙도 수준).

초기의 허시와 블랜차드는 '과업과 관계(task and relationship)'를 이용하였는데, 이것은 오하이오주립대학의 연구와 관리격자이론에서 개발된 리더십유형과 유사하다. 그들은 리더의 행위를 과업행위(task behavior)와 관계행위(relationship behavior)의 2차원을 축으로 하여 4분면으로 분류하고 있는데, 그것이 바로 지시적(telling), 설득적(selling), 참여적(참가적, participating), 위임적(위양적, delegating) 유형이다.

(1) 지시적(높은 과업행동, 낮은 관계행동, S1)

리더가 역할을 정하고 부하에게 과업수행에 관한 것을 지시하며 지시적 행동을 강조한다.

(2) 설득적(높은 과업행동, 높은 관계행동, S2)

리더는 지시적 행동과 지원적 행동을 모두 발휘한다. 과업수행과 원만한 인간관계 모두에 노력을 기울인다.

(3) 참여적(낮은 과업행동, 높은 관계행동, S3)

리더와 부하가 함께 의사결정에 참여한다. 리더의 역할은 업무를 촉진하고 의사소통을 촉진하는 일이다.

(4) 위임적(낮은 과업행동, 낮은 관계행동, S4)

리더는 지시나 지원을 거의 하지 않는다. 과업과 관련된 의사결정의 대부분을 부하에게 맡기고, 인간관계에 대해서도 별다른 노력을 기울이지 않는다.

그리고 여기에 구성원의 '성숙도(maturity)'를 추가시켰다. '성숙도'란 나이가 아니라 특정한 과업을 달성하기 위해 부하가 지니고 있는 능력과 의욕을 의미한다. 전자는 직무상의 성숙도, 후자는 심리적 성숙도이며 연속선상에 존재한다(① 달성가능한 목표의 설정능력, ② 책임을 지려는 의욕, ③ 교육과 경험).

성숙도는 가장 낮은 단계인 M1에서부터 가장 높은 단계인 M4로 나누어진다.

| 표 8-7 | 네 가지 차원의 성숙도

성숙도	내용
성숙도1(M1)	부하들이 직무를 수행할 수 있는 능력과 의지가 모두 없는 상태
성숙도2(M2)	능력은 없지만 의지는 있는 단계
성숙도3(M3)	능력은 있지만 의지는 없는 단계
성숙도4(M4)	능력과 의지를 모두 가지고 있는 단계

이에 따라 상황과 성숙도를 4가지로 나누어 거기에 맞는 리더십 유형을 제시하고 있다. 후에 블랜차드는 성숙도(maturity)의 개념을 준비성(readiness)으로 바꿔 제시하고 이를 SL Ⅱ라고 했으나 많은 학자들이 실제로 SL Ⅰ에서 제시한 성숙도(maturity)와 SL Ⅱ에서 제시한 준비성(readiness)의 개념 사이에 별다른 차이가 없다고 평가했다. 따라서 본서에서는 성숙도(maturity)로 설명하고자 한다.

| 그림 8-8 | 허시와 블랜차드의 모형

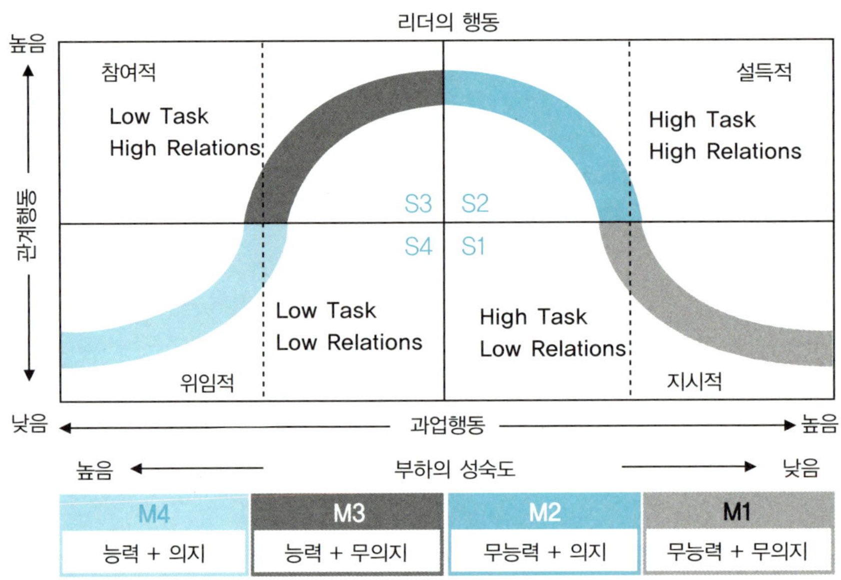

1985년 이후에 허시와 블랜차드는 상황변수로서의 성숙도를 보다 넓게 이해하여 구성원의 '준비성(readiness)' 이라는 개념을 사용하고 있다. 원래 사용한 성숙도의 척도는 후에 관리자평가척도와 자율평가척도로 발전하여 제시된다.

'준비성' 이란 구성원이 특정한 업무를 달성하려는 능력과 의지의 정도를 의미한다. 이는 개인이 업무를 수행하는 데 있어서 얼마나 준비하고 있는가를 의미한다. 준비성을 결정하는 중요한 요소는 능력과 의지이다.

허시와 블랜차드는 실무관리자, 교사, 행정가들에게 실용적이고 쉽게 활용할 수 있는 리더십을 제공할 수 있다는 점에서 높이 평가되고 있지만, 실제의 작업상황

| 표 8-8 | 준비성의 요소

능력	특정한 업무, 활동에 동원하는 지식, 경험, 기술을 지칭
의지	특정 업무를 달성하기 위해 보유하고 있는 자신감, 몰입, 동기 등의 심리적 준비성의 정도를 의미

에서 이론을 지지하는 실증적 연구가 부족하다는 지적도 받고 있다. 또한 부하의 성숙도가 후에 준비성으로 대체되었으나 그 개념이 명확하게 규정되어 있지 못하다는 비판도 받고 있다.

그러나 가장 결정적인 것은 그들이 제시한 상황적응론에 따라 행동한 리더가 높은 성과를 가져오며, 보다 나은 업무수행, 종업원의 만족을 가져온다는 증거를 제시하고 있지 못하다는 점이다. 그럼에도 불구하고 이 모형은 리더십의 효과가 상이한 부하들에 의해 신축적으로 다르게 나타날 수 있음을 알려주고 있다.

특성이론적 관점으로 살펴본다면 실패하는 리더에게는 공통점이 있는데, 그것은 그들에게는 리더가 갖추어야 하는 몇 가지 특성들이 결여되어 있다는 것이다. 어떤 특성들이 리더십의 실패 여부와 관련이 있는가에 관해서는 확실하게 결론지을 수 없지만, 대체적으로 창의력과 성취동기의 결여, 사회성과 인지적 역량의 부족, 커뮤니케이션능력과 인간적 배려의 부족, 스트레스 저항력 부족, 자신감 결여 등으로 요약될 수 있을 것이다.

행동론의 핵심내용은 성공적인 리더십을 발휘하기 위해서는 리더가 구조주도와 배려의 행동을 동시에 보여줄 수 있어야 한다는 것이다. 행동론에 의하면 실패하는 리더란 항상 과업만을 중시하거나, 또는 항상 사람들과의 관계만을 중시하거나, 또는 둘 중 어떠한 성향도 보이지 않는 부류라고 할 수 있다.

환경적응론에 따르면 실패하는 리더가 따로 존재하는 것이 아니고 주어진 환경 속에서 자기에게 맞는 유형을 선택하지 못하기 때문이다. 너무나 많은 상황변수들이 존재하기 때문에 그에 맞는 유형을 찾아내는 것이 쉬운 일만은 아니며 그만큼 실패의 가능성도 크다. 또한 거의 대부분의 경우에 선택은 리더에게 달려 있어 이 또한 실패의 가능성을 높이고 있다.

앞서 살펴본 전통적 리더십이론들은 거의 통합이 안 된 채 리더의 어느 한 단면만을 설명하는 단점이 있다.

특성이론은 리더의 어떤 특정 자질이 효과성의 기준이 되는지 밝혀주지 못하며, 행동이론은 리더십행동 중 어느 측면이 가장 중요한지가 상황에 따라 달라지는 한계를 보이며, 환경적응론은 리더의 행동범위가 너무 포괄적이며 상황변수를 지나치게 단순화시킴으로써 리더의 유효성을 설명하기에는 미흡하다.

때문에 이들 이론들은 나름대로의 한계로 인하여 리더가 부하들에게 어떻게 어떤 영향을 미쳐야 하는가에 관하여 분명한 일치를 보고 있지 않다. 따라서 21세기에는 이제까지의 리더십과는 많이 다른 대안적 리더십이론이 필요하게 되었다.

아픔을 들여다보는 힘

보보의 책

'수태 고지(15세기)', 안젤리코(왼쪽은 대천사 가브리엘, 오른쪽은 성모 마리아)

르네상스를 대표하는 화가 중 한 명인 프라 안젤리코(Fra Angelico)가 그린 '수태 고지(Annunciation)' 를 보면, 등장인물 두 명의 표정이 예사롭지 않다.

성모께 수태 사실을 전하고 있는 대천사 가브리엘은 정중한 자세를 취하고 있다. 하지만 날카로운 눈빛과 상기된 볼 등 얼굴 표정에선 단호한 분위기를 느낄 수 있다. 실수가 용납되지 않는 신성하고 중요한 임무를 부여받았기 때문일 것이다. 반대편의 시골 처녀, 성모 마리아는 두 팔을 안으로 모아 수용과 복종의 뜻을 표하고 있다. 하지만 얼굴에선 혼란과 당황이 읽힌다. 천사의 등장과 하느님의 선택, 예수 그리스도의 잉태…너무나 엄청난 일들이기에 받아들이기 어려운 일이었을 것이다.

화가 안젤리코는 인간적인 아픔을 들여다보는 힘을 지녔다. 그는 어려운 임무를 완수해야 하는 천사의 고충과 고뇌를 느꼈다. 상상할 수 없는 메시지를 전달받은 성모의 당황스러움과 난감함도 들여다보았다.

암흑기로 불렸던 중세를 마감하고 새로운 시대를 열었던 르네상스는 이렇게 너무나 인간적인 아픔을 들여다보는 데서 시작되었다. 이렇게 새로운 세상을 만든 초월적인 세계관을 '휴머니즘(인본주의)'이라 부른다.

다른 사람이 보지 못한 '아픔'을 보라. 그러면 기존의 생각을 뛰어넘을 수 있다. 일본의 히트상품인 철심 없는 스테이플러 '하리낙스(Harinacs)'는 두꺼운 서류를 철하는 데 힘이 많이 들고 손을 다치는 아픔을 보았기에 탄생할 수 있었다.

다이슨의 날개 없는 선풍기도 어린이가 다치는 아픔을 막기 위해 태어났다. 한국의 히트상품인 '발열 의류'와 '슈퍼스타 K', '제빵왕 김탁구', '여자 국가대표 축구팀'도 아픔을 보았거나 아픔을 다른 사람들에게 공감하게 만들었기에 성공했다.

우리는 늘 아픈 존재이지만, 정작 아픔을 보는 힘이 너무 약하다. 인문학의 표면에는 사랑과 기쁨이 있지만, 그 뒷면은 고스란히 아픔의 세계이다. 우리는 외로움, 그리움, 슬픔, 분노, 두려움, 미움, 욕망을 벗어나지 못한다. 안타까운 일이지만, 지극히 인간적이기에 피할 수 없다. 지금 우리가 인문학에 관심을 가져야 하는 이유가 바로 여기에 있다. 인문학은 아픔을 발견하고, 이해하고, 치유하는 데 더없이 좋은 컨설턴트이다.

토끼가 살아갈 수 있는 핵심역량은 큰 귀라고 한다. 토끼는 비록 자신을 지키는 무기가 없지만, 먼 곳의 소리까지 감지할 수 있는 '듣는 능력' 하나로 생존한다. 우리는 토끼처럼 귀를 쫑긋 세우고 사람들의 내면에서 들려오는 소리를 들어야 한다. 특히 '아픔의 소리'를 말이다. 우리의 이웃과 고객이 느끼는 불편함과 번거로움, 두려움, 외로움과 같은 그 아픔의 소리 안에 '창조'와 '초월'의 씨앗이 숨어 있다.

기업의 경영자가 아픔을 공감하는 능력

을 발휘하여 소비자를 위한 제품 혹은 서비스를 개발하여 성공한 사례 중 하나가 켈로그이다. 아침식사 대용으로 즐겨 먹는 시리얼은 밀, 옥수수, 보리 등 곡물을 원료로 하여 우유에 타서 먹을 수 있도록 만든 식품이다.

시리얼을 처음 생산한 켈로그(Kellogg)사는 1905년 켈로그에 의해 창립되었다. 초등교육밖에 못 받은 켈로그는 젊은 시절 미국 미시간주의 작은 도시 배틀 크리크에 있는 내과병원에서 1880년부터 1905년까지 잡역부로 일했다. 그는 이 병원 입원환자들에게 식사를 제공하는 일을 하면서 소화기 계통의 환자들이 빵을 먹으면 속이 불편하다고 푸념하는 소리를 들었다.

환자들이 무심결에 중얼거리는 이 푸념에 켈로그는 연민의 정을 느끼곤 했다. 그는 소화기가 약한 환자들의 속을 불편하게 만드는 것은 빵 속에 남아 있는 이스트 때문일 것이라고 믿고, 이스트를 사용하지 않는 빵의 대용식을 만들기 위한 실험에 들어갔다. 많은 시행착오 끝에 켈로그는 오늘날 서양에서 아침식사의 대표적 메뉴가 된 시리얼을 개발하는 데 성공했다. 소화기 환자들의 아픔에 대한 감수성이 위대한 기업의 탄생으로 이어진 것이다.

자료 : 조선일보, 2011. 1. 15
윤석철의 「삶의 정도」 중에서

| 그림 8-9 | 리더십이론의 발전

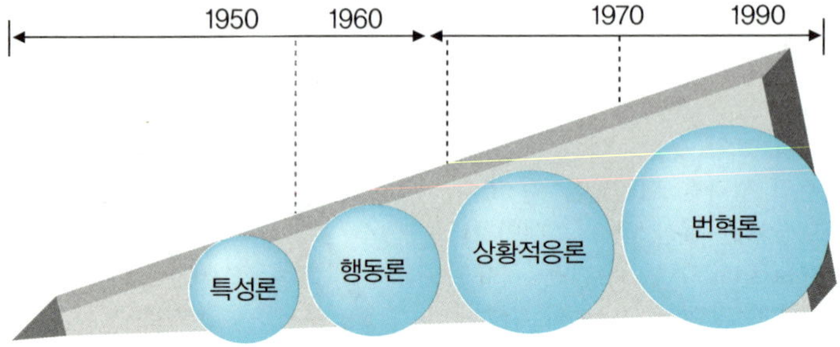

4. 새로운 리더십이론(변혁적 리더십)

리더가 갖추어야 하는 특성의 내용은 수십 년간의 연구를 통해 꾸준히 변화해 왔다.

- 신체적 특성(신장, 체구 등)
  - 능력적 특성(창의력, 지성, 지식 등)
  - 심리적, 성격적 특성(자신감, 정직성, 지배성향)
  - 행동적 특성(지구력, 환경적응력 등)

과거의 특성이론은 연구방법상의 문제점들로 많은 비판을 받아왔으나, 최근 들어 방법론의 발달과 새로운 관점들의 등장으로 그 유효성이 다양한 측면에서 재조명되고 있다. 따라서 최근에 다시금 리더의 특성을 부활시키려는 움직임이 있으며, 리더의 능력을 중시하는 이론도 제시되고 있다.

- 변혁적 리더십(transformational leadership)
  : 카리스마, 개별적 배려, 지적 자극 등의 개념으로 정의
- 카리스마적 리더십(charismatic leadership)
- 대체이론(substitute for leadership)
- 특성론(attribution)
- 계시론(inspirational leadership)

- 비전적 리더십(visionary leadership)
  : 카리스마의 개념 중에서 특히 비전에 강조점을 두고 있음
- 문화적 리더십(cultural leadership)
  : 카리스마가 특별히 조직문화와 깊은 관련성이 있음을 강조하기 위해 명명된 이름

이 중에서도 번즈와 베스의 변혁적 리더십이 새로운 흐름을 주도하고 있다. 카리스마적 리더십은 변혁적 리더십이론의 모태가 되며, 변혁적 리더십의 중요한 일부분이다. 그러나 양자가 반드시 동의어는 아니며, 변혁적 리더십이 꼭 카리스마를 필요로 하는 것은 아니다.

한국의 이홍은 카리스마, 변혁적, 문화적, 비전적 등의 이름으로 불리고 있는 새로운 리더십 개념을 카리스마적 리더십으로 명명하고 있다. 왜냐하면 카리스마의 개념 없이는 이들 리더십의 개념이 정의될 수 없기 때문이다.

새로운 리더십을 제시한 연구자들은 공통적으로 자신들이 연구한 리더십이 전통적으로 연구된 리더십과는 질적으로 큰 차이가 있음을 주장하고 있으며, 심지어 두 종류의 리더십 간의 배타성까지도 논의되고 있다. 리더와 부하의 관계는 서비스에 대한 보상의 교환에 치중하는가, 아니면 리더가 추종자를 가르치고 변화시키는가에 따라 전자를 '거래적 리더십(transactional leadership)', 후자를 '변혁적 리더십(transformational leadership)' 이라고 명명한다.

그러나 유클(Yukl), 베스(Bass), 코터(Kotter), 홀터&베스(Halter&Bass) 등은 새롭게 제기된 리더십과 거래적 행위는 간단하게 이분관계를 갖는 것이 아니며 상호배타적이 아니라고 주장한다.

변혁적 리더십은 사명감을 전달하고, 학습경험을 자극하고, 새로운 사고방식에 영감을 불어넣는다. 또한 안정적이라기보다는 변화를 추구하는 과정이다. 특히 변혁적 리더십은 리더가 변화의 필요를 알아채고, 그 변화를 잘 이끌 수 있도록 상상력을 발휘하고, 그 변화를 효과적으로 수행할 수 있는 능력이다.

변혁적 리더십은 특성론에 의존하고 있으며, 부하의 신념, 가치관, 목적 등에 영향을 미치며 부하로 하여금 거래적 리더십에서 기대한 것 이상의 업적을 달성하도

록 만드는 영감적인 리더십이며, 기업을 변혁시키고 부흥시키는 핵심이다.

변혁적 리더십과 거래적 리더십의 차이는 '변혁적 리더십' 이 부하들의 높은 가치체계(자유, 평등, 정의 등)에 호소하여 그들의 의식을 고양시키며 스스로 할 수 있는 힘과 권한을 부여(empowering)함으로써 자발적 참여와 조직몰입을 이끌어내는 데 반해, '거래적 리더십' 은 공포, 탐욕, 시기, 증오 등과 같은 감정에 의존하여 경제적 · 물질적 교환관계를 통한 만족을 추구하는 데 있다.

1) 변혁적 리더십의 구성요인

(1) 카리스마(charisma)

베버에 의하면 "카리스마는 사람에게 초인간적이거나 혹은 비범한 능력이 부여된 특별한 성격적 특성"이다. 카리스마는 소수의 사람들에게만 천부적으로 부여된 특성이며, 이러한 카리스마의 보유로 인해 리더로서 받아들여지게 된다.

카리스마는 은사(gift)[1)]란 뜻을 가진 그리스어에서 유래되었다. 성경과 교회에서는 종교적 의미로 은총의 선물(gift of grace) 또는 성신(holy spirit)이라는 뜻으로 쓰여져 왔다. 리더의 초자연적 능력, 신성한 속성, 리더의 개성적 자질 등을 의미한다.

이는 구성원들에게 미래에 대한 비전을 제공하고, 자부심을 심어주고, 존경과 신뢰를 얻는 것이다. 이때의 비전이란 조직이 추구하려는 공유된 가치를 대변하는 이상을 의미하며 서면으로 전달되는 것보다 연설이나 잦은 비공식적인 대화를 통해서 핵심을 전달하는 것이 바람직하다.

(2) 영감

카리스마적 리더십 내부에 존재하는 하위요인이다. 카리스마적 리더십은 영감을 불러일으키지만 영감은 카리스마적 리더십 없이는 생겨날 수 없다.

---

1) eucharisteo(감사)의 어근은 은총을 의미하는 charis이다. chara(기쁨)는 charis에서 파생되었다. 누가복음 22장에는 '감사 기도하시고(eucharisteo)' 라는 구절이 있다. 예수님은 떡을 떼어 그것을 은총으로 보시고 사례하셨다. 이는 섬김이다. 그러므로 charisma는 강렬한 에너지로 군림하는 것이 아니라 낮은 자세로 섬기고, 베푸는 것을 소명으로 삼는 따뜻함이다.

(3) 개별적 배려

오하이오주립대학의 배려의 개념과 유사하다. 리더가 자신의 영역 속에 있는 구성원들에게 개별적인 관심을 보여줌으로써 구성원들의 자기존중감과 자아정체성을 높일 수 있도록 도움을 주고, 결과적으로 부하들로 하여금 리더가 카리스마적 속성을 보유하고 있다고 지각하고 수용하도록 만들고, 부하들로 하여금 리더를 변혁적 인물로 지각하게 만드는 데 일조를 한다.

(4) 지적 자극

리더에 대한 강한 복종이나 신뢰에 의해 특징지어지는 카리스마와는 달리, 부하의 자율성을 보장하고 그들의 의존성향을 제거하는 속성을 지니고 있다. 그들은 부하들을 변혁적이고 새로운 시도에 도전하도록 고무하며, 스스로 문제해결책을 찾도록 격려하고 자극한다.

카리스마, 개별적 배려, 지적 자극, 모두가 궁극적으로 부하의 행동을 조직성과에 연결시킴을 목적으로 하고 있다. 그러나 '카리스마' 와 '개별적 배려' 가 리더에 대한 구성원들의 자아개념, 인식전환에 초점을 두는 반면에, 지적 자극' 은 인식전환을 통한 부하들의 직접적 행동변화에 더욱 중요성을 두고 있다.

변혁적 리더십이 강한 사명감, 리더와 부하 간의 신뢰감, 존중감을 통한 인격적 관계를 중시하는 데 반해, 거래적 리더십은 공식적 · 제도적인 규칙, 보상, 규제 및 처벌 등에 근간을 두고 있다. 거래적 리더십은 개인이 가치 있는 어떤 것을 교환할 목적으로 다른 사람과의 협약에 있어서 주도권을 취할 때 발생한다.

일반적으로 리더와 부하들 간의 암묵적 교환을 한정하고 있는 기존의 전통적 이론은 모두가 거래적 리더십에 속한다고 볼 수 있다. 베스에 의하면 거래적 리더십은 피들러의 상황이론, 하우스의 경로-목표이론, 리커트의 미시간대학의 연구 등과 유사하거나 동일한 내용을 담고 있다. 왜냐하면 거래적 리더십은 리더가 보상이나 처벌을 사용하여 부하들이 자신의 직무요구를 충족시키도록 동기부여시키는 형태의 리더십이기 때문이다. 중요한 것은 부하들의 이해관계 충족 여부에 따라 그들의 동기부여가 결정된다는 것이다.

인간에게는 리더를 맹목적으로 추종하는 본능이 있다

보보의 책

역사를 살펴보면 개인적인 욕망에 눈이 멀어 파괴적인 영향을 끼친 리더들을 수 없이 발견할 수 있다. 이렇게 카리스마에는 우리가 마땅히 경계해야 할 어두운 면이 있는 것이다.

카리스마는 어떤 사람을 잠재적인 리더로 간주하느냐, 마느냐에 따라 상당히 중요한 역할을 수행한다. 깊은 인상을 남기는 사람들에게는 특별한 자질이 보인다. 이렇게 인상적인 자질 가운데에는 전문적인 분야에 대한 역량과 관계된 것도 있지만 준수한 외모, 키, 화법, 특별한 분위기 같은 것들도 포함된다.

'포춘' 지 선정 500대 기업의 CEO 중 약 85%가 평균 이상의 신장에 비교적 준수한 외모를 가진 남성인 것으로 조사되었다. 사람들이 리더를 선정할 때는 '리더답다' 는 것에 대한 사회적 기준이 커다란 영향을 미친다.

리더를 선정하는 일에는 사람들 속에 잠재되어 있는 무의식적인 본능이 작용한다. 사람들은 리더에게서 방향성과 본보기, 안정감, 감정적 동일화를 엿보고 싶어 한다. 이런 욕구에는 강력한 힘이 있다.

카리스마라는 개념은 사람들이 왜 지금과 같은 방식으로 리더를 선택하는지를 설명해준다. 우선 이것은 리더와 자신을 동일화하고 싶어하는 욕구와 관련이 있다. 사람들은 자기와 비슷하다고 느껴지는 사람을 따르거나 그 사람에게 영향을 받는 경향이 있다.

그러나 사람들은 리더가 자신과 완전히 동일하기를 원치 않는다. 리더가 자기보다 똑똑하고 뛰어난 능력과 통찰력을 갖췄으며, 누구보다도 섬세하기를 바란다. 자신과 비슷한 동시에 자기보다 나은 누군가를 원하는 것이다. 요컨대 사람들은 자신이 존경할 수 있는 인물이면서도 동일시할 수 있는 리더에게 끌리는 것이다.

자료 : 잭 웰치의 「결단의 기술」 중에서

2) 거래적 리더십의 구성요인

(1) 보상

리더가 부하들의 업적수준과 만족에 관계된 보상을 하는 것을 의미한다. 이는 부하들의 업적과 만족, 모두와 관계된다.

(2) 예외관리

적극적 개념으로서의 예외관리는 기대된 성과기준에 부합되지 않은 과오, 예외,

편차에 대해 경고함으로써 적극적인 수정조치를 취한다. 일반적으로 부하들의 성과와 직무만족에 부정적 영향을 미치고 있는 것으로 나타난다.

소극적 개념으로서의 예외관리는 가능한 한 문제가 뚜렷하게 돌출되지 않을 경우 어떤 행동도 취하지 않는 개념이다. 중재의 경향이 있다.

(3) 자유방임

부하들에게 책임감을 위임하는 것을 의미한다. 리더십의 부재가 있을 수 있다.

많은 연구들이 변혁적 리더십이 거래적 리더십보다 훨씬 더 효과적이었음을 증명해주고 있다. 그러나 간과할 수 없는 중요한 사실은 언제나 어떤 상황에서나 적합한 유일최선의 방법은 존재하지 않는다는 것이다(환경적응론적 관점).

리더십연구분야에서 타의 추종을 불허하는 코터(John Kotter, 하버드대학 역사상 최연소 종신 정교수가 됨)는 변혁적 리더십과 거래적 리더십, 양자 모두를 적절하게 사용할 줄 알아야 훌륭한 리더가 될 수 있다고 주장한다. 또한 내들러와 터쉬맨(Nadler & Tushman)은 거래적 행위 없이는 변혁적 리더십의 효과를 극대화할 수 없다고 하면서 양자 간의 밀접한 관계를 강조하고 있다. 이들의 주장은 변혁적 리더란 부하의 높은 차원의 욕구를 자극하여 거래적 리더십의 영향력을 통합하고 증대시켜 높은 성과를 얻는 리더의 행동이며, 변혁적 리더십과 거래적 리더십은 상호보완적인 관계에 놓여 있다는 것이다.

특히 유클(Yukl)은 거래적 리더십의 중심개념인 교환행위는 반드시 유형적 이익에만 국한되는 것은 아니며, 변혁적 리더십에서의 '의미에 대한 몰입'도 리더와 하위자 간의 상호작용에서 발생된 교환물(거래적 결과)이라고 주장한다. 또한 변혁적 리더에 의해 제시된 비전 속에는 분명히 미래에 대한 유형적 이익이 하위자에게 약속되어 있다는 것이다. 이런 주장 등에 근거해서 유클(Yukl, 1989), 베스(Bass, 1985), 홀터 & 베스(Halter & Bass, 1988), 코터(Kotter, 1990) 등은 변혁적 리더십과 거래적 리더십은 간단하게 이분적 분리관계를 갖는 것이 아니며, 상호배타적이 아니라고 주장하고 있다.

3) 변혁적 리더십의 두 가지 관점

변혁적 리더십의 초기연구는 대부분 정치적 리더에 대한 기술적 연구로부터 시작되었다. 번즈는 그의 저서 「리더십」(1978)에서 두 유형의 정치적 리더십인 거래적 리더십과 변혁적 리더십[2)]을 정의하였다.

거래적 리더십은 부하의 개인적 이익에 호소함으로써 부하를 동기부여한다. 즉 거래적 리더십은 한 사람이 가치 있는 어떤 것을 교환할 목적으로 다른 사람과의 접촉을 시작할 때 일어난다. 리더는 과업노력에 대한 대가로 임금, 지위 등을 거래한다. 물론 거래적 리더십도 가치를 포함하긴 하지만 그 가치는 명예, 공정성, 상호관계와 같은 거래과정과 관련된 가치를 말한다.

변혁적 리더십은 부하의 도덕적 가치에 호소함으로써 윤리적 쟁점에 대한 인식을 높이며 조직을 개혁할 활력과 자원을 동원한다. 따라서 변혁적 리더십은 리더와 부하 간에 높은 윤리의식, 동기부여, 목표의식 등을 불러일으키는 과정이다. 그러므로 변혁적 리더는 부하에게 복종 이상의 것을 요구하며, 여기에는 부하의 신념, 욕구, 가치에 있어서의 변화가 포함된다.

번즈의 변혁적 리더십은 그 근거를 매슬로우의 욕구단계설에 두고 있으며, 매슬로우의 욕구단계적 측면에서 본다면 부하들이 높은 수준의 욕구를 추구하도록 자극하여 '일상적인 자아' 에서 '보다 나은 자아' 로 상승하도록 한다. 또한 변혁적 리더는 부하를 개개인으로 보기보다는 전체인으로 보고, 부하와 공유할 수 있는 목표를 추구하며 변화한다.

베스는 변혁적 리더십의 전개에 있어서 그 출발점을 번즈의 이론으로 보고 있다. 베스는 거래적 리더십을 리더가 그에게 부응하는 부하들에게 보상을 한다는 교환관계로 보았다. 이런 관점의 문제점은 기대 이상의 업적을 불러일으키는데는 보통 실패한다는 것이다.

반대로 변혁적 리더들은 기대 이상의 업적을 쌓도록 부하들을 동기부여시킨다. 오늘날 광범위하게 연구되고 있는 베스의 이론은 번즈의 이론에 근거하고 있으나

---

2) 번즈는 '변형적(transforming)' 이라는 용어를 제시했으나 이것이 '변혁적 리더십(transformational leadearship)' 의 기초가 되었고, 후자가 더 널리 쓰이고 있으므로 본서에서는 '변혁적' 이라는 용어로 통일하고자 한다.

차이점은 존재한다.

첫째, 번즈는 변혁적 리더십과 거래적 리더십을 연속선상의 양 끝에 위치한 두 가지 유형의 리더십으로 지각했다. 그러나 베스는 두 유형의 리더십을 명확히 구분하지만, 상호배타적인 것으로 보지 않았으며, 같은 리더일지라도 다른 상황과 다른 시간에는 두 가지 유형의 리더십을 모두 사용할 수 있다고 생각했다.

둘째, 번즈는 거래적 리더십을 순종에 대한 보상으로 보았다. 그러나 베스는 보다 넓은 측면에서 거래적 리더십을 정의하고 있다.

셋째, 번즈는 변혁적 리더를 긍정적이고 윤리적인 가치와 고차원적 욕구에 호소할 수 있는 계몽적인 리더로 한정하였으나, 베스는 변혁적 리더십은 그 영향이 부하에게 유익하든 그렇지 않든 간에 부하의 동기부여를 활성화하고 부하의 몰입을 증가시키는 리더십이며, 안정, 생존, 경제적 욕구 등과 같은 저차원적 욕구에 호소하는 리더도 변혁적 리더로서 배제하지 않았다.

제7의 감각

보보의 책

변혁적 리더십은 이성적이라기보다는 감성적이고, 논리적이기보다는 직관적인 리더십이다. 변혁적 리더에게 필수적인 자질은 평범한 직관을 넘어서는 전략적 직관이다. 평범한 직관은 일종의 감정이다. 즉 느낌이지 생각이 아니다.

그러나 전략적 직관은 느낌이 아니라 생각이다. 전략적 직관은 순간적인 판단과도 다르다. 순간적인 판단은 엄밀히 말해 전문가 직관이다. 이는 뭔가 익숙한 것을 인식할 때 점프하듯 순식간에 결론에 도달하는 빠른 속도의 생각을 의미한다.

전문가 직관은 항상 빠르다. 그리고 익숙한 상황에서만 작동한다. 반면 전략적 직관은 항상 느리다. 그리고 좋은 아이디어가 필요한 새로운 상황에서 작동한다. 이러한 차이는 결정적이다. 전문가 직관은 전략적 직관의 적이 될 수도 있기 때문이다.

섬광 같은 통찰력은 한순간에만 일어나지만 그 순간이 찾아오기까지 몇 주일이 걸릴 수도 있다. 무작정 서두른다고 얻어낼 수는 없다. 한편 전문가 직관은 익숙한 것을 봤을 때 빠른 시간 안에 순간적인 판단을 할 수 있다. 따라서 전략적 직관을 훈련하려면 새로운 상황을 인식하고 전문가 직관이 작동하지 않게 해야 한다. 새로운 점들이 독자적으로 연결될 수 있도록 기존의 점들을 분리해야 한다.

전략에 대한 동양의 고전적인 문헌을 보면, 섬광 같은 통찰력이 어떻게 작동하는지에 대한 최초의 대략적 설명을 찾을 수 있다. 특히 인도의 '바가바드기타', 중국의 '손자병법', 일본의 미야모토 무사시가 쓴 '오륜서' 등을 참조할 만하다. 이 책들은 군사전략문제에 힌두사상, 불교, 도(道), 선(禪) 철학을 적용한다.

전략적 직관은 인간정신을 적극적으로 사용하는 것이 인간이 이루어낸 성과들의 중요한 원동력이라는 사실을 강조한다. 역사상 모든 위대한 업적의 중심에는 섬광 같은 통찰력이 있었다. 섬광 같은 통찰력은 어떻게 외적인 힘을 뛰어넘을 수 있는지 보여준다.

자료 : 윌리엄 더건의 「제7의 감각 전략적 직관」 중에서(수정)

5. 짐 콜린스의 5단계(Level 5) 리더십

짐 콜린스(Jim Collins)는 「좋은 기업을 넘어 위대한 기업으로(Good to Great)」라는 저서에서 '좋은 것(good)' 은 '위대한 것(great)' 의 적이라고 말하면서 '단계 5의 리더십' 을 제안했다. 또한 좋은 것이 크고 위대한 것의 적이라는 것은 단지 비즈니스만의 문제가 아니라 인간의 문제라고도 주장했다.

그는 1965년에서 1995년 사이에 '포춘(Fortune) 500' 에 등장한 기업들 중에서 '좋은 회사에서 위대한 회사' 로 도약한 기업들 11개를 찾아냈다. 애벗, 서킷 시티, 패니 마이, 질레트, 킴벌리 클라크, 크로거, 뉴커, 필립 모리스, 피트니 보즈, 월그린즈, 웰즈 파고 등이 위대한 기업으로 선정된 조직들이다.

그는 1965년에서 1995년까지 '포춘 500' 에 선정된 1,435개의 기업을 대상으로 치밀한 재무분석 끝에 11개 기업을 찾아냈는데, 선정 기준은 전환점 이후 15년간 시장의 최소 3배에 달하는 누적수익률을 보인 기업들이었다. 그들은 일정시점 이후에 비교기업군들과 확연한 차이를 보이며 성장했다.

점환점 이후에 애벗은 시장의 3.98배, 서킷 시티는 18.50배, 패니 마이는 7.56배, 질레트는 7.39배, 킴벌리 클라크는 3.42배, 크로거는 4.17배, 뉴커는 5.16배, 필립 모리스는 7.06배, 피트니 보즈는 7.16배, 월 그린즈는 7.34배, 웰즈 파고는 3.99배의 수익을 달성했다.

전환시점에 그 기업들에게는 무슨 일이 있었던 것일까?

블랙박스를 전환시점으로 본다면 블랙박스 안에 11개 기업을 대표하는 몇 가지 특징들이 발견된다.

첫째, 11개 기업들은 대체적으로 외부의 저명 CEO를 영입하는 것에 대해 부정

적인 인식을 지니고 있었다는 것이다. 한 기업을 제외하고는 모두 내부승진에 의한 인사였다.

둘째, 11개 기업의 CEO들은 고액보수를 위해 일하지 않았다. 그들은 해야 할 일, 더 나은 미래를 위해 일했다.

셋째, 그들은 해야 하는 것과 하지 말아야 하는 일을 명확히 구분하여 부적절한 낭비요소를 원천적으로 제거했다.

넷째, 규모가 크다는 것이 항상 옳은 것이 아니라는 점을 인식하고 내실 있게 움직였다.

다섯째, 그들은 모두 조용하게 움직였으며 블루오션의 중요성을 인식하고 있었다.

앞서 언급한 특징들을 정리해 보면 11개 기업들이 보유한 가장 커다란 특징은 그들이 특별한 리더를 보유하고 있다는 것이다. 그들 기업들은 전환시점에서 한결같이 화성에서 온 것과 같은 '특별한 리더'를 보유하고 있었는데 그들이 바로 '단계 5의 리더'[3]이다.

20세기 후반부터 각광받아온 '변혁적 리더', '카리스마적 리더' 등은 '단계 5의 리더'와 비교했을 때 치명적 약점을 가지고 있다. 크라이슬러를 기사회생시킨 리 아이아코카(Lee Iacocca)와 같은 인물은 표류하고 있는 조직에 분명 필요한 인물이다. 그러나 그들이 제대로 된 후계자를 양성하지 않고 조직을 떠나버렸을 때 그 조직은 다시 흔들리기 시작한다는 문제점이 있다.

'단계 5의 리더'들은 공통적으로 개인적 겸양과 직업적 의지의 융합을 효과적으

---

3) 창문과 거울효과 : 단계 5의 리더들은 일이 잘 풀릴 때는 창문 밖을 내다보면서 자신 외의 요인들에 찬사를 돌린다. 반면 일이 잘 풀리지 않을 때는 거울을 들여다보며 자신에게 책임을 돌린다.

로 보여 주었다. 그들은 자신의 개인적 욕구를 털어내고 기업을 향한 보다 큰 목표를 세웠다. 그들에게 개인으로서의 이기심이 없는 것은 아니지만 누구보다도 강한 야심을 자신이 아니라 조직으로 향하게 했다는 것이 일반 리더들과의 차이점이다. 뒤에 후술하는 매슬로우의 자기실현인과 유사하다.

그러나 권력욕을 추구하게 하는 야망, 적개심 등은 '단계 5의 리더십'에서 요구하는 '겸양'과 상충되는 개념이기 때문에 그들이 조직에 등장하는 경우는 매우 드물다.

| 그림 8-10 | 5단계의 계층구조

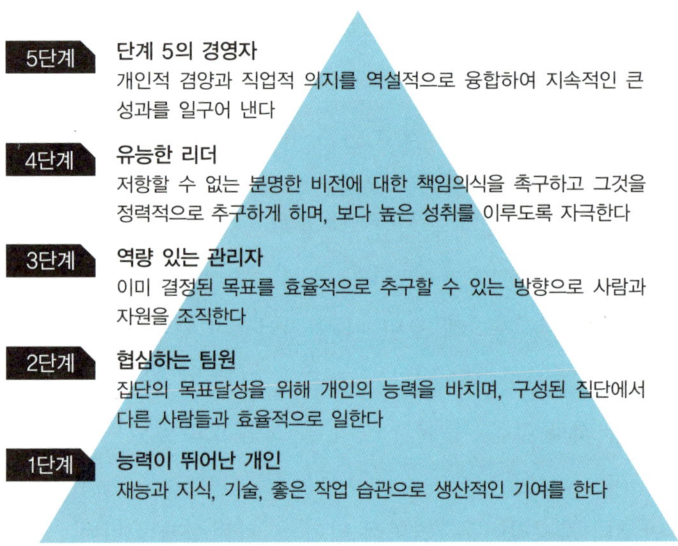

자료 : 짐 콜린스의 「좋은 기업을 넘어... 위대한 기업으로」 중에서

서번트 리더는 우선 서번트다

보보의 책

서번트 리더십은 일상생활에서 나타나는 권력의 실상, 즉 권력의 정당성, 권력에 가해지는 윤리적인 제한, 그리고 권력을 적절히 사용함으로써 얻을 수 있는 유익한 결과를 다룬다.

서번트 리더십의 강점 중 하나는 자기 자신과 더불어 다른 사람들을 치유하는 능력이다. 대다수의 사람들은 온갖 이유로 정서적인 상처를 입는다. 물론 이는 인간으로 살아가면서 겪는 삶의 일부분이지만, 서번트 리더는 사람들이 '온전해지도록 도울' 기회가 자신에게 주어져 있다는 사실을 믿고 인정한다.

서번트 리더와 그가 이끄는 사람 사이의 언약에 양자 모두 온전함을 추구한다는 이해가 함축되면, 섬겨지고 이끌어지는 사람에게 미묘한 무언가가 전달된다.

서번트 리더의 자기인식은 그를 강하게 만든다. 인식을 증진하는 데 전념하는 것은 두려운 일일 수도 있다. 왜냐하면 인식은 위안을 주지 않기 때문이다. 오히려 인식은 마음을 어지럽히고 깨어 있게 만든다. 유능한 리더들은 보통 예민하게 깨어 있고 사리분별에 고심한다. 그들은 위안을 구하지 않으며, 내면의 평온을 유지한다.

서번트 리더십은 다수의 토착문화에 아주 오래 전부터 뿌리내리고 있었다. 전체론적이고 협동적이고 자치적이고 직관적이고 정신적이었던 그 문화들이 중심으로 삼은 것은 미래의 수호자가 되는 일과 앞서 걸어간 조상들을 존중하는 일이었다. 서번트 리더십의 특별한 강점은 다른 사람들을 섬기는 동시에 이끌 기회를 적극적으로 구하도록 모든 사람들을 독려하고, 그럼으로써 삶의 질을 높일 수 있는 잠재력을 전 사회적으로 이끌어낸다는 것이다.

자료 : 스티븐 코비, 워렌 베니스 등의 「리더십」 중에서

보보의 뼈다귀

튀지 않고 스며드는 미친 존재감

"주장은 단순히 완장만 차는 자리가 아니란 걸 이번 대회에서 느꼈다."

주장 박지성이 남아공월드컵 나이지리아전을 마친 후 기자회견에서 밝힌 소감이다. 선배와 후배를 아우르며 자연스럽게 분위기를 주도한 박지성은 강한 카리스마로 대표되던 대표팀 주장의 상징성을 부드러운 카리스마로 대체했다.

윽박지르며 호통치기보다 웃으며 대화하는 모습에 선수들 간의 거리가 가까워졌다. 실력이 출중한, 부담스러운 팀과의 경기가 있는 날이면 "두려워 말고 즐기자"며 한 걸음 먼저 뛰었다. 주장이 먼저 뛰니 경험이 없던 선수들도 제 기량을 찾기 위해 한 걸음 더 뛰었다. 믿는 후배, 존경하는 선배의 솔선수범은 자연스럽게 자신감으로 이어졌다. 그는 주장의 역할은 리더가 아니라 선수와

선수 사이를 이어주는 가교일 뿐이라고 말한다.

박지성의 리더십은 우선 솔선수범이다. 월드컵 조별 리그 3경기에서 팀 내 최다인 총32.7㎞를 뛰어다녔다. 경기가 안 풀리면 전후좌우, 공수를 넘나들며 독려했다. 이런 움직임은 분위기 역전의 발판이 되기도 했다. 또한 쳐다보기 어려운 존재가 아닌 스며드는 친근함을 택했다. 아르헨티나전에서 패한 다음날 아침, 박지성은 2시간의 아침식사시간 내내 식당을 지켰다. 숙소에서 내려오던 선수들과 눈을 맞추고 대화하며 가라앉았던 분위기를 다잡았다. 그리고 독단이 아니라 경청을 택했다. 박지성은 늘 선수들의 의견에 귀를 기울였다. 그리고 그 의견을 코칭스태프에게 그때그때 전달했다. 원정 첫 16강 진출에 성공한 대한민국 국가대표팀 주장의 리더십은 '먼저 움직이고 경청하며 이끄는 소통의 리더십'이라 해도 과언이 아니다.

〈박지성의 직장생활백서〉

Point 1. 업무 지시만?

업무 지시만 요란한 상사에게 존경은 남의 나라 얘기다. 먼저 움직이고 솔선수범하는 자세가 상생의 기본이다.

Point 2. 감히 어딜?

"내가 신입일 땐…" "막내란 말이야…" 등의 발언은 고리타분한 구세대의 항변일 뿐이다. 시대가 변했다면 인물의 면면도 바뀌게 마련이다. 고로 나부터 변화해야 시대를 끌어안을 수 있다.

Point 3. 입보다 귀가 뻥!

후배 혹은 상사의 말을 듣는 자세는 부드러운 이미지로 각인된다. 경청하는 자세는 배려로 이어지게 마련이다. 곧 부드럽고 세련된 매너, 생각지 못한 배려가 고마운 사람으로 기억될 수 있다.

자료 : M25

보보의 한 말씀

다양성이라는 가치가 모든 것이 가능하다고 가르쳐줬다면, 그래서 균형을 이루게 했다면, 그것을 알고 행한 다음에는 온 열정을 쏟아 달려야 한다. 그러면 비로소 생명력을 가진 높은 질을 얻게 될 것이다. 리더십은 수직이 아닌 수평관계여야 한다. 리더는 누군가의 위에 있어야 하는 게 아니라 동등한 위치에서 서로의 중요성을 느끼고 서로의 장·단점을 격의 없이 이야기할 수 있어야 한다. 변화를 두려워하지 않는 것이 나의 리더십이다.

-박칼린-

제9장

동기부여와 인간관계

1. 동기부여의 개념
2. 동기부여이론

09 동기부여와 인간관계

400년 동안 살아있는 사람

보보의 책

'코델리아의 시체를 안고 우는 리어왕' – 제임스 베리 –

400년 전, 셰익스피어는 시대를 초월하며 인간의 삶을 예리하게 살폈다. 그리고는 자신이 탐색한 것을 기록했다. 자신의 내면뿐만 아니라 외부의 악으로 인해 고난의 가시밭길을 걸으며 진실 혹은 진리를 발견하지만 결국 비극적인 죽음을 맞는 햄릿, 맥베스, 오셀로, 리어왕 같은 주인공들을 통해 삶, 죽음, 인간, 인생, 우주에 대해 기록한다.

선을 위해 선을 제물로 바칠 수밖에 없는 고통스러운 현실과, 영광과 번영의 고지에서 무참한 파국으로 치닫는 추락과, 무고한 죽음을 강렬하게 그려낸다. 그러나 셰익스피어는 언제나 그 비극적 최후를 냉정한 시선으로 바라본다. 슬픔에 빠진 인간, 잿빛 도시, 몰락한 국가들 속에서 인간의 이성을 넘어서는 정의의 법칙이, 폐허를 딛고 새로운 질서를 요구하는 우주의 법칙이 있음을 말한다.

이렇듯 셰익스피어의 비극은 강렬하고 장엄하게 우리의 삶을 보여준다. 불완전한 인간과 불완전한 인간이 꾸려가는 세상을 현미경으로 들여다보듯 보여준다. 셰익스피어의 비극은 인간과 세상과 역사를 바라볼 수 있는 거울이 되어 우리 자신을 바라보게 한다. 그가 남긴 거울을 통해 우리의 가슴 속으로 들어가게 한다. 그래서 셰익스피어 비극은 슬픔이 있으되 우울하지는 않다. 그 자체로 희망이 될 수 있다.

셰익스피어 이전에도 비극은 있었다. 일찍이 그리스 작가들은 불가사의한 운명에 지배당한 인간이 겪는 시련과 고난을 비극에 담았다. 그들은 인간 스스로가 불행을 일으키는 약점을 지니고 있기는 하지만, 궁극적으로는 운명이 인간의 행, 불행을 결정한다고 보았다. 그래서 어찌할 수 없는 힘 탓에 인간이 파국을 겪는다는 이른바 '운명 비극'이 탄생했다. 우리의 삶은 운명이라는 바람 앞에 흔들리는 촛불일 뿐인 것이다. 한마디로 "운명이 운명이다."

그러나 셰익스피어의 비극은 다르다. 인간의 파멸과 몰락이 무자비한 운명의 여신 탓만은 아니다. 오히려 인간을 파국으로 이끄는 주요 원인은 인간 자신에게 있다. 그래서 셰익스피어의 비극을 '성격비극'이라 한다. 인간은 자신이 일으킨 파도와 폭풍에 휩쓸려 희생당한다. 한마디로 "성격이 운명이다."

인간은 완벽하지 않다. 완벽할 수도 없다. 그러므로 인간은 자신의 운명을 통제할 수 없다. 이에 우리의 운명은 원치 않는 방향으로 흘러가기도 한다. 셰익스피어는 운명의 실타래가 엉켜 나락으로 떨어지는 삶을 익히 알고 있었다. 그리고 그는 불완전한 인간의 그 심연을 들여다보고 싶어 했다. 그는 욕망이 불타고 있는 마음의 늪 속으로 주저 없이 깊이 더 깊이 걸어 들어갔다. 그는 자신이 탐색한 것을 기록했다. 위대한 비극이 탄생했다. 그 기록은 "인간은 무엇인가"이다.

'리어왕'은 권력과 재산을 물려받은 자식들이 배은망덕한 행위로 아비들을 도탄지고에 빠뜨리는 이야기요, 욕망의 사다리를 타고 오르다 탐욕에 눈이 멀어 추락하고 마는 인간 군상의 이야기며, 분별력을 잃고 어리석은 판단을 한 인간들이 겪는 수난과 깨달음의 여정이다.

나는 이 장면을 볼 때마다 마음속 가득 차오르는 슬픔을 주체할 수 없다. 셰익스피어에게 묻지 않을 수 없다.

"꼭 고난을 겪어야 시야가 넓어지는 것인가요?"

"그렇습니다."

"왜죠?"

"고난은 행복과 동등한 선생이니까요."

"고난 없이 행복이 넘치는 사람들이 부지기수인데요?"

"진정한 삶이 아닙니다."

"진정한 삶이 뭔데요?"

"두 눈으로 세상을 바라보는 것이지요."

"고난 없이는 진정한 삶을 얻을 수 없나요?"

"그렇습니다."

"당신은 그런 삶을 살았나요?"

"난 적어도 고난에 좌절하지는 않았지요."

자료 : 안병대의 「셰익스피어 읽어주는 남자」 중에서

1. 동기부여의 개념

"사람은 왜 일을 해야 하나요?"

사람은 왜 일을 해야 하는가…여기에는 보보가 동기부여이론을 통해 제시하고 싶은 모든 의미가 숨겨져 있다.

경쟁이 치열해지면 질수록 기업의 경쟁우위를 확보하는 것은 아날로그적인 역량인 사람, 즉 '인재'이다. 이 인재들이 전략을 성공적으로 실현시키기 위해서 그들에게 필요한 것은 적절한 '스킬(skill)'이다. 그러나 스킬의 획득과 그 안정적 발휘는 '동기부여(motivation)'가 전제가 되어야만 한다. 왜냐하면 인간에게는 일정한 외부적 압력이 있고 그 압력을 해소하기 위해 어떤 행위를 하지만 그것은 흐르는 강물처럼 이동하기 때문이다. 따라서 내부적으로 솟아오르는 그 무엇이 없이는 끊임없이 움직일 수 없다.

리더십에 있어서 동기부여의 중요성이 언급되는 이유는 리더십의 주요 명제가 타인에게 영향력을 행사하여 그들을 움직이고 변화시키는 것이기 때문이다. 처음에는 변화의 초점이 외부적 관점과 요소로 인해 생겨날 수 있지만 장기적인 관점에서 본다면 내부적으로 끊임없이 생겨나는 요인이 없다면 영향력 유지란 현실적으로 어려운 일이 된다.

보보가 처음 '아이러브보보스'를 시작할 때만 해도 그렇게 큰 성공을 거두리라곤 생각지 않았다. 그러나 생각보다 사업이 번창해서 많은 돈을 벌었다. 그렇다면 왜 보보는 그 일을 선택해서 해야 했을까? 우선은 돈을 벌기 위해서였다. 그 이후에 어떤 변화가 일어났든간에 처음 시작은 경제적 이유였다. 바로 여기에 동기부여에 대한 시작과 해답이 있는 것이다.

수많은 행동과학자들은 인간은 어떤 동인에 의해 동기부여가 되고, 그것을 충족시키려고 노력한다고 주장했다. 처음엔 그것이 경제적인 이유였을 것이고, 그러한 기본적인 것이 충족되다 보니까 사회적으로 사람들과 어울리고 싶고, 인정받고 싶고, 더 나은 일을 성취하고 싶은 욕구가 생겨났을 것이다. 우리는 지금 바로 그 이

| 그림 9-1 | 동기부여의 메커니즘

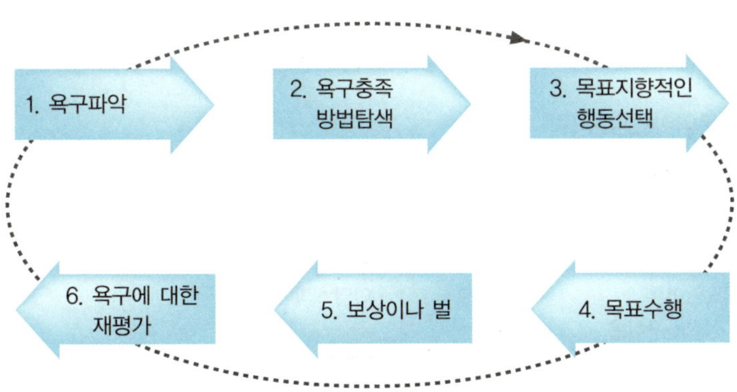

자료 : D. Hellriegel & J.W. Slocum, *Organizational Behavior*, Thomson South-Western, 2007(저자재구성)

야기를 하고자 한다.

동기부여(motivation)는 '움직인다(to move)'는 의미를 지닌 라틴어의 'movere'에서 유래했다. 따라서 무엇인가를 움직이는 과정을 포함하는 개념인 것이다.

동기부여(motivation)를 한마디로 정의하면 '욕구를 만족시키려는 행동을 이끄는 내부적인 과정'이라고 할 수 있다. 다시 말해서 사람들이 행동을 하는 이유는 자신의 욕구 혹은 원하는 바를 충족시키려 하기 때문이다.

예를 들어 물탱크(사람)에 충분한 물(동기)이 차게 되면 용수철보다 수압의 힘이 더 크게 작용하여 벨브가 열리고 물이 흐르게 된다(행동). 하지만 어떤 특정 자극에 의해 물이 흐르는 경우도 있다. 따라서 동기부여는 개인 및 조직의 목적을 달성하기 위해 자신과 타인을 움직이는 과정이며, 사람들의 행동을 일으키고 유지하는 영향력이다.

그리고 이러한 행동이 단순한 행동이 아닌 목표지향적인 행동과 관련되므로 일반적으로 동기가 부여된 종업원은 그렇지 않은 종업원보다 훌륭한 업무성과를 위해서 더욱 노력할 것이다. 이때의 목표는 종업원이 지닌 욕구나 기업이 달성하고자 하는 목표(생산성)를 의미한다.

동기부여를 시키는 가장 기본적 요소는 인간의 욕구이다. 동기부여이론은 욕구와 관련해서 어떤 요인이 동기부여를 시키는가 또는 어떠한 과정을 거쳐서 동기부여가 이루어지는가를 설명하고자 하는 두 가지로 구분된다. 전자가 내용이론(content theory), 후자가 과정이론(process theory)에 해당한다. 본서에서는 내용이론을 중심으로 서술하고자 한다.

| 표 9-1 | 동기부여이론의 구분

내용이론	과정이론
• 매슬로우의 욕구단계설 • 알더퍼의 ERG이론 • 허즈버그의 이요인이론 • 맥클리랜드의 성취욕구이론	• 브룸의 기대이론 • 포터와 로울러의 기대이론 • 아담스의 공정성이론

보보의 뼈다귀!

자유의지에 대한 고대 철학자들의 관점

소크라테스는 인간의 의지를 선을 추구하는 힘으로 여겼으며, 그 힘에 의해 사회적 질서가 탄생한다고 생각했다. 플라톤도 윤리적 숙고에서 출발했으며, 일상의 삶에서 도덕을 실현할 수 있다고 했다. 플라톤은 자유의지를 주장한 대표적 인물로서 인간의 책임의식을 강조한다. 아리스토텔레스도 윤리적 행동을 인간의 특별한 행동으로 간주했고, 인간이 '자의식'을 가진 존재라는 것에서 직접 끌어낼 수 있다고 여겼다. 도덕적 판단은 항상 자유의지와 연관이 있으며, 행동의 자유는 덕의 전제조건이다.

칸트로부터 롤스에 이르기까지 근현대 정치철학자들은 우리 권리를 규정하는 정의의 원칙은 미덕과 최선의 삶에 관한 주관적 견해에 좌우되지 말아야 한다고 말한다. 정의로운 사회라면 개인의 자유를 존중해, 각자 좋은 삶을 선택할 수 있어야 한다. 고대의 정의론은 미덕에서 출발하는 반면 근현대의 정의론은 자유에서 출발한다. 정의에는 선택뿐 아니라 미덕도 포함된다는 생각은 뿌리가 깊다. 정의를 고민하는 것은 곧 최선의 삶을 고민하는 것일지도 모른다.

자료 : 프란츠 부케티츠의 「자유의지, 그 환상의 진화」
마이클 샌델의 「정의란 무엇인가」 중에서

2. 동기부여이론

1) 욕구계층설(욕구단계설, Need Hierarchy Theory)

| 그림 9-2 | 매슬로우이론과 프로이트이론의 비교

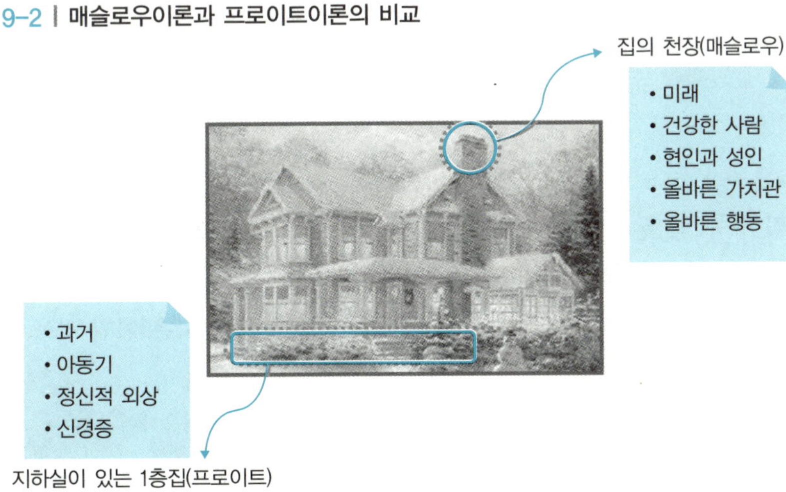

매슬로우의 반란

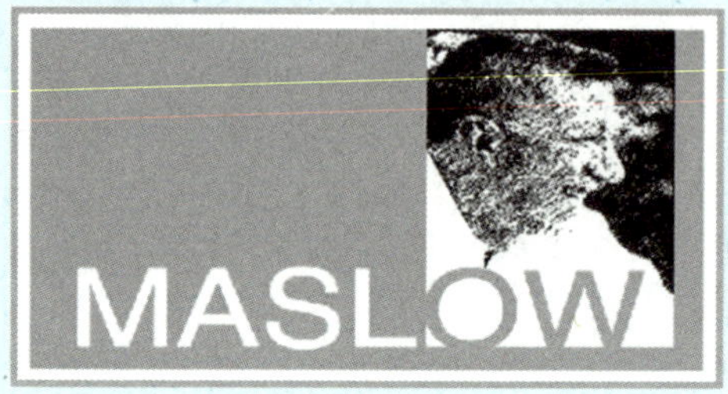

인간에 대한 기본적 욕구에 대해 매슬로우는 하나의 견해를 주장한다. 이러한 기본적 욕구에는 선과 악이 없다는 것이다.

서양문명에서는 인간 내면에 있는 동물성은 나쁜 것이고, 인간의 원시적 행동은 사악하고 탐욕스러우며 이기적이고 적의에 가득 차 있는 것이라고 믿고 있다. 신학자는 이를 원죄 또는 악마라고 부르며, 프로이트파는 이드(id)라고 부른다. 아주 오래 전부터 인간의 본능적 행동과 이성을 이분화 해왔던 것이다.

그러나 매슬로우는 인간에게 있어서 이 양방향은 모두 본능일지 모른다고 주장한다. 더욱이 본능적 충동과 이성의 목표는 대립하는 것이 아니라 같이 움직이는 것이다. 이른바 '윤리성'이라는 것은 대부분 수용할 수 없는 것과 만족하지 못하는 것의 부대적 현상이라는 것이다. 매슬로우의 이러한 주장은 서양의 기독교 사상이 지배적인 사회에서는 혁명적인 것이었다.

자료 : 매슬로우의 「인간성의 심리학」 중에서

개인이 지닌 욕구와 동기부여의 이론으로 가장 널리 알려진 것은 매슬로우의 욕구단계설(Need Hierarchy Theory)이다. 매슬로우(Maslow)는 인간에게 동기를 부여할 수 있는 욕구가 계층을 형성하고 있는 것으로 파악하였으며, 그 중 삶에서 가장 많은 것을 얻는 것처럼 보이는 사람들,[1)] 즉 가장 충분히 기능하고, 가장 건강하며, 가장 잘 적응하는 사람들의 특성에 특별한 관심을 가졌다. 그는 그들이 어떻게 그렇게 완벽할 수 있고, 잘 적응할 수 있는가를 이해하는 데 대부분의 시간을 바쳤다.

매슬로우가 다른 심리학자들과 분명하게 구별되는 점은 빛과 어둠, 선과 악, 높이와 깊이 등 인간 본성의 이중성에 직면하여 이것을 이해하고자 많은 노력을 했다는 것이다. 매슬로우는 제2차 세계대전을 겪으면서 전쟁으로 인한 고통에 의해 심각하게 동요되었기 때문에 인간이 전쟁, 편견, 증오보다 나은 어떤 것을 할 역량

1) '자기실현인' –가장 충분히 기능하고, 가장 건강하고, 가장 잘 적응하는 사람들

이 있다는 것을 입증하는 데 그의 생을 헌신하기로 맹세했고 이것은 평생의 연구로 이어져 '욕구단계설'이 탄생하게 된다.

욕구단계설은 1943년에 소개되었으며, 인간에게 동기를 부여하려면 단계별로 상승하는 인간의 욕구를 제대로 이해하고 있어야 한다는 것이다. 인간의 욕구는 낮은 단계의 욕구로부터 시작하여 그것이 충족됨에 따라서 차츰 상위 단계로 올라간다. 이러한 매슬로우의 이론은 브랜다이스대학에 재직할 당시에 집필한「인간의 동기와 성격(Motivation and Personality)」이라는 책에서 소개되었는데, 인간의 다양한 욕구들이 피라미드와 같은 그림으로 묘사되는 위계를 형성한다고 보았다. 그림으로 나타내면 다음과 같다.

| 그림 9-3 | 욕구단계설에 의한 인간존재의 해석

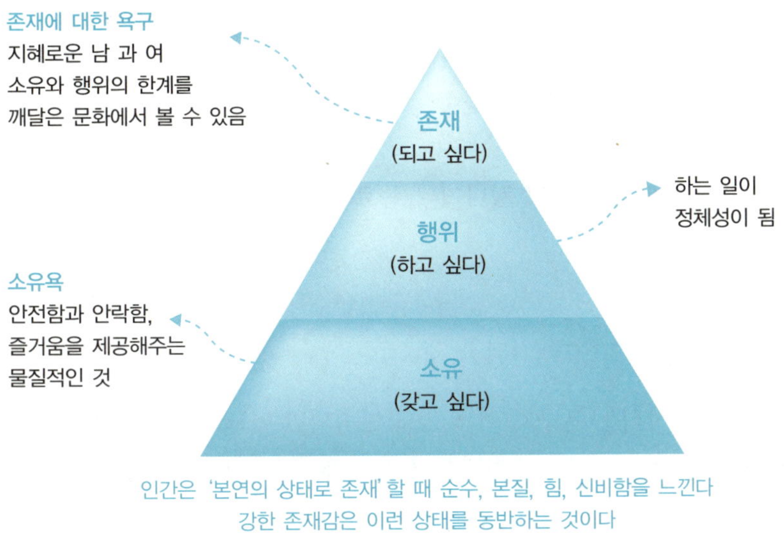

매슬로우는 인간의 내부에는 단계를 이루는 다섯 가지 욕구가 존재한다고 주장한다. 이러한 논리에는 다음과 같은 몇 가지의 가정이 자리잡고 있다.

- 인간은 만족할 수 없는 욕구를 가지고 있다.
- 인간행동은 만족하지 못한 욕구를 채우는 것을 목표로 한다.
- 인간욕구는 기본욕구(생리적, 안전 · 안정욕구)에서부터 상위욕구(사회적, 자

존, 자기실현욕구)까지 5단계로 이루어지며, 기본적인 욕구가 채워져야 상위 욕구를 채우려 한다. 동기력의 강도는 피라미드의 윗 단계로 한 단계씩 이동함에 따라 약해진다.

- 일단 만족된 욕구는 더 이상 동기부여요인이 될 수 없다.

(1) 생리적 욕구(physiological needs)

의, 식, 주, 수면, 성생활 등과 같은 인간의 생명을 유지 · 보존하기 위한 가장 기본적인 욕구이다.

(2) 안전 · 안정의 욕구(safety needs)

신체적 · 감정적 위험으로부터 보호되고 안전해지기를 바라는 욕구이다.

(3) 사회적 욕구(social needs)

'사랑의 욕구', 집단을 만들고 싶다거나 동료들로부터 받아들여지고 싶다는 욕구이다.

(4) 자존의 욕구(esteem needs)

인간은 어디에 속하려는 욕구가 어느 정도 만족되면 어느 집단구성원 이상의 것이 되기를 원한다. 이는 내적으로 자존을 성취하려는 욕구(내적 존경욕구) 및 타인으로부터 인정을 받고, 지위를 확보하려는 욕구(외적 존경욕구)이다.

(5) 자기실현의 욕구(self-actualization needs)

욕구수준의 최정상에 위치하며, 인간이 바라는 최종적인 욕망으로, 자기가 지니고 있는 잠재적인 능력을 최대한 발휘하여 성취감을 충족시키고자 하는 욕구이다.

결코 충분히 충족될 수 없이 연속되는 욕구이다.

저차원(생리적, 안전과 안정)의 욕구일수록 매우 기본적이고 동물성이 강하기 때문에 강력하다. 고차원(사회적, 자존, 자기실현)의 욕구일수록 덜 동물적이고 더 인간적이기 때문에 미묘하고 요구가 덜하다.

자존의 욕구는 자기평가를 포함하고 있다. 이는 타인으로부터 인정받고 싶은 욕구를 포함하기 때문에 수용은 평가적이지 않을 수도 있지만 인정은 평가적이다. 따라서 내가 가지고 있는 어떤 요인 때문에 인정받고 존중받는다고 생각되기 때문에 인정에 대한 욕구는 더 세밀하다.

자존감을 유지하기 위해서는 두 가지 조건이 요구된다.

첫째, 사건은 반드시 내가 있을 때 일어나야 한다. 사건이 나의 통제에서 벗어나면 그 사건은 나와 관련이 없기 때문이다.

둘째, 그 사건은 반드시 좋거나 나쁜 의미를 지녀야 하고, 그럼으로써 자존에 대한 잠정적 의미를 갖게 된다.

자기실현은 인간의 동기 중 가장 고상한 유형이다. 자기실현은 자신의 유지나 고양을 촉진하는 특성을 가지고 있다. 자기실현을 통해 인간은 더 자율적이고 자족적이 되며, 삶은 더 확장되고 풍부하며 창조적이 된다. 자기실현은 인간 내부에서 일치성, 온전성, 통합성을 증진시키고 분열이나 불일치를 최소화한다.

| 그림 9-4 | **욕구의 성격**

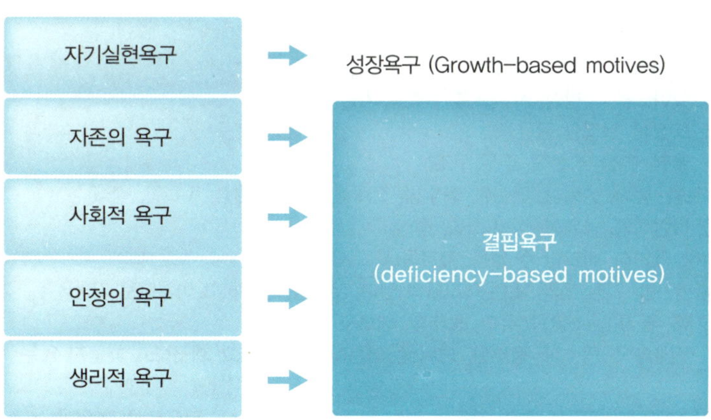

매슬로우는 낮은 동기(생리적, 안정, 사회적, 자존)를 결핍동기(deficiency-based motives)라 하고, 높은 수준의 동기(자기실현)를 성장동기(growth-based motives)라 지칭했다. 낮은 동기는 부족하기 때문에, 즉 결핍 때문에 생겨난다. 이는 유쾌하지 않은 상태를 벗어난다는 의미 이상은 없다. 그러나 높은 동기는 인간이 더 많은 것을 할 수 있으며 그 무한한 잠재력을 실현시키는 성장에 대한 욕구이다. 성장욕구는 정의, 선, 미, 질서, 조화, 완전, 자기충족 등과 같은 타고난 가치에 대한 욕구로 인간의 체험을 확장하고 삶을 풍요롭게 하는 것이다.

인간은 태어날 때부터 성장가치를 가지고 태어난다. 매슬로우에 의하면 가장 높은 가치는 인간성 그 자체 내에 존재하며 발현되는 것이다. 내적 본성은 선과 악보다 우선한다. 이것은 가치가 초자연적인 신 또는 인간성 외의 다른 원천에서 비롯되었다는 오래된 관습적 신념과는 매우 대립되는 개념이다.

인간이 성장가치를 충족시키지 못하면 메타병리(metapathology)에 빠지게 된다. 메타병리는 인간의 성장가치 충족의 실패와 관련해서 자기성장이 방해되는 것을 의미한다. 즉 메타병리는 자기실현자들이 자신의 잠재력을 표현하고, 사용하고 충족시키는 것을 방해한다.

| 표 9-2 | 성장가치목록

- 전체성(일체성, 하나가 되는 경향, 상호연관성, 단순함, 조직, 구조, 이분법의 초월, 질서)
- 완전성(필수, 의로움, 당연함, 필연성, 적합성, 정의, 완전, 당위성)
- 완성(종료, 최종, 정의, 실현, 종결과 완결, 운명, 죽음)
- 정의(공평함, 질서정연함, 합법성, 당위성)
- 생동감(과정, 살아있음, 자발성, 자기조절, 완전한 기능)
- 풍부함(분화, 복잡성, 복잡한 관련성)
- 단순성(정직, 솔직, 본질, 추상적, 주된 구조)
- 아름다움(의로움, 형식, 생동감, 단순함, 풍부함, 전체성, 완전성, 완성, 독특함, 정직)
- 선함(의로움, 바람직함, 당위성, 정의 자비, 정직)
- 독특성(특이성, 개인성, 비교할 수 없음, 새로움)
- 애쓰지 않음(편안함, 긴장, 경쟁 또는 어려움의 결여, 우아함, 완전하고 아름다운 기능)
- 놀이(재미, 기쁨, 즐거움, 쾌활함, 유머, 풍부함, 애쓰지 않음)
- 진실, 정직, 실체(솔직, 단순성, 풍부함, 당위성, 아름다움, 순수하고 깨끗하고 때묻지 않은, 완전성, 본질)
- 자체로 충분함(자율성, 독립성, 자기 자신이 되기 위해서 다른 사람을 필요로 하지 않음, 스스로 결정함, 환경의 초월, 분리, 자기 자신의 원칙에 따른 삶)

자료 : A. Maslow, *Toward a psychology of being*, John Wiley & Sons, Inc., 1968.

상위욕구에 초점을 맞추기 전에 반드시 더 낮은 하위욕구를 다룰 필요가 있는데 여기에는 두 가지 이유가 있다.

첫째, 만약 보보가 더 높은 수준의 욕구를 만족시키려고 노력하는 동안 더 낮은 수준의 욕구 하나가 발달하기 시작하면, 이 낮은 수준의 욕구는 보보로 하여금 높은 수준의 욕구에서 멀어지게 만든다. 때문에 보보는 더 기본적인 하위욕구에 관련된 일을 하도록 강요받게 된다.

둘째, 일련의 욕구들은 위로 이동하고 있다. 낮은 수준의 욕구로부터 자유로워져야 상위욕구로의 이동이 고려되어진다.

매슬로우는 자기실현이 명확히 일어났던 순간에도 초점을 맞추었는데 이를 언급하기 위해 '절정경험(peak experience)' 이라는 용어를 제시했다. 절정경험과 관련된 감정은 경외감, 경이로움, 황홀의 감정이다. 절정경험은 자아와 환경의 일치를 의미한다. 그것은 '내적 필요성' 과 '외적 필요성' 또는 '내가 원하는 것' 과 '내가 안 하면 안 되는 것' 사이의 조화를 의미하기도 한다.

절정경험은 수동적인 방식으로 나타날 수도 있고, 어떤 종류의 행위에 종사할 때 나타나기도 한다. 통계적으로는 여가시간보다 일하는 시간에 절정경험을 더 많이 한다는 보고가 있다. 절정경험의 경지에 이른 사람은 자유롭고 행복한 마음으로 자신의 운명을 흔쾌히 받아들인다. 그는 자신의 운명을 자기 의지대로 선택한다. 이는 니체의 "우리가 하지 않으면 안 되는 일을 사랑할 줄 알 때 삶의 질이 높아진다"는 말처럼 자기 행동의 주인의식을 가지려는 자세이다.

이와 비슷한 개념으로서 칙센트 미하이(Czikszentmihalyi)는 '몰입(flow)'[2]이라는 용어를 사용했다. 그는 "누구에게나 한 번쯤은 외적 조건들에 의해 압도되지 않고, 우리의 행동을 스스로 조절할 수 있으며, 내 운명은 내가 주인인 듯한 느낌이 드는 순간들이 있는데 이때 우리의 기분은 마냥 고양되고, 행복감을 맛볼 수 있으며 더 나아가 본인이 지향하고 싶은 삶의 이정표가 될 수 있다"라고 말했다.

---

2) 삶이 고조되는 순간에 물 흐르듯 행동이 자연스럽게 이루어지는 느낌을 의미한다. 즉 의식이 경험으로 꽉 차 있는, 각각의 경험이 조화를 이루는 상태를 말한다. 일상생활에서 좀처럼 맛보기 어려운 경험이지만 그 순간에는 느끼는 것, 바라는 것, 생각하는 것이 하나로 어우러진다.

절정경험은 어떤 활동에 열중해서 그 활동이 그 사람이 되는 것처럼 보이기도 한다. 중요한 것은 행해지는 무엇이 아니라 그것이 일어나는 방식이다. 무엇엔가 완전히 몰두할 수 있다면 그것은 절정경험이 된다.

매슬로우의 욕구단계설은 경영자들로 하여금 인간욕구에 대한 체계적인 인식을 최초로 갖게 해준 이론이었다. 또한 종업원들의 하위욕구를 어느 정도 충족시켜 준 이후에도 동기부여효과를 지속적으로 얻기 위해서는 상위욕구를 충족시켜 줄 수 있는 조직분위기가 조성되어야 한다는 중요성을 일깨워준 이론이었다. 또한 "인간의 성격이 어떻게 되어야 하느냐"라는 물음에 대한 답을 제공하였다. 인간은 시를 읽고, 음악을 듣고, 사랑에 빠지며, 때로는 절정경험을 체험하고 스스로를 실현하려 한다. 손에 잡히지 않는 이런 현상들이 존재한다는 것, 이 현상들이 인간다운 삶의 핵심적 측면이라는 것을 일깨워준 이론이기도 하다.

매슬로우의 욕구단계설은 오늘날 관계지향적 경영으로 재해석되고 있다. 관계지향적 경영은 "인간이 일과 생활을 영위하는 방식을 적절하게 관리함으로써 자신과 세상을 개선시킬 수 있다는 것과 그런 의미에서 그러한 관리법은 유토피아적 또는 혁명적 테크닉이 될 수 있다는 것을 가장 단순하게 말하는 방법이다"라는 매슬로우의 가치를 평범하게 실천하고 있다.

매슬로우의 가치를 재해석하고 적용한 칩 콘리는 "한 기업에 대해 사람들이 기억하는 것은 세세한 일상이 아니라 평생을 갈 수 있는 영감, 홍보해주고 싶은 마음, 자긍심을 우러나게 해주는 절정경험이며, 절정경험은 영원한 흔적을 남긴다"라고 말하고 있다. "그들을 행복하게 하면 그들은 더 열심히 일할 것이다"라는 인간관계론의 기본명제에 대한 21세기식 해석인 것이다. 그는 변화는 피라미드의 정상에서 생겨나 폭포수처럼 아래 방향으로 진행하면서 이루어지며, 높은 충성도는 기업이 제공한 절정경험을 겪은 직원, 고객, 투자자들로부터 생겨난다고 주장한다. 동기부여의 낙수효과[3]인 셈이다.

---

3) 낙수효과(trickle down)효과는 적하효과라고도 한다. 부유층의 소비증가가 저소득층의 소득증대로 연결되어 전체적인 경기부양효과가 나타나는 현상을 의미한다.

| 그림 9-5 | 칩 콘리의 욕구단계설의 재해석

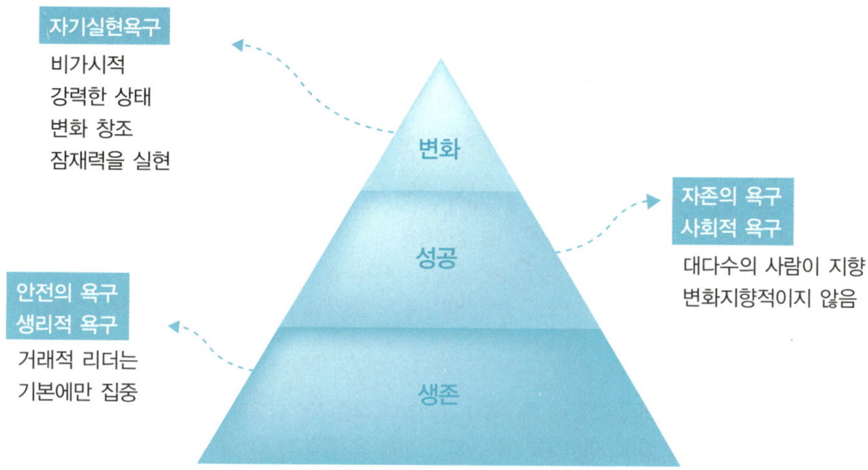

보보의 한 말씀

우리의 현재는 우리가 반복적으로 행하는 모습이다. 그러므로 월등함은 행동이 아니라 습관이다.

–아리스토텔레스–

남편을 파는 백화점이 문을 열다

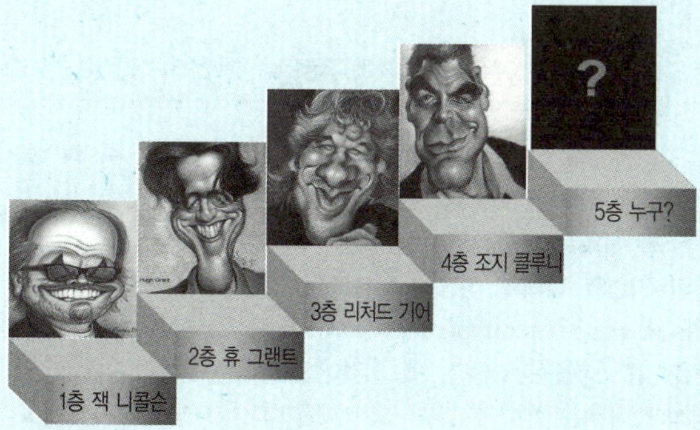

남편감을 파는 백화점이 새로 문을 열었다. 이 백화점에 가면 마음대로 남편감을 골라 살 수 있었다. 5층으로 되어 있는 백화점에는 층이 올라갈수록 점점 더 고급스러운 상품을 진열해 놓았다.

단 규정이 하나 있었는데, 일단 어떤 층의 문을 열고 들어가면 더 이상은 올라가지 못하고 그곳에서 남편을 선택해야 했다.

두 여자가 꿈에 그리던 남편을 사려고 백화점을 찾았다. 백화점 1층에 당도하니 안내문이 하나 걸려 있었다.

"이곳에는 직업이 있고 아이들을 좋아하는 남자들이 진열되어 있습니다."

그러나 여자들은 만족하지 못하고 다음 층으로 올라갔다.

2층에도 안내문이 있었다.

"이곳에는 돈을 잘 벌고, 아이들을 좋아하며, 아주 잘 생긴 남자들이 진열되어 있습니다."

그러나 두 여자는 만족하지 못하고 위로 한 층을 더 올라갔다.

3층에 걸린 안내문.

"이곳에는 돈을 잘 벌고, 아이들을 좋아하며, 아주 잘 생겼고 집안일을 잘 도와주는 남자들이 진열되어 있습니다."

"우와!"

여자들이 외쳤다. 그러나 그들은 계속해서 올라갔다. 4층에는 다음과 같이 적혀 있었다.

"이곳에는 돈을 잘 벌며, 아이들을 좋아하고, 아주 잘 생겼고, 집안일을 잘 도와줄 뿐 아니라 아주 로맨틱한 남자들이 진열되어 있습니다."

"맙소사!"

두 여자는 경악했다.

"4층이 이 정도라면 위층에서 우리를 기다리고 있는 남자들은 어떨지 상상조차 안 돼!"

두 여자는 서둘러 5층으로 올라갔는데, 5층의 안내문은 다음과 같았다.

"5층은 비어 있습니다. 이곳은 사람들이란 결코 만족이란 것을 모르는 존재임을 확인시켜 주는 증거로만 사용됩니다."

우리 아가들은 어떠한가? 1층에서부터 4층까지 모두 마음에 들지 않는다고? 안 사길 정말 잘 했다고? 그렇다면 이 글을 허당으로 읽은 셈이니까 다시 읽어라. 이 글의 초점은 조지 클루니가 아니다.

자료 : 롤프 브레드니히의 「위트상식사전」 중에서(저자 재구성)

'공동선'을 추구하는 기업이 살아남는다

"분석과 기술에 치중하던 서구식 경영방식을 버려라. 대신에 사회가 원하는 공동선, 즉 미덕을 추구하라." 일본의 피터 드러커이자 지식경영의 대가로 통하는 노나카 이쿠지로 일본 히토쓰바시대 교수는 "세상이 양의 시대에서 질의 시대로 변했다"며 "이 같은 시대에는 최고경영자(CEO)의 사회 공익을 향한 뚜렷한 경영철학이 기업의 미래와 성장을 보장해준다"고 강조한다. 노나카 교수는 그의 저서 「미덕의 경영(Virtuous-based management)」에서 "이제 철학이 없는 서구식 전략 모델은 죽었다"며 동양적 가치의 중요성을 강조한다. 왜 이같이 주장하는 걸까? 미국식 경영방식이 실패하면서 글로벌 경영방식에 새로운 변화가 일고 있기 때문이다. 그 변화의 키워드로

노나카 교수는 '미덕(virtue)'을 제시하고 있다. 미덕은 단순히 경영윤리를 뜻하지 않는다. 경영상 한 차원 높은 판단이나 기업혁신을 이끌어내는 사회공익을 향한 실천력을 뜻한다.

노나카 교수는 "기업이 지속적으로 성장하려면 창조적 지식이나 능력이 필요하다"며 "그 지식이 샘솟도록 하는 데는 CEO의 철학, 기업이 희망하는 절대가치, 고객과 함께 창조해내는 가치가 중요한 역할을 한다"고 강조한다. 따라서 그는 21세기 CEO는 현려(賢慮)형 리더가 돼야 한다고 주장한다. 현려는 최고 실천적 지혜를 뜻하며 현려형 리더란 이상과 현실을 오가며 눈에 보이지 않는 지식, 즉 암묵지를 구현해내는 리더를 말한다.

자료 : 노나카 이쿠지로의 「미덕의 경영」, 매일경제, 2009. 11. 13

2) 허즈버그의 이요인이론(동기유발-위생요인이론, Two Factor Theory)

1923년생인 허즈버그는 제2차 세계대전에 참전했다가 종전 이전 다차우 유태인 강제 수용소에서 근무했는데 그곳에서의 생활은 그에게 강한 인상을 심어주었다. 미국으로 돌아온 허츠버그는 피츠버그대학에서 수학한 후 자신의 전공인 임상심리학을 살려 미국 보건국에서 근무했다.

그는 매슬로우, 맥그리거 등과 함께 1950년대의 인간관계론 학파의 일원이다. 그의 저술 중 가장 큰 주목과 평가를 받은 것은 1968년 '하버드 비즈니스 리뷰'에 실린 논문이었다. "종업원에 대한 동기 부여방법(One More Time: How do you motivate employees?)"이란 제목의 이 논문은 재인쇄되어 100만 부 이상 팔려 리뷰에 게재된 논문으로서는 가장 큰 인기를 끌었다.

이요인이론은 매슬로우의 문제점을 극복하기 위해 그의 연장선상에서 전개된 이론으로서 인간에게는 전혀 이질적인 두 가지 욕구가 동시에 존재한다는 개념이다. 허즈버그의 관심사는 "인간이 일에서 무엇을 찾는가"였다. 그는 이에 대한 해답을 구약성경에서 찾았다. 인간이 일을 통한 잠재력의 발휘에서 만족을 얻는 것은 아브라함으로 상징되는 인간존재적 측면이며, 일을 둘러싼 환경조건에서 오는 고통으로 불만을 느끼는 것은 아담으로 상징되는 동물적 측면이라고 보았다.

| 표 9-3 | 욕구의 구분

아담적 욕구	아브라함적 욕구
• 위생요인 • 불만족 요인	• 동기유발요인 • 만족요인
불쾌한 것을 회피하려는 욕구	계속적인 정신적 성장을 통해 잠재능력을 현실화하고자 하는 욕구

아담과 아브라함

뒤러의 '아담과 이브'

아담은 '구약성서', '창세기'에서 천지창조 이야기에 나오는 신이 만든 최초의 인간의 이름이다. 아담이라 이름 붙여진 것은 신이 인간을 흙(헤브라이어로는 아다마)으로 만들었기 때문이다. 또 헤브라이어로 아담은 동시에 인간 일반을 뜻하는 말로도 사용된다.

하와는 남자인 아담의 갈비뼈로 만들어진 인류 최초의 여자이다. 아담과 하와가 뱀의 유혹을 받아 신이 금한 '선악을 알게 하는 나무'의 열매를 먹었기 때문에 신은 이 두 사람을 에덴동산에서 추방했다. 이것이 실락원의 이야기이다.

'구약성서'를 정전으로 하는 그리스도교에서는 이 이야기에서 인류 최초의 죄와 타락을 본다. 그리고 이 아담의 죄를 뒤의 모든 인간이 태어나면서 지고 있다고 생각하는 것이 이른바 원죄 사상이다. 아담은 최초의 인간일 뿐만 아니라 인간의 본질을 나타내는 전형으로도 해석되어 왔다.

아브라함은 이스라엘인의 시조이다. 그는 신의 명령과 약속에 따라서 바빌로니아에서 북시리아를 지나 팔레스타인으로 이주한 유목민족의 우두머리이다. 정착 뒤에도 선주민, 이웃의 여러 나라와 마찰을 일으켰는데 최종적으로는 항상 약속의 신을 믿고 평화를 얻게 된다. 그리스도교에서는 신의 약속만을 신뢰하는 나그네와 같은 아브라함의 모습에서 신앙인의 모범을 찾으려고 한다.

자료 : 엠파스 백과사전

보보의 뼈다구!

'치히로'와 '가오나시'

'센과 치히로의 행방불명'에 나오는 가오나시는 일본어로 '얼굴이 없는'이란 의미를 지니고 있다. 그 이름이 의미하는 것처럼 얼굴도 없고, 선악도 없고, 그가 누구이며 어떤 인격을 지닌 존재인가를 규정하는 정체성이 없다. 그는 그 자신보다는 다른 사람들의 인격을 빌어서 외부와 소통하는 것과 같은 느낌을 준다.

그와 관계를 맺는 대상은 두 종류의 극단인 의지하고 이상화하는 대상과 착취하고 파괴하는 대상으로 양분되어 있다. 둘은 결코 화합되지 않지만 거절당하거나 상대의 약점을 잡게 되면 한때 의존했던 대상도 파괴의 대상으로 급변할 수 있다. 가오나시의 무의식 안에는 내가 나의 주체성을 잃고 타인의 주체성만으로 합일되지나 않을까 하는 뿌리 깊은 불안이 있다.

그들이 타인을 거절하고 공격적이 되는 것도 역시 그런 불안에 대한 방어체계를 작동시킨 결과이다. 그런 가오나시를 대하는 치히로의 태도는 언제나 변함이 없다. 애써 달래려 하지도, 쫓아내거나 경원시하지도 않으면서 끝까지 동행하게 허락한다. 그 작은 아이의 마음속에 이미 어른스러움이 자리했다는 증거이기도 하다.

자료 : 유희정(경상대병원 정신과 전문의)

허즈버그는 아담과 아브라함이라는 인간성을 설정하고 인간에게는 불쾌감을 회피하려는 욕구와 정신적으로 성장하여 자기를 실현하려는 욕구가 있으며, 이들 두 욕구는 전혀 다른 요인에 의해 충족된다고 제안했다. 그의 이론을 이해하기 위해서는 성선설과 성악설을 이해할 필요가 있다. 아담은 성악설에 근거한 인간의 욕구를, 아브라함은 성선설에 근거한 인간의 욕구를 상징하고 있기 때문이다.

성선설은 맹자에 의한 제안된 것으로서 인의예지(仁義禮智)는 천성에서 발생하므로 인간의 본성은 선하다는 것이다. 인간이 다른 짐승과 구분되는 점은 선함이다. 기독교의 원죄사상에 근거한 서구에서는 소수의 철학자들에 의해 제시되었다.

루소는 인간의 본성은 원래 선한 것인데 인위를 거치면 악하게 된다고 주장했으며, 스토아학파는 인간은 자연의 이성법칙에 따르기만 하면 되며 바로 이것이 지선한 행위라고 주장했다. 성악설은 순자에 의해서 제안되었으며 "인간의 성품은 악하고 선한 것은 인위다"라고 주장하고 있다. 이는 선이 선천적인 것이 아니라 후천적인 것임을 시사한다. 그러므로 보편적으로 알려져 있는 것처럼 성악설은 절대적 의미에서 인간이 악함을 주장한 개념은 아니다.

또한 순자가 제안한 성품은 인간의 감성적 욕구를 지칭했기 때문에 맹자가 제안한 비감성적이고 순수한 인간본성과는 지칭하는 대상 자체가 다르다. 보다 정확하게는 맹자는 심선(心善)을 순자는 정악(情惡)을 주장했다는 표현이 더 적절하다. 그러므로 성선설과 성악설이 정반대의 입장에 있다고만은 할 수 없다. 그럼에도 불구하고 아담과 아브라함은 성악설과 성선설의 입장에서 이해하는 것이 더 용이하다.

허즈버그와 그의 동료들은 피츠버그 산업지역의 11개 기업체의 종사자들을 대상으로 직무태도에 관한 연구를 시작하였다. 12회에 걸친 연구에서 낮은 지위에 있는 감독자, 직업여성, 농업분야관리자, 관리직에서 사직한 사람들, 병원보수유지 및 인사관리담당자, 생산감독자, 간호원, 주방장, 군무원, 엔지니어, 과학자, 주부, 교사, 기술자, 여성컴퓨터기술자, 회계사 등이 포함되어 있는 그들은 종업원들이 직무수행 중 즐거웠던 경험, 불쾌했던 사건 등을 회상하도록 한 다음 면접을 통해 왜 그런 감정을 느끼게 되었는지와 만족이 그들의 성과에 어떤 영향을 미치는지를 조사했다.

그는 ① 성취, ② 인정, ③ 일 자체, ④ 책임, ⑤ 승진, ⑥ 사회의 정책, ⑦ 감독기법, ⑧ 급여, ⑨ 대인관계, ⑩ 작업조건 등 10개의 요인을 제시하고 "어떤 경우에 기분이 매우 좋아졌는가?"와 "어떤 경우에 기분이 가장 나빴는가?"라는 질문을 던졌다. 이들 요인을 성향별로 분석한 결과 좋아하는 성향이 강한 것은 ①~⑤였고, 싫어하는 성향이 강한 것은 ⑥~⑩으로 나타났다.

조사대상자 1,685명의 샘플로부터 유추된 직무불만족과 직무만족을 일으키는 요인을 분석했다. 이들 중 직무만족에 기여하는 요인이 81%가 동기유발요인이었고, 직무불만족에 기여하는 요인의 69%가 위생요인이었다. 즉 직무에 불만을 느낄 때에는 주로 직무의 환경(environment)이 문제가 되었고, 직무에 관해 만족을 느낄 때는 주로 직무의 내용(work itself)이 관련되었음을 발견하였다.

| 그림 9-6 | 동기유발요인과 위생요인

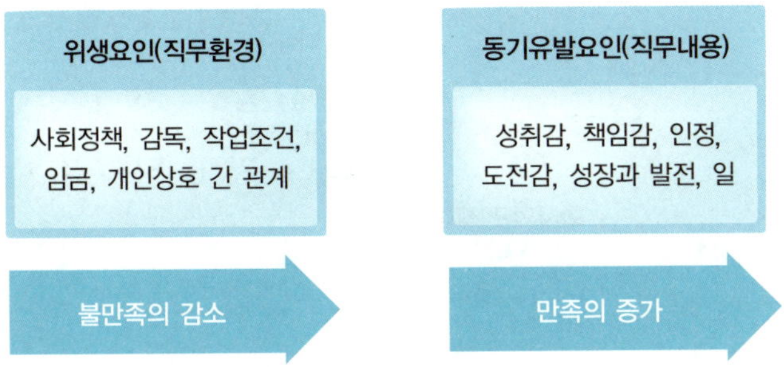

허즈버그가 '위생' 이란 말을 쓴 것은 의학적인 면에서 그것들이 지닌 예방적 의미와 환경적 의미 때문이다. 즉, 위생요인이란 사람들의 직무에 대한 불만족을 미리 예방할 수 있는 환경적 조건이란 뜻이다. 이런 의미에서 위생요인을 '불만족요인' 이라고도 부른다. 반면 동기유발요인은 사람들로 하여금 보다 나은 만족과 성과를 가져오게끔 동기를 부여하는 데 효과적이기 때문에 '만족요인' 이라고도 부른다.

아담적 욕구의 충족은 단지 불만족의 감소만을 가져올 뿐이지 만족에는 영향을 미치지 못하는 반면, 아브라함적 욕구는 충족되지 못한다 하더라도 불만은 없고 충족되면 만족에 적극적인 영향을 준다. 즉 만족의 반대는 불만이 아니라 무만족, 불만의 반대는 만족이 아니라 무불만인 것이다. 즉 기존의 '만족과 불만족' 이 연속선(continnum)의 개념이라는 점을 부정하면서 '만족' 과 '불만족' 은 서로 독립적 개념이라는 새로운 시각을 제시했다.

| 그림 9-7 | 직무태도에 영향을 미치는 요인

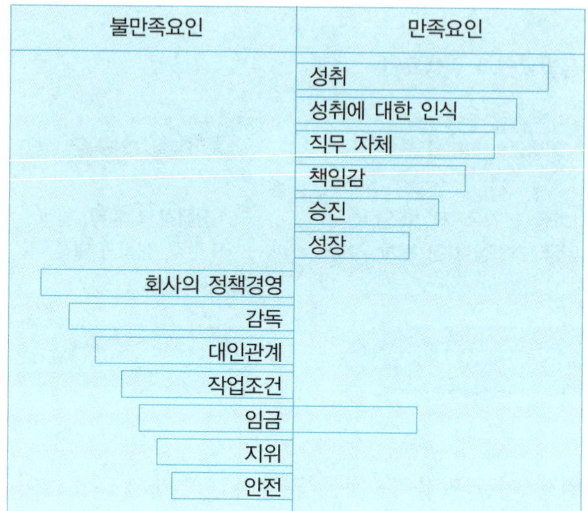

자료 : F. Herzberg, "One More Time : How do You Motivate Employees?", *HBR*, 1968.

허즈버그의 이론은 어떤 일의 결과가 가져다주는 인간의 모든 욕구의 충족 여부가 그 일에 대한 만족 또는 불만족을 가져오며, 만족하면 할수록 그 일에 대한 동기부여가 커지고, 불만족하면 할수록 동기부여가 작아진다는 전통적 견해와는 달리, 두 종류의 욕구 중 아브라함적 욕구의 충족만이 동기부여와 관련되어 있다는 점에서 많은 관심을 모았다. 이는 불만의 해소에만 관심을 가졌던 전통적 경영방식과는 전혀 다른 획기적 개념인 것이다. 또한 불만의 원인이 거의 제거된 선진공업국, 우량기업의 경영풍토에 혁명적 변화를 가져다주기도 했다.

현대의 기업에서는 위생요인은 상당히 충족되어 있다. 관리자에게 있어 보다 중요한 것은 동기유발 요인에 주목하고 정신적 성장 내지 자기실현욕구를 충족시킬 수 있는 기회를 제공하는 것이다. 이 점에 대해 허즈버그는 단순한 수평적 직무확대가 아니라 새로운 고도의 업무, 창의력의 발휘, 자주적인 계획 및 통제관리를 내용으로 하는 수직적인 직무충실화를 제안한다.

| 그림 9-8 | 직무설계의 발전과정 – 직무충실화

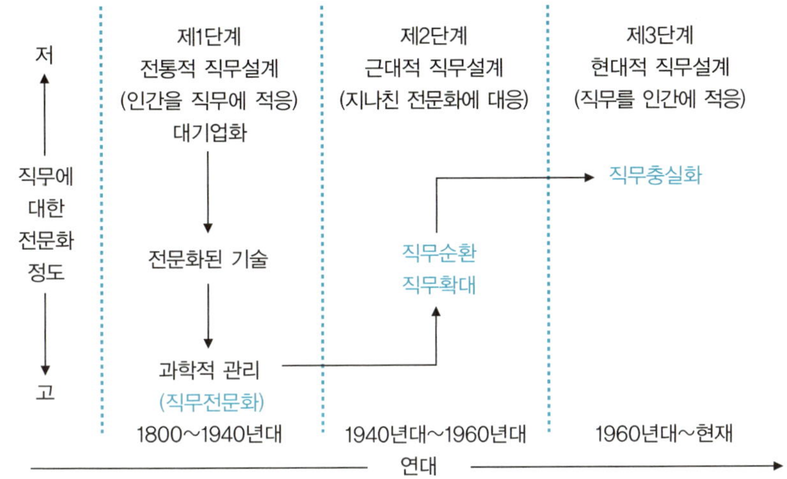

빛과 그림자

보보의 책

포악한 드래곤의 존재 이외에는 걱정할 것이 없는 평화로운 한 마을에 화이트 드래곤과 드래곤 라자가 도착한다. 그들은 회색산맥의 공포이자 중부대로의 아픔인 아무르타트를 무찌르기 위해 왔다.

아무르타트는 한 달에 꼬박 한두 명씩은 인간을 재물로 삼는다. 마을사람들에게 화이트 드래곤과 드래곤 라자는 희망의 상징이다.

아무르타트를 무찌를 정도로 강대한 드래곤은 역설적이게도 고기냄새에 약하다. 드래곤은 고기냄새를 싫어하기 때문에 향신료로 엄청난 양의 민트를 넣어야만 한다. 그래도 드래곤은 고기를 먹어야만 한다.

이 평화로운 마을 또한 역설의 조화다. 모두들 아무르타트 때문에 괴로워하지만, 그렇기 때문에 이곳에는 대도시에서 보이는 소란스러움과 복잡한 인간관계가 없다. 그래서 사람들끼리는 살갑게 살아갈 수 있는 마을이다. 생활이 고통스러워서 강하게 단련되었지만 그만큼 다정한 사람들이다. 강인한 젊은 병사가 복잡한 인간관계에 휘말리지 않고 순박한 시골청년으로 살아갈 수 있는 것은 역설적으로 아무르타트 때문이다.

마을사람들을 공포에 떨게 하는 아무르타트 때문에 중부대로의 관문인 이 마을은 개척되지 않은 채 누구의 관심도 끌지 않는, 조용하고 서로 사랑하며 살아갈 수 있는 마을로 있을 수 있는 것이다.

자료 : 이영도의 「드래곤 라자」 중에서(수정)

3) 알더퍼의 ERG이론(ERG Theory)

ERG이론은 매슬로우의 욕구단계설이 직면한 문제점들을 극복하고자 실증적인 연구에 기반하여 제시한 수정이론이다.

알더퍼는 인간의 욕구를 생존욕구, 대인관계욕구, 성장욕구 등 3가지로 구분했는데, 내용은 매슬로우가 제시했던 5단계의 욕구와 크게 다르지 않다.

(1) 생존욕구(existence needs : E)

배고픔, 목마름, 주거 등과 같은 모든 형태의 생리적 · 물질적 욕구이다. 임금이나 쾌적한 물리적 작업조건에 대한 욕구이며, 매슬로우의 생리적 욕구, 안전욕구에 해당한다.

(2) 대인관계욕구(relatedness needs : R)

작업장에서의 타인과의 대인관계와 관련된 모든 욕구이다. 매슬로우의 사회적 욕구와 유사하다.

(3) 성장욕구(growth needs : G)

창조적 · 개인적 성장을 위한 개인의 노력과 관련된 모든 욕구이다. 자기능력을 극대화할 수 있을 뿐만아니라 새로운 능력개발을 필요로 하는 일에 종사함으로써 얻을 수 있다.

매슬로우의 자기실현욕구, 자존의 욕구에 해당한다.

기본적으로 매슬로우가 제시했던 내용과 개념에서 크게 벗어나지 않는 ERG이론은 몇 가지 가정에 근거하고 있다.

- 각 단계의 욕구가 충족되지 않을수록 그에 대한 바램이 크다.
- 하위욕구가 충족되면 상위욕구에 대한 바램이 커진다.
- 상위욕구가 충족되지 않을수록 하위욕구에 대한 바램이 커진다.

→ 좌절과 퇴행의 요소를 가미하고 있다. 즉, 고차원의 욕구가 충족되지 않을 때,

그보다 낮은 저차원 욕구의 중요성이 커지는 상황을 의미한다. 매슬로우의 이론에서 충족된 욕구는 더 이상의 동인이 되지 못했던 것과는 상반된다.

- 성장욕구가 충족될수록 이에 대한 바램은 더욱 커진다.
- 매슬로우와는 다르게 한 가지 이상의 욕구가 동시에 작용할 수 있다.

알더퍼의 이론이 매슬로우의 이론과 극단적으로 다른 점은 '좌절과 퇴행(frustration-regression)의 요소'이다. 매슬로우는 하위의 욕구가 만족될수록 더 높은 고차원의 욕구로 진행해 간다는 전제를 지니고 있는 데 반해, 알더퍼는 고차원의 욕구가 충족되지 않거나 좌절될 경우에는 그보다 낮은 저차원의 욕구에 대한 중요성이 커질 수도 있다고 제안하고 있다. 예를 들자면 성장욕구가 충족되지 않을수록 생존욕구에 대한 바램이 커질 수도 있다는 것이다.

| 그림 9-9 | 매슬로우와 알더퍼 이론의 비교

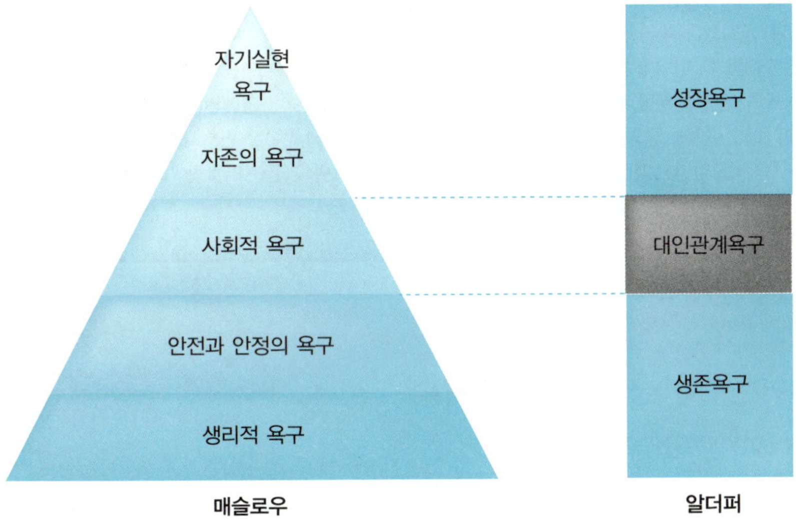

2010년 드라마 인기직업 순위

2010년 방영된 드라마 속 주인공 직업 중 '가장 매력적인 직업 1위'는 CEO인 것으로 나타났다.

취업포털 '사람인'이 자사회원인 20~30대 성인남녀 1,693명을 대상으로 '드라마 속 직업에 매력 느낀 경험'에 대해 물은 결과 84.5%가 '있다'고 응답했다. 성별에 따라 살펴보면 여성(89.9%)이 남성(78.2%)보다 매력을 느끼는 경우가 더 많은 것으로 나타났다.

가장 매력을 느낀 직업으로는 최근 큰 화제를 얻고 있는 드라마 '시크릿 가든' 속 현빈의 직업인 'CEO'(17.5%)를 첫 번째로 꼽았다. CEO는 부와 명예를 함께 가질 수 있다는 점에서 현실은 물론 드라마 속에서도 가장 매력 있는 직업으로 생각되고 있는 것이다. 2위는 올 초 '셰프 신드롬'을 몰고 왔던 '파스타'의 공효진, 이선균의 직업인 '요리사'(11.7%)였다. 3위는 최근 막을 내린 '대물'에서 능청스러우면서도 의리 있고 정의감 넘치는 인물로 분한 권상우가 맡은 '검사'(10.6%)가 차지했다. 다음으로 '의사(즐거운 나의 집-김혜수)'(7.8%), '아트컨설턴트(나쁜 남자-한가인)'(6.5%), '디자이너(수상한 삼형제-오지은)'(6.1%), '제빵사(제빵왕 김탁구-윤시윤)'(5.7%), '교사(공부의 신-배두나)'(5.4%), '탐정(도망자-정지훈)'(5.2%), '연예인(시크릿 가든-윤상현)'(5.2%)이 10위 안에 들었다. 이밖에 '대통령(대물-고현정)'(4.4%), '변호사(공부의 신-김수로)'(2.5%), '형사(도망자-이정진)'(2.4%), '스턴트맨 · 우먼(시크릿 가든-이필립, 하지원)'(2.4%), '운동선수(닥터챔프-정겨운)'(1.5%) 등이 있었다.

4) 맥클리랜드의 성취욕구이론(three-needs theory; achievement motivation theory)

하버드대학의 심리학자인 맥클리랜드(McClelland)는 "동기란 선호하는 경험과 목표를 둘러싸고 조직화되어 있는, 감정적 색채가 배어 있는 인지의 군집이다"라고 정의했다. 즉 동기는 생각과 열중하고 있는 무엇으로 나타난다. 이 생각들은 '원하거나' 또는 '원치 않는' 목표와 관계된다. 따라서 그것들은 감정적인 색조를 띤다. 이는 최종적으로 행동으로 나타난다.

예를 들어 지금 보보는 배가 너무 고픈 상태이다. 보보는 머릿속으로 피자, 떡볶이, 라면, 샌드위치 등등 많은 음식들을 상상하면서 위안을 삼고 있을 것이다. 이때 이들 음식에 대한 욕구는 신체조직에서 발생한다. 그러나 그것은 배고픔이라는 동기화상태를 유발한다. 음식에 대한 욕구와 다르게 배고픔은 직접적으로 경험된다. 이는 심리적인 선입견을 만들고 다시 배고픔을 줄여주는 행동을 유발시킨다. 즉 욕구는 직접적으로 감각되지 않은 신체적 상태이며, 동기는 주관적으로 경험하는 것이다.

전통적인 경제이론이 경제발전을 촉진하거나 저해하는 요인을 생산성, GNP 등과 같은 경제적 요인에서 찾고자 한 데 반해서, 일부 경제학자와 사회학자는 이를 인간의 심리적 · 사회적 요인과 같은 경제 외적인 요인에서 찾고자 했다. 맥클리랜드는 「성취하는 사회(The achieving society, 1961)」에서 경제발전에 중요한 심리적 요인을 찾고자 노력하여 이를 '성취욕구' 로 결론지었다. 즉 개인, 기업, 국가에 부족한 것은 자원이나 자본 등의 경제적 외부여건이나 능력, 지식, 기술이 아니라 강력한 성취동기라는 것이다.

그는 성취욕구란 인간이 인간다울 수 있도록 만드는 가장 바람직한 욕구라 전제하고 성취에 대한 상념이 클수록 성취동기가 높아지고 그에 따라 높은 성취가 가능하여 기업과 개인의 성장과 발전에 이르게 된다고 주장했다.

성취욕구에 의해 행동하는 사람들의 특성들은 경제발전에 있어 중추적 역할을 담당하는 기업가적 행동모형과 매우 유사하다. 성취욕구에 의해 움직이는 사람들은 적당한 모험을 하며, 업무과정의 진행사항에 대해 정보를 즉각적으로 피드백받기를 원하고, 경제적 보상보다는 내적인 만족을 얻을 수 있는 일을 찾아서 하며, 매우 과업지향적이다.

그의 성취이론은 종업원을 어떤 특정한 방법으로 행동하도록 하게 하는 세 가지의 욕구를 분명히 하였는데, 이들 중 둘 이상에 의해 동기부여되기도 하지만 많은 사람들은 이들 중 어느 하나의 욕구가 다른 것들보다 우세하고, 그에 의해 동기부여 된다고 주장했다.

그는 이들 욕구는 타고나는 것이 아니라 환경과의 상호작용과 경험을 통해서 후천적으로 학습되는 것이라고 주장했으며, 이 때문에 '후천적 욕구이론(acquired

| 그림 9-10 | 베버사상과 맥클리랜드의 사상

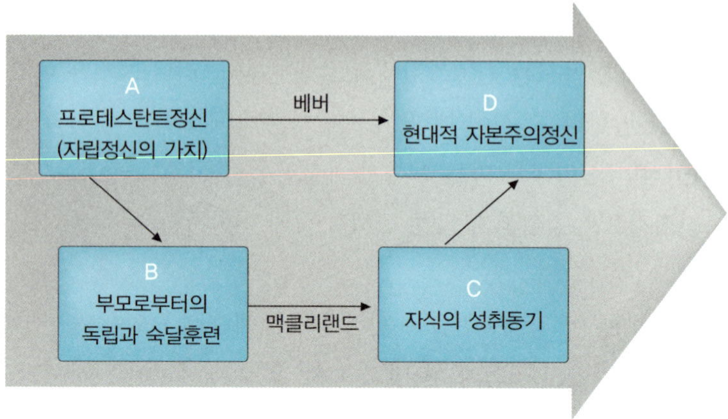

자료 : D.C. McClelland, *The Achieving Society*, Van Nostrand Rinehold, 1961(저자재구성)

need theory)', '세 욕구이론(three-needs theory)' 이라고도 한다.

(1) 성취욕(need for achievenment)

성공을 위해 강력한 노력을 하고, 독립적이고 복잡한 과업을 달성하고자 하는 욕망이다. 목표지향적이고 책임감이 강하다.

(2) 권력욕(need for power)

타인에게 영향을 미치거나, 통제하고, 경쟁하고, 권한을 행사하고자 하는 욕망이다. 타인을 자기가 바라는 대로 행동하도록 하려는 경향이 있다.

(3) 친화욕(need for affiliation)

타인과 우호적인 관계를 형성하고 갈등을 회피하려고 하는 욕망이다. 친절하고 동정심이 많다.

성취욕이 높은 사람이 그렇지 않은 사람에 비해 성취와 관련된 상황을 대할 때 몇 가지 방식에서 차이가 나타난다.

예를 들어 보자. 보보는 성취욕이 아주 높은 상태이고, 모모는 성취욕이 매우 낮은 상태이다. 이들에게 과제가 주어졌을 때 그들은 어떤 과제를 선택하게 되겠는가?

모모처럼 성취욕구가 낮은 이들은 아주 쉽거나 아주 어려운 과제를 선호한다. 쉬운 과제를 선택하는 것은 납득하기 어렵지 않지만 어려운 과제를 선택하는 것은 쉽게 이해되지 않는 상황이다. 이러한 선택을 하는 이유는 도전적인 정신보다는 설사 실패를 한다 하더라도 과제의 난이도 때문이지 자신의 능력 때문이 아니라는 자기합리화가 가능하기 때문이다.

그렇다면 보보처럼 성취욕구가 높은 이들은 중간 정도로 어려운 과제를 선호하는 경향이 있는데 이것도 합리적으로는 이해가 쉽지 않다. 그들은 자신의 능력을 고려해서 도전적이지만 현실적인 직업적 목표를 택하는 것으로 보고되고 있다. 이들은 아주 어렵거나 아주 쉬운 과제에서보다 적절하게 어려운 과제에서 더욱 열심히 일한다. 왜냐하면 이런 과제들은 능력에 대한 정보를 가장 많이 제공하기 때문이다. 앞서 언급한 것처럼 성취욕구에 의해 행동하는 사람들은 정보를 즉각적으로 피드백받기를 원한다. 즉, 일의 결과를 빨리 알고 싶어 한다.

맥클리랜드는 1925년에서 1950년까지 세계의 23개 문화를 살펴보고, 1925년의 성취심상과 1925년부터 1950년까지의 경제성장 사이에 긍정적인 상관관계가 있음을 발견했다. 역사의 두 시점에서 경제성장의 두 가지 측정치를 얻었다. 연구를 통해 성취동기화는 경제적 성공을 예측했다. 그러나 성취욕구가 불리하게 작용하는 상황도 있다. 고위직이나 정치가들은 개인적 성취를 위한 기회를 가질 수 없다. 그들에게 부여된 과제는 타인을 움직이는 것이며, 이는 전적으로 다른 욕구에 근거한다. 만약 이런 상황에서 너무 많은 것을 하려고 시도한다면 오히려 전체적 수행은 더 나빠질 수 있다. 이에 대한 근거로 스팽글러와 하우스는 성취욕구가 미국 대통령의 효과적 업무수행과 역으로 관련됨을 발견했다.

맥클랜드의 성취욕구이론을 매슬로우의 욕구단계설과 비교해 보면 성취욕구와 권력욕구는 욕구단계설의 자존 및 자기실현욕구 일맥상통하며 사회적 욕구는 친화욕구와 비슷하다고 할 수 있다. 그러나 맥클리랜드의 이론은 중 · 상의 욕구만을 다루고 있다. 때문에 사회로 향한 욕구를 세분화시켰다는 평가를 받고 있기도 하다.

맥클랜드의 성취욕구이론은 세 가지 욕구의 분류에 따라서 종업원을 알맞은 직무에 배치함으로써 적용할 수 있다. 권력욕이 강한 사람은 타인의 권력이 미치는 직무에 배치하는 것보다는 자신이 타인의 행동을 통제하는 직무에 배치하는 것이 동기부여가 된다. 선행연구를 통해 미국 역대 대통령들 중에서 권력동기가 높은 사람들이 권력동기가 낮은 사람들에 비해 보다 더 효율적이었다는 것이 입증되었다. 친화욕이 강한 사람은 독립적으로 직무를 수행하는 곳에 배치하는 것보다는 다른 사람과 밀접한 관계를 유지할 수 있는 직무에 배치하는 것이 동기부여의 효과가 있고, 성취욕이 강한 사람은 도전할 가치가 없거나 우연에 의해서 목표를 달성할 수 있는 직무보다는 개인에게 많은 책임과 권한이 주어지는 도전적인 직무에 배치하는 것이 더 강한 동기부여요인이 된다.

여기서 한 가지 주의할 점은 책임감이 있는 사람들에게 권력욕구는 우선권에 대한 성실한 추구로 나타났다. 이런 경우 권력은 사회적으로 수용되는 방식으로 표현된다. 반면 책임감이 낮은 사람들의 경우 권력욕구가 타인에게 부정적인 영향을 미치는 방식으로 표현될 수 있는데 여기에는 공격성, 성적 착취, 알콜이나 약물사용 등이 포함된다. 책임감이 없이 높은 권력욕구를 가진 남자들이 권력과 관련된 성공경험을 하거나 상상할 때 테스토스테론 수준이 증가함이 발견되었다.

| 표 9-4 | 미국 대통령의 권력욕, 성취욕, 친화욕의 비교

대통령	동기		
	권력욕	성취욕	친화욕
Bush, G.W.	중간	높음	낮음
Clinton, B	중간	높음	높음
Reagan, R.	높음	중간	낮음
Kennedy, J.F.	높음	낮음	높음
Roosevelt, F.D.	높음	중간	낮음
Lincoln, A	중간	낮음	중간
Washington, G.	낮음	낮음	중간

자료 : D. Hellriegel & J.W. Slocum, *Organizational Behavior*, Thomson South-Western, 2007.

| 그림 9-11 | 욕구이론의 비교

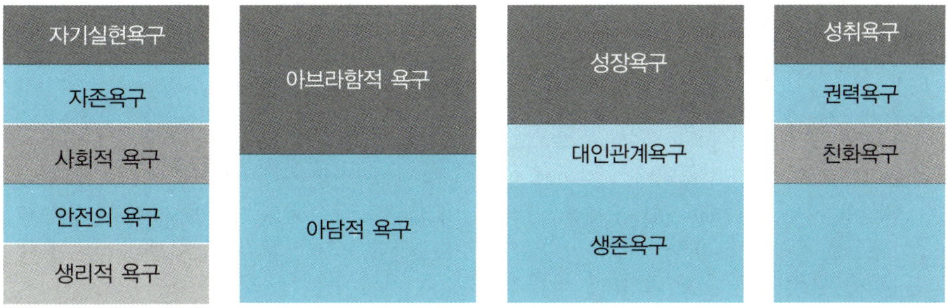

| 표 9-5 | 욕구이론의 비교

구분	가설	장점	단점
욕구단계설	• 동기부여는 우세한 순위에 따라 배열된 욕구에 의존 • 욕구의 충족은 고차원의 욕구의 이동으로 이어짐	이해하기 쉬움	• 개인차보다는 유사성에 초점을 두는 경향 • 광범위한 실증적 지원의 부족
ERG이론	• 욕구단계설의 5가지 욕구를 일반적 3가지 욕구로 구분	실증적 지원	• 개인차보다는 유사성에 초점을 두는 경향
2요인이론	• 과업의 본성과 관련된 어떤 요인들은 동기유발요인으로 분류 • 작업환경과 관련된 어떤 요인들은 동기유발요인이 안 됨	• 논리적 • 실천하기 쉬움	• 더 많은 조사와 검증이 필요 • 개인차를 부정하고 극소화함 • 모든 삶이 유사하다고 가정 • 실증적 지원의 불일치
성취욕구이론	• 하나 이상의 욕구가 행동의 우열에 주된 영향을 줌	• 이해하기 쉬움 • 과거행동을 설명하는데 사용됨	• 개인의 욕구를 정확히 식별하기 어려움 • 변하지 않는 동인을 지나치게 강조

자료 : D.D. White & D.A. Bednar, *Organizational Behavior,* Allyn & Bacon, 1991.

내가 하는 생각이 곧 내가 된다

보보의 책

명상이란 어떤 생각이나 주제에 대해 그것을 철저히 이해하겠다는 목적을 가지고, 마음속으로 아주 깊이 생각하는 것이다.

당신이 자신에 대해 어떤 주제를 가지고 끊임없이 명상을 하면 그것이 무엇이든 간에 결국 이해하게 될 뿐만 아니라 당신은 점점 더 그것과 비슷하게 닮아질 것이다. 왜냐하면 그 생각이 당신의 존재 안에 합쳐질 것이고, 실제로는, 바로 당신 자신이 될 것이기 때문이다.

그러므로 이기적이고 타락한 생각을 계속해서 하는 사람은 결국 이기적이고 타락한 존재가 된다. 또한 순수하고 이타적인 생각을 끊임없이 하는 사람이라면 틀림없이 순수하고 이타적인 존재가 된다.

당신이 가장 자주 생각하는 것의 특성이 그대로 구체화되는 것은 어쩔 수 없는 경향이다. 그러므로 명상의 대상을 낮은 것이 아닌 높은 것으로 끌어올려라. 그러면 그것을 생각할 때마다 당신은 정신적으로 높아질 것이다. 그러면 당신의 마음은 정화되고 진리에 가까워질 것이다.

정신적 의미에서의 명상은 정신적 삶과 인식에서 이루어지는 모든 성장의 비결이다.

자료 : 제임스 알렌의 「생각의 지혜」 중에서

보보의 한 말씀

지구는 세심하게 균형을 이루는 하나의 체계이기 때문에
세계의 한 부분에서 이루어진 행위들은
세계의 다른 부분들에 영향을 미친다

-디 호크(VISA 인터내셔널 창립자)-

제10장

스트레스와 인간관계

1. 스트레스의 개념과 중요성
2. 스트레스의 기능
3. 스트레스로 인한 반응(reaction)
4. 스트레스의 요인
5. 성격과 스트레스
6. 스트레스를 받는 성격

10
스트레스와 인간관계

보보의 뼈다귀

분노가 사람을 죽인다

분노는 일이 자신이 원하는 대로 되지 않을 때 주로 성격이 급한 사람에게서 나타나는 행동양식이다. 분노하거나 분노하기 직전에는 몸과 마음이 긴장된다. 뇌가 생존을 위해서 심장을 빨리 뛰게 하고 근육을 긴장시킨다.

「분노가 죽인다(Anger Kills)」를 쓴 레드로프 윌리암스 교수는 분노에 대한 여러 가지 연구를 실행한 결과를 토대로 분노는 사람을 죽이기까지 한다고 단언했다. 대학생일 때 분노를 측정하는 질문지에서 분노수준이 높게 나타났던 사람들은 50세가 되었을 때 사망할 확률이 4~7배 높았다. 분노수준이 높은 사람들은 심장병을 비롯해서 사망에 이를 수 있는 각종 질병발병률이 더 높게 나타난 것이다.

분노는 적대감의 한 요소다. 적대감을 하나의 우산이라고 본다면 그 아래에 세 가지 성격요인들이 들어간다. 그가 1945년에 최초 개발한 분노성향을 측정하기 위한 척도는 꽤 오래된 검사법으로 적대적 성격타입에는 세 가지가 포함된다.

첫째, 타인에 대한 냉소적·불신적 태도를 측정한다. 둘째, 빈번한 분노와 기타 부정적 정서의 경험을 측정한다. 셋째, 분노를 유발하는 공격적 행동을 측정한다.

20년 전 질문지에서 높은 점수를 받은 사람들이 이후에도 높은 사망률이나 심장병 발병률 등을 나타내는 이유는 이와 같은 성격을 가진 사람들이 지속적으로 분노를 경험하기 때문이다.

분노, 공격성과 관련 있는 두뇌의 신경전달물질은 세로토닌이다. 세로토닌 기능이 적으면 분노, 공격성이 증대되고 우울감을 비롯한 부정적인 정서들도 증대된다. 따라서 세로토닌 기능에 관여하는 유전자를 살펴보면 분노가 유전되는 것인지 알 수 있다. 윌리암스 교수는 분노에 취약한 성격은 선천적이라고 말한다. 그러나 선천적인 성향도 분노통제방법을 배운다면 분노를 조절할 수 있다.

누구든 잘 믿지 않는 사람들, 다른 사람들에게 분노를 느끼고 그들에게 공격적으로 대하는 사람들은 천천히 자기를 죽이고 있는 것이다. 종교는 달라도 그 가르침은 하나다. 그것은 "자기가 대접받고 싶은 대로 남들을 대접하라" 또는 "자기가 당하기 싫은 방식으로 남들을 대하지 마라"는 것이다.

미국 듀크대학교에서 실시한 연구에 의하면 일상에서 종교적인 요인들을 갖고 있는 사람들일수록 건강하고 더 오래 산다는 결과가 나왔다. 따라서 각 종교들의 핵심 가르침들을 잘 따르는 것이 분노조절의 길이 될 수 있다고 윌리암스 교수는 말한다.

자료 : KBS 특별기획 다큐멘터리 「마음」 중에서

1. 스트레스의 개념과 중요성

스트레스(stress)의 어원은 라틴어 'stringer' 로서 '팽팽하게 죄다' 라는 의미를 지니고 있다. 그 후 'string-strest-staisse' 등으로 사용되다가 14세기에 이르러 오늘날의 'Stress' 라는 용어가 일반적으로 사용되기 시작했다. 오늘날 일반적으로 사용되고 있는 '스트레스(stress)' 라는 용어는 19세기에 시작되었다.

스트레스는 일상생활에서 느끼는 압력(pressure)을 의미하며, 긴장이나 불안에 의해 조성된 마음의 불안정(uncomfortable state)한 상태를 뜻한다. 스트레스는 신진대사의 증대, 혈압, 심박동수, 호흡횟수, 혈액량 등의 증대를 가져오는 생리적 변화와 긴장, 걱정, 주의력 증대 등을 가져오는 심리적 변화를 포함한다.

셀라이(H. Selye)는 스트레스를 "특정 요구에 대한 신체의 비특정적 반응"이라고 정의하고 있으며, 이는 어떤 자극에 대해 신체의 생리적 균형을 유지하려는 일반적 적응징후(general adaptation syndrome : GAS)이다.

스트레스라는 어휘를 처음 사용한 셀라이(H. Selye)는 "스트레스로부터의 완전한 자유는 죽음(complete freedom from stress is death)"이라고 표현했다. 그러므로 스트레스는 인간삶의 동반자이다.

심리학적으로 본다면 굽타(N. Gupta)와 젠킨스(G.D. Jenkins)는 스트레스란 사람들이 불확실한 결과를 추구하는 것과 관련된 것으로 보고, 불확실성이 장기간 지속되고, 불확실성에 의해 특정한 의사결정 및 문제해결 상황에 직면하고 있는 인지상태라고 정의했다.

융(Jung)은 스트레스, 질병, 피로, 약물 등의 일정한 환경은 의식적 에너지가 줄어들게 할 수 있고 개인성격의 무의식적 부분이 나타날 수 있도록 만든다고 하면서, 개인의 의식적인 에너지 수준이 낮을 때 열능기능에 사로잡히게 된다고 주장했다.

스트레스란 객관적인 개념이라기보다는 주관적이다. 똑같은 요인이라고 하더라도 보보에게는 스트레스요인으로 작용하고, 모모에게는 활력과 동기부여가 되기도 한다. 각자 가지고 있는 성격유형에 따라 이 요인을 긍정적인 에너지원이나 스트레스요인으로 받아들이게 된다. 이러한 스트레스를 유발하는 것은 무엇이든 개인이 그것을 인식하게 되면 그것을 극복하기 위해 에너지를 사용하도록 만들며, 이는 의식적인 에너지원을 고갈시킨다.

일찍이 토플러가 「제3의 물결」에서 제시했던 정보화사회가 고도화되면서 현대인의 생활은 점차 편해지는 가운데 다른 한 편으로는 생활의 안정이 위협받게 되면서 정신적 갈등이 심화되어 가고 있다. 그 영향은 조직사회의 제도와 기술뿐만 아니라 개인의 일상생활에도 영향을 미치게 되며, 이런 생활에 미치는 영향력 가운데 인간이 내면적으로 적응하지 못하는 사태를 일반적으로 스트레스(stress)라 정의하게 되는 것이다.

2. 스트레스의 기능

라자러스(A. Lazarus)는 "인간의 편안함을 위협함으로써 적응능력에 긴장을 준다고 여겨지는 모든 상황"을, 캐논(W.B. Cannon)은 "환경변화에 대한 반작용으로 발생하는 신진대사의 증대, 혈압, 심박동수, 호흡횟수, 근육에 공급되는 혈액량의 증대를 가져오는 생리적 변화와 긴장, 걱정, 주의력 증대 등을 가져오는 심리적 변화"를 스트레스라 지칭했지만 스트레스가 곧 부정적인 것만을 의미하지는 않는다.

스트레스는 모순되게도 순기능적인 면과 역기능적인 면을 동시에 지니고 있다. 인간이 적절한 자극을 통해서 삶의 활력과 긴장을 적정선으로 유지하게 하는 면이 있는 반면, 신체적 건강과 정신적 건강을 파괴시키는 역기능적인 면도 가지고 있다.

러취 등(L.O. Ruch et als.)이 제시한 '사회적 재적응점수척도'를 보면 삶에 고통과 슬픔을 가져다주는 것만이 스트레스가 아니라 스트레스에는 우리가 즐거움과 행복을 느낄 수 있는 요인들도 포함되어 있다는 것을 확인할 수 있다. 가장 대표적인 예가 한국의 결혼식이다.

보보는 대학생 시절 만난 모모와 7년간의 열애 끝에 드디어 결혼식을 하게 되었다. 심리학자들은 다양한 연구를 통해서 남녀 간의 사랑은 그 지속시간이 길어야 2~3년밖에 되지 않으며 최근 TV에 나오는 공익광고에서는 18개월이라고 제시하고 있다. 그러나 놀랍게도 보보와 모모의 사랑은 식을 줄 몰랐고 그들은 드디어 결혼이라는 신성한 의식으로 그들의 사랑을 완성시켰다. 그러나 한국에서의 결혼식이란 어떠한가는 겪어본 사람이면 누구나 다 알고 있다. 그것은 '사랑의 의식'이 아니라 '전쟁'이다. 새벽부터 굶고 나가서 귀신처럼 분장하고 돌아다니며 소위 웨딩사진이라고 부르는 것을 찍고, 부랴부랴 결혼식장으로 달려가 순식간에 결혼식을 해치우고 파김치가 되어 신혼여행길에 오른다. 경험자들은 이것을 지옥여행이라 부른다. 이런 독특한 결혼문화가 없는 서구에서 제시된 스트레스연구 중에서 결혼이라는 행복한 경험이 스트레스요인으로 분류되었으니 한국에서는 말할 나위 없음은 자명한 사실이다. 이처럼 때로는 즐거움을 가져다주는 일들도 과하면 스트레스요인으로 작용하게 되는 것이다. 우리는 이것을 '유해 스트레스(distress)'와 '유익 스트레스(eustress)'로 명명한다.

보스턴의 베스 이스라엘 병원에 심신 클리닉을 창립한 조안 보리센코는 호르몬 전달물질인 뉴로펩타이드에 대해 쓴 '몸의 보살핌과 마음 고치기'에서 이렇게 주장하고 있다. 마음과 면역체계, 잠재적으로 다른 모든 기관을 연결하는 매우 정교하고도 풍부한 양방향 소통체계가 있다. 이 통로를 통해 희망과 두려움 같은 가정이 몸의 자기방어능력에 영향을 미친다. 실험을 통해 우리는 급성이든 만성이든 스트레스에 의해 빠른 에너지를 제공하는 호르몬이 분비되는 것을 발견했다. 이 호르몬 중에서 아드레날린과 코티졸은 면역체계를 강력하게 억제하는 역할도 한다.

진화론적인 관점에서 본다면 인간은 스트레스를 이용하여 환경에 대응하면서 생존해 왔기 때문에 스트레스는 기본적으로 인간생존을 위한 동반자이다. 그러나 일반적으로 대다수의 사람들은 스트레스라고 지칭할 때는 부정적인 면만을 강조하는 경향이 있다.

보보의 신문

스트레스 푸는 '공'

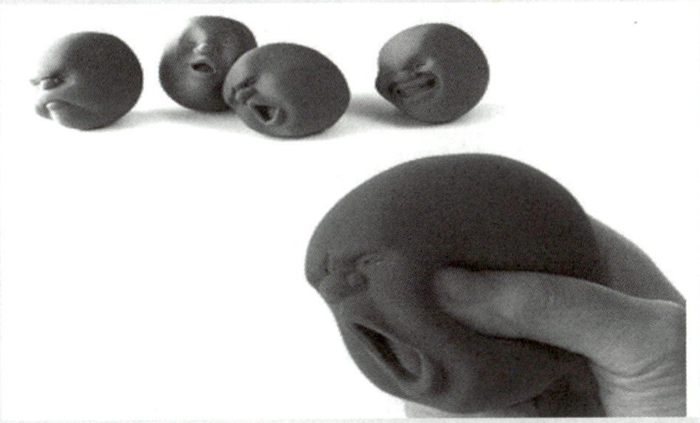

스트레스를 풀어주는 공이 나왔다. 무역협회 국제무역원에 따르면, 일본 디자이너 마키코 요시다가 디자인한 '카오마루(Caomaru)'라는 표정이 있는 말랑말랑한 공이 바로 그 주인공이다.

이 공은 손에 쥐고 찌그러뜨리면서 당신의 스트레스를 푸는 '스트레스 볼'로, 공을 어떻게 쥐느냐에 따라 공의 표정이 바뀌는 재미있는 디자인 볼이다. 색상은 브라운과 화이트 중에서 선택할 수 있고, 기본 표정도 4가지나 나온다. 하나쯤 책상 위에 구비해 두면 직장상사의 말도 안 되는 호통쯤은 가볍게 찌그러뜨린 후 날려 보낼 수 있을 것이다.

카오마루는 기본 얼굴 표정에 따라 호(Ho), 제(Ge), 니(Ni), 푸(Pu)라고 이름이 붙어 있다. 소재는 유연하게 잘 휘어지는 폴리우레탄 레진이며, 개당 가격은 66달러이다.

자료 : 헤럴드경제, 2011. 1. 22

1) 유해 스트레스(distress)

유해 스트레스(distress)는 좋지 않은 일들로 인하여 생겨나게 되는 부정적인 성향의 스트레스를 의미한다. 개인이 자신이 몸담고 있는 환경과 불균형 상태에 이를 때, 자신이 가진 능력보다 월등한 것을 요구받을 때, 자신이 원하는 바를 사회에서 제공해주지 못할 때 흔히 발생하는 종류의 스트레스이다.

예를 들어 내일은 보보가 기말고사를 치르는 날이다. 그동안 많은 아르바이트며, 다양한 사회경험들을 쌓으며 순수학문에 대한 치중은 상당히 부족했다. 그리고 이번 기말고사를 잘 치르지 못하면 기대하던 장학금도 날아갈 상황이다. 오늘 밤을 하얗게 세우며 공부해도 모자랄 지경이다. 그런데 단짝이던 모모가 바로 오늘 군대에서 휴가를 나왔다. 의리를 중요한 가치로 생각하는 보보는 몹시 고민에 고민을 거듭했다. 그리고 결국 모모와 밤새 술잔을 기울이고 알콜을 모두 분해하지 못한 상태에서 기말고사를 보러 갔다. 결과는 예상한 대로였다. 바로 이것이 유해 스트레스인 것이다.

2) 유익 스트레스(eustress)

유익 스트레스(eustress)의 어원은 그리스어의 'eu'에서 비롯되었다. 'eu'는 선(善), 미(美), 우(憂)의 의미를 지니고 있다. 그러므로 유익 스트레스는 착하고 정당하여 도덕적 기준에 맞는 것, 아름답고 좋은 것, 근심하는 것 등의 뜻을 지닌다고 볼 수 있다.

어떠한 경우가 되었던 유익 스트레스는 즐거운 성향의 스트레스이며 이러한 유형의 스트레스를 통해 인간은 긍정적으로 자극을 받고 올바른 방향으로 성장할 수 있는 힘을 얻게 된다.

예를 들어 아까 기말고사 기간에 난처한 상황에 처한 보보의 예를 들어 보자. 보보는 평상시 모든 일에 열심히 최선을 다하는 학생이었다. 수업시간도 빠지지 않고 열심히 듣고, 스스로의 성장을 위해 아낌없이 노력하는 성실형이었다. 이런 학생이 A학점을 받게 되면 긍정적인 자극을 더 많이 받게 되어 개인성장의 견인차 역할을 하게 된다. 이렇게 유익한 스트레스는 생활에 꼭 필요한 것이고 인간의 창조적 행동과 문제해결을 가능하게 해준다.

인간이 창의적 활동을 도모하고, 새로운 지식과 기술을 습득하고, 인격적인 성장을 하기 위해서는 적정량의 스트레스는 필수적인 요소이다. 그렇게 볼 때 스트레스를 완전히 없애는 것보다는 스트레스가 과도하게 지나쳐서 부작용이 생기지 않게 통제하고 관리하면서 적정 범위 내로 스트레스를 유지하는 것이 중요하다.

보보의 신문

사랑하는 사람으로부터 받은 스트레스 때문에 잠이 오지 않는가?

영국의 심리학자 프랭크 탈리스(Frank Tallis)는 "사랑에 빠진 사람의 뇌 속에는 강박증 환자가 보이는 뇌활동과 흡사한 일이 벌어진다"고 말했다. 마음을 안정시켜주는 세로토닌(serotonin)이라는 신경전달물질이 강박증 환자나 사랑에 빠진 사람이나 똑같이 평균인보다 40% 가량 적게 분비되는데 이런 상태에서는 쉽게 사랑에 빠지거나 성적 자극에 민감하며 자기통제가 무척 힘들다.

최근 영국의 뇌 과학자의 연구에 의하면 사랑은 뇌의 특정 부위의 활동과 밀접한 관계가 있다. 자기공명영상법(MRI)으로 뇌활동을 촬영해본 결과 사랑하는 사람의 사진을 보여주었을 때는 친구의 사진을 보여주었을 때와 다른 뇌부위가 자극을 받는다는 사실을 발견했다. 본능적 감정을 주관하는 부위(media insula), 마약 같은 최음제에 반응하는 부위(anterior cingulate), 보상을 받았을 때 활동하는 부위(striatum), 그리고 흥미롭게도 우울증 환자의 뇌에서 과도하게 작동하는 전전두엽(prefromtal cortex) 부위가 활성화된다는 것이다. 그래서 사랑에 빠지면 기쁨과 슬픔이 공존하는 패러독스를 맛본다.

그러면 왜 사랑이 식는 것일까? 뇌 과학자들은 사랑에 빠져들 때 마치 공중에 붕 떠 있는 듯한 황홀감을 느끼게 하는 페닐에틸아민(phenylethylamine)이라는 호르몬의 지속성이 아무리 길어봤자 불과 2~3년밖에 되지 않기 때문이라고 말한다. 그러나 인간의 뇌는 한없이 복잡미묘하여 여러 가지 상반된 요소와 기능을 동시다발적으로 하고 있다. 열정을 급히 달궈주는 페닐에틸아민이라는 호르몬도 있지만, 은근과 끈기로 사랑의 감정을 버텨주게 하는 옥시토신(oxytocin)이라는 호르몬도 분비하고 있다. 옥시토신은 엄마가 아기를 안아줄 때처럼 주로 피부접촉을 할 때 다량 분비되어 친밀감과 안온함을 느끼게 한다. 이 또한 사랑의 감정이다. 옥시토신은 마약과 같은 중독성이 있는 도파민(dopamine)을 생성시킴으로써 뜨거운 열정이 사라진 후에도 은은하면서도 지속성이 있는 사랑을 할 수 있게 한다.

흔히들 성격차이 때문에 이혼한다지만 연구에 따르면 성격차이와 이혼율과는 무관한 것으로 밝혀졌다. 성격차이보다는 '정서통장'의 고갈 때문에 같이 살기 어려운 것이다. 정서통장이란 부부 사이에 공유하는 사랑 감정의 총량이라고 할 수 있다. 정서통장이 넉넉할 때는 자신감, 인내심, 너그러움, 희망, 기쁨, 평화를 느끼지만 반대로 정서통장이 빈곤할 때는 쉽게 짜증이 나고 화가 치밀며 적개심, 불안, 우울증, 절망, 열등감을 느끼게 된다.

자료 : 조선닷컴, 2006. 4. 1

3. 스트레스로 인한 반응(reaction)

1) 생리적 반응

생리적 반응은 매슬로우가 제시했던 '안전 · 안정의 욕구' 처럼 위협이나 위험상황에서 자신을 안전하게 지키려는 본능적인 신체적 반응을 의미한다. 스트레스를 받게 되면 자기도 모르는 사이에 심장박동은 터질 것처럼 증가하고, 혈압이 상승하고, 신진대사도 증가하게 된다. 이런 본능적 반응들은 인간이 스트레스를 잘 처리할 수 있게 도와준다.

예를 들어 모모는 겉으로는 항상 용감한 척 꿋꿋한 모습을 보이지만 실은 아주 심한 겁쟁이이다. 평상시의 안온한 상황에서는 모모는 자신에게 주어진 이 역할연기를 아주 잘 해낼 수 있다. 그러나 신체적인 위협이 가해진다든가 정신적인 스트레스를 받게 되면 꽁꽁 숨겨두었던 겁 많은 모모가 나타나게 된다. 이때 심장박동수가 증가한다든가 식은땀이 흐른다든가 하는 양상으로 생리적 반응이 나타나게 되는 것이다. 생리적 반응까지 속일 수는 없는 것이다.

2) 심리적 반응

생리적 반응을 경험하게 되면 심리적 반응으로 넘어가게 된다. 심장박동수의 증가나 혈압상승과 같은 생리적 반응이 나타난 이후에는 심리적으로도 두려움이나 긴장, 불안과 같은 복잡한 감정을 경험하게 된다. 이러한 반응은 본인에게 스트레스를 유발시키는 상황이 얼마나 위험한가를 경험하게 하고, 상황에 대처하도록 만든다.

모모는 평상시에는 아주 정상적이지만 엘리베이터를 탄다든가 높은 곳에 올라가면 식은땀이 흐르고 심장이 쿵쿵 소리를 내며 뛰기 시작한다. 모모 자신도 원하지 않지만 이럴 땐 두려움을 느낄 수밖에 없다. 그저 가만히 그 자리에서 상황이 지나가기를 기다린다.

3) 대응행동

인간은 필연적으로 스트레스 상황과 대면할 수밖에 없으며 스트레스와 함께 생활하고 성장한다고 해도 과언이 아니다. 이때 개인에 따라 스트레스에 대처하는 방법은 여러 가지 형태로 나타나게 되는데 이러한 것을 대응행동이라고 지칭한다.

애연가들의 대부분은 스트레스를 해소하기 위해 담배를 핀다. 그러나 담배가 어떤 제품인가? 그 옛날 말 위에서 카우보이 모자를 삐딱하게 쓰고 담배를 피우던 그 멋진 미국배우를 기억하는가? 당시 최고 인기를 누리던 말보로 광고였다. 그는 폐암으로 사망했다. 율 브린너는 죽기 직전 TV에 출연해서 말했다. "절대로, 절대로 담배를 피우지 마세요. 다른 무엇을 하든 상관없습니다. 하지만 담배는 피우지 마세요. 절대로." 스트레스를 해소하기 위해서 담배를 피우지만 더 커다란 위험에 노출되고 마는 것이다. 담배에는 사형가스실에 사용되는 독극물인 청산가리, 연탄가스의 중독주요인인 일산화탄소, 발암물질인 디메칠니트로자민, 마약류로 분류되는 니코틴 등 셀 수도 없을 정도로 많은 유해물질이 가득 들어 있다. 그러나 많은 사람들이 스트레스를 경감시키기 위해서 흡연을 하며, 때로는 알콜섭취, 약물섭취 등의 부정적 방법으로 마음을 다스리기 위해 노력한다.

| 그림 10-1 | 스트레스의 사이클

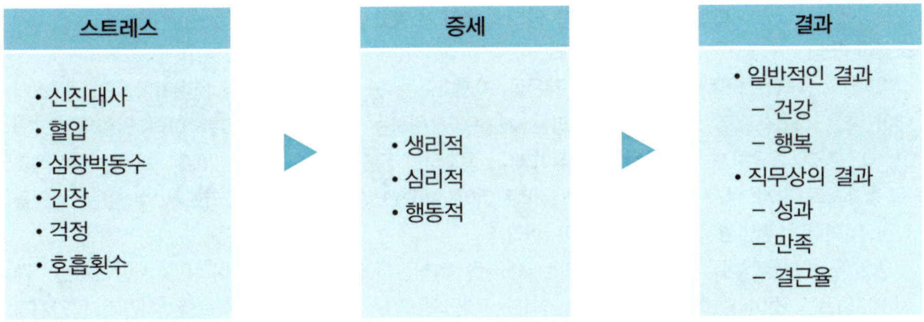

스트레스, 불안감 그리고 우울증

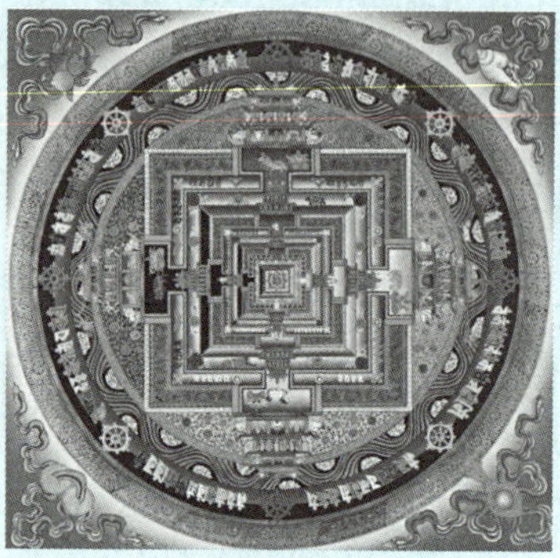
'네팔 만다라'

스트레스, 불안감 그리고 우울증, 이 세 용어를 혼동하는 경우가 자주 있다. 불안감과 우울증이 병리현상이라면 스트레스는 병이 아니라는 사실을 환기할 필요가 있다.

보보가 당장 스트레스 원인이 눈앞에 있을 때 힘들어 한다면, 보보는 '스트레스를 받는다'라고 할 수 있다. 만일 스트레스 원인으로부터 떨어져 있으면 보보의 기분은 나아질 것이다.

스트레스의 원인이 가까이 있지 않아도 보보의 증상이 계속된다면 불안감을 가지고 있다고 볼 수 있다. 문제의 사건에 대해 한참 전이나 한참 후에 긴장과 불안이 갖가지 형태로 드러나서 괴로워한다면, 이것은 스트레스의 정도를 넘은 불안감 때문일 것이다. 이때 보보는 자신의 스트레스를 '내면화시킨' 셈이다.

보통 병원을 찾는 사람들이 스트레스라고 부르는 것은 실제로는 우울증에 속하는 경우가 많다. 그들은 외부활동을 할 수 없는 상태가 되어버렸고, 모든 것이 힘들어 보이고, 긴장되고 불만스러우며, 때로 언짢거나 기력을 잃게 된다. 스트레스를 받거나 불안감에 사로잡힌 사람은 적응하기 위해 활동하고 노력하는 데 반해, 우울증에 빠진 사람은 맞서 싸우기를 포기하고 환경을 조절하려는 모든 노력 자체가 쓸모없다고 생각한다.

한 사람에게 이 세 가지 상태가 차례로 나타날 수 있다. 그러므로 스트레스의 단계에서 평상심을 되찾을 수 있도록 다양한 방법으로 노력하는 자세가 필요하다.

스트레스를 완화시키는 대표적 방법 중의 하나는 초월적 명상이다. 이는 고대 동양의 도교와 선불교에서 쓰였던 이완법을 개선한 것이다. 초월적 명상이 실현되기 위해 갖추어야 하는 네 가지 조건이 있다.

첫째, 조용해야 하며, 둘째 마음에 평온을 가져다주는 단순한 문구, 일명 '만트라(진언)'를 소리 내어 혹은 마음속으로 되뇌인다. 만트라는 개개인이 원하는 대로 '옴'처럼 한 마디 말일 수도 있고, 대상자가 중요하게 생각하는 철학적이거나 종교적인 문구일 수도 있다. 셋째, 마음을 의식적으로 통제하려 하지 않고 있는 그대로 내버려두어야 한다. 넷째, 정신을 흐트러뜨릴 수 있는 원인을 피하고 최대한 편안한 자세를 유지해야 한다.

동양에서의 명상이 '열반'으로 불리는 변화된 의식상태에 도달하는 것이라면, 서양에서는 '계시'에 이르는 것이다. 이러한 초의식의 상태는 내면의 평화, 세계와 하나된 느낌, 시간과 공간지각의 변화, 삶과 세계의 의미에 관한 확대된 인식 등의 특징을 갖는다.

자료 : 크리스토프 앙드레의 「스트레스 보이지 않는 그림자」 중에서(수정)

4. 스트레스의 요인

1) 조직적 스트레스 요인

사회에서 사람이 차지하는 위치라는 의미를 지닌 '지위(status)' 라는 단어는 신분이라는 뜻의 라틴어 'statum(서다)' 에서 파생되었다. 좁은 의미에서 이 말은 한 집단 내의 법적 또는 직업적 신분을 가리킨다. 예를 들어 결혼한 기혼자나 부장, 사장 등의 직업적 신분을 의미한다. 그러나 더 넓은 의미에서는 세상의 눈으로 본 사람의 가치나 중요성을 의미하게 된다. 서양에서는 1776년 이후 경제적 성취와 관련하여 지위가 부여되기 시작했다.

고대 희랍철학자 아리스토텔레스는 "인간은 사회적 동물이다" 라고 했다. 그러나 실은 아리스토텔레스는 인간을 '사회적 동물' 이라고 한 게 아니라 '정치적 동물(zoon politikon)' 이라고 했다. 그런데 세네카가 이 말을 '사회적 동물(animal socialis)' 로 번역했고, 아퀴나스는 두 말이 사실상 같다고 했다. 또한 맬러머드는 그의 작품 '수선공' 에서 '정치적 인간' 을 언급했는데, 그가 의도한 순수한 의미에 있어서의 '정치적 인간' 이란 그 사회 내의 다른 사람들과 드러나지 않는 관계를 맺고 있음을 의식하고 있는 사람들이다. 심리학자 매슬로우도 인간의 욕구 중 세 번째 단계의 욕구를 '사회적 욕구' 라 제시하고 있다. 기본적으로 인간은 집단에 속하고 싶어 하고, 그 집단 속에서 스스로도 만족하고 타인에게도 존경받는 일들을 하며 삶을 영위하고자 하는 욕구를 지니고 있다.

따라서 인간은 조직이라는 하나의 틀 속에서 살아갈 수밖에 없으며 삶에는 크고 작은 스트레스가 따를 수밖에 없다는 면에서 볼 때 조직적 스트레스 요인은 인간의 삶에 중요한 역할을 한다고 볼 수 있다.

알랭 드 보통은 그의 저서 「불안」을 통해서 불안을 느끼는 사람은 변화하고 성장할 가능성을 더 많이 가지고 있다고 주장했다. 그는 우리에게 솔로몬의 지혜가 있고 오디세우스의 책략과 꾀가 있다고 해도 우리의 자질을 사회적으로 인정받는 표지로 제시하지 못하면 타인들에게 전혀 관심의 대상이 되지 못한다고 했다. 결국 두려움은 모든 일의 근원이라는 것이다.

조직구조, 근무조건 등도 조직적 스트레스 요인으로 작용한다.

알랭 드 보통은 그의 저서 「불안」에서 이렇게 제시했다. 우리의 경제적 충족감은 준거집단의 조건과의 비교를 통해 결정된다는 것이다. 이는 호가드의 저서 영국 BBC 다큐멘터리 「행복」을 통해서도 확인할 수 있다.

실험대상자들을 상대로 당신이 10만 파운드를 받는 대신 동료가 25만 파운드를 받는 것과, 당신이 5만 파운드를 받는 대신 동료가 2만 파운드를 받는 것 중 어느 쪽을 택하겠느냐는 물음에 응답자 모두 후자를 택하겠다고 대답했다. 경제학자 앤드루 오스왈드는 대학생들에게 가상의 일자리를 제안한 결과 연봉을 모두 다르게 제시했을 때 그 만족도는 연봉의 액수보다 순위가 만족도에 큰 영향을 미친다는 사실을 알게 되었다. 포브스' 지가 선정한 세계 최고부자 400명이나 아프리카 마사이족이 느끼는 행복수준은 동일하다는 연구결과도 있다.

조직에서의 역할에 대한 모호성도 스트레스 요인으로 작용할 수 있다. 미국 노동자에 대한 전국적인 조사 결과에 의하면 직무에 대한 애매모호하고 불확실하며 불충분한 정보가 스트레스의 원천이라고 지적한 사람이 전체의 1/3이나 되었다. 조사대상자들 중 단지 10%만이 자신의 직무나 회사에 대해 충분한 정보를 제공받고 있다고 응답했을 뿐이다.

굽타와 비르(N. Gupta & T. Beehr, 1979)는 5개의 조직체에 근무하는 650명의 종업원을 대상으로 그들의 역할에 대한 연구를 했다. 조사에 의하면 역할모호성, 역할과중, 역할과소를 경험한 종업원이 그렇지 않은 동료들에 비해 더 높은 결근율을 나타내고 있다.

국제노동기구의 연례보고서에 따르면 스트레스는 우리 시대의 가장 심각한 문제 중 하나가 되었다. 그것은 개인의 육체적, 정신적 건강을 위협하고 기업과 국가경제에 값비싼 대가를 치르게 한다.

보보의 신문

스트레스에 민감하면 고혈압, 느긋하면 비만

스트레스에 예민하면 당장에 고혈압이나 동맥경화를 겪게 되지만 스트레스가 많은 상황에서도 낙천적인 사람들은 결국 비만이나 우울증 같은 건강상 고민을 안게 된다는 연구결과가 나왔다.

영국 버밍엄대학교 도우 캐롤 교수팀은 건강한 사람 1,300여 명을 대상으로 스트레스 테스트를 실시하고 심박률과 혈압변화를 살핀 뒤 그들의 건강기록 자료를 분석했다.

스트레스 테스트에서 예민하게 반응하는 사람들은 고혈압과 죽상동맥경화 위험이 높았다. 반면 강도 높은 스트레스에도 불구하고 당장 심박률과 혈압변화가 크지 않았던 사람들은 스트레스에 예민한 사람보다 5년 후 우울증과 비만이 더 많았다.

스트레스에 예민한 사람들이 잘 겪는 죽상동맥경화증은 혈관의 가장 안쪽을 덮고 있는 내막에 콜레스테롤이 쌓이고 세포가 증식해 혈관이 좁아지는 질환이다. 반면 스트레스 요인에 별로 민감하지 않지만 지속적으로 스트레스를 받은 사람은 면역체계가 약해지고 결국 비만이나 우울증을 겪을 위험이 컸다.

캐롤 교수는 "이 연구결과가 느긋한 성격인 사람 모두에게 적용되는 것은 아니다"며 "하지만 혈압이 정상보다 낮은 사람들이 일반적으로 불안과 우울증 위험이 높다는 이전 연구결과에 비추어 색다른 결과"라고 말했다.

이 연구결과는 '생물심리학(Biological Psychology)'에 게재됐으며 미국 과학웹사이트 라이브사이언스, 이사이언스뉴스 등이 최근 보도했다.

자료 : KorMedi, 2010. 12. 20

2) 조직 외적 스트레스 요인

토플러는 일찍이 「제3의 물결」이라는 저서를 통해 우리 사회의 변동을 예견했고, 나이스비트도 「메가트랜드」라는 저서를 통해 수십 년 이후의 사회변동을 예측했다. 농업사회가 수천 년에 걸쳐서 변화하고, 산업사회가 수백 년에 걸쳐서 변화했지만 정보화사회는 불과 수십 년에 걸쳐서 눈부신 변화를 일구어냈다. 인간은 변화를 추구하지만 역설적이게도 이러한 변화를 통해 불안과 두려움을 느끼게 된다.

1700년대 이후 서구의 소비자들은 급격한 변화를 경험하게 된다. 산업혁명을 통해서 예전에는 엘리트나 이용하던 사치품들은 일반용품이 되었으며, 일반용품들은 생활필수품이 되었다. 아담 스미스는 그의 저서 「국부론」을 통해서 나라의 부의 기준을 '생활필수품과 편의품'이라고 정의한 바 있다. 루즈벨트는 미국 사회의 장점을 소비에트에 가르쳐주려면 무슨 책을 주는 것이 좋겠느냐는 질문을 받자 시어스백화점의 카탈로그를 가리켰다는 일화도 있다.

| 그림 10-2 | 시어스백화점의 카탈로그, 1934년 봄

제2차 세계대전 이후 미국의 소비자들은 가장 큰 특권을 누렸지만 동시에 가장 괴로운 사람들이기도 했다. 물질이 넘쳐나는 곳에서 인종과 계급, 그들의 경제재정상태, 그것에 의한 주거상태 등은 중요한 스트레스 요인이 될 수밖에 없었다.

1950년에 미네소타에서 사우스데일 몰이 문을 열었을 때 광고는 다음과 같다. "사우드데일에서는 매일이 최고의 쇼핑 날입니다." 1970년대에 이르자 미국인들은 일터 외에는 다른 어느 곳보다 쇼핑몰에서 많은 시간을 보내게 되었다. 이것은 한국도 마찬가지이다. 흔히들 서울을 즐거움과 고통이 공존하는 도시라고 부른다. 돈이 있는 자에게는 이보다 살기 좋은 곳이 없고, 돈이 없는 자에게는 이보다 지옥과 같은 곳이 없다는 것이다.

세계적으로 나타나는 이러한 현상들은 보통의 사람들에게 지위로 인한 불안의 수준을 높여주었고, 자리, 성취, 수입을 놓고 걱정거리가 늘어나게 되었다. 실제적 궁핍은 줄어들었지만 역설적이게도 궁핍감과 궁핍에 대한 공포는 오히려 늘어난 것이다.

인종도 중요한 조직 외적 스트레스 요인인데, 2006년 월드컵 결승전에서 일어났던 프랑스 '지단'의 이탈리아 '마테라치'에 대한 박치기사건은 세계 도처에 이러한 위험이 도사리고 있음을 보여주는 사례 중 하나이다.

보보의 신문

'박치기 게임' '공룡 동영상' …지단 패러디 봇물

박치기 한방에 지네딘 지단은 단연 독일월드컵의 주인공이 됐다. 각국 언론은 우승국 이탈리아보다 '지단 박치기'에 초점을 맞췄고, 축구팬 호기심도 그의 '돌출 행동'에 집중됐다. 국제축구연맹(FIFA)까지 박치기 사건을 조사키로 했다.

네티즌 역시 사상 초유의 월드컵 박치기에 흥분한 모습이다. 인터넷에선 지단을 소재로 다양한 패러디물이 만들어지고 있다. 동영상과 합성사진은 물론, '지단 박치기 게임'까지 등장했다.

'TonaZ'란 아이디의 네티즌은 퍼니무비스란 해외 사이트에 '지단 박치기' 게임을 만들어 올렸다. 게임은 단순하다.

축구장 배경의 화면에서 이탈리아 유니폼을 입은 마테라치 수십 명이 그라운드 우측에서 좌측으로 시차를 두고 뛰어간다. 여러 마테라치 중 하나에 마우스를 가져가 누르면 갑자기 지단이 화면에 나와 머리로 그 마테라치를 받아 쓰러뜨린다. 이런 식으로 잇따라 달려오는 마테라치를 모두 쓰러뜨리면 엘리손도 주심이 화면에 등장해 지단에게 레드카드를 주고 게임이 끝난다.

이 게임을 만든 네티즌은 "이탈리아 선수들이 당신을 모욕한다고 생각하고 마음껏 박치기하라"는 글도 함께 올렸다. 이 게임을 해본 네티즌들은 게임의 창의성과 재미에 7.3(10점 만점)이란 높은 평점을 줬다.

박치기 사건을 풍자한 동영상과 합성사진도 재기발랄한 아이디어로 가득하다. 한 동영상은 지단이 마테라치에게 박치기를 날리면 마테라치가 쓰러지며 지단을 발차기로 역공해 지단이 멀리 나가떨어지는 모습으로 합성됐다.

박치기 장면을 공룡 두 마리가 머리를 부딪치며 싸우는 사진과 합성한 동영상도 있고, 박치기하는 지단의 머리를 아예 공룡으로 묘사한 합성사진도 등장했다.

AFP는 2010년 12월 10일 "2006 독일월드컵 결승 '박치기 사건'의 주인공 지네딘 지단과 마르코 마테라치가 지난 달 화해했다"고 보도했다. 마테라치는 "호텔에서 막 나오는데 사람들이 나에게 '주차장 바로 옆 자리에 지단이 차를 댔다'고 말해줬다. 지단을 만나 이야기를 나눴고 대화가 끝날 때 그가 먼저 손을 내밀었다. 서로 눈을 마주 보며 악수를 한 것이 실제 일어난 일"이라고 전했다.

자료 : 쿠키뉴스, 2006. 7. 13
일간스포츠, 2010. 12. 10

| 표 10-1 | 스트레스 요인

조직적 스트레스 요인	조직 외적 스트레스 요인
조직정책	사회적 변화
조직구조	기술적 변화
근무조건	가족
근무절차	경제재정상태
조직 내 역할모호성	인종과 계급
조직 내 역할과중	주거상태
조직 내 역할과소	주거지역

3) 생활과 직업의 변화에 따른 스트레스

일상의 생활에서 갑작스러운 변화가 생겨나면 스트레스 요인으로 작용할 수 있다. 우리는 살아가면서 여러 가지 중요한 사건들을 겪게 되는데, 이때 많은 인자들이 재적응을 필요로 하며, 이러한 요인들은 스트레스를 유발하게 된다.

커다란 사건뿐만 아니라 일상에서의 작은 일들에서도 스트레스는 유발된다. 예를 들어 교통체증으로 출근시간에 늦게 되었을 때, 유난히 사람이 많은 세일기간에 이루어지는 쇼핑상황, 일시적인 경제적 궁핍 등 다양한 인자들이 스트레스를 유발시킨다.

스트레스를 제때에 해소하지 못하고 계속 다양한 인자들이 쌓여 가면 다른 사람보다 질병에 걸리거나 쇠약해질 가능성이 높아지고, 부주의로 인한 사고의 가능성도 높아지게 된다.

홈즈(Holmes et als.) 등은 43개의 사건을 상대로 하여 스트레스에 대한 재적응 필요량을 계산했다. 비율이 낮은 사건을 장기간에 걸쳐 경험하는 사람에 비해 비율이 높은 사건을 단기간에 경험하는 사람들은 스트레스로 인해 신체적 악화를 겪게 될 가능성이 높다고 볼 수 있다.

한 해에 200점 이상이 되는 사람들은 다음 해에 심각한 건강상의 문제를 겪을 확률이 50%이며, 300점 이상이 되는 사람들은 다음 해에 심각한 건강상의 문제를 겪게 될 확률이 75%나 된다. 앞서 제시한 것처럼 목록에는 유해 스트레스 인자만 있는 것이 아니라 유익 스트레스 인자도 다수 포함되어 있다. 과유불급이라는 말처럼 좋은 것도 지나치면 인간의 에너지를 고갈시켜 스트레스를 유발시킬 수 있다는 것이다.

| 표 10-2 | 사회적 재적응점수척도

사건(변화)	점수	사건(변화)	점수
배우자의 사망	100	아들이나 딸의 가출	29
이혼	73	법률상의 분쟁	29
별거	65	자신의 탁월한 성취	28
징역	63	부인이 직업을 새로 갖거나 그만둠	26
가까운 가족의 사망	63	학교의 입학이나 졸업	26
자신의 중대한 부상이나 질병	53	생활조건의 변화	25
결혼	50	개인적인 습관의 교정	24
해고	47	상관과의 분쟁	23
별거 후 재결합	45	근무시간이나 작업조건의 변화	20
은퇴	45	주거의 변화	20
가족의 건강상의 중대한 변화	44	전학	20
임신	40	여가생활의 변화	19
성생활의 어려움	39	교회활동상의 변화	19
새로운 가족의 획득	39	사회적 활동상의 변화	18
사업의 재조정	39	10,000달러 이하의 저당이나 대부	17
재무상태의 변화	38	수면습관상의 변화	16

절친한 친구의 사망	37	함께 사는 가족의 수적 변화	15
다른 부서로의 전근	36	식생활상의 습관 변화	15
배우자와의 말다툼 횟수의 변화	35	휴가	13
10,000달러 이상의 저당	31	크리스마스	12
저당권이나 채권의 상실	30	경미한 범법행위	11
직무상의 책임의 변화	29		

자료 : L.O. Ruch and T.H. Holmes, "Scaling of Life Change : Comparison of Direct and In-direct Methods", *Journal of Psychosomatic Research*, Vol. 11, June, 1971.

스트레스 1위, 한국인

보보의 책

직장인들의 스트레스로 인한 사회적 손실은 매년 340조 원에 달한다. 주요 스트레스요인은 집단해고, 인력 아웃소싱 등이었고, 사무직 노동자일수록 스트레스에 더 많이 노출된 것으로 나타났다.

일명 '개목걸이'로 불리는 휴대전화와 인터넷 중독증 등으로 업무시간과 비업무시간의 구별이 희미해진데다, 화이트칼라 노동자들이 업무를 집에까지 가져가 처리하는 경향도 걱정으로 인한 스트레스 때문이다. 미국에서 스트레스로 인한 경제적 총손실은 국내총생산의 10% 정도로 추정된다.

세계 최장 노동시간을 기록하고 있는 한국 직장인들의 스트레스는 과연 어디서 오는 걸까? 많은 경우에 스트레스는 인간관계에서 비롯된 것이지만, 외환위기 이후 감원공포에다 경쟁격화로 노동강도가 강화되고 고용불안이 일상화되면서 걱정으로 인한 스트레스가 증가하고 있는 것이다. 현대사회에서는 미래에 대한 고용걱정이 가장 큰 스트레스로 부각되고 있다.

우리나라 직장인들의 고용걱정 스트레스에 대한 조사결과, 고용이 위협받고 급격한 구조조정과 성과급제 도입 등 경쟁체제 도입으로 직무 스트레스가 더 높아졌다는 것이 밝혀졌다. 이 조사에서 스트레스를 유발하는 가장 큰 원인은 '직업불안정성'으로 나타났다. 장래에 직장을 잃을 가능성이 스트레스를 부르는 주범이라는 것이다.

자료 : 임희택의 「굿빠이 스트레스」 중에서

5. 성격과 스트레스

성격은 스트레스와 깊은 상관관계를 가지고 있다. 똑같은 사건이 일어나도 어떤 사람은 그 사건으로 인해 커다란 스트레스를 받게 되며, 또 다른 사람은 작은 영향도 받지 않는 가벼운 일로 지나칠 수 있다.

래니(M.O. Laney)는 그녀의 저서 「Introvert Advantage : How to Thrive in an Extrovert World」에서 우리 문화는 외향적인 특질을 좋게 생각하고 대우해준다고 주장하면서 많은 학자들이 외향적인 사람들이 더 행복하다는 것을 입증하는 연구 결과들을 제시했지만 내성적인 사람들의 행복에 대한 기준은 외향적인 사람과는 다르다는 것을 간과하고 있다고 지적하고 있다.

앞장에서 논했던 것처럼 마이어와 브리그(Myers-Briggs)의 MBTI는 인간의 성격을 평가하는 데 많이 사용되는 지표이며, 그에 의하면 외향적인 사람들과 내성적인 사람들의 비율은 3:1이기 때문에 내성적인 사람들은 상대적으로 외향적인 사람들에게 수적으로 밀리게 되는 것이다. 그러므로 래니(M.O. Laney)는 외향적인 사람들이 다른 사람들처럼 행동하라고 엄청난 압력을 사용하더라도 내성적인 사람들에게 필요한 것은 있는 그대로의 자신의 모습을 인정하고 에너지를 사용하는 올바른 방법을 습득하는 것이라고 주장한다.

1900년대 초반 융(Jung)은 프로이트(Freud), 아들러(Adler)와 함께 연구를 했다. 연구과정에서 융은 이상한 점을 발견하게 되었는데 프로이트와 아들러가 똑같은 환자를 놓고 토론하면서도 전혀 다른 정보에 초점을 맞추고 있다는 것이었다. 게다가 이들이 발전시킨 이론도 거의 정반대였다. 이론적인 차이 때문에 프로이트와 아들러, 융의 관계는 끝이 나고, 셋은 각자의 길을 가게 되었다.

융은 자신만의 이론을 계속 발전시켜 나갔다. 그 결과 누구나 타고난 기질에 의해 극단적인 내향성과 극단적인 외향성의 연속체상에 있으며 이런 기질들에는 생리적 근거가 있다고 믿게 되었다. 융은 다윈의 예찬론자였기 때문에 내향성과 외향성에 대한 연구를 시작했을 때도 기질을 진화론적인 관점에서 생각했다. 그는 각 기질마다 그 기질이 활동할 수 있는 최적의 환경이 필요하다고 생각했다.

BC 4~5세기부터 체질론이 인기를 끌기 시작했는데, 앞장에서 다루었던 것처럼 황담즙과 흑담즙, 혈액, 점액질이라는 네 가지 체액이 우리 몸에 똑같은 양으로 존재해야 기질이 조화로워진다고 생각한 것이다. 이 기질론은 나치가 유대인을 학살하는 구실로 악용한 후 오랫동안 암흑 속에 밀려나 있다가 최근 다시 부활하기 시작했다.

보보의 신문

행복 호르몬 '세로토닌', 흔들어 깨워라!

정신과 전문의 이시형 박사는 「세로토닌하라!」를 통해 세로토닌의 중요성과 체내에서 활성화하는 방안을 제시했다. 그는 현대에는 빨리빨리 보다는 현명하게 생각하고 뛰는 자세가 필요한데 그것이 바로 세로토닌적인 삶이라고 말한다.

세로토닌은 부정적인 감정과 충동을 조절해 온화한 마음을 만들어주는 뇌 속 물질로 일명 '행복 호르몬'으로 불린다. 충동적 성격을 만드는 엔돌핀, 도파민, 노르아드레날린 등의 호르몬 조절 기능을 가지고 있어 일상의 소소한 행복을 느끼게 해주기 때문이다.

"우리 사회는 현재 '엔돌핀적 문화'에 빠져 있습니다. 엔돌핀은 행복물질로 알려져 있지만 과잉되면 강력한 중독증상을 일으키거든요. 그렇게 되면 충동을 유발하고 우울증과 자살 등 심각한 병리현상을 일으키기도 하죠. 그런 만큼 이제는 '세로토닌적 문화'가 필요한 시대입니다."

우울증치료제로도 처방되는 세로토닌은 우리 체내에서 만들어지기도 한다. 뇌는 자극에 민감해서 몇 분만 투자하면 세로토닌이 만들어진다. 그가 이번에 낸 책은 수십 년에 걸쳐 세로토닌을 연구한 일본 토호(東邦)대학 의학부의 아리타 히데오(有田秀穗) 교수와의 연구 결과를 중심으로 세로토닌을 활성화하는 방안이 담겨 있다. 그가 제시하는 방안은 "눈물이 나도록 감동하라" 등 의외로 간단하다. 또 올바로 걷거나 명상을 하거나, 밥을 천천히 씹어 먹어도 세로토닌이 분비된다고 귀띔했다.

"친한 친구들과 함께 술을 마실 때, 연인이 서로를 사랑스러운 눈으로 바라볼 때 사람 몸 속에는 세로토닌이 형성됩니다."

그는 우리 국민이 성숙한 세계 시민으로 거듭나는 '세로토닌 문화'를 꿈꾸고 있다. '화병(Hwa-byung)'을 세계적으로 인정받는 정신의학용어로 만든 그가 제시하는 새로운 사회적 처방이 우리 사회가 잃어버린 여유와 진정한 행복을 되찾아 줄 수 있을지 기대된다.

자료 : 중앙일보, 2010. 7. 15

기질은 어디에서 시작되는 것인가? 많은 학자들이 유전자라고 대답하고 있다. 인간이 가진 유전적 유산 속에는 약 150가지의 다양한 두뇌 화학물질이 들어 있는 개인적 저장고와 신경전달물질을 운용하는 방법이 들어 있다. 신경전달물질은 세포에서 세포로 메시지를 전달하고 두뇌작용을 지시하는 역할을 하게 된다. 지금까지 확인된 신경전달물질은 약 60가지로 도파민, 세로토닌, 노르아드레날린, 아세틸콜린, 엔돌핀 등이 있다. 혈액의 양과 순환 경로에 따라 두뇌와 중추신경계 중에서 작용하는 부위가 결정되며 이에 따라 개인의 반응과 행동양식이 결정된다. 해머(D. Hamer)는 그의 저서 「Living with Our genes」에서 "새로운 것에 대한 갈망이 높은 사람이든 낮은 사람이든 좋은 기분을 느끼고 싶어 하는 점에서는 다르지 않지만 기분을 좋게 만들어주는 것이 무엇이냐는 면에서는 다르다. 새로운 것에 대한 갈망이 높은 이들의 뇌는 자극이 있어야 좋은 기분을 느끼는 반면 그와 반대인 이들의 뇌는 약간 높은 수치의 자극에도 불안을 유발시켰다"라고 제시하면서 인간의 기질상의 성향을 설명했다.

| 표 10-3 | 대표적인 신경전달물질

도파민 (dopamine)	• 기쁨, 흥분 등에 관계 • 즐거운 일로 인해 분비가 촉진됨 • 의욕과 창조력이 증대됨 • 지나치면 도리어 해가 됨
세로토닌 (serotonin)	• 슬픔, 안정 등에 관계 • 사랑과 행복의 감정 • 생활에 활력을 줌 • 심신이 안정되고 평화로울 때 많이 분비됨 • 규칙적인 운동은 세로토닌의 분비를 증가시킴 • 심한 스트레스 상황에서 세로토닌 감소
노르아드레날린 (noradrenaline)	• 화를 내거나 스트레스를 받을 때 다량 분비됨 • 노화가 촉진되며 수명이 단축됨 • 희로애락의 감정 조절 • 인간의식, 생명의 원천
엔돌핀 (endorphin)	• 통증완화효과(플라시보효과) • 면역기능 강화 • 스트레스 해소

심장전문의 프리드맨(Friedman)과 로젠맨(Rosenman)은 심장마비의 중요한 원인으로 담배, 콜레스테롤, 혈압과 함께 개인의 성격과 기질도 제시했다. 그들은 관상동맥질환을 앓는 환자의 대다수가 A유형의 행동도식을 보인다는 사실을 발견했다. 그들은 인간을 성격에 따라 유형 A와 유형 B로 분류한다.

A유형은 항상 바쁘게 일하며, 성급하고, 동시다발적인 일처리가 가능한 사람들이다. 이들은 욕구가 높고, 적극적이며, 야망이 있는 사람들이기 때문에 변화를 선호하고 변화 속에서 계속적으로 무엇인가를 향해 도전하는 것에 흥미를 느낀다.

또한 경쟁력이나 사회적 야심과 같은 투쟁적 태도, 분노나 공격성 같이 타인과 불협화음을 내는 행동상의 특징을 보인다. 이들은 일을 즐기기 때문에 일하는 동안 때로는 공복감을 느끼지 못해 식사를 거르기도 한다. 또한 일하는 동안에는 피로를 잘 느끼지 못하지만 다른 유형의 사람들에 비해 혈압, 흡연량, 식사량 등에서 많은 문제점이 야기되며, 스트레스를 잘 처리하지 못하고, 아드레날린의 분비가 지나쳐서 심장질환을 앓게 될 가능성이 높다. A유형은 정반대의 특성을 지닌 B유형보다 2배나 높은 관상동맥 이상 증세를 나타냈다.

반면 B유형은 언제나 느긋하고, 혼자서 하는 일보다는 팀을 이뤄서 하는 일에 더 나은 성과를 발휘한다. 승부에 집착하기보다는 일을 정확하게 처리하는 데 더 많은 관심을 가지고 있고, 세상에 대한 관점도 A형에 비해 융통성 있고 넓은 편이다.

최고경영자나 관리자의 지위에까지 오른 사람은 B유형의 사람이 많고, 중간관리자급에서는 A유형이 더 많다. A유형은 빠르게 산에 오르기는 하지만, 정상에서 같은 조건을 놓고 볼 때 B유형의 넓은 시야를 따라가지 못한다.

박현주 미래에셋 회장은 "미래관점에서 현재를 보는 습관이 나의 성공비결이다. 이외에 균형감각, 소수게임(남들과는 다른 관점에서 보기), 즉 원칙을 염두에 두고 밝을 때는 그림자를, 어두울 때는 빛을 볼 수 있는 인식의 전환이 또 다른 성공요인이다"라고 말했다. 산 위에서 바다를 보면 거대한 파도도 고요하게 보인다. 멀리 하늘 위에서 육지를 보면 한눈에 모든 것이 들어온다. 이를 '헬리콥터 뷰

| 표 10-4 | A유형과 B유형

A유형	B유형
• 항상 움직임 • 빠른 걸음걸이 • 성급함 • 다른 사람의 말을 끝까지 경청하지 못함 • 동시에 2가지 일을 처리함 • 여가시간에도 가만히 있지 못함 • 기다리지 못함 • 시간에 대한 강박관념 • 늦어지는 것을 참지 못함 • 다른 사람을 믿지 못함 • 혼자서 하는 일에 높은 성과를 냄	• 매사에 여유가 있음 • 느긋함 • 참을성이 있음 • 낙관적 성향 • 덜 경쟁적 • 화를 잘 내지 않음 • 팀을 이뤄서 하는 일에 높은 성과를 냄 • 넓은 시야 • 장기적 관점 • 빠른 일처리보다 정확한 일처리를 지향

(Helicopter View)' 라고 한다. B유형의 최고경영자에게는 헬리콥터 뷰로 세상을 바라보는 지혜가 존재한다.

벨기에 앤트워프 대학병원의 요한 데놀레트 박사는 2005년 4월 미국 의학전문지 심장병학저널에 스트레스 상황에서 분노, 적개심, 걱정, 불안 등의 정서로 표출되는 D타입 심장병 환자들이 그렇지 않은 환자들에 비해 심장마비 사망위험이 무려 5배나 높은 것으로 나타났다고 발표했다.

'D타입' 이란 부정적인 감정을 많이 느끼고 스트레스에 취약한 성격의 사람들을 지칭하는 것으로 D형 성격의 특성은 다음과 같다.

| 표 10-5 | D형 성격의 특성

Type D
• 스트레스에 민감하다 • 타인의 평가를 지나치게 의식한다 • 걱정, 불안 등 부정적 감정을 쉽게 느낀다 • 내성적이고 타인에게 마음을 잘 드러내지 않는다

D형 성격의 소유자들은 스트레스에 상당히 민감하며, 스트레스를 푸는 방법 또한 취약해서 결국 쌓인 스트레스로 인해 혈관을 손상시키거나 심장에 문제를 일으킬 수 있다.

요한 데놀레트 박사는 "부정적인 감정을 마음에 담아두는 것은 좋지 않다"며 "모든 분노를 속에만 품지 말고 다른 사람에게 적절한 방법으로 표현하라"고 충고했다. 스트레스는 받는 것보다 푸는 것이 중요하다는 의미이다.

딘 오니시 박사가 개발한 치료프로그램을 실행하고 있는 메사추세츠주 린에 위치한 노스 쇼어 메디컬 센터 병원의 하비재런 박사가 식이, 운동과 더불어 심장병 환자들에게 가장 강조하는 것은 스트레스의 현명한 관리다.

요가, 명상, 서로의 아픔과 성취감을 공유하는 지지집단을 통한 스트레스 완화를 강조하는 정신치료법은 현대의학으로 가능한 모든 방법으로도 효과를 못 본 심장병 환자들이 마지막으로 의지하는 치료법이다. 적당하면 활력이 되지만 지나치면 만병의 근원이 되는 스트레스는 현명한 관리법을 필요로 한다.

A유형과 호전성, 그리고 사회적 유대

보보의 책

'뱃놀이의 점심식사(1881)', 르누아르

1950년대 말 시카고의 한 회사에 근무하는 1천 8백 명의 직원과 노스캐롤라이나대학에 재학 중인 250명의 학생을 대상으로 실시된 두 번의 조사에서는 설문지를 통해 조사대상자의 성격을 묻는 실험이 있었다. 이 설문지는 무엇보다 이들이 가진 호전성에 대해 관찰했다.

25년이 지난 후 이들을 다시 조사한 결과, 호전성에서 높은 점수가 매겨진 시카고의 직원들은 평균보다 1.5배나 많은 관상동맥 질병 발병률과 사망률을 보였다. 그리고 호전성에서 가장 높은 점수를 얻었던 노스캐롤라이나 대학생들은 낮은 호전성을 가진 학생들에 비해 4~5배 높은 심장혈관 질병과 7배 높은 사망률을 보였다.

오늘날 A유형의 사람에게는 시간에 대한 강박관념과 호전성이 관상동맥 발병의 주된 요인으로 인식되고 있다. 그러나 A유형과 호전적 성향이 관상동맥증의 발병과 진행에 있어 스트레스가 미치는 영향을 완전히 설명하는 것은 아니다. 다른 요인들 특히 사회적 유대가 결핍될 경우, 관상동맥증을 앓고 있는 사람이 스트레스의 영향을 더 많이 받을 수 있다.

이런 맥락에서 사회적 접촉이 적은 사람일수록 일찍 죽을 위험이 높다. 또한 타인들과의 관계에서 느끼는 만족도가 적으면, 질병이 생길 가능성이 더 높다. 마지막으로 정서적인 버팀목이 될 수 있는 친한 친구가 없을 경우 치사율이 높은 것으로 추측된다. 1천 3백 명을 대상으로 한 연구에서 친구가 없는 독신들을 15년 동안 추적, 연구한 결과 50퍼센트가 사망한 것으로 나타났는데, 이는 절친한 친구들이 다수 있는 기혼자들이 17퍼센트 사망한 것과는 대조를 이룬다.

자료 : 크리스토프 앙드레의 「스트레스 보이지 않는 그림자」 중에서

보보의 뼈다귀

분노로 알아보는 성격유형

① A타입

지기 싫어하고 적대적인 태도를 보이는 사람들이다. 분노는 A타입의 행동을 결정짓는 핵심요인이다. 쉽게 화도 잘 내고 욕심과 야심이 많다. 늘 쫓기는 생활을 하면서 한시도 쉬지 않는다. 느린 사람을 보면 속이 터지고 신경질이 나고 심장도 벌렁거린다. 나서서 개입하고 상황을 좌지우지해야 하며 그 상황의 중심에 자신이 있어야 한다고 생각한다.

② B타입

온순하고 남하고 경쟁하는 것을 좋아하지 않는다. 타인과의 관계에서 부드럽고 순종적이다.

③ C타입

부정적인 감정이 생겨도 내부에 갇혀 겉으로 드러내지 않는다. 그러나 속으로는 곪아 터진다. 분노를 억압하는 성격을 말하며 암과 같은 질병에 걸리기 쉬운 성격이다. 이런 유형은 자신한테 더 화를 내는 편이며, 다른 사람들이 자신으로 인해 피해를 입는다고 생각하면 죄책감 때문에 다른 일을 하지 못한다.

6. 스트레스를 받는 성격

1) 완벽주의

완벽주의 성향은 스트레스를 받는 성격인자 중에서도 가장 강력한 인자 중의 하나이다. 이러한 성향은 스스로를 괴롭히면서 타인도 괴롭게 하는 유형이다. 이런 유형의 사람들은 자신에 대해서도 너그럽지 못하고 타인에 대해서도 너그럽지 못하기 때문에 기대수준이 높고, 그러다 보니 모든 것을 완벽하게 처리할 수 있다고 믿는 자신이 나서서 일을 처리하는 경향이 있다.

셰익스피어는 "완전하지 못한 것이 사람이라는 점을 항상 생각해야 한다"라고 말하며 인간의 불완전성을 역설했으며, 괴테는 "신만이 완벽할 뿐이다. 인간은 완벽을 소망할 뿐이다"라고 말했다.

완벽주의 성향을 가진 사람들 중에는 '일중독증(workaholic)' 에 걸린 사람들이 다수 존재한다. 워커홀릭은 미국의 경제학자 오츠가 그의 저서「Workaholic」에서 처음 사용한 단어로 업무제일주의자는 일종의 병이라는 풍자가 담긴 단어이다.

온라인 취업사이트 '사람인' (www.saramin.co.kr)이 직장인 617명을 대상으로 "자신이 워커홀릭이라고 생각하십니까?"라는 설문을 한 결과 응답자의 28.8%가 '그렇다' 라고 응답했다. 이와 같은 응답은 남성이 31.4%로 여성의 24.6%보다 높았으며, 임원진을 제외하고는 직급이 높을수록 더 많은 것으로 나타났다. 사람인의 김홍식 사업본부장은 "자신의 일을 열정적으로 하는 것은 좋지만 워커홀릭의 경우에는 열정적인 수준을 넘어 집착에 가깝다"라고 말하면서 일에 몰입하는 수준을 조절하는 것이 필요하다고 덧붙였다.

| 표 10-6 | 완벽주의 자가진단표

	질문	O	X	점수
1	나는 무엇이든 가에 실패하는 것을 싫어한다			
2	나는 내가 잘할 수 없다고 생각하는 일은 피한다			
3	나는 성공하는 것을 좋아하나 내가 꼭 성공해야 한다고 느끼지는 않는다			
4	나는 내가 하는 일에 성공하는 것이 아주 중요하다			
5	나는 내가 얼마나 그 활동을 잘 하느냐에 관계없이 활동 자체를 즐긴다			
6	남이 나보다 무엇을 더 잘하는 것을 볼 때 나는 괴롭다			
7	잘못하는 일이 있으면 나는 속이 상한다			
8	나는 자주 작은 일에 대해 상당히 화를 낸다			
9	나는 내가 잘할 수 없는 일을 하는 것을 두려워하지 않는다			
10	나는 나보다 못하는 사람들이 하는 활동에서 경쟁하는 것은 염려하지 않는다			
계				

회색 1점, 흰색 0점
점수가 높을수록 완벽주의 신념이 강하다.

변호사 사만타, 가정부가 되다!

'워커홀릭(Workaholic, The Undomestic Goddess)'은 소피 킨셀라(Sophie Kinsella)의 신작으로서 런던의 엘리트 변호사로 근무하는 사만타 스위팅이 가정부로 취직하여 겪는 에피소드를 그렸다.

사만타는 촉망받는 미래를 보장받고 있는 유능한 변호사로서 하루를 6분 단위로 정확하게 시간을 쪼개 쓰며, 주말도 휴일도 없이 일에 쫓기며 사는 바쁜 인물이다. 명석한 두뇌와 꼼꼼한 일처리로 그토록 기다리던 최연소 파트너 변호사의 자리에 오르기 일보직전 한순간의 실수로 일자리를 잃게 된다. 단 한 번의 실수로 성공의 문턱에서 부와 명예를 한꺼번에 잃게 된 사만타는 우연히 시골로 가는 기차에 오르게 되고, 우여곡절 끝에 시골마을의 가정부로 취직하게 된다.

그러나 집안일이라곤 한 번도 해본 적이 없는 그녀는 좌충우돌 여러 가지 사고를 저지르게 되면서 삶에 대해 한 가지씩 깨달아가며 사랑하는 사람도 만나게 된다.

성공을 강요하고 물질만을 추구하는 바쁜 도시생활 속에서 벗어나, 진정한 삶의 행복과 여유에 대해 깨닫게 되는 젊은 여성의 이야기를 보여주고 있다.

사만타, 그녀는 이 시대를 살아가는 우리들의 자화상이기도 하다.

2) 지나친 책임감

'책임(responsibility)'은 '대응하고 반응하는(to response) 능력(ability)'이라는 어원에서 유래되었다. 이는 앞으로 '할 일, 역할, 다해야 할 의무' 등의 행동에 대한 책임의 개념으로 해석된다.

기업이 사회적 책임을 다해야 하는 것처럼 인간에게도 일정범위 안에서의 책임감이란 인간으로서의 삶을 영위하고 성장하기 위한 필수요건이다. 그러나 이것도 지나치면 모자란 것보다 못하다.

캐나다 토론토대학의 로트만(Rotman) 비즈니스 스쿨의 학장으로 재직 중인 로저 마틴(R. Martin)은 그의 저서 「The Responsibility Virus」에서 "책임감이 강한 사람은 조직의 도전정신을 없애고 팀원을 무능하게 만든다"라는 충격적인 주장을 했다.

이는 짐 콜린스(G. Collins)가 그의 저서 「Good To Great」에서 제시했던 것처럼 카리스마적 성향을 지닌 리더들이 가지고 있는 위험인자는 그들이 홀연히 조직을 떠났을 때 남겨진 사람들이 그들이 존재하던 그 시절처럼 조직을 유능하게 굴러가게 할 수 있을까라는 우려와 일맥상통한다.

그의 주장은 '영웅적 리더'는 자기 자신뿐만 아니라 주변 사람들과 조직까지도 무너뜨린다는 것이다. 그들은 자신의 역량을 생각지 않고 모든 책임을 떠맡는다. 사람을 신뢰하지 못하고 함께 움직이지 못하며 자신만이 최선이라고 믿는 것이다. 이는 오만이다.

이러한 행동은 동료와 부하직원들이 책임을 회피하게 하는 원인이 되며, 혼자서 많은 책임을 떠맡게 될수록 타인들은 점점 더 책임을 회피하게 되는 상황이 만들어진다. 이러한 상황을 로저 마틴은 '책임감 바이러스'가 퍼지는 상황이라고 말했다. 책임이 늘어날수록 혼자서 감당하고 있던 책임의 무게를 버티지 못하고 실패를 예감하게 되고 그 순간 책임을 놓아버린다는 것이다. 이렇게 되면 책임감으로 버텨오던 사람이 자신의 역량을 넘어선 실패 앞에 무기력해져서 다시는 책임을 맡지 않겠다고 다짐하게 된다.

상황이 이 지경이 되면 책임을 회피하던 동료나 부하직원은 이제는 자신이 모든 책임을 맡아야 한다는 극단적인 행동을 보인다. 그리고 이들 역시 자신의 역량을 넘어선 상황에서 쓰디쓴 실패를 맛보고 결국 일방적으로 행동한 리더 때문에 실패했다고 분노한다. 그리고 이러한 상황은 악순환되면서 반복된다는 것이다.

| 표 10-7 | 책임회피 자가진단표

	질문	O	X	점수
1	나는 상습적으로 중요한 결정을 미루는 경향이 있다			
2	나는 미래에 닥칠 일을 미리 걱정하고 앞서 하려고 노력한다.			
3	나는 문제를 대면하는 것을 기피한다			
4	나는 보통 결정을 즉각적으로 내린다			
5	인생이 너무 짧아서 즐겁지 않은 일은 할 수가 없다			
6	나는 일을 미루는 편이 아니다			
7	즐겁지 않은 잡무를 하는 것은 내게 어려운 일이다			
8	안일한 생은 그렇게 보상이 있는 것은 아니다			
9	나는 책임을 싫어한다			
10	나는 무엇이 필요하면 불쾌한 것일지라도 그것을 한다			
계				

회색 1점, 흰색 0점
점수가 높을수록 책임회피성향이 강하다.

3) 수동적 성향

현대의 조직사회에서 적극적이고 능동적인 자세를 취하며 자기주장을 하지 못하면 부족한 사람으로 치부되기 쉽다. 물론 타인을 배려하고 돕는 자세는 매우 바람직하다. 그러나 앞장에서 짚고 넘어온 것처럼 지나친 NP성향(양육적 어버이 자아상태)은 타인을 너무 배려함으로써 자신의 일을 제대로 처리하지 못하고 이는 곧 자신에게 스트레스로 돌아오게 된다. 이상적인 인간향은 NP를 정점으로 해서 다른 성향이 고루 비슷하게 중간점수를 나타낼 때라는 것을 고려할 때 지나치게 남을 배려하는 수동적인 태도는 바람직한 조직인의 자세라고 할 수 없다.

셰익스피어는 "구하면 못 얻을 것이 없다. 그러나 젊은 사람들은 이 점을 잘 모르고 열린 감이 입으로 떨어지기만을 기다리고 있다. 희망은 산과 같은 것이다. 저쪽에서는 기다리고, 단단히 마음 먹고 떠난 사람들은 모두 산꼭대기에 도착할 수 있다. 산은 올라가는 사람에게만 정복된다"라고 말하면서 적극적인 삶의 자세를 역설한 바 있다.

| 표 10-8 | 수동성향 자가진단표

	질문	O	X	점수
1	나는 무엇보다도 조용한 레저를 선호한다			
2	나는 불속에 타지 않는 철물이 있기를 원한다			
3	나는 할 일이 많을 때 가장 큰 성취감을 가지게 된다			
4	나는 창의적인 일에 몰두하는 것을 가장 즐긴다			
5	나는 은퇴를 하여 완전히 일을 안 했으면 좋겠다			
6	너무 많은 여가시간은 따분하다			
7	나는 가끔 열대지방에 가서 그 해변에 끝없이 누워 있어보고 싶다			
8	나는 거짓말을 하고 다니는 것을 좋아한다			
9	대부분의 사람들은 너무 열심히 일하고 충분한 휴식을 하지 않는다			
10	나는 휴식을 취하고 해야 하는 일이 없어야만 진정한 만족을 느낀다			
계				

회색 1점, 흰색 0점
점수가 높을수록 수동성향이 강하다.

보보의 책

망각으로서의 몰입(flow)[1)]

인간이 가지고 있는 본능 중 하나는 망각이다. 인간을 여유롭게 하고 평화로운 삶을 만드는 것은 버리는 일, 즉 잊어버리는 일이다. 망각의 힘을 최대한 활용할 수 있는 수단으로서 몰입이 있다.

스트레스가 심한 상황에 직면할 때 몰입을 경험하는 사람은 같은 상황에서 불안을 느끼는 사람보다 더 건강하다. 일을 하면서 몰입을 경험하면 스트레스가 건강문제로 이어지는 일이 적다. 이는 업무의 도전과 개인의 능력을 일치시키는 힘 혹은 적어도 그렇게 한다는 인식이 엔트로피를 일으키는 상황과 흔히 느끼는 부정적인 정신상태에서 완충역할을 하기 때문이다.

자료 : 미하이 칙센트미하이의 「몰입의 재발견」 중에서(수정)

보보의 신문

어린 시절의 스트레스가 노화 · 수명단축 초래

막연히 어린 시절에 받은 스트레스가 삶에 어두운 그림자를 드리운다고 생각하는 경우가 많다. 그런데 어린 시절에 겪은 다양한 역경들이 일부 사람들에게 신체적 · 정신적으로 악영향을 미친다는 사실을 밝혀낸 연구들이 나오고 있다.

가난이나 학대 등과 같은 어린 시절의 스트레스가 성인이 되서 심혈관질환, 염증질환을 비롯해 노화, 수명단축 등을 촉진한다는 일련의 연구결과들이 미국 정신의학회가 개최한 정기연례회에서 발표됐다고 최근 영국 BBC가 보도했다.

미국 피츠버그대 연구팀은 가난한 생활환경과 심장질환의 초기증상 사이의 관계를 알아보기 위해 건강한 청소년 200명을 대상으로 연구를 진행했다. 그 결과, 가난으로 가족과 떨어져 지내야 될 정도의 극심한 경제난을 경험한 아이들은 다른 아이들보다 동맥이 더 딱딱해져 있었고, 혈압도 더 높다는 사실이 확인됐다.

이 연구팀은 가난한 아이들은 조롱이나 무시 받는 상황을 다른 아이들보다 더욱 위협적

1) 칙센트미하이에 의해 제안된 것으로서 삶이 고조되는 순간에 물 흐르듯 행동이 자연스럽게 이루어지는 느낌을 의미한다. 즉 의식이 경험으로 꽉 차 있는, 각각의 경험이 조화를 이루는 상태를 말한다. 일상생활에서 좀처럼 맛보기 어려운 경험이지만 그 순간에는 느끼는 것, 바라는 것, 생각하는 것이 하나로 어우러진다.

으로 해석하는 경우가 많다는 또 다른 연구결과도 내놨다. 가난한 아이들은 혈압과 심박동수뿐만 아니라 적개심과 분노수치도 다른 아이들보다 더 높아져 있었다.

또 미국 오하이오주립대학 연구팀은 노인 132명을 대상으로 혈액에서 스트레스의 지표로 볼 수 있는 여러 개의 염증 마커와 수명조절과 관련된 염색체를 조사했다. 이들 가운데 치매로 치료를 받는 사람도 일부 포함됐다.

유년시절 학대나 놀림을 받은 경우 성인이 됐을 때 스트레스에 대해 다른 사람들보다 민감하게 반응하며, 수명단축에도 영향을 받는 것으로 확인됐다. 특히 어린 시절 다수의 역경을 겪은 사람들은 7년에서 15년까지 수명이 단축되는 것으로 나타났다.

자료 : 조선닷컴, 2010. 8. 19

보보의 한 말씀

분노는 단지 감정일 뿐이다. 그것을 객관화시켜서 바라볼 수 있을 때 우리는 진정 자유로워진다. 내면의 어둠을 다독거리면서 함께 걸어갈 수 있게 되는 일, 그것은 인간에게 주어진 삶의 과제다. 착한 인간은 비록 어두운 충동에 채찍질 당해도 올바른 길을 결코 잊지 않는다.

–박성수(정신과 전문의)–

제11장

갈등과 인간관계

11 갈등과 인간관계

죄수의 딜레마

보보의 책

한 검사가 공범 두 명을 잡아 기소하려고 했으나 증거가 충분하지 않았다. 검사는 이들에게 죗값을 제대로 치르게 하기 위해 자백을 받아낼 필요가 있었다. 그래서 검사는 두 죄수를 각각 다른 방에서 취조하면서 이렇게 말했다.

"만약 너희 둘 중에 한 사람만 자백을 하고 나머지는 끝까지 무죄를 주장한다면, 자백을 한 사람은 무혐의 처리를 해주고 끝까지 무죄를 주장한 사람은 10년을 감옥에서 살게 된다. 두 사람 모두 자백을 하면 각각 5년을, 둘다 자백하지 않으면 6개월만 살게 된다. 자백을 하겠는가?"

이는 게임이론의 대표라 할 수 있는 죄수의 딜레마 상황이다. 게임이론은 우리가 살아가면서 끊임없이 겪는 경쟁과 갈등상황에서 사용할 수 있는 전략과 의사결정을 연구하는 분야이다.

죄수의 딜레마 상황에서 만약 두 죄수가 서로 의사소통이 가능하다면 당연히 자백하지 않을 가능성이 크겠지만, 의사소통이 불가능하기 때문에 결정은 더욱 복잡해진다. 자백을 안 하자니 상대방을 믿을 수 없고, 자백을 하자니 자신의 범죄를 인정해 높은 형량을 받게 된다.

이처럼 상대방의 협력을 확신할 수 없는 상황에서 대부분의 사람들은 침묵보다는 자백, 즉 협력보다는 배신을 선택한다. 협력보다는 배신을 선택하는 것이 개인적으로는 매우 합리적인 선택이기 때문이다. 상대방의 침묵을 가정하면 침묵(6개월)보다는 자백(석방)이 낫고, 자백을 가정해도 침묵(10년)보다는 자백(5년)이 낫기 때문이다.

이런 딜레마의 특징은 개인의 입장에서 보았을 때는 합리적인 최고의 선택이지만, 전체로 봤을 때는 최악의 결과가 나타난다는 것이다. 모두가 이기려고 해서는 아무도 이기지 못하는 상황이 되는 것이다. 이 딜레마를 극복하려면 개인적으로는 비합리적인 선택을 하는 방법밖에는 없다.

자료 : 강현식의 「꼭 알고 싶은 심리학의 모든 것」 중에서

1. 갈등의 개념

갈등은 개인의 내적으로 발생하는 것이든, 집단이나 개인 간에 발생하는 것이든 모순과 대립 혹은 충돌이나 불일치와 관련이 있다. 따라서 갈등은 이해나 목표가 상충하는 둘 이상의 당사자가 있어야 성립되며, 또한 그들이 그것의 존재를 인식할 때 존재한다. 한정된 자원을 할당받으려는 당사자들이 더 많은 자원을 차지하기 위해서 상대방을 방해하거나, 당사자들 간의 질시와 반목의 발생, 어느 한 쪽이 다른 쪽의 목표달성을 방해하는 상황에서 갈등은 형성된다.

갈등은 많은 사람들에게 그 자체로 스트레스이며, 지속되고 고조될수록 부정적인 효과를 나타낸다. 때문에 일반적으로 갈등이란 단어는 부정적인 이미지를 연상하게 하며 대립, 충돌, 단절, 긴장, 불안, 반대 등의 단어들과 함께 연상되어 떠오른다.

갈등(conflict)의 어원을 동양문화권과 서양문화권의 관점에서 고찰해볼 수 있다. 갈등(葛藤)의 갈(葛)은 덩굴식물인 칡이고 등(藤)은 등나무 덩굴이다. 칡과 등은 서로 반대로 즉 칡은 오른쪽으로, 등은 왼쪽으로 감아 올라가며 자라는 성질 때문에 서로 조르고 얽키고 설키어 풀 수 없는 상태가 된다. 따라서 갈등이란 칡과 등나무가 서로 복잡하게 뒤얽혀 있는 것을 형상화한 단어이다.

그런 의미에서 볼 때 갈등은 인간관계 속에서 복잡하게 얽혀 있어 풀기 어려운 상태나 인간의 내면 속에 존재하는 상충되는 심리적 상태를 나타낸다. 따라서 갈등상태에 놓이게 되면 모두가 제대로 살지 못하기 때문에 공존이 어렵고, 사람들이 화합하지 못하고 반목하고 시기하고 배척하는 현상이 나타난다.

서양에서는 갈등(conflict)을 라틴어 'conflictus'의 과거분사인 'comfligere'에

서 유래된 것으로 본다. 이는 'com(together)+fligere(to strike)' 라는 의미를 지니고 있다. 즉 서로 때리거나 부딪치는 상황을 형상화한 것이다. 그런 관점에서 볼 때 갈등은 밖으로 드러난 상황으로서 싸움이나 전쟁과 같은 물리적 충돌과 개인이나 집단 간의 대립을 나타낸다고 볼 수 있다.

서양문화에서는 밖으로 드러나는 갈등을 합리적으로 풀어가는 것을 갈등해결이라고 생각하는 반면, 동양에서는 내적 갈등을 푸는 것이 외적 갈등을 푸는 전제조건이라는 인식이 팽배하다. 따라서 개인의 내적 심성을 기르고 덕을 쌓는 것이 올바른 갈등해결의 전제조건이다.

| 표 11-1 | 갈등의 개념 정의

R.M. Hodgetts	두 사람 이상 당사자 간의 대립 또는 적대적인 상호작용이다
R.W. Griffin	둘 이상의 개인, 집단 또는 조직 간의 불일치이다
L.W. Rue	개인 또는 집단의 지각된 욕구가 좌절될 것이라고 생각할 때 초래되는 행동이다
D. Hellriegel	개인, 팀, 부서 또는 조직의 내부나 사이에서 양립할 수 없는 목적, 사고 또는 감정의 불일치에서 야기되는 대립현상이다
J.W. Slocum	개인 간 또는 집단 간에서 일어날 수 있는 대립의 과정이다
J.A. Wagner	한 편이 다른 편을 방해하거나 좌절시키는 목적적인 방해행동이다
D.H. Holt	사람들 사이의 또는 그들 간의 적대감이나 반응행동이다
R.W. Mondy	한 개인이나 집단이 자신의 이익에 불일치하는 어떤 행동을 했거나 하려고 할 것이라고 지각할 때 시작되는 하나의 과정이다
J. Greenber	불일치에 처한 두 사람 이상의 당사자 간에 존재하는 현상이다
R.N. Lussier	두 적대적인 편이 양립할 수 없는 관심이나 목적을 갖고 있을 때 일어난다

2. 갈등의 양상

갈등은 보편적으로 부정적인 시각에 초점을 맞추고 있기 때문에 역기능적인 면을 강조하는 관점이 우세하다. 그러나 스트레스가 인간진화와 함께 더불어 발전해 온 원동력인 것처럼 갈등 또한 인간의 변화와 발전을 위해서 필연적으로 요구되는 에너지원이기도 하다. 그렇게 볼 때 갈등을 역기능적인 면으로 이해한다면 조직

간, 조직 내, 개인 간, 개인 내의 분열과 혼란을 초래하는 위험인자라 볼 수 있지만 반면 순기능적인 요소도 내재되어 있다.

때로는 이 순기능적인 갈등이 사회와 제도를 효과적으로 발전시켜 나가도록 돕는 메커니즘이 될 수도 있다. 갈등의 순기능적인 면을 강조하는 관점에서 본다면 인간사회에서 갈등이 일어나는 것은 지극히 자연스러운 현상이며 갈등의 존재 여부 없이는 변화와 발전이 거의 불가능하다고 본다. 다만 여기서 중요한 점은 이 복잡한 에너지를 어떻게 다루느냐에 따라서 그 결과가 달라진다는 것이다.

마르크스의 갈등이론은 구조적 문제를 풀어가기 위해 체제부정적이고 혁명적인 해결방식을 선호한다. 하지만 이에 대한 폐단을 지적한 사회학자들은 갈등에너지의 폭력적 전환을 예방하고 평화적 해결방법을 지향하는 사회적인 합의 도출에 초점을 맞춘다. 이는 갈등이 사회체계가 발전하는 데 촉매제 역할을 한다고 보는 입장이기 때문에 갈등에는 통합을 이끌어낼 수 있는 무한한 에너지가 존재한다.

예를 들어 보보는 자신이 하고 싶은 일을 할 수 있는 매력적인 직업과 사회적으로 인정받고 많은 보수를 받을 수 있는 실용적인 직업 가운데에서 한 가지를 선택해야 하는 상황에 놓여 있다. 이런 경우 어떤 이유로든 마음에 드는 두 가지 상황 사이에서 겪는 갈등은 보보에게 큰 고통이 되지 않는다.

예를 들어 모모는 지금 하고 있는 일이 몹시 불만족스럽다. 직장에서 자신의 자리를 제대로 인정받지 못하는 것처럼 느껴지고, 보수도 충분하지 않으며 여가시간을 마음대로 사용할 수도 없다. 그러면서도 자신의 능력을 맘껏 발휘할 수 있는 곳이라고도 생각하지 않기 때문에 당장이라도 이 직장을 그만두는 것이 좋겠다는 생각이 하루에도 열두 번씩 든다.

그러나 문제는 이 직장을 그만 두면 당장 모모에게는 적절한 대안이 없다는 것이다. 자기실현의 욕구보다는 우선 실직의 두려움이 모모를 지배하는 사고가 된다. 이런 경우 필요와 불안 사이에서 모모는 방황하게 된다. 모모의 경우처럼 두려움을 수반하는 갈등은 쉽게 해결되지 않으며 오히려 그 사람을 무기력하고 불안하게 만든다. 따라서 이에 대한 적응은 실제 문제를 해결하기보다는 불안을 줄이는 방향에서 이루어질 수 있다.

보보와 모모의 경우처럼 갈등의 원인이 명확한 경우라면 그래도 나은 상황이다.

그러나 많은 갈등상황은 당사자가 고통이 생기는 원인을 밝힐 수 없다는 면에서 무의식적인 경우가 많다. 두려움과 적대감 같은 강한 충동들은 바람직하지 않다고 가르치는 문화 때문에 그러한 충동들이 갈등으로 이어질 때 불안을 느끼게 된다. 그러나 그 불안의 원인을 스스로 알지 못하기 때문에 문제에 대해 합리적인 사고를 하기가 더욱 어렵게 되며, 이때 무의식적으로 방어기제를 발동하기도 한다.

질레트 등(P. Gillette et als.)은 갈등이 없는 조직이나 사람을 찾아볼 수 없기 때문에 갈등은 비정상적인 것이 아니라 오히려 갈등이 없는 것이 비정상이라고 말했다. 로빈스(S. Robbins)는 "건설적 갈등은 가치 있고 필요하다. 갈등이 없다면 새로운 도전이 없고, 그곳에는 자극이 없다. 조직은 오로지 무관심해지고 정체될 것이다"라고 말하면서 갈등의 중요성을 역설했다.

갈등의 순기능적인 면, 긍정적인 측면은 여러 연구결과에서 지지되고 있다. 21세기의 경영자들은 갈등관리를 동기유발, 의사소통, 의사결정, 경영계획 등과 같이 중요한 맥락으로 이해하고 있다. 크라이트너(R. Kreitner), 그린버그(J. Greenberg), 스티어스(R.M. Steers), 로빈스(S. Robbins) 등은 오늘날 조직 내 대부분의 경영관리자들은 그들에게 주어진 시간의 20% 이상을 갈등관리에 바치고 있다고 주장했다. 이는 갈등관리가 조직에서 얼마나 중요한 위치를 차지하는지 입증해주는 자료이다.

| 표 11-2 | 순기능적 갈등과 역기능적 갈등의 결과

순기능적 갈등의 결과	역기능적 갈등의 결과
• 문제를 수면 위로 드러내어 표면화시킨다	• 지각의 왜곡을 가져온다
• 상대방에 대한 이해를 증진시킨다	• 상호 간의 의사소통을 감소시킨다
• 변화와 변혁을 촉진한다	• 부정적인 고정관념이 생겨난다
• 더 바람직한 의사결정을 하게 한다	• 구성원에게 좌절감을 가져다준다
• 조직에 대한 충성심을 고취시킨다	• 불신과 의심의 분위기가 조성된다
• 조직에 대한 몰입을 증대시킨다	• 개인적 이익에 집중하게 한다
• 응집력을 증대시킨다	• 조직 내 저항을 증대시킨다
• 긴장을 해소시킨다	• 이직률이 높아진다

보보의 뼈다구!

예스맨은 순기능적 갈등을 없앤다

순기능적인 갈등이 없어서 고생한 대표적인 사례는 제너럴 모터스이다. 1960년대 후반에서부터 1990년대 후반 사이에 생겨났던 GM의 많은 문제는 순기능적 갈등의 부재에서 그 원인을 찾을 수 있다.

GM은 회사의 행동에 결코 의문을 제기한 적이 없는 충성스런 '예스맨'을 고용하고 승진시켰다. 경영자는 대부분 동질적이다. 그들은 변화에 저항하는 미국 중서부지역에서 성장한 보수적인 백인 남자들이다. 그들은 새로운 도전을 향해 나가기보다는 과거의 성공만을 뒤돌아보려고 한다. 그들은 거의 과거 작동했던 방식이 미래에도 계속 작동할 것이라는 신념에 빠져 있다. 더구나 회사가 경영자들을 디트로이트 사무실에서만 근무하게 하고, GM 내부에 있는 다른 구성원들과 가까이 지내는 것을 장려했기 때문에 경영자들은 그들과 상반되는 관점을 거의 접하지 못했다.

자료 : 스테판 로빈스의「조직행동론」중에서

보보의 신문

윈텔 가고, 암드로이드 온다!

하버드 경영대학원의 제임스 올워스 박사가 하버드비즈니스리뷰 블로그에서 지목한 올해 CES(소비자가전쇼)의 가장 중요한 트렌드는 "윈텔(Wintel=Windows+Intel)이 지고, 암드로이드(Amdroid=ARM+Android)의 시대가 오고 있다"이다.

윈텔은 지난 30년간 IT세상의 기본방정식이었다. 인텔의 중앙처리장치(CPU)를 사용한 하드웨어에 마이크로소프트의 윈도우 운영체제(OS)를 깔면 PC가 됐다. 윈텔은 곧 업계의 표준을 의미하는 용어였다. 그런데 갑자기 윈텔이 사라지고 있다.

암이란 중앙처리장치와 안드로이드라는 운영체제가 세상을 뒤흔들고 있다. 최근 IT시장의 주역은 PC가 아니다. 스마트폰과 태블릿, 스마트TV 등 저렴하고 쓰기 편리한 '스마트기기'이다. 그런데 이 시장에서는 윈텔이 아니라 암드로이드가 기본방정식으로 바뀌었다.

도대체 무엇이 윈텔을 왕좌에서 끌어내렸을까? 거기에는 거대기업이 흔히 빠지는 근본적인 함정이 숨어 있다. 바로 클레이튼 크리스텐슨 교수가 말한 '파괴적 혁신(disruptive innovation)'이다. 대기업은 단순한 기능의 저가제품시장으로부터 불어닥친 의외의 도전

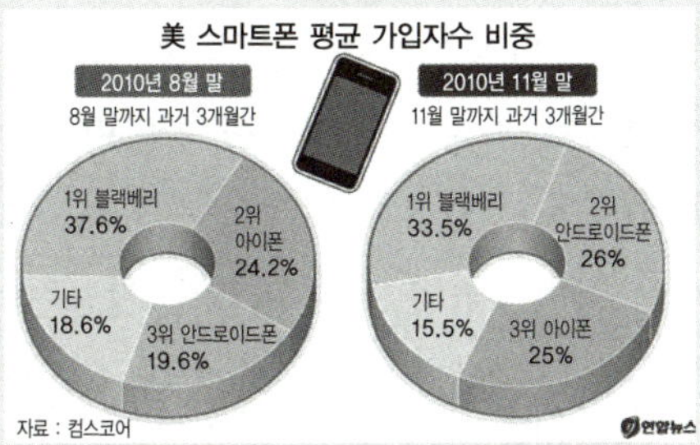

에 제대로 대응하지 못하고 일순간에 무너지고 만다는 것이다.

스마트 기기들이 등장하자 MS는 애플이나 구글처럼 스마트폰용 OS를 따로 개발하는 대신 기존 윈도7을 개량한 버전을 내놓았다. 스마트기기에 걸맞은 '성능은 좀 못해도 싸고 저렴한' 제품엔 별 관심을 기울이지 않았다. 윈텔은 저가시장공략을 위한 신제품 개발에 투자하는 것이 부담스러웠고, 자사의 저가제품이 기존제품시장을 갉아먹는 것(cannibalization) 역시 원치 않았다. 그들은 오히려 업체들에게 "우리 CPU와 OS를 사용하라"는 압력을 넣었다.

그들이 간과한 것은 '판을 바꾸는 트렌드(transformational trends)'이다. 판을 바꿀 가능성이 큰 제품은 이미 사람들이 하고자 했던 것을 더 쉽고 단순하게 해준다. 판을 바꾸는 기술은 최상이 아니라 최적의 성능을 추구한다. 판을 바꾸는 제품은 새롭고 독특한 비즈니스 모델을 동반하는 경우가 많다.

윈텔 연합군은 이 세 가지 공식을 모두 거슬렀다. 윈텔은 기존 PC 비즈니스 모델 안에서 최상의 성능과 새로운 기능을 강조했다. 반면 안드로이드는 시장의 다수고객이 원하는 싸고, 쉬운 기술에 초점을 맞추었다.

1990년대 윈텔은 값비싸고 쓰기 어려운 제품이었던 PC를 세상 누구나 가질 수 있는 저렴하고 쓰기 쉬운 제품으로 만듦으로써 혜성처럼 떠올랐다. 파괴적 혁신의 주도자였던 그들이 이번에 파괴적 혁신의 희생양이 됐다. 이들의 사례는 포드의 영광과 몰락을 떠올리게 한다. 역사의 아이러니다.

자료 : 조선일보, 2011. 1. 22

3. 갈등의 역사

갈등에 관한 초기연구는 과학적 관리를 주장했던 테일러의 연구에서 시작되었다. 그는 갈등이란 결국에는 관리자의 권위를 위협하는 요인이 되기 때문에 갈등은 되도록 피해야 하고, 만약 갈등상황이 전개되면 이를 곧 해결해야만 한다고 주장했다.

전통적 관점에 서있는 논자들은 조직을 폐쇄시스템으로 보기 때문에 갈등은 조직효과를 저해하는 부정적 요인으로 인식하고 반드시 없애야 한다는 관점에 서있다.

초기 인간관계학파에 속하는 논자들은 고전논자들처럼 갈등을 바람직하지 못하고 부정적인 것으로 인식한다. 갈등은 불건전하고 조직효과에 부정적이며, 파괴적인 속성을 가지고 있다고 주장한다. 따라서 효과적인 조직이 되려면 협동적이고 평화적이어야 하기 때문에 갈등을 제거하거나 예방해야만 하는 것으로 본다.

현대적인 관점에 서있는 논자들은 갈등이 언제나 부정적인 것만은 아니며 현실적으로 피할 수 없는, 자연적이며 현실적인, 때로는 바람직한 결과를 가져올 수도 있는 것이라고 정의하고 있다. 갈등은 언제나 역기능적인 것이 아니라 기능적이고, 긍정적이며, 건설적이기도 하기 때문에 조직효과에 유익할 수도 있다. 그러므로 갈등을 바람직한 수준으로 유지하는 관리행동이 훨씬 더 중요하다고 제안한다.

| 표 11-3 | 갈등에 관한 관점

전통적 갈등론	현대적 갈등론
• 갈등은 피할 수 있다 • 갈등은 문제가 있는 구성원에 의해 야기된다 • 갈등해결에는 권한의 법률적 형식이 강조된다 • 갈등에 따른 희생자가 있다	• 갈등은 불가피한 것이다 • 갈등은 구조적 요인에 의해 야기된다 • 갈등은 변혁의 속성이다 • 최소한의 갈등은 바람직하다

4. 갈등의 원인

1) 개인의 심리적 원인

(1) 개인의 본능

프로이트는 인간의 본능을 성격의 기본요소로 보았다. 본능은 정신작용에서 언제나 방향을 제시한다. 본능은 일종의 에너지로서 이 에너지는 신체적 욕구와 정신적 소망을 연결시키는 가교역할을 한다. 그는 인간의 본능을 삶의 본능(life instincts)과 죽음의 본능(death instincts)으로 구분했다.

본능은 이드에 자리 잡고 있다. 본능은 정신에너지의 총량이기 때문에 이드는 정신에너지의 가장 밑바탕을 이루는 저장창고라고 할 수 있다. 자아와 초자아를 만들기 위해서는 이 밑바탕의 저장창고에서 에너지를 뽑아내야 한다.

그의 본능구분은 그의 저서 「쾌락 원칙을 넘어서」(1920)에서 제안되어 그의 마지막까지 끊임없이 재확인된 개념이다. 그러나 그가 제시했던 개념 중 가장 논란이 많은 개념으로 남아 있다.

삶의 본능은 식욕, 성욕 등과 같은 인간생존을 위한 생물학적 욕구이다. 프로이트가 삶의 본능과 관련하여 가장 중요하게 생각했던 것은 성(sex)과 관련된다. 여기에는 남녀 간의 성욕의 의미를 넘어서서 인간에게 쾌락을 주는 모든 사고와 행위가 포함된다.

삶의 본능은 생명체의 통일성을 유지하고, 보다 포괄적인 통일성을 구성하려고 한다. 즉 인체는 자기통일성과 존재를 유지하려고 한다. 프로이트의 삶의 본능이 무엇인지 가장 잘 파악할 수 있는 것은 죽음의 본능과의 대립이다. 삶의 본능은 에로스로 최고의 안정상태인 죽음을 저지하기 위해 종족을 번식하는 삶을 추구한다. 삶의 본능은 보다 분화되고, 보다 조직화된 형태를 만들어 유지하고, 인체와 환경 사이 에너지의 수준 차이를 지속시키고 증가시키는 것이다.

프로이트는 마지막으로 「정신분석학 개요」(1938)에서 삶의 본능에 숨어 있는 원칙은 결합의 원칙이라고 주장했다. 반대로 죽음의 본능의 목적은 관계를 깨뜨리는 것, 사물을 파괴하는 것이다.

프로이트는 모든 인간은 죽음에 대한 무의식적 소망을 가지고 있다고 생각했다. 죽음의 본능은 생명체의 통일성 파괴와 긴장의 철저한 균등화, 절대적인 휴식상태로 가정되는 회귀를 지향한다.

죽음의 본능이 외부로 향하게 되면 파괴욕구, 장악욕구, 권력의지로 표현된다. 공격성이 자기 자신에게로 향하게 되면 자신을 죽이고자 하는 소망이 생겨난다. 죽음의 본능은 모든 본능 중에서 가장 근본적인 것, 이전상태로의 회귀와 관련이 있다. 최후에는 에너지의 수준 차이가 없는 상태로 되돌아가려고 하는 것이다. 죽음의 본능은 영원한 안정, 유기체의 종말을 추구한다.

그는 기본적 충동 중 어느 하나를 심리영역 중의 하나로 한정할 수 없으며, 그것들은 어디서든지 발견될 수 있다고 하면서 갈등의 양태를 기술할 때는 삶의 충동과 죽음의 충동의 대립이 작용하지 않는 것처럼 주장하기도 했다. 죽음의 충동의 작용을 순수한 상태로 엿볼 수 있는 것은 삶의 충동과 분리될 때이다.

멜라니 클라인 학파는 죽음의 충동과 삶의 충동의 이원론을 지지하면서 인간존재가 시작될 때부터 죽음의 충동은 중요한 역할을 했다고 주장했다. 왜냐하면 그것은 외부대상을 향해 있을 뿐 아니라 인체 내에 작용하여 붕괴되고 사멸된다는 불안을 가져오기 때문이다. 죽음의 본능의 목표는 집합을 해체하고 사물을 파괴하는 것이다.

프로이트의 정신세계

• 이드(id)

인간 정신의 밑바닥에 있는 동물적이고 본능적인 요소이며, 쾌락원칙에 따라 움직이는 일차적 정신과정이다.

즉각적이고 본능적인 욕구충족을 목적으로 한다.

• 자아(ego)

우리가 흔히 '나'라고 지칭할 때의 심리주체이며, 현실원칙에 따라 움직이는 이차적 정신과정이다.

현실원리에 따라서 움직이며 끊임없이 이드와 초자아 사이의 힘을 중재한다.

자아는 그 자신의 에너지는 갖고 있지 않으며 이드로부터 에너지를 공급받기 전까지는 존재한다고 할 수 없다.

• 초자아(super ego)

개인성격의 심판관과 같은 부분이며, 사회도덕규칙의 내면화된 표상이자 선악을 구분하는 개인의 양심이다.

이드와 초자아의 공통점은 비이성적으로 작용하면서 현실을 왜곡한다는 점이다.

초자아는 자아가 사물을 보다 높은 차원의 도덕성을 가지고 보도록 강요하고, 이드는 본능적 욕구가 바라는 방향으로 보도록 요구한다.

월트 디즈니의 만화 '판타지아'의 등장인물 중 하나인 마술사는 초자아에, 마술사의 제자인 미키 마우스는 자아에 해당된다고 볼 수 있다.

오직 나만 볼 수 있다

원작이 된 노벨문학상을 받은 주제 사라마구의 동명소설을 영화화한 작품이다.

평범한 어느 날 오후, 앞이 보이지 않는 한 남자가 차도 한 가운데에서 차를 세운다. 이후 그를 집에 데려다 준 남자도, 그를 간호한 아내도, 남자가 치료받기 위해 들른 병원의 환자들도, 그를 치료한 안과의사도 모두 눈이 멀어버린다. 시야가 뿌옇게 흐려져 앞이 보이지 않는 정체불명의 백색공포가 온 세상에 퍼져 나간다.

눈먼 자들의 수가 기하급수적으로 늘어나면서 정부는 그들을 병원에 격리수용하고, 세상의 앞 못 보는 자들이 모두 한 장소에 모인다. 그리고 남편을 지키기 위해 눈먼 자처럼 행동하는 앞을 볼 수 있는 한 사람이 있다.

아수라장이 되어버린 병동에서 오직 그녀만이 충격의 현장을 목격한다. 그녀는 수용소 안에서 유일하게 눈뜬 사람으로 장님처럼 행세하며 모든 상황을 똑똑히 지켜보게 된다. 그녀의 눈에 비친 것은 추악한 인간들의 권력 다툼이다. 눈먼 자들의 단체에서도 힘의 지배를 원하는 부류는 생겨나게 된다. 먹을 음식을 독차지 하고 그것을 통해 권력을 쥐려 한다. 태어날 때부터 장님으로 어둠에 익숙한 자가 이 세상에서는 가장 큰 힘을 가지게 된다.

이 영화는 눈먼 자들을 가둔 수용소와 이름 없는 도시를 배경으로 인간성의 근원적인 본질에서 가치와 존재, 현대문명, 인간사회를 조직화한 정치권력구조 등을 비판하고 있다. 권력과 폭력에 둘러싸여 무력하기 짝이 없는 한 개인과 사회에 대한 은유인 백색실명 상태에 빠진 눈먼 자들을 통해 현대사회의 인간됨에 대해 끊임없는 의문을 제기하는 한편, '인간성'에 대한 긍정을 놓치지 않고 있다. 이 영화는 파괴되기는 하지만 패배하지는 않는 인간의 존엄성에 대해 말하고 있다. 극한 상황에서도 존엄성은 인간의 선택이며, 인간답게 살고자 하는 그들의 투쟁은 더욱 굳게 인간다워지는 과정이 된다.

(2) 방어기제

인간에게는 불안이라는 심리상태가 있는데 이것은 자아에게 이상이 생겼다는 것을 알려주는 일종의 신호이다. 자아는 현실적인 문제해결방법을 통해 위험을 극복하려고 하지만 이것이 뜻대로 안 될 경우에는 현실을 부인하고 왜곡시킴으로써 불안을 감소시키려 한다. 즉 인간은 일종의 방어기제를 통해서 불안을 피하거나 벗어나려고 한다. 방어기제는 갈등에서 비롯된 불안으로부터 스스로를 보호하기 위한 장치인 셈이다.

프로이트는 1915년 메타심리학에 관한 글에서 방어기제의 의미 중 하나를 자기 자신으로의 선회, 억압, 역전을 방어적으로 사용하는 것을 내포한다고 제시했다. 방어기제는 방어가 구체적으로 쓰이는 여러 가지 형태의 작용이며, 갈등의 정도에 따라 지배적인 기제가 다르게 된다.

억압에는 다른 방어기제와는 다른 특수성이 존재하는데, 이러한 지적은 방어기제 중에서 가장 유효하고 위험한 것이기 때문이 아니라 억압이 바로 무의식을 구성하기 때문이다.

방어기제는 대체적으로 무의식적으로 작동되며, 현실을 부정하거나 왜곡시킨다. 방어기제의 순기능적인 면은 인간을 보호한다는 점이지만 지나치게 사용될 때는 병리적이 될 수도 있다.

① 내입(introjection)

주체가 환상을 통해 대상이나 그 대상에 내재한 특질을 바깥에서 안으로 들여오는 것이다. 외부세계의 가능한 한 많은 부분을 자아 속으로 들여와 그것을 무의식적 환상의 대상으로 만듦으로써 문제를 해결하려고 한다. 페렌치가 그의 저서 「내입과 전이」(1909)에서 제시했으며, 투사와는 대칭적인 개념이다. 동일시와 밀접한 관련이 있다.

② 반전(reversal into the opposite)

능동성에서 수동성으로 이행하는 중에 충동의 목표가 반대로 바뀌는 과정을 말한다. 프로이트는 능동성에서 수동성으로의 반전과 함께 내용의 반전, 즉 사랑이 증오로 바뀌는 것을 검토하고 있다. 그러나 여기서는 반전이 기술적인 차원에서만 가치가 있는 것처럼 보인다. 왜냐하면 사랑과 증오는 동일한 충동의 서로 다른 운명으로 볼 수 없기 때문이다.

③ 자기 자신으로의 선회(turning round upon the subject's own self)

충동이 독립된 대상을 주체 자신으로 대체하는 과정을 말한다. 반전과 관련이 있다.

④ 억압(repression)

자아는 자신에게 위협이 되는 내용들을 의식하지 않으려 하거나 의식 바깥으로 밀어내려고 노력한다. 억압은 고통을 피하기 위한 적극적 노력이지만 기본적으로 고통의 원인에 대한 무의식적인 부정이다.

⑤ 투사(projection)

내가 가지고 있는 부정적인 면들을 다른 사람을 통해 보고, 원인을 그 사람에게 귀인시키는 것이다. '나는 너를 미워한다' 는 생각이 '당신은 나를 미워해' 라는 생각으로 바뀌게 되는 것이다. 역으로 긍정적인 투사는 내가 가진 좋은 요소들을 타인을 통해서 인식하는 것이다. 사랑이 영원하지 않은 이유는 일정기간 이후 상대방에 대한 투사를 거두어들이기 때문이다.

⑥ 부정(denial)

나에게 기억되고 있는 어두운 면들, 위협이 되는 사건들, 외상적인 과거의 사건들을 의식적으로 받아들일 수 없어 부정하는 것이다.

⑦ 반동형성(reaction formation)

스스로 수용할 수 없는 충동을 정반대로 적극적으로 표현하는 것이다. 여기에는 부정적인 반동형성만 존재하는 것은 아니다. 내가 수용하지 못하고 이해하지 못했던 부정적인 면들과는 정반대의 긍정적인 성격특질을 형성하는 것도 반동형성의 예가 된다.

⑧ 합리화(rationalization)

내가 한 행동에 대해서 객관적으로 합리적인 상황은 아닐지라도 적당한 핑계를 통해 그 행동을 자신과 사회가 받아들일 수 있도록 재해석, 재구성하는 것이다.

⑨ 승화(sublimation)

현실적으로는 건강하게 수용될 수 없는 충동이 사회적으로 건강하게 수용될 수 있는 충동으로 대체되는 것이다.

⑩ 퇴행(regression)

현실적으로는 받아들일 수 없는 위협에 직면해서 그러한 현실을 부정할 수 있는 이전의 단계로 되돌아가는 것이다. 사회적 책임, 불안, 초조, 긴장 등이 상대적으로 적었던 이전의 발달단계로 돌아감으로써 위협을 회피할 수 있다.

⑪ 동일시(identification)

어떤 주체가 다른 사람의 모습이나 특성을 동화시켜서 그 사람을 모델로 자신을 변화시키는 심리적인 과정이다. 다른 사람과 잘 동일시하는 사람은 그 사람을 닮게 된다. 인격은 일련의 동일시에 의해 구성되고 분화된다.

흔히 좌절감과 불안이 원인이 된다.

억압은 많은 에너지를 소모한다

억압은 과거로부터 마음의 상처를 받은 일이나 그와 관련된 일에 대해서는 기억을 하지 못하도록 작용한다. 이때 기억은 그 자체로는 무해하지만 그것을 기억함으로써 원래의 상처받은 생각이 떠오를 위험성이 있다. 위험한 생각 그 자체도 억압을 받게 된다. 지각이든 기억이든 생각이든 모든 억압은 불안을 없애는 데 목적이 있다. 이때 억압의 작용은 외적 · 내적 위협이 자아를 공략하고 있다는 사실 자체를 부인하거나 왜곡하는 형태로 나타난다.

위협에 대처하는 방법으로서 억압에만 의존하는 사람들은 매사에 자기 억압적인 태도를 취한다. 바깥 세상과의 접촉은 극히 제한되어 있고, 평소에도 긴장되고 딱딱하며 소심해서 세상과는 담을 쌓고 있는 것처럼 보인다. 이들은 자신의 마음 깊숙히 억압을 해야 하는 일 때문에 에너지를 많이 소모하며, 외계나 다른 사람과 즐겁고 생산적인 상호관계를 맺기가 어려워지게 된다.

때로 억압이 심하게 되면 신체 일부의 정상적인 기능마저 장애를 일으키는 수가 있다. 억압의 방어기제 때문에 관절염, 천식, 위궤양 등의 여러 가지 신체증상이 발생하기도 하는데, 이런 정신현상 때문에 신체증상을 일으키는 경우를 정신신체증이라고 부른다.

억압은 위협하는 원천이 사라지면 자연히 없어지는데, 이는 억압이 이미 필요 없게 된 탓이다. 그렇지만 억압의 제거가 자연히 이루어지는 것은 아니다. 여기에는 당사자가 위험이 없다는 사실을 확인하는 절차가 남아 있기 때문이다. 자아가 보다 합리적이고 충분한 해결방법으로 무장하고 위협을 잘 처리할 수 있게 되면 억압은 더 이상 필요치 않게 되고, 억압에 사용되던 에너지를 소모할 필요가 없게 되어 보다 생산적인 일에 투자할 수 있다.

자료 : 캘빈 홀의 「프로이트 심리학」 중에서

(3) 학습

인간의 행동은 사회적으로 학습되고, 이러한 외적 변인들에 의해 형성된 부정적 특질들은 갈등의 원인이 되기도 한다. 로터는 "행동은 진공상태에서만 발생하지는 않으며 외적 · 내적 환경의 여러 측면에서 끊임없이 반응한다"라고 언급한 바 있다.

스키너는 이러한 과정을 외적인 변인에 의해 설명한 학자였으나 인간을 동물과 같이 외적인 변인에 의해 움직이는 존재로 보았다는 부분에 대해서는 비판의 여지가 있다.

스키너의 기본적 가정은 인간이 하는 행동의 여부에 따라 보상을 받거나 처벌을 받는다는 것이다. 즉 행동은 결과에 의해 조성되고 유지된다는 것이다. 때문에 스키너는 인간에 대해 기계론적 관점을 취한다. 개개인의 차이성에 관심을 두지 않았고, 인간행동의 보편적 법칙을 발견하는 데 주력했다.

이런 주장을 뒷받침하기 위해 그가 활용한 연구대상은 동물이었다. 보편적인 법칙을 발견하기 위해서는 통제가 쉽고 행동이 단순한 동물이 적합하다고 생각했기 때문이다.

반응과 그것으로 인한 결과 간에 확립될 수 있는 관계를 강화 또는 처벌의 수반성이라고 한다. 수반성은 A라는 일이 B라는 일이 일어나면 야기될 것이라는 규칙이다. 자극은 행동이 일어날 수 있는 환경적 사건이며, 행동은 그 자체를 의미하고, 결과는 행동에 뒤따르는 환경적 자극이다.

주어진 행동을 잘했을 때 보상으로 칭찬을 하거나, 신체적인 친밀감을 표시하거나, 음식이나 용돈을 주는 것과 같은 행위는 행동을 증가시키는 정적 강화에 해당된다. 반대로 신체적인 처벌을 가한다든가, 언어적으로 야단을 치는 것과 같은 행위는 정적 처벌에 해당된다. 부적 강화나 부적 처벌은 보다 소극적인 개념으로써 고통을 가져다주는 결과를 제거한다거나 즐거움을 주는 것을 일시적으로 제거시키는 것이다.

| 그림 11-1 | 스키너의 원리

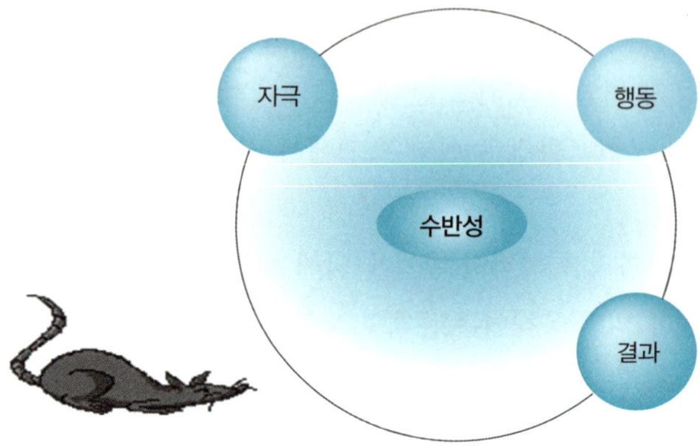

권위에 대한 복종

'기억에 대한 연구'에 참여할 자원자를 모집한다는 광고에 흥미를 느껴 실험에 참가했다. 연구의 목적은 학습과 기억에 있어서의 징계효과에 대한 것이었다.

자원자 중에서 한 사람은 학습자의 역할을 맡게 되며 그는 수많은 단어들 중에서 서로 관계가 깊은 두 단어의 쌍을 기억하는 것이다. 또 다른 지원자는 선생의 역할을 맡게 되는데 그의 임무는 학습자의 단어에 대한 기억력을 테스트하여 그가 실수할 때마다 전기충격을 가하는 것이었다.

실험이 진행되는 동안 학습자가 틀린 답을 말할 때마다 전기충격의 강도는 15볼트씩 높아졌다. 학습자가 전기충격이 너무 강해서 더 이상 참을 수 없다고 하면서 소리를 질렀다. 학습자의 거부에도 불구하고 실험은 계속되었다. 선생은 학습자의 애원과 반항에도 불구하고 300볼트까지 전기충격의 강도를 높였다.

이 실험은 밀그럼이란 심리학자에 의해 행해졌으며, 학습자에게 실제 전기충격이 전달된 것은 아니었다. 학습자는 전기충격을 가장한 밀그럼의 실험조교였다.

이 실험의 진정한 목적은 "보통의 평범한 사람에게 합법적인 명령을 내린다면 얼마만큼의 고통을 무고한 다른 사람에게 부과할까?"였다.

실험에 참여한 사람들이 공격적인 성향이 강한 남자들이었거나 전기충격의 영향에 대해 자세히 이해하지 못하고 있다거나 비도덕적인 성향의 사람들이었던 것은 아니었다. 그러나 그들은 실험복을 차려입은 연구자들의 권위와 명령에 맹목적으로 따랐다는 데 문제가 있다.

실험 후에 인터뷰에서 피실험자들에게 긴장의 정도를 척도상에 표시하게 했다. 이런 종류의 자기보고는 정확성이 떨어지고 정서적 반응에 대한 대략적인 지표만을 제공해준다. 그럼에도 이런 보고가 가치를 갖는다면 저항한 피험자보다 복종한 피험자들이 더 긴장하고 초조했음을 알 수 있다는 것이다. 이렇게 긴장한다는 것은 갈등이 존재한다는 것이다. 이 상황에서 작동하는 유일한 심리적 동인이 권위에 순종하려는 성향이라면, 모든 피험자가 끝까지 계속했을테고 긴장하지도 않았을 것이다. 따라서 긴장은 복종과 반항이라는 두 가지 또는 그 이상의 모순된 반응성향이 존재함으로써 생긴다고 가정할 수 있다.

밀그럼이 이 실험을 하게 된 동기는 나치가 지배하던 당시 독일인이 어떻게 그 많은 무고한 유태인의 생명을 죽일 수 있었는지를 이해하기 위해서였다.

자료 : 로버트 치알디니의 「설득의 심리학」
스탠리 밀그램의 「권위에 대한 복종」 중에서

2) 구조적 원인

(1) 목표

거시적 관점에서 조직의 목표는 '이윤추구'라는 하나로 결집된다. 그러나 조직을 구성하고 있는 다양한 하위조직이 존재하고, 이들은 다양한 이해관계 속에서 역할을 조정한다. 그렇기 때문에 전략적 목표, 전술적 목표, 운영적 목표는 그 내용과 기능에 있어서 매우 상이한 경우가 많다.

예를 들어 생산관리부서는 어떻게 하면 좀 더 많은 제품들은 저비용으로 생산할 수 있을까가 중요한 관심사다. 그러나 마케팅부서로서는 제품의 적극적인 홍보와 판매를 위해 일정한 부대비용이 필요하다. 그러다 보니 두 부서 간에는 목표의 효율적 달성을 위한 갈등이 생겨날 수박에 없는 것이다.

(2) 자원의 배분

전략은 기업이 나아가야 할 방향을 제시하는 나침반과 같다. 챈들러는 "전략이란 기업의 장기적 목표의 결정과 그 목표를 달성하기 위한 행동을 결정하고 경영자원을 배분하는 것이다"라고 정의하면서 경쟁우위를 선점하기 위한 방법으로서 자원배분의 중요성을 역설했다.

기업의 최고경영층에 있어서 적절한 자원배분을 하는 일은 목표달성을 위해 가장 중요한 과정이다. 그러나 자원이라는 것은 한정되어 있기 때문에 각 단위부서에 자원을 배분하려는 과정에서는 필연적으로 갈등이 형성될 수밖에 없다. 조직 내에서 한 집단에 대한 자원배분은 다른 집단의 손실의 대가로 이루어지므로 갈등이 빚어지게 되는 것이다. 이런 경우 자원 자체의 규모를 늘림으로써 갈등을 해결할 수 있게 된다.

(3) 인센티브

테일러는 과학적 관리를 통해 성과급제를 제안했다. 당시 기업의 가장 커다란 문제점은 태업이며, 태업의 원인이 일과 경제적 성과가 연결되지 않는 데 있다고 생각했기 때문이다. 후에 간트는 테일러의 개념을 확장하여 차별적 성과급제를 제안했다. 이는 일정한 임률을 보장하고, 그 이상에 대해서 인센티브를 주는 개념이다. 오늘날 한국식 연봉제와 비슷한 개념이다.

일과 경제적 성과가 연결되어야 하는 것은 틀림없다. 그러나 때로는 이러한 요인이 지나친 경쟁을 조장하기도 하고, 경쟁에서 밀린 조직원들의 사기는 떨어질 수밖에 없다. 또한 포춘지 선정 미국의 기업들 중 절반 이상이 팀별로 인센티브를 제공한다는 연구결과가 있다. 이는 개인별로 성과를 지급할 때 팀원들 사이에서도 경쟁원리가 작용하여 정보의 폐쇄가 이루어질 수 있다는 우려 때문이다.

(4) 리더십의 과대나 부재

개인의 리더십 유형에 의해서도 갈등이 조장될 수 있다. 전통적인 관리방식은 전제적 유형이었다. 테일러의 과학적 관리가 지배하던 산업사회의 초기에는 똑같은 물건을 빠르게 많이 생산하는 것이 중요했었기 때문에 '머리'에 해당되는 중요한 일은 모두 상위계층에서 처리했다. 즉 '머리'와 '행동'의 분리가 이루어졌던 시기였다. 이런 시기에는 한 사람의 관리자에게 권력이 집중되는 전제형이 바람직할 수 있다.

상급자가 권한을 사용하여 집단갈등을 해소하는 방법은 가장 오래되고 흔히 쓰이는 방법이다. 보통 하위집단들은 갈등해소를 목적으로 하는 위로부터의 힘의 압력에 복종하게 된다. 그러나 힘에 의한 갈등해소는 갈등의 원인에 대해서가 아니라 결과에 초점을 두기 때문에 집단 간 갈등의 여지는 남아 있게 되며, 갈등의 재발가능성도 높다.

현대의 기업경영에서는 구성원들 간의 빈번하고 편안한 의사소통, 그 속에서 이루어지는 창조적인 아이디어, 상호배려 등이 중요한 요소이기 때문에 다양한 리더십유형이 요구된다.

5. 갈등관리와 조직성과

기존의 갈등관리는 갈등의 역기능적인 면을 강조하여 '갈등의 해소'에 역점을 두었으나 오늘날에는 '갈등의 자극'을 포함하는 개념으로 확장되어 가고 있다. 이는 갈등이 지나치게 많아 바람직하지 못한 갈등을 해소하고 감소시키는 일과 함께 너무 과소한 갈등과 건전한 경쟁심리를 부추기는 건설적인 갈등을 자극하고 증대시키는 일까지 포함한다.

갈등이 조직을 분열시키고 있다거나, 생산적인 노력보다 갈등에 더 많은 시간을 소요하게 된다거나, 갈등이 조직목적보다 집단의 내적인 목적에 초점을 두고 있는 상황에서는 갈등을 해소하는 관리가 바람직하다. 반면 조직구성원이 현재의 상태에 지나치게 만족하여 정체되고 있다거나, 집단 간의 동의가 너무 쉽게 이루어지거나, 창의성이나 도전정신이 부족하거나, 적정한 경쟁을 유도하기 위해 변화와 변혁이 요구될 때는 갈등을 자극하는 관리가 바람직하다고 볼 수 있다.

갈등관리는 조직, 사회, 개인 간의 갈등을 효과적으로 조율하고 소모적인 분쟁상황이 발생하지 않도록 통제하고 관리하는 접근방식이다. 갈등관리의 궁극적 목표는 갈등이 무절제하게 표출되는 것을 방지하고 조직, 사회, 개인의 효율성을 극대화하는 것이다.

어느 수준을 갈등이 지나치게 많거나 적은 수준으로 판단해야 하는지의 기준이 명확하지 않기 때문에 갈등의 측정방법도 하나의 과제이다. 넬슨(R.E. Nelson)은 조직현장에서 얻은 다섯 가지 양상이 조직업적을 손상시키는 현상임을 생각할 때 이러한 조건들이 성립되면 적정수준의 갈등에 문제가 있다고 생각해 볼 필요가 있다고 주장했다.

첫째, 내부적인 불일치로 일어나게 되는 잦은 이직
둘째, 외부의 위협에 대한 지나친 무관심
셋째, 미래의 변혁을 어떻게 수행할 것인지에 대한 불일치 또는 무능력
넷째, 내부수행능력의 부족으로 인한 외부인사의 잦은 개입
다섯째, 내부의 반대세력의 출현

갈등의 수준이 지나치게 높으면 역기능적, 비생산적, 파괴적인 갈등양상으로 치달을 수 있으므로 이를 해소하고 줄여서 적정수준이 되도록 유도하는 것이 바람직하다. 반대로 갈등수준이 지나치게 낮으면 이 또한 역기능적, 비생산적, 비변혁적인 갈등양상으로 전개되기 때문에 적당한 긴장감과 자극을 주어 적정수준으로 유도하는 것이 바람직한 조직생활을 위한 해법이다.

| 그림 11-2 | 갈등과 조직유효성

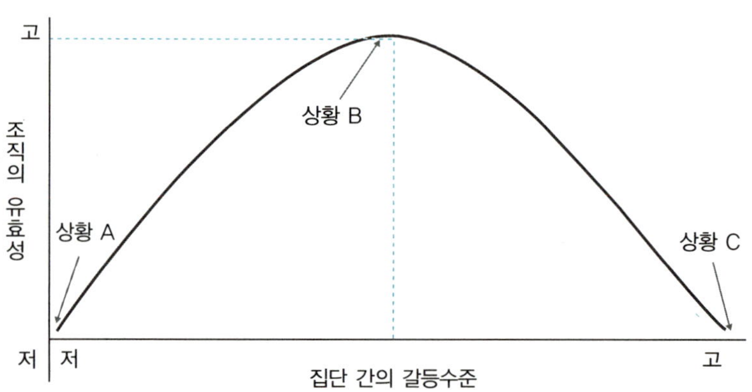

갈등은 상생의 조건?

사회적 갈등의 기능에 관한 초기의 연구는 게오르크 짐멜에 의해 이루어졌다. 이 연구는 최근 코저에 의해 확장되었다.

코저는 갈등이 느슨하게 구조화된 집단을 단결하게 하여 줄 수 있다고 주장했다. 한 사회를 단결시켜주는 장본인으로서 갈등을 부각시키는 것은 선동가들의 오래된 습성이다. 선동가들은 존재하지도 않는 적을 만들어 내거나 활동력이 없는 적을 향해 적대감을 부추기게 한다. 한 사회 내에서 갈등은 대체로 고립되어 있는 몇몇 개인들이 활동적인 역할을 할 수 있게 해준다. 베트남 전쟁에 대한 항변은 많은 젊은이들이 처음으로 미국의 정치생활에서 활발한 역할을 할 수 있게 자극을 주었다.

갈등은 의사소통기능에 도움이 된다. 갈등이 발생하기 전에는 집단은 상대편 집단의 입장을 알 수 없다. 그러나 갈등의 결과로 집단 간의 입장과 경계가 종종 명료해진다. 갈등은 또한 상대방의 힘을 더 잘 알게 해주므로 친선회복이나 평화적 화해의 가능성을 높여줄 수도 있다.

자료 : 앤서니 기든스의 「현대사회학」 중에서

6. 갈등의 모형

1) 잠재적 단계

잠재적 갈등단계에서는 갈등의 요인들이 다수 존재하지만 아직까지는 갈등으로 표출되지는 않는다. 그러나 언제라도 수면 위로 떠올라 갈등을 일으킬 수 있는 원인이 잠재하고 있는 단계이다. 기본적으로 거론되었던 희소자원에 대한 문제, 부서별 목표차이, 개인별 관점차이, 경쟁 등이 주요 요인으로 거론된다.

예를 들어 이제는 세계적인 다국적기업으로 성장한 사료기업 아이러브보보스를 책임지고 있는 보보의 입장에서는 적극적인 시장침투가 어려운 경제상황을 뚫고 나갈 해법이라고 생각한다. 그렇기 때문에 무리를 해서라도 경쟁기업에 비해 적극적인 판촉활동을 벌여야 한다고 주장한다. 강아지들을 마스코트처럼 여기지만 해마다 적극적인 시장을 창출해주는 어린 소녀집단, 20대 전후의 젊은 여성들을 공략하기 위해서는 비싼 모델료를 지출하고서라도 그들에게 소구시킬 수 있는 '비'

나 '현빈' 등의 신세대스타를 모델로 기용하여 광고를 제작하기를 원하고 있다. 그러나 재정담당자인 모모의 입장에서 본다면 지금 상황에서 제일 필요한 것은 긴축재정이다. 그렇기 때문에 가장 먼저 줄여나가야 할 것이 바로 보보가 주장하고 있는 가시적인 광고전략이다. 아직까지는 보보와 모모의 의견이 충돌하지 않았지만 이들의 관점차이가 수면 위로 떠오르게 되면 언제든 갈등이 표출될 수 있다.

2) 갈등의 지각단계

잠재적 갈등단계에서는 갈등이 표면 위로 떠오르지 않았지만 표면 위와 아래의 차이는 단지 그것을 언제, 어떻게 인식하고 지각하느냐의 차이일 뿐이다.

보보와 모모의 사례에서는 제한된 자원을 활용하여 어떻게 기업을 생존시키느냐가 갈등의 요인이었지만 때로는 실제로 갈등이 표면화될 만한 원인이 없더라도 갈등은 지각될 수가 있다. 이 사례가 바로 의사소통상의 문제이다.

예를 들어 보보와 모모는 같은 대학교에 다니고 있다. 이 대학교에는 도처에 학생들이 수시로 사용할 수 있는 인터넷 전용선이 설치된 컴퓨터가 있다. 평상시라면 학생들은 질서를 지켜 차례대로 컴퓨터를 이용하며, 때로는 급한 학우를 위해 먼저 차례를 양보하기도 한다. 그러나 수강신청기간이 되면 문제가 달라진다. 대부분의 학교에서 컴퓨터로 수강신청을 받고 있는데 인기과목의 경우는 접속개시 시간 이후 바로 허용인원이 다 차버린다. 이렇게 되면 우정과 예의는 상관없이 서로 먼저 접속해서 그 과목을 수강신청하려고 눈에 불을 켜게 된다. 이처럼 자원이 부족하여 두 당사자가 그것을 함께 사용하고자 할 때, 시간의 여하에 따라 상호이익이 달라질 때 갈등발생의 가능성은 더욱 커지게 된다.

그리고 앞서 본 것처럼 의사소통에는 필연적으로 왜곡이 따를 수밖에 없다. 때에 따라서는 의사소통이 처음 시작된 곳부터 마지막 다다른 곳까지 80%의 정보가 왜곡 또는 손실되어 버린다는 연구결과가 있다. 특히나 오늘날 웹상에서의 언어상의 왜곡은 심각할 정도의 수준에 와있다. 그러나 세대 간의 가치를 반영하듯 기성세대들이 이해할 수 없는 언어로 가득 찬 '귀여니'의 소설이 폭발적인 인기를 끌고, 한류를 이끌고 있으니 의사소통에 따른 관리가 더욱 중요한 문제로 부각될 수밖에 없다.

또한 종교나 가치관의 차이에서도 이러한 갈등은 첨예하게 대립하게 되는데 대표적인 것이 기독교와 비기독교인들의 시각 차이이다. 얼마 전 세계적인 이슈가 되었던 '다빈치코드' 도 이러한 시각을 반영한 것이라 볼 수 있다.

동물행동학 박사인 제인구달(J. Goodall)은 그녀의 저서 「Reason for Hope」에서 이렇게 밝히고 있다. "나는 그리스도교인으로서 하느님이라 불리는 영적 존재의 힘을 믿었다. 그러다가 점점 나이가 들고 다른 신앙들에 대해서도 알게 됨에 따라 결국은 단지 하나의 신이 상이한 이름들로 존재한다는 것을 믿게 되었다. 알라, 도, 조물주 등의 이름이 그것이다. 나에게 하느님은 '우리가 그 안에서 살고, 그 안에서 움직이고, 그 안에서 존재하는' 위대한 성령이었다"

세상을 지각하는 서로 다른 눈

서양인들은 과거를 기억할 때 자신을 주인공으로 하여 회상하지만 동양인에게는 그런 경향이 약하게 발견된다.

발달심리학자인 제시카 한(Jessica Han), 미셸 라이히만(Michelle Leichtman)과 황치는 4살과 6살의 아이들에게 하루 일과를 회상하게 했다. 그 결과 연구자들은 세 가지 흥미로운 차이점을 발견했다.

첫째, 중국과 미국의 어린이들은 다른 사람보다 자기 자신에 관한 이야기를 많이 했지만, 그 정도에 있어서는 미국 아이들이 3배 정도 더 강한 경향을 보였다.

둘째, 중국 아이들은 그날 있었던 많은 사소한 사건들을 간단명료하게 기술했지만 미국 아이들은 자기에게 중요했던 소수의 일들만 아주 천천히 기술했다.

마지막으로 미국 아이들은 자신의 감정이나 생각을 자주 언급했지만 중국 아이들은 별로 그런 모습을 보이지 않았는데, 그 차이는 거의 2배에 달했다.

동양인들이 사건에 대해 보다 종합적인 관점을 가지고 있으며 다른 사람의 시각에서 바라보려고 한다는 것은 사회심리학자인 도브 코헨(Dov Cohen)과 알렉스 건즈(Alex Gunz)의 연구에서도 밝혀진 바 있다. 그들은 서양학생들과 동양학생들에게 자신이 남에게 주목을 끌었던 10가지 상황들을 기억하게 했다. 그 결과 서양학생들은 주로 자신의 관점, 즉 안에서 밖을 내다보는 관점에서 회상한 반면, 동양학생들은 제3자의 입장에서 기술하는 경향을 보였다.

자료 : 리처드 니스벳(R.E. Nisbett)의 「The Geography of Thought」 중에서

3) 갈등의 감응단계

인간이 갈등의 원인을 지각해도 그것이 내부화되지 않는다면 갈등은 표면 위로 드러나지 않는다.

갈등은 부족한 희소자원에 대한 이익을 쟁취하기 위해서 나타나기도 하는데, 당사자들이 자신의 할당량을 조금이라도 많이 갖기 위해서 집착하게 된다면 그들 내부에 내재된 자아를 갖게 되고, 이는 불화로 이어진다. 불화는 집단의 목표와 가치를 통해서 확인된다.

예를 들어 보보 교수는 학생들과의 원활한 의사소통을 위해 인터넷에 카페를 운영하고 있다. 카페를 통해서 학생들의 소리에 귀도 기울이고, 그들 간의 의사소통의 장도 마련해주며, 학생들에게 다양한 학습정보를 전달하기도 한다. 반면 신세대 학생들에게는 자신을 튀게 하는 공개적인 무대가 되기도 한다. 그러던 어느 날 리플문화가 보보카페를 난장판으로 만들어 버리는 사건이 발생했다.

인간은 누구나 자신에게 긍정적인 이미지와 정보를 주는 사람에게 호감을 느끼고 그 반대의 상황은 비호감으로 이어지게 마련이다. 학습에 관련된 정보를 주고받던 두 학생 '불꽃'과 '애플시드'는 리플에 리플을 거듭하며 악플로 치닫다가 종국에는 가상세계를 빠져나와 현실에서 만나기로 한다. 서부시대의 결투신청이라고나 할까? 이미 카페는 쑥대밭이 되고 만 이후였다. 무엇이 옳고 무엇이 그른지는 이미 중요한 의미를 지니지 못하는 상황이 되었고, 악플에 대한 인신공격만이 난무하던 상황이었다. 보보 교수는 수업시간에 들어가서 불꽃과 애플시드를 화해시키려는 노력을 시도했으며, 앞으로 이런 일이 다시 재발할 시에는 카페를 불살라 버리겠다는 엄포를 놓아 일단 사건은 마무리되었다.

4) 갈등의 표명단계

표명단계에 이르면 갈등이 발현되게 된다. 표명단계에서는 직접적으로 관련이 없는 제3자도 인식할 수 있을 정도로 공개적인 행동과 언행이 나타나게 되는데, 이러한 과정에서 실제 의도했던 것보다 더 과도하게 표현되기도 해서 갈등의 양상을 심각하게 만들기도 한다.

당사자들의 무관심, 종업원들의 태업, 목적을 잃은 집착, 규정완화 등 여러 가지 형태로 표출될 수 있으며, 어찌 되었든 모두 조직성과를 감소시키는 결과로 이어지기 때문에 바람직하지 못하다.

예를 들어 동료인 보보와 모모는 이번 분기에 이루어진 브레인스토밍에서 각자 좋은 안건을 내놓았다. 브레인스토밍의 고유한 특성상 아이디어에 대한 직접적인 비판이 이루어져서는 안 되지만 서로가 각자의 아이디어에 대해 더 우수하다고 생각하고 그 아이디어를 중심으로 마케팅전략을 실행해야 한다고 주장하고 있다. 잠재적 단계에서는 서로에 대한 불만과 불신이 겉으로 드러나지 않았지만 안건처리 과정에서 그들의 갈등은 드러나고 말았다. 그들은 자신의 아이디어에 대한 맹목적 집착이 너무 강하고 상대방의 아이디어에 대한 폭넓은 수용이 부족하여 서로 등을

보보의 신문

발리에서 생긴 갈등, 시크에서 계속되다

하지원을 두고 현빈과 조인성이 싸운다. 종영한 SBS 주말극 '시크릿가든'과 지난 2004년 방송된 SBS '발리에서 생긴 일'의 영상을 합친 '비밀정원에서 생긴 일' 패러디 영상이 화제다.

한 네티즌이 만든 이 영상은 두 드라마의 여주인공으로 출연했던 하지원을 두고 '시크릿가든' 현빈과 '발리에서 생긴 일' 조인성이 대립하는 모습을 담았다. 영상 속 하지원은 '날 버릴 수밖에 없었던 남자' 조인성과 '날 위해 다 버린 남자' 현빈 사이에서 갈등한다. 조인성이 하지원을 두고 '내가 데리고 놀던 애야'라 말하자 현빈은 '뭐가 어째? 데리고 놀아?'라고 화를 낸다. 네티즌들은 '진짜 절묘하다' '이렇게 이어지는 게 정말 신기하다' '나중에 세 사람을 주인공으로 드라마 만듭시다' 등 뜨거운 반응을 보이고 있다.

자료 : 일간스포츠, 2011. 1. 23

돌리게 되고 말았다. 어제까지는 사이 좋은 동료였지만 오늘은 적이 되고 만 것이다.

5) 갈등의 후유증

갈등은 앞서 기술한 것처럼 순기능적인 면과 역기능적인 면을 모두 가지고 있다. 단지 그것을 어떻게 관리하고 해소하느냐에 따라서 갈등의 양상이 크게 달라지게 된다.

보보와 모모의 사례에서 보듯이 양자 간의 갈등이 만족스러운 결과를 낳는다면 오히려 새옹지마라는 말처럼 더욱 튼튼한 조직관계의 기초가 될 수도 있고, 갈등이 해소되지 못하고 더욱 심각한 상황으로 악화되거나 억압된다면 종국에는 수면 위로 폭발할 수도 있다. 따라서 갈등의 과정을 어떻게 통제하느냐에 따라 갈등은 증폭될 수도 있고, 조직발전의 에너지원으로 작용할 수도 있다.

| 표 11-4 | 갈등의 확대유형별 분류

확대재생산형(Escalation)	나선형 증폭과정을 겪으며 악순환을 반복하는 경우
갈등의 비화형(Spill-Over)	한 곳의 갈등이 다른 곳으로 번지는 경우
갈등의 굴절형(Deflection)	진원지가 아닌 제3의 곳으로 갈등이 분출되는 경우

7. 갈등의 유형

1) 개인적 갈등

(1) 좌절에 의한 갈등

매슬로우나 알더퍼 등이 주장했던 것처럼 인간에게는 무엇인가를 채우고자 하는 욕구가 존재한다. 그리고 이러한 욕구를 채우기 위해서 일정한 방향으로 행동을 하게 되는데 이때 움직이는 에너지원이 되는 것이 동인이다.

목표를 달성하게 되면 계속적으로 더 높은 목표를 향해 움직이게 된다. 그러나 중도에 목표달성과정이 차단되면 개인차는 있지만 좌절을 경험하게 된다. 좌절을 경험할 때 사람들은 여러 가지 반응을 보여준다. 이를 방어기제(defence mechanism)라 할 수 있다. 때로는 공격(aggression)적이 되기도 하고, 때로는 집착(fixation)을 보이기도 하고, 때로는 용기를 잃고 포기하기 위하여 자신을 합리화하여 철회(withdrawal)하기도 하며, 때로는 타협(compromise)하기도 한다.

프로이트(Freud)는 이드나 초자아가 위험한 갈등요소를 유발했을 때나 외부로부터 심리적 위협을 받았을 때 자신을 보호하고자 자아가 무의식적으로 방어하는 것을 방어기제라 설명했다.

개인에 따라 다양한 방어기제를 활용할 수 있지만 어떤 방향으로 사용하느냐에 따라 더 나은 바람직한 결과를 가져다주기도 하고, 바람직하지 못한 악영향을 미치기도 한다. 따라서 갈등 그 자체보다는 갈등상황을 어떻게 활용하여 바람직한 계기로 이용할 것인지의 문제가 더욱 중요하다.

예를 들어 보보는 지금 '익스트림 다이어트' 중이다. 물론 지금도 아름답고, 존재의 아름다움을 정신적인 면과 신체적인 면의 조합이라고 보았을 때 보보는 충분히 아름답다. 그렇지만 시대가 요구하는 것은 얼짱이기에 눈물 나도록 힘겨운 다이어트를 해가고 있다. 그러나 매슬로우가 주장했던 것처럼 인간의 제일 원초적인 욕구는 생리적 욕구이다. 굶주림이 해결되지 않고서야 어떻게 다른 욕구를 논할 수 있겠는가? 밤새 굶주림에 시달리던 보보는 급기야 냉장고로 달려간다. 보보는

| 그림 11-3 | 좌절과 방어기제

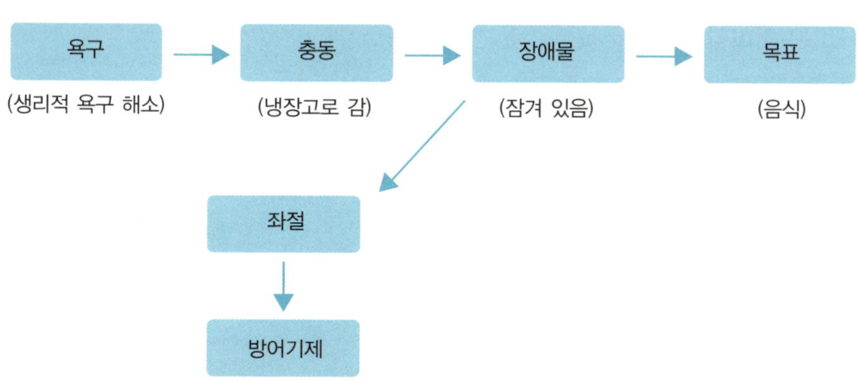

이러한 상황을 미리 예견하고 냉장고에 자물쇠를 채워두었다. 물론 열쇠는 어디론가 던져버렸다. 화가 난 보보는 냉장고문에다 화풀이를 해댄다. 요즘 냉장고 성능이 너무 좋아서 보보의 발만 아팠다. 이것이 바로 '공격'의 형태로 나타나는 방어기제이다. 만약 냉장고 문을 억지로 열려고 계속 시도한다면 이는 '집착'으로 나타나는 방어기제이다. 냉장고에 대한 미련을 버리고 포기한다면 '철회'로 볼 수 있으며, 정수기로 가서 맹물만 벌컥벌컥 들이킨다면 '타협'의 방어기제로 볼 수 있다. 그날 밤 보보는 맹물로 허기진 배를 채웠다.

(2) 목표갈등

① 접근-접근갈등(approach-approach conflict)

접근-접근갈등은 둘 이상의 목표가 있고 개인에게 긍정적인 결과를 가져다주기는 하지만 상호배타적일 때 발생하는 갈등이다.

예를 들어 보보는 지금 배가 몹시 고프다. 자장면과 짬뽕 중 하나를 먹을 수 있다. 문제는 둘 다 먹고 싶고, 어느 것을 먹어야 하는지 잘 모르겠다는 것이다. 물론 지금 보보에게는 한 그릇을 사먹을 돈밖에 없다. 자장면을 먹을까? 짬뽕을 먹을까? 보보의 갈등은 커지게 된다. 자장면과 짬뽕 중 어느 하나의 우열이 확실하게 드러난다면 별 문제가 없겠는데 엇비슷해서 어느 것을 결정할지 확신하지 못할 때 갈등은 증폭된다. 그러나 이러한 유형의 갈등은 일시적인 불안감을 갖게 할 뿐 일단 해결되고 나면 금방 해소되는 유형의 갈등이다.

② 접근-회피갈등(approach-avoidance conflict)

개인이 가지고 있는 목표가 긍정적인 속성과 부정적인 속성을 동시에 가지고 있을 때 발생하는 갈등의 종류이다. 회피-회피갈등이 두 대상에 대한 갈등이라면 접근-회피 갈등은 한 대상이 가지고 있는 두 가지 속성에 대한 갈등이다. 개인은 결과에 끌리기도 하지만, 동시에 결과를 회피하고 싶기도 할 때 발생한다. 이는 긍정적인 결과와 부정적인 결과를 동시에 가져다줄 수 있다.

보보는 모모를 이성친구로 사귀고 있다. 모모는 썩 괜찮은 남자다. 대화도 잘 통하고, 그가 지니고 있는 인간애도 마음에 들고, 무엇보다도 이성으로서 꽤 매력적이다. 그런데 이렇게 쉬크한 남자가 과연 가정적일 수 있을까라는 부분에 대해서는 많은 의심을 갖게 된다. 결혼했다가 철천지원수가 되는 것은 아닌지 두렵기도 하다. 때문에 보보는 한동안 심한 스트레스를 받았다.

이런 종류의 갈등이 심해지면 자율신경조절기능이 파괴되어 호르몬의 균형을 잃을 수 있다. 때로는 심장병, 고혈압, 천식, 위궤양 등을 앓게 되기도 하여 개인건강을 해치게 된다.

③ 회피-회피 갈등(avoidance-avoidance conflict)

회피-회피갈등은 둘 이상의 목표가 부정적 결과를 가져다주고 상호배타적일 때 발생하는 종류의 갈등이다. 즉 두 대상에 대한 갈등이다. 이는 접근-회피갈등처럼 개인에게 심각한 스트레스를 가져다주지는 않는다. 왜냐하면 두 가지 결과가 모두 부정적이기 때문에 너무 힘들면 모두 포기해버리면 되기 때문이다.

보보는 다니고 있는 직장이 마음에 들지 않는다. 특히 직속상사와는 계속 불협화음이 있었다. 그러나 경제상황이 여의치 않아 일자리는 모자라고 이직할만한 마땅한 직장을 찾지 못하고 있는 상황이다. 보보는 그 직장을 떠나 실업자가 되든지 아니면 경제적인 상황을 고려해 눈 딱 감고 그 상사 밑에서 일하든지 둘 중 하나를 선택해야만 한다. 이는 보통 이러지도 저러지도 못하게 하는 갈등이다.

(3) 역할갈등

인간은 태어나서 성장하면서 여러 가지 역할을 맡게 된다. 어렸을 때는 자식으로서, 친구로서, 나이가 들어가면서 부모로서, 배우자로서, 사회인으로서 여러 가지 역할을 담당하게 된다. 때로는 동시에 몇 가지 역할을 다 해야 하는 상황에 처하기도 한다. 그러나 인간의 능력은 한계가 있기 때문에 이 모든 역할을 다 훌륭히 수행해 내는 것은 거의 불가능하기까지 하고 그런 상황에서 갈등이 드러나게 된다. 이때 중요한 것은 역할갈등 그 자체보다는 갈등을 어떻게 해소하느냐의 문제이다.

필리와 하우스(A.C. Filley & R.J. House)는 역할갈등에 대한 조사결과, 역할갈등이 조직에 바람직하지 못한 결과를 가져다주기는 하지만 갈등의 해결만이 좋은 해법은 아니라고 했다. 역할 간 갈등이 발생했을 때 여러 가지 역할 중 하나를 선택하는 것이 가장 손쉬운 방법이지만 이는 일시적인 해결이고 근본적인 해결은 되지 못하기 때문에 후에 더 큰 문제를 발생시킬 수 있다고 했다.

접시를 통한 문제협상

보보네 가족은 집안일을 두고 열띤 논쟁을 하곤 한다. 예를 들어 설거지 같은 일로 말이다. 너무나 평범한 이런 일을 두고도 한참을 싸우는 일이 생기기도 한다.

논쟁은 잔뜩 쌓인 더러운 접시라는 아주 분명하고 현실적인 문제다. 그러나 이를 두고 발산된 에너지를 보면 더 깊은 뭔가가 있음을 알 수 있다. 사실 이 논쟁의 핵심은 단순히 누가 설거지를 할 것인가가 아니다.

보보네는 가족관계의 성격, 서로에 대한 기대, 가족으로서의 정체성, 개인으로서의 정체성에 대한 해석, 자신의 가치에 대한 인식, 다른 사람에 대한 배려, 가족관계 속에서의 힘과 의사결정의 성격 등의 문제를 두고 협상을 하고 있는 것이다.

이 모든 것이 쌓여 있는 더러운 접시 안에 들어 있는 것이다.

자료 : Lederach의 「The Little Book of Conflict Transformation」 중에서 재구성

2) 집단갈등의 역기능적 결과

개인들이 갈등을 빚어내는 것처럼 집단에서도 갈등이 생겨날 수 있다. 부서 단위의 집단 간에도 갈등이 야기되기도 하며, 상호관련을 맺는 다른 집단과의 갈등을 겪기도 한다.

조직은 다양한 요소로 구성되어 있기 때문에 이들은 각기 상이한 이해관계를 가지게 된다. 개인적 갈등에서처럼 자원은 한계가 있고 이러한 희소성 때문에 갈등이 발생할 수 있다. 또한 인식의 차이도 갈등의 원인이 되는데, 같은 상황이라도 받아들이는 입장에 따라 목표의 차이, 시간의 차이, 지위의 차이, 지각의 차이 등이 갈등을 발생시킨다.

서로 상생하여 윈-윈(win-win)할 수 있는 방법을 도출하는 것이 누구에게나 바람직한 결과를 도출하게 된다.

(1) 집단 내에서의 변화

① 응집력의 증가

외부로부터 위협이 발생하면 집단에 대한 공동위협으로 간주되기 때문에 조직 구성원들의 결속력은 더욱 강화되게 되며 충성심도 높아진다.

2002년부터 이어지는 월드컵 열풍을 예로 들 수 있다. 혹자는 "한국에는 축구는 없고 전쟁만 있다"라고 비판하지만 월드컵을 통해 전 국민이 하나가 되어 결속력이 강화된 것만은 틀림없는 사실이다. 특히 2002년에 있었던 한국과 이탈리아의 16강전은 국민을 결집시켰고, 기질적으로 비슷하다는 한국과 이탈리아의 국민들은 쉽게 흥분을 가라앉히지 못했다.

② 과업지향성

개인적 관심사보다는 집단적인 문제가 더욱 중심이 된다. 외부로부터 밀려들어오는 다른 집단의 압박을 이겨내기 위해서는 조직이 결속하여 과업에 집중할 수밖에 없으며 상대적으로 인간적인 면은 감소한다.

이는 IMF상황을 겪어내면서 많은 샐러리맨들이 공통으로 경험했던 일들이다. 오하이오주립대학의 연구에서는 구조주도(과업)와 배려(인간), 모두에 적절한 관심을 기울이는 것이 조직성과를 위해 바람직하다는 결과를 얻었지만 특별한 위기상황을 헤쳐나가기 위해서는 전적으로 극단적인 과업지향성에 매달리지 않을 수 없다. 갈등의 요소가 약화되면 다시 원위치로 돌아가게 된다.

③ 전제적 리더십

조직을 둘러싼 환경이 급박하게 변화하게 되면 조직 내부에서는 구심점을 찾게 되고 이는 강력한 권력을 지닌 한 사람의 지도자로 모아지게 된다. 카리스마적 리더십은 전제적이라고는 볼 수 없으나 이 또한 위기상황에 출현하여 조직을 회생시킨다는 수많은 사례가 존재한다. 따라서 위기상황은 리더의 전제적 성향을 강화시킨다.

이는 경제상황이 좋지 않았던 게르만민족이 히틀러를 중심으로 결집하여 세계대전을 일으키고, 상대적으로 부유했던 유태인에 대한 대량학살이 이루어진 아우슈비츠의 비극이 입증하고 있다.

④ 충성심과 협동심

외부로부터의 위협은 조직구성원의 단결로 이어진다. 또한 구성원들은 평상시보다 조직에 대한 충성심이 강해지고, 구성원들 간의 협동심이 높아진다. 이러한 상황에서 적대집단과의 교류는 곧 조직을 배신하는 행위로 간주되기도 한다.

2006년 월드컵은 덜했지만 2002년 월드컵 당시 대한민국의 차는 모두 오픈카였고, 붉은 옷을 입지 않으면 매국노로 치부당했던 경험이 있다. 그러한 결속력은 한국의 고유문화가 된 거리응원으로 이어졌고, 4강까지 가는 신화를 달성시켰다.

(2) 집단 간의 변화

① 고정관념과 적대감

갈등이 고조되면 다른 집단에 대한 부정적인 고정관념은 상대적으로 증가하게 된다. 고정관념은 사람을 평가할 때 개인차를 무시하고 그가 속한 집단에 대한 지각을 바탕으로 평가하게 되는 것이다. 어떤 특정한 대상이나 집단에 대해 많은 사람들이 공통으로 가지는 비교적 고정된 견해와 사고를 의미한다. 즉, 지각과정을 단순화시켜 다른 사람을 유사성의 범주에 귀인시키는 경향을 말한다.

대개의 경우 뚜렷한 근거가 없고 감정적 판단에 근거하며, 한 개인의 개인차를 무시하고 그가 속한 집단의 평가에 근거하여 일반화하는 경향이 있다.

부정적인 고정관념은 객관적인 평가를 할 수 없게 만들며 상대방에 대한 한 가지 측면만을 놓고 집단 모두를 매도하게 하는 현상까지 일으킨다. 때문에 상대집단에 대한 융통성이 줄어든다. 경쟁조직은 적으로 간주되고 상대방의 약점을 찾아 공격할 구실만 찾게 된다.

② 의사소통의 감소

갈등이 증폭될수록 집단 간 커뮤니케이션은 점점 줄어들게 된다. 정상적인 상황에서도 의사소통의 과정에서 정보는 왜곡되거나 손실될 수밖에 없다. 그러니 그 기회조차 줄어든 상황에서 발생하는 오해는 심각한 수준에 이를 수 있다. 때문에 상호간의 오해나 문제점들은 더욱 늘어나게 된다.

보보의 뼈다귀

파리대왕(Lord of the Files)

파리대왕(Lord of the Flies, 1990)은 1954년 윌리엄 골딩의 동명소설을 영화화한 것으로 시대가 바뀌거나 환경이 달라져도 쉽게 변화하지 않는 인간의 동물적 본성, 집단적 본성에 초점을 맞추고 있다. '파리대왕'은 성서에 등장하는 말로 악마를 뜻한다.

육군사관학교 소년생 25명을 태운 비행기가 바다에 추락한다. 비행기 사고로 남해의 외딴섬에 표류하게 된 몇 명의 소년들은 문명적인 규칙을 자신들에게 부과하여 공동체를 만들지만 결국 원시적인 야만상태로 퇴행해 간다.

랄프는 부상당한 조종사를 구하고, 잭은 구명보트를 챙겨 죽을 고비를 넘기게 된다. 무인도에 갇힌 이들은 랄프와 피기의 지휘로 먹을 것과 지낼 곳을 마련하고, 조종사를 보살피고, 구조 신호불을 피우는 등 질서유지를 위해 규칙을 만들어 무인도에서 빠져나갈 가능성을 타진해 본다.

그러나 이해관계가 다른 잭과 로저가 따로 갱단을 만들어 일행으로부터 이탈하고 아이들 사이에 섬에 괴물이 있다는 소문이 퍼지면서 아이들은 안전을 위해 잭의 갱단에 하나, 둘씩 들어가고, 마침내 랄프와 피기만 남게 된다. 광기에 찬 잭과 로저는 더욱 포악해지고 피기마저 죽음을 당하자 랄프는 생명의 위협을 느끼게 된다. 조용한 낙원은 생존을 위한 잔인한 투쟁의 섬으로 변하게 된다.

잭은 랠프를 물리치고 많은 아이들의 자발적인 복종을 유도했다. 그는 어떻게 자기 세력을 확장할 수 있었을까? 잭은 맨 먼저 먹을 것에 대한 문제를 멧돼지 사냥으로 해결하면서 많은 아이들을 사냥 패거리로 모이게 만들고, 얼굴을 피와 재로 장식하면서 수치심과 열등감으로부터 해방된다. 마스크의 역할은 일종의 아이덴티티를 가지게 하는 결과를 가져온다. 나와 타인 간의 구별을 통해 잭이 가지는 권력체계가 공식화된다.

윌리엄 골딩은 사회와 문명의 결함이 인간성의 파괴를 가져오는 것이 아니라 인간이 가진 원죄와도 같은 악한 성질 때문이라고 보았다. 그러나 '악'한 면을 보여주는 인간성은 인간이 보여줄 수 있는 여러 가지 측면 중의 하나라고 볼 수 있으며, 인간에게는 누구나 매슬로우가 주장하는 자기실현인이나 퀴블러 로스가 주장했던 것처럼 용서와 치유로 실수투성이인 인간을 포용할 수 있는 잠재력이 존재한다고 믿는다.

이 작품으로 골딩은 1983년 노벨문학상을 받았다.

다른 조직구성원과 의사소통을 하게 되는 구성원은 집단의 적으로 간주되어 따돌림을 받을 수도 있다.

| 그림 11-4 | 대인 간 역할의 유형

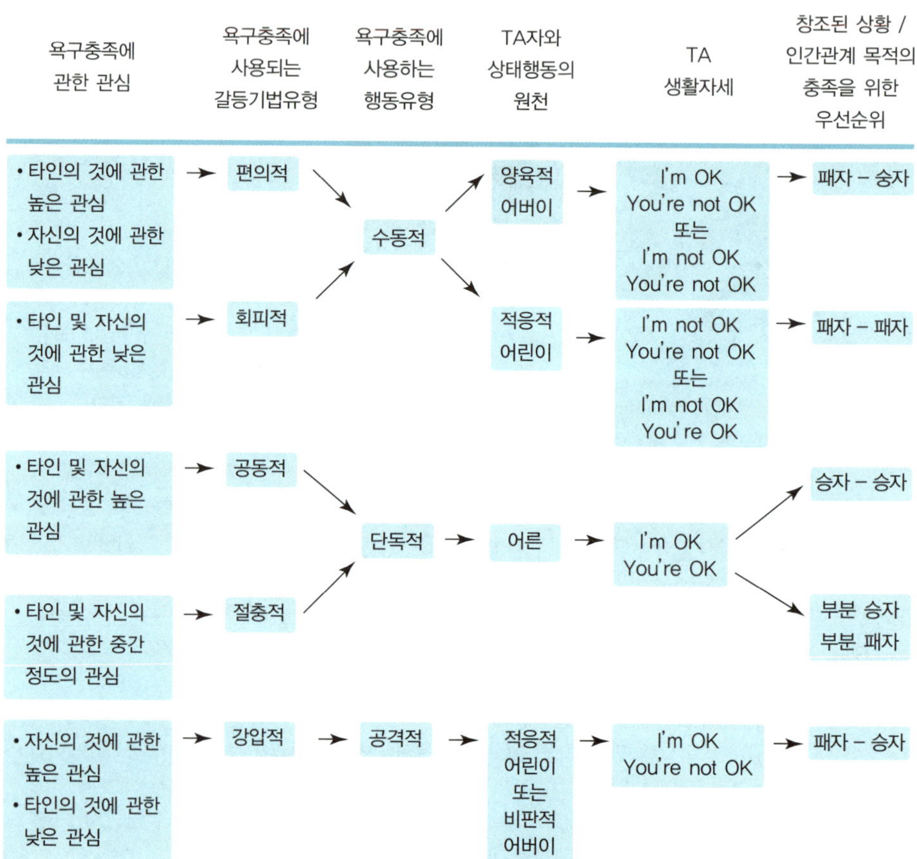

③ 집단의식

부정되고 왜곡된 지나친 집단의식은 그릇된 우월의식을 형성하게 된다. 다른 집단에 비해 객관적이지 못한 우월의식을 갖게 되면 구성원들의 응집력은 과도하게 강해지고 이는 또 다른 갈등으로 이어지게 된다.

이는 나치의 유태인 학살의 예에서 충분히 드러났다. 유태인 대학살은 제2차 세계대전 동안 나치 독일이 유태인들을 전멸시키려는 목적으로 자행하였다. 영어로는 보통 홀로코스트(Holocaust), 히브리어로는 쇼아(Shoa, השואה)라고 한다. 나치는 유태인뿐만 아니라 공산주의자들, 동성연애자들, 로마인들(집시), 불구자들, 정신박약자들, 소련의 전쟁포로들 등 여러 '원치 않는 부류' 들을 유태인들과 함께 죽였다. 이들은 대부분 집단수용소에 옮겨져 조직적으로 학살되었다.

8. 갈등해소방안

1) 경쟁(competing)

'강압(forcing)' 또는 '지배(dominating)' 라는 이름으로 거론되기도 한다.

경쟁은 각 집단의 목표달성이 매우 중요할 때 일어나게 된다. 목표는 하나밖에 없는데 모든 집단이 그 목표를 쟁취하려 할 때 극심한 경쟁을 하게 된다.

갈등상황에 놓인 집단들이 경쟁하는 이유는 상대방이 이기면 내가 지게 된다는 '패-승(lose-win)' 의 관점으로 상황을 보기 때문이며, 매우 공격적인 행동으로 갈등을 해소하려고 시도하게 된다.

예를 들어 보보와 모모는 300점 한정 물품을 사러 아침 일찍 이마트에 갔다. 서둘러 나갔지만 줄은 길게 늘어서 있고 한참을 기다려도 가망성이 있을 것 같아 보이진 않았다. 그런데 곤혹스럽게도 보보에게서 줄은 끊어졌다. 그래서 보보는 물품을 구입할 권리를 가지게 되었고 모모는 그럴 수 없었다. 이럴 때 서로가 양보하면 아무런 문제도 되지 않지만 모모가 함께 왔으니 나도 권리가 있다고 주장하게 되면 경쟁상태에 놓이게 된다.

2) 회피(avoidance)

'철수(withdrawing)' 라고도 한다.

회피는 어느 집단의 목표가 상대적으로 중요하지 않고 집단 간의 목표가 양립할 수 있을 때 일어나게 된다. 집단들이 양립할 수 있는 목표를 향해 노력하지 않고,

문제점도 중요하지 않기 때문에 협상을 피하려고 한다.

갈등의 문제점으로부터 물러나는 소극적인 방법이라고 할 수 있으며, 갈등해결에도 적극적으로 관여하지 않는다.

예를 들어 보보와 모모는 길 하나를 사이에 두고 사료전문점을 오픈했다. 현대인의 고독과 외로움을 달래주기 위해 애견시장은 폭발적으로 성장하고 있기 때문에 사료전문점이 모여 있다는 것은 오히려 시너지효과를 내기까지 했다. 가만히 있어도 고객은 넘쳐났고 보보와 모모는 굳이 힘들여서 판촉활동이나 상호비방을 하지 않아도 충분한 수입을 거둬들일 수 있었다.

3) 수용(accommodating)

'달램(appeasing)' 또는 '회유(smoothing)' 라고도 한다.

수용은 목표가 양립할 수 있으나 상호작용이 전반적인 목표달성에 중요하지 않다고 생각될 때 일어나게 된다. 다른 사람이나 집단에게 자신의 것을 양보하고 상대방이 관심사를 충족하게 내버려두는 갈등해결방식이다.

다른 집단에 항복함으로써 소극적으로 갈등을 해소하려는 시도이며, 자신의 조직이 옳지 않음이 명확하게 드러나거나 상대 집단과 좋은 관계를 도모하고 싶을 때 효과적이다. 자아상태의 개념으로는 NP(양육적 어버이)의 상태에 있다고 볼 수 있다.

예를 들어 보보와 모모는 중간고사 준비를 열심히 하고 있다. 그런데 이번 시험에서 꼭 필요한 「애견과 과학적인 접근」이라는 책을 서점에서 구할 수도 없었고, 도서관에서도 계속 대여중이기 때문에 접하기가 쉽지 않았다. 드디어 열람실에서 책을 손에 넣으려는 순간 보보와 모모는 동시에 책으로 손을 뻗었고, 서로의 눈을 잠시 동안 응시했다. 평상시 보보에게서 많은 도움을 받고 있는 모모는 책을 보보에게 양보했다.

4) 타협(compromising)

'협상(bargaining)' 이라고도 한다.

상호작용이 목표달성에 중간 정도로 중요하고 목표가 완전히 양립가능하지도 불가능하지도 않을 때 일어나게 된다. 자신이나 조직의 관점만을 극대화하지 않고, 상대방의 관심사도 동시에 만족시키고자 하는 갈등해결방식이다. 즉 상호교환과 희생을 통해 부분적 만족을 시도한다. 이 유형은 주고받으면서 갈등을 해소하려 한다.

보보와 모모에게 오늘은 너무나 심심한 날이다. 비는 주룩주룩 오고, 사랑하는 주인님은 아침부터 나가서 들어올 생각을 하지 않았다. 평상시에는 서로를 챙겨주고 아껴주는 사이였지만 신경이 날카로워져서 그날따라 다툼이 잦았다. 주인님이 그리워 서로 주인님의 침대를 독차지 하려고 다툼을 했고, 결국에는 보보는 침대를 모모는 베개를 가지는 것으로 서로 타협을 보았다.

5) 제휴(collaborating)

'직면(confrontation)' 또는 '문제해결(problem-solving)', '통합(integrating)'이라고도 한다.

상호작용이 집단의 목표달성에 매우 중요하고 집단들의 목표가 양립 가능할 때 일어난다. 갈등의 당사자인 두 집단의 관심사를 모두 만족시키려는 갈등해결방식이다. 양자 간의 입장 차이를 이해하려고 노력하며 당사자 모두가 만족할 수 있도록 최선의 해결방안을 제시함으로써 갈등을 해소하려 시도한다.

사료전문점 아이러브보보스를 운영하고 있는 보보와 모모의 입장은 사뭇 다르다. 보보는 어떻게든 아이러브보보스를 번성시켜서 전 세계 애견의 입맛을 충족시키는 것을 사회적 책임으로 믿고 열심히 일을 하는 반면, 모모는 단지 집에 있기가 심심해 소일거리가 필요할 뿐이었다. 모모에게는 원대한 비전이나 이상 따위는 없었지만 활동공간이 필요했다. 일손이 부족하던 보보는 모모를 구슬려서 일하는 즐거움 속에서 애견들과의 접촉을 하도록 도와주었고, 모모의 도움을 통해 보보는 한층 더 개선된 아이러브보보스를 운영할 수 있었다.

| 그림 11-5 | 갈등해결의 기본방식

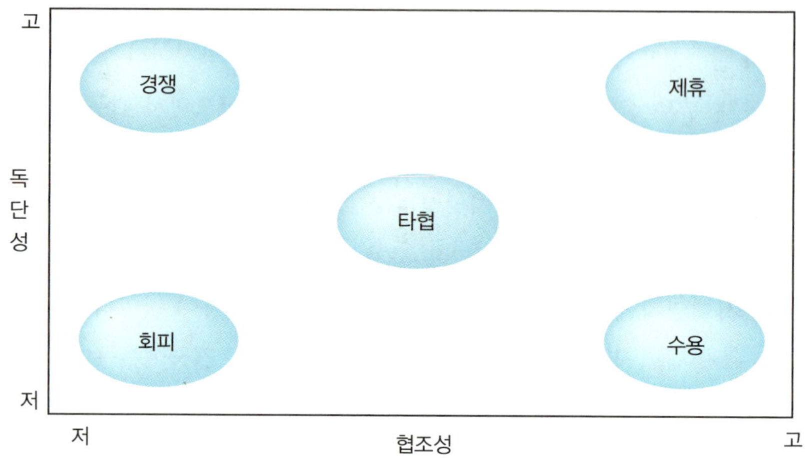

9. 개인 간 갈등관리의 유형

1) 종합형(Collaboratin)

종합형은 자신과 타인의 관심사나 이해관계에 초점을 맞춘다. 수집된 정보를 통해 문제해결을 위한 통합적 대안을 제시한다. 양자가 모두 이득을 보게 되는 win-win에 해당되는 유형이다

이 방법은 문제의 취지가 불명확하거나 매우 복잡할 때 적합하다. 그러나 집단이나 개인이 상반된 가치관으로 인해 발생되는 갈등을 해결하기에는 무리가 따른다. 전체적인 문제들을 다루므로 장기적으로는 효력이 발생할 수 있지만 시간이 매우 오래 걸린다는 단점이 있다.

2) 배려형(Accomodating)

배려형은 말 그대로 타인을 배려하는 유형이다. 다른 사람의 이해나 이익을 위해 자신의 관심사를 양보하거나 포기하는 유형이다. 이 유형은 매우 바람직한 것

처럼 보이지만 지나칠 경우 자신에게 커다란 스트레스요인으로 작용될 수 있기 때문에 적절한 사용이 권장된다.

배려 이후에 다른 방식으로 보답을 받을 수 있을 때 더 적합하며, 지나치게 복잡한 문제를 다루기에는 부적합하다. 상호협력을 증진시켜준다는 장점이 있지만, 중요한 사안을 지나치게 단순화할 수 있는 위험이 있기 때문에 일시적인 대안으로 사용하는 것이 적절하다.

3) 지배형(Forcing)

자기 자신의 이익에 대해서는 민감하지만 타인의 이익에 대해서는 매우 무관심한 유형이다. 지나치게 자기중심적이기 때문에 타인의 입장을 고려하지 않는다. 주로 공식적인 지위를 사용하여 상황을 유도하기 때문에 강압형이라고도 한다.

조직에서 쉽게 받아들여지기 어렵거나 싫은 문제를 해결할 때 주로 사용되는 방법이다. 그러나 수평적이고 참여적인 조직에서는 부적합한 방법이다. 신속하게 문제를 해결할 수 있지만 타인의 분노를 초래하게 되는 단점이 있다.

4) 회피형(Avoiding)

회피형은 직면한 문제들을 피하는 방법이다. 프로이트의 방어기제에 의하면 난관에 부딪쳤을 때 회피는 자연스러운 대응방식이다. 그러나 조직의 생존에 매우 중요한 사안에 대해서 회피할 가능성도 있기 때문에 조심스러운 접근이 필요하다. 단 문제가 아주 사소하거나 피하고 보는 것이 더 유리할 경우에는 적합한 대안이 될 수도 있다.

5) 타협형(Compromising)

타협형은 양자 간의 공통된 관심사를 서로 이해하고 받아들일 수 있는 합리적인 대안이다. 서로에게 유리할 수 있는 입장을 한 발 양보하고 제3자의 개입을 통해서 협상하는 것과 같은 방법들을 동원한다.

타협형은 양자가 다른 목표를 가지고 있어서 입장의 양보가 가능하거나 서로 비슷한 권력을 보유하고 있을 때 가능한 대안이다. 매우 민주적으로 보여지지만 창조적인 문제해결에는 오히려 방해가 되기도 한다.

| 그림 11-6 | 갈등관리의 유형

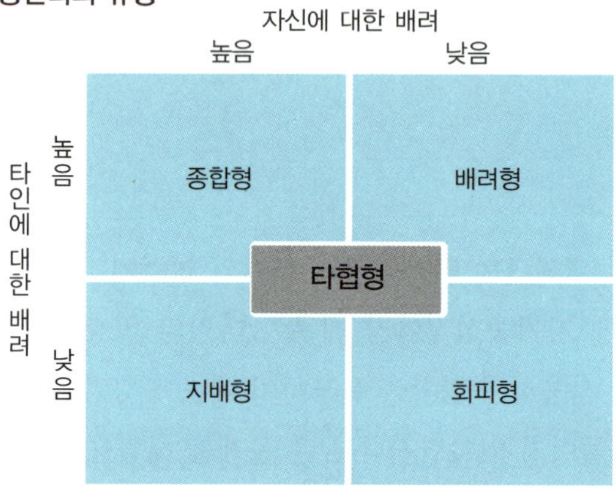

| 표 11-5 | 갈등관리가 적합한 상황

유형	적합한 상황
지배형	• 단호한 행동이 필요한 경우 • 중요한 조치가 필요할 때 • 명확하게 옳은 조치가 필요할 때
종합형	• 타협할 수 없을만큼 양자의 견해가 중요할 때 • 몰입이 필요할 정도로 중요한 사안일 때 • 감정이 개입되면 일을 그르칠 수 있을 것 같을 때
타협형	• 승리에 대한 대가가 낮을 때 • 서로 융화할 수 없는 목표를 가지고 있을 때 • 일시적으로 복잡한 문제를 해결하고자 할 때 • 시간적 압박으로 해결이 곧 필요할 때
회피형	• 더 중요한 문제가 산적해 있을 때 • 사소한 문제일 때 • 시간이 필요할 때 • 결론을 내리기에 앞서 정보의 수집이 필요할 때
배려형	• 손실을 최소화하고 싶을 때 • 사안이 상대방에게 훨씬 더 중요할 때 • 승리보다 조화와 안정이 더 필요할 때 • 실패를 통해 배움의 기회가 필요할 때

협상에서의 문화 차이

보보의 책

프랑스 사람들은 갈등을 좋아한다. 그들은 빈번히 다른 사람과 반대로 생각하고 행동함으로써 인정을 받고 명성을 쌓는다. 그 결과, 프랑스 사람은 합의를 하기까지 오랜 시간이 걸리고, 협상상대자가 자신들을 좋아하거나 싫어하는 것에 대해 신경을 쓰지 않는다.

중국 사람도 협상을 하는 데 오래 걸리지만, 그 이유는 프랑스와 다르다. 그들은 협상은 결코 끝이 없다고 믿는다. 당신이 중국경영자에게 상세한 내용들을 모두 분명히 밝히고 최종안에 도달했다고 생각할 때조차도 중국경영자들은 웃으면서 다시 협상을 시작한다. 일본 사람처럼, 중국 사람은 결말을 짓기 위해 협상하는 것보다는 관계를 형성하고 함께 일을 하기 위해 협상한다.

자료 : 스태픈 로빈스의 「조직행동론」 중에서

보보의 신문

갈등보다 협력과 평등을 선택하다

버락 오바마 대통령이 20일 취임사에서 강조한 것은 미국의 재건이다. 안으로는 무너진 경제를 살리되 가진 자들만의 탐욕을 위해서가 아니라 경제적 평등을 실현하겠다고 다짐했다. 대외적으로는 미국이 모든 나라의 친구임을 천명, 화해외교에 본격적인 시동을 걸겠다고 약속했다. 오바마의 취임 연설은 미국인과 세계인에게 자신의 국정운영 밑그림을 제시한 것으로 향후 구체적 정책 집행에 관심을 모으고 있다.

오바마는 미국이 처한 현실에 대해 전쟁과 폭력, 증오, 무너진 경제로 인해 위기의 한가운데에 있으며 이런 어려움들이 실제 상황이라고 솔직히 진단했다. 이는 쉽사리 단시간에 극복할 수 있는 게 아니지만 미국은 할 수 있다고 강조했다. 이어 두려움보다는 희망, 갈등과 분열보다는 단결을 선택했기 때문에 이 자리에 모였다면서 먼지를 털고 일어나 미국을 재건하자고 제안했다. 아울러 미국의 병리현상을 치유하기 위해 근면, 정직, 용기, 페어플레이, 인내, 호기심, 충성, 애국심 등 전통적 가치로 돌아가 도전을 이겨내는 한편 새로운 시대의 책임감을 갖자고 강조했다.

오바마는 현재 경제위기가 탐욕과 무책임의 결과라고 지적, 시장경제에 투명성과 철저한 감시체제를 작동시킬 것임을 분명히 했다. 특히 "정부가 너무 큰지, 아니면 너무 작은지에 관한 게 문제가 아니라 정부 기능이 작동하느냐가 중요하다"면서 경제적 도그마에서 벗어난 실용적 정부론을 강조한 점이 눈에 띈다.

오바마는 세계를 이끌 지도국가로서 위상을 회복하겠다고 다짐했다. 이를 위해 "미국은 모든 나라의 친구"라고 대외에 천명했다. 이는 조지 W 부시 전 대통령이 세계를 선과 악으

주요 발언

도전과 극복	"우리가 직면한 도전은 실제상황입니다. 그것은 매우 심각합니다…그러나 미국은 해낼 수 있습니다.
경제위기	"부유한 사람에게만 특혜를 베푸는 나라는 더 이상 번영할 수 없다는 점을 여실히 보여줬습니다.
대외정책	"미국은 평화를 추구하는 모든 나라와 남녀노소의 친구이며 우리가 다시 한번 세계를 이끌 준비가 돼 있음을 알아야 합니다."
책임감	"우리에게 지금 필요한 것은 우리 자신은 물론 미국과 세계에 대한 우리의 의무를 인식하고 이를 실천하라는 새로운 시대의 책임감입니다."
미국재건	"오늘부터 다시 일어서 먼지를 털어내고 미국을 재건하기 위한 일을 시작해야 합니다."
희망과 다짐	"희망과 덕목을 지니고 이 한파를 헤쳐나갑시다. 우리 후손들에게 좌절하지 않고 희망의 지평선과 신의 축복을 응시하면서 전진해나갔다고 말할 수 있도록 노력합시다."

자주 언급한 키워드

① 국가(nation)15번 언급
② 미국(America) 9번
③ 국민(people) · 일(work) 각 8번
④ 세대(generation) · 세계(world) 각 7번
⑤ 마음(spirit) 5번
⑥ 위기(crisis) 4번
⑦ 역사(history) · 미래(future) · 봉사(service) 각 3번

로 양분시켜 악을 물리쳐야 할 대상으로 삼았던 점을 철저히 부정한 것이다.

또 그의 안보관은 미사일과 탱크 등 군사력만이 미국을 보호한다거나 미국 내키는 대로 행동하도록 권한을 부여받지도 않았다는 점에 방점이 찍혀 있다. 즉 군사력은 신중하게 사용될 때 더욱 강해지며 명분의 정당성이 있을 때만 미국의 안전이 담보된다는 설명이다. 실용주의를 통치철학이자 기본 가치로 내세울 것임을 보여준 셈이다.

핵 위협을 줄이기 위해 전통적 우방은 물론 과거의 적국들과도 부단히 협력할 것이라고 언급한 점도 시사하는 바가 크다. 북핵이나 이란핵을 직접 언급하지 않았지만 이들 핵문제를 해결하기 위해 6자회담식 다자협상을 지속해 나가겠다는 점을 약속한 것으로 분석된다.

이슬람세계에 대해서도 상호이해와 존중에 바탕해 "주먹을 펴면 손을 내밀겠다"고 화해의 손짓을 했다. 오바마는 세계가 변하고 있는데 미국도 함께 변해야 한다는 말로 대외정책의 유연성을 강조했다. 그렇지만 테러 집단이나 무고한 사람들을 학살하는 독재자들은 반드시 패배시키겠다고 말해 화해외교가 자유가치를 훼손하려는 세력까지 무조건 허용되지 않음을 분명히 하기도 했다.

자료 : 쿠키뉴스, 2009. 1. 2

보보의 한 말씀

네가 어떤 사람들에게 인정을 받고자 소망한다면 항상 그 사람들의 성격을 파악하라. 그리고 그들이 지침으로 삼고 있는 원칙의 본질을 파악하라. 그들의 견해와 동기의 원천을 들여다보라. 그러면 너는 그들의 무의식적인 공격에 대해 원망하지 않게 될 것이고 또한 그들의 인정을 받고 싶다는 생각을 갖지 않게 될 것이다.

-아우렐리우스-

제12장

멘토링

1. 멘토링의 정의
2. 멘토링의 유형
3. 멘토링의 단계
4. 멘토링의 기능

12 멘토링

고대 그리스의 이타이카왕국의 왕이었던 오딧세이는 트로이전쟁을 떠나면서 자신의 아들인 텔레마코스를 절친한 한 친구에게 보살펴달라고 부탁을 하였다. 그 친구는 오딧세이가 전쟁이 끝나고 돌아올 때까지 텔레마코스의 친구, 선생님, 상담자, 때로는 아버지가 되어 무려 10년 동안 텔레마코스를 지도하고 돌봐주었다. 바로 이 오딧세이의 친구가 멘토였다.

그 후 멘토(mentor)는 지혜와 신뢰로 한 사람의 인생을 이끌어주는 지도자라는 의미로 사용되고 있으며 그의 지도를 받는 사람은 멘티(mentee)라 불리운다.

1. 멘토링의 정의

펠드만(Feldman)은 멘토에 대해서 "멘토란 조직에서 후진들에게 조언과 상담을 해주면서 도움을 주는 사람"이라고 정의하고 있으며, 클라우스(Klauss)는 "수년간의 경험으로부터 터득한 지혜로 후배들의 경력발전에 관해 상담을 해주고 도움을 줄 수 있는 원숙한 고급관리자"로 정의하고 있다. 클린턴(Clinton)은 그의 저서 「Connecting」에서 "멘토란 한 사람이 다른 사람에게 나눔으로써 영향을 끼치는 일종의 관계적인 경험이다"라고 정의하고 있다. 또한 맥스웰(Maxwell)은 멘토를 "자신의 삶을 다른 사람에게 쏟아 붓고 그들과 함께 나누려고 하는 의지와 다음 세대를 위하여 살고자 하는 열망을 가진 사람"이라고 정의한 후, "멘토링이란 한 사람이 가지고 있는 지혜를 그가 가진 신용, 경험, 시간과 인간관계를 통해 다른 사람에게 의도적으로 전달하는 과정"이라고 말했다.

옥스퍼드사전은 멘토를 "경험이 풍부하며 신뢰받는 상담자(an experienced and trusted counsellor)"로 정의하고 있고, 웹스터사전은 "현명하고 충성스러운 조언자(a wise, loyal adviser)", "선생 또는 지도자(a teacher or coach)", "신뢰받는 상담자나 지도자(a trusted counselor or guide)"로 정의하고 있으며, tutor나 coach 등과 유사한 개념으로 보기도 한다. 따라서 조직생활에서 도움을 주는 사람을 '멘토(mentor)'라 하고 도움을 받는 사람을 '멘티(mentee)', '멘토리(mantoree)' 또는 '프로테제(Protégé)'라고 부른다.

성경에는 여호수아와 모세, 엘리사와 엘리야, 바울과 바나바, 다윗과 나단, 마가, 요한과 베드로 등 여러 가지 멘토관계가 등장한다. 이 중 바나바를 통해 본 멘토의 모습을 살펴보자.

첫째, 후한 가슴의 소유자였다. 둘째, 시간을 낼 줄 아는 사람이었다. 셋째, 함께 기뻐할 줄 아는 사람이었다. 넷째, 주도적으로 도움을 주는 사람이었다. 다섯째, 자신을 능가하는 지도자를 세울 줄 아는 사람이었다. 여섯째, 가능성을 보고 모험을 할 줄 아는 사람이었다. 일곱째, 지위에 연연하지 않는 사람이었다.

멘토링(mentoring)이란 몇 가지 개념으로 정리가 가능하다.

첫째, 현장훈련을 통한 인재육성 활동으로 정의할 수 있다. 즉 회사나 업무에 대한 풍부한 경험과 전문지식을 갖고 있는 사람이 1:1로 전담하여 멘티를 지도, 코치, 조언하면서 실력과 잠재력을 개발, 성장시키는 활동이다. 선진국의 경우 직급별로 5~10%의 공식적인 멘토링시스템을 운영하고 있다. 우리나라의 경우에도 최근 많은 기업들이 도입하고 있는 후견인제도가 바로 멘토링의 전형적인 사례이다. 이 제도는 신입사원들의 업무에 대한 신속한 적응을 유도하고 성장잠재력을 개발시키려는 의도에서 도입되었기 때문에 그 기본적 목적은 인재육성에 있다.

둘째, 최근에는 대학에서도 이 제도를 적극적으로 활용하여 새내기들이 대학생활에 잘 적응하도록 돕고 있으며 학교생활에 대한 경험이 풍부한 선배가 멘토가 되고 신입생이 멘티가 된다.

셋째, 사회복지프로그램을 활용한 멘토링시스템이 있다. 1980년대 말부터 등장한 미국의 사회복지 프로그램 중에는 기업과 대학과의 파트너십을 기반으로 하는 자원봉사지원프로그램이 많으며, 교육 파트너십(교육구청-대학-기업의 연계를 통한 학습지원)의 형태로 된 멘토링프로그램이 많이 등장했다. 이때 멘토는 건전한 가치관과 긍정적인 자아상을 지니고 있으며, 멘티에게 사회 내에서 자신의 역할과 기능을 수행하는 성인으로서의 역할모델을 제시해줄 수 있는 능력과 인성을 갖춘 사람이어야 한다.

멘토가 대학에서 활용될 경우 학생을 지도하는 교수나 선배가 될 수 있고, 스포츠 분야에서는 코치, 예술에서는 그 기술을 사사해주는 스승, 과거의 도제제도에서는 매스터(master)의 개념 등으로 사용되며 어떤 경우에든 멘티가 되는 사람에게 현명한 조언을 해주는 사람으로 정의된다.

멘토링시스템은 본질적으로 일 대 일의 만남을 전제로 하고 있지만 이러한 관계만으로 충족시키기 어려운 부분은 집단 프로그램이나 공동생활을 통해서 적절히 보완하고 있다.

리더십 멘토링프로그램

연세대학교 리더십센터에서는 "진리와 자유의 뜻을 따라 희생과 사랑의 마음으로 사회에 봉사한다"는 연세대학교의 창립이념에 바탕을 둔 섬김의 리더십을 구현하기 위해 리더십 멘토링 프로그램을 기획하고 있다.

연세대학교 리더십센터와 가양4복지관이 연계하여 운영하며, 초등학생과 중학생에 대한 정서, 학습지도, 문화활동 등을 중심으로 주 1회 2시간씩 활동하고 있다. 멘토와 멘티는 1:1로 결연되어 가양4복지관 및 멘티의 가정방문, 멘티들의 연세대학교 방문 등의 다양한 그룹활동방식을 통해 진행되고 있다.

리더십센터측에서는 다양한 효과를 기대하고 있다.

첫째, 사랑과 봉사의 가치를 몸소 실천하고, 남과 이웃에 대한 생각과 이해를 통해 섬김의 리더로 성장할 수 있는 성품을 기르게 된다.

둘째, 멘티의 변화와 발전을 지켜보면서 대학생의 사회적 역할을 인식하고, 사회봉사의 즐거움을 느낄 수 있다.

셋째, 멘티를 이끄는 과정 속에서 잠재적인 지도력이 개발되고, 풍부한 자기표현을 하여 자신감을 갖게 된다.

넷째, 여가시간을 창의적이고 건설적으로 활용할 수 있고, 새로운 자기개발을 할 수 있다.

이런 기대효과를 바탕으로 멘토는 도움을 필요로 하는 멘티의 욕구에 초점을 두고 다양한 방식으로 도움을 주는 역할을 하게 된다. 구체적으로 멘토는 멘티의 잠재력을 개발하여 학업, 사회적, 정서적 부분을 가르치며 상담을 하게 된다. 뿐만 아니라 멘토는 멘티의 개인적인 후원자, 역할모델, 교사, 상담자로서 도움을 제공하는 역할을 하게 된다.

자료 : 연세대학교 리더십센터

2. 멘토링의 유형

기본적으로 멘토링은 일 대 일의 접촉을 통한 적응력 향상을 돕는 개념으로 사용되고 있다. 그러나 멘토링을 좀더 폭넓게 활용한다면 그 본연의 의미를 지닌 일대일 멘토링, 동료 멘토링, 그룹 멘토링, 면대면 멘토링, e-멘토링 등으로 확장시킬 수 있다.

첫째, 일대일 멘토링(one-on-one mentoring)은 가장 전형적인 멘토링의 유형이다. 이는 경험과 지혜를 갖춘 한 사람의 멘토가 여러 가지로 부족한 한 사람의 멘티에게 자신의 경험, 노하우, 지식, 지혜 등을 습득하도록 돕는 유형이다. 가장 많이 존재하는 형태의 멘토링이다.

둘째, 동료 멘토링(peer mentoring)을 들 수 있다. 동료 멘토링은 서로 비슷한 수준을 가진 동료나 동기들이 서로의 장점을 나누고 단점을 보완하는 방식이다. 어떻게 보면 SWOT[1]분석에서 좋은 점만 취하여 연결시킨 개념이라고 볼 수 있다.

1) strength, weakness, opportunity, threat

동료 멘토링의 좋은 점은 수평적인 관계에서 수평식 의사소통이 가능하기 때문에 다른 유형에 비해 불편함 없이 서로의 장 · 단점을 보완해줄 수 있다는 것이다.

셋째, 그룹 멘토링(group mentoring)이 있다. 이는 단어에서 상징하는 것처럼 최소 한 명 이상의 멘토의 지도하에 여러 명의 멘티들이 함께 지도받는 형태이다. 그룹 멘토링의 장점은 상대적으로 경험이 부족한 멘티들이 다수 존재하기 때문에 다수의 멘티들이 경험 많고, 숙달된 멘토에게 불편함을 덜 느끼면서 부족한 점을 보완받을 수 있다는 점이다.

넷째, 면대면 멘토링(face-to-face mentoring)이 있다. 이는 일대일 멘토링과 유사하며 가장 전통적인 방법이다. 멘토가 되는 선배나 직장상사가 멘티가 되는 후배나 부하직원을 정기적으로 직접 만나서 면담을 통해 멘토링을 하게 된다.

다섯째, e-멘토링(electronic mentoring)이 있다. e-멘토링은 이메일이나 온라인 게시판 등을 통해서 멘토와 멘티의 접촉이 이루어진다는 점에서 볼 때 현실공간에서 이루어지는 다른 유형의 멘토링과는 차이가 있다. e-멘토링은 가상공간을 활용하기 때문에 시간과 공간의 제약을 받지 않으며, 멘토와 멘티 간의 연계가 쉽다는 점이 큰 장점이다.

토플러가 예견한 것처럼 21세기는 정보화시대이다. 그리고 우리나라는 세계 최대 인터넷 강국 중의 하나이다. 무너져 가는 싸이월드를 인수해 젊은이들이 밤잠을 설쳐가며 싸이질을 해대도록 했으며, 전 세계적인 포털사이트인 야후(yahoo)도

| 표 12-1 | 멘토링의 유형

	일대일 멘토링	동료 멘토링	그룹 멘토링	면대면 멘토링	e-멘토링
장점	• 경험, 지식 등의 용이한 전수 • 한 사람을 전담하므로 보다 전문적인 멘토링이 가능	• 수평식 관계 형성 • 우호적인 분위기에서 멘토링 가능	• 멘티들이 서로의 결점을 상호 보완 • 동지의식 형성	• 정기적으로 지식과 경험에 대한 습득이 가능	• 시간과 공간의 제약을 받지 않음 • 멘토와 멘티 간의 연계가 용이
단점	• 멘토의 자질이 부족할 땐 오히려 역효과가 남	• 멘토의 가르침을 따르지 않을 우려가 있음	• 다수의 멘티를 보완하기 어려움 • 멘토에게 무리가 따름	• 멘토의 자질이 부족할 땐 역효과가 남 • 시간과 공간상의 제약	• 멘토와 멘티의 관계가 기계화될 수 있음 • 인간성 상실 우려

우리나라에선 힘을 못 쓴다. 또한 이미 대부분의 젊은층은 페이퍼북 대신 인터넷 뉴스나 e-book을 즐겨본다. e-멘토링은 앞으로 우리나라에서 가장 많이 활용될 유형의 멘토링으로 전망된다.

보보의 신문

싸이월드 세계로 나가다

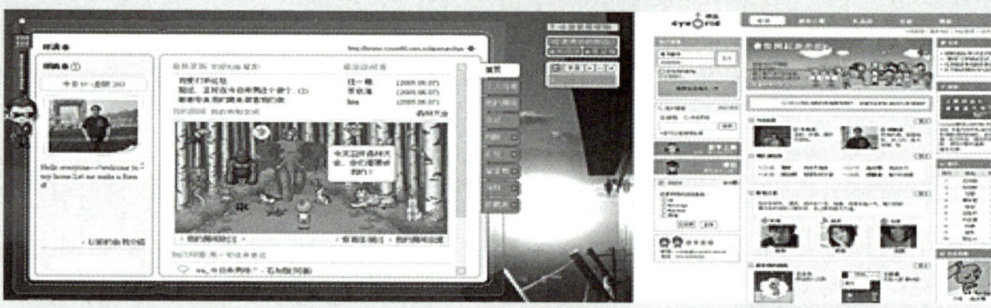

미니홈피의 중국버전 엿보기. 우리나라 미니홈피와 별다른 차이점이 없어 보이지만 일촌을 '지기'로, 도토리는 '홍두'로 표현하는 등 특색을 살렸다.

토종 소셜네트워크서비스(SNS)인 싸이월드가 해외로 재진출한다. 국내 수성에서 글로벌 역습에 나선 것이다. 글로벌 SNS인 페이스북은 한국어 서비스에 대해 국내 정보통신망법을 준수하겠다며 백기를 들었다.

SK커뮤니케이션즈는 20일 "국내 서비스와 연동해 전 세계 인터넷 사용자가 사용하는 국제적인 서비스로 확대하겠다"고 밝혔다. 과거 해외진출에 실패했던 악몽에서 벗어나 글로벌 소셜 허브를 구축한다는 계획이다. 싸이월드뿐만 아니라 메신저 서비스인 네이트온도 동반 진출한다. 해외진출은 페이스북처럼 '단일 플랫폼(One Standard Platform)' 형태로 이뤄진다. 이태신 SNS 본부장은 "앞으로 외국인과도 일촌을 맺을 수 있도록 보완할 것"이라고 말했다. SK컴즈는 상반기 중 영어권 서비스를 시작으로, 아시아 등 기타 지역으로 확대해 나갈 계획이다.

페이스북은 한국의 법에 따라 개인정보 규정을 대폭 개선하겠다는 내용을 전했다고 방송통신위원회가 밝혔다.

페이스북은 ▲회원가입 시 개인정보 수집 등에 관한 고지 및 동의절차 마련 ▲개인정보 취급 위탁 시 고지 및 동의절차 마련 ▲개인정보의 제3자 제공 시 이용 목적, 보유 및 이용 기간 고지 ▲개인정보 취급 방침 한국어 개시 ▲관련 업무 처리부서 명기 등을 제시했다.

방통위 관계자는 "페이스북이 글로벌 서비스는 자사의 현행 규정으로 운영하고, 한국 서비스에 대해서만 개선 조치를 취하기로 했다"고 설명했다.

싸이월드의 국내 회원수는 2,500만 명이며, 페이스북은 국내 340만 명을 회원으로 확보하고 있다.

자료 : 서울신문, 2011. 1. 21

초월성의 시대와 삶의 의미 보보의 책

우리는 획기적인 변혁의 시대인 '초월성의 시대'에 살고 있다. 외부세계가 어떻게 그리고 무엇을 생각하는가보다는 개인들이 어떻게 느끼는가를 더 중시하는 세계관이 점점 더 많이 받아들여지고 있다.

고령화현상은 사회의 시대정신을 변화시키고 있으며, 인류를 더 높은 문화발달단계로 몰아가고 있다. 매슬로우는 인생의 후반부를 넘긴 사람들은 "더욱 더 자율적으로 결정하고 싶어 하며, 남이 가르치려 드는 것에 대해서는 거부감을 표현한다"고 말했다.

초월성의 시대는 하나의 문화운동이라 할 수 있는데, 이는 20세기 문화를 지배했던 물리적인(물질적인) 영향력은 줄어드는 반면 형이상학적인(경험적인) 영향력이 강해지는 현상이다. 사람들은 이제 진실이 무엇인가를 파악하는 데 있어 남이 아니라 스스로의 판단에 더 많이 의존하고 있다. 전 세계적으로 오랫동안 사람들의 생각을 지배해 온 뉴턴적 확실성이 이제 바람 속으로 흩어지고 있는 것이다. 결국 모든 것은 개인적인 것이다.

중 · 장년기에는 삶의 의미, 특히 개인적인 삶의 의미에 대해서 끊임없이 생각하고 고민한다. 젊은 사람들이 사회의 주류를 형성하고 있었을 때는 이 '삶의 의미'라는 이슈가 사회적으로 별로 중요하지 않았다. 그러나 이제 40세 이상의 사람들이 성인층의 주류를 형성하고 있는 시대에는 의미를 찾는 행위 자체가 사회 전반적으로 볼 때 집단감성에 가장 중요한 영향을 미치게 된다. 이 삶의 의미를 찾는 작업은 기업문화를 재형성하는 데에도 아주 중요한 영향을 미치고 있다.

사람들은 이제 단순히 그들이 갖고 싶은 물건을 늘리려고 하기보다 인생에 있어서 더 중요한 의미를 찾으려고 한다. 물질적으로든 감성적으로든 기본적인 생존을 위해서만 투쟁하지 않는 중장년층의 특성이다. 의미를 찾으려는 경향은 시장은 물론 직장에서의 기대치마저 변화시키고 있다. 우리는 의미를 찾는 것이 자본주의의 영혼을 바꾸는 것이라고 믿고 있다.

자료 : 라젠드라 시소디아의 「위대한 기업을 넘어 사랑받는 기업으로」 중에서

3. 멘토링의 단계

헌트 등(Hunt et als.)은 멘토링 발달단계를 초기화단계(Initiation stage), 멘토링단계(mentoring stage), 깨짐단계(break-up stage), 재정립단계(lasting friendship stage)로 구분하였다. 그러나 이는 한 단계에서 다음 단계로의 변화를 설명하지 못하고, 과거의 경험을 근거로 하기 때문에 정보의 왜곡 가능성에서 한계를 지닌 개념이었다.

이를 극복하기 위해 크램(Kram)은 5년 동안 각기 다른 수준의 멘토링 단계에 속하는 18쌍의 관리자들을 대상으로 현재의 경험에 대한 쌍방의 경험을 묻는 심층질문을 실시하여 초반기(initiation), 성숙기(cultivation), 분리기(separation), 재정립기(redefinition) 등의 네 가지 멘토링 발전단계를 제시하였다.

1) 초반기(initiation)

멘토와 멘티의 관계가 시작되는 단계이다. 이 단계에서는 서로 간의 중요성을 인식하기 시작한다. 처음 만남의 1년 중 6개월 정도의 기간이 이에 속한다.

멘티는 멘토에 대해 막연한 추측으로 시작하여 확실한 기대감으로 전환된다. 멘티가 기대감을 성취하면 멘토는 멘티를 지도하고, 보다 도전적인 업무를 부여하고, 헬리콥터 뷰[2)]를 제시한다. 이때 멘티의 욕구는 멘토로부터의 기술적 습득, 지도받고자 하는 의욕 등으로 나타난다. 업무과정에서 멘토와 멘티가 상호교환적인 관계를 형성할 기회가 생긴다.

2) 성숙기(cultivation)

멘티의 경력기능과 사회심리적 기능이 최대로 활성화된 5년의 기간 중 2년 정도의 기간이 이에 속한다.

멘토와 멘티 모두가 관계를 통하여 이익을 얻게 된다. 보다 발전된 상호관계에서 기회는 증가한다. 멘티와 멘티의 협력관계는 깊어지고 서로에 대한 친근감이 높아진다.

3) 분리기(separation)

멘토와 멘티 사이에 구조적인 역할관계와 협조적인 분위기에 변화가 생긴 후 2년의 기간 중 6개월의 기간이 여기에 속한다.

멘티는 멘토에 의존하지 않고 독자적으로 일하기를 바라기 시작한다. 이때 멘토

---

2) 넓고 높은 전체적인 관점에서 현상을 파악하는 것

는 위기감을 느끼게 되며 더 이상 멘토링의 기능을 제공하지 않으려 한다. 멘토와 멘티의 관계 속에 존재하던 다양한 기회부여는 제한되며, 경력기능과 사회심리적인 기능은 더 이상 효율적이지 못하게 된다. 멘토와 멘티 양자에 있어 기회상실은 긍정적 상호관계를 방해하게 되고, 서로 간에 적대감과 불신을 초래하게 된다.

4) 재정립기(redefinition)

분리기 이후의 불확실한 시기이다. 멘토와 멘티의 상하관계가 끝나고 각각 동등한 위치에서 친근감을 회복하게 되는 시기이다.

분리기에 존재했던 부담감이·사라지고 새로운 관계가 형성되기 시작한다. 기존의 멘토와 멘티와의 관계는 사라진다. 적대감은 사라지고 감사의 마음이 생겨나기 시작하며, 멘토와 멘티 간에 동등한 지위가 형성된다.

| 그림 12-1 | 멘토링의 단계

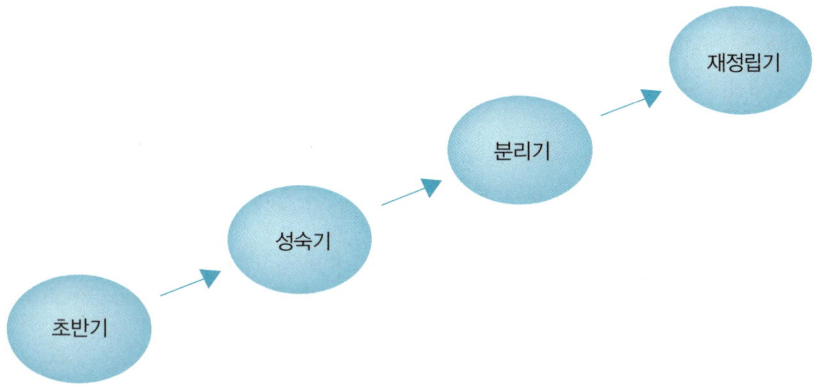

보보의 신문

직원을 사랑하는 법

회사가 직원들을 존중한다며 보여주는 '애정 표현'에는 여러 가지가 있을 것이다. 고속승진을 시켜주거나 금전적인 보상을 듬뿍 해주는 것도 그 중 하나다. 하지만 이런 애정표현 방식이 누구나 인정할 만한 타당성을 갖고 있지 않다면 현실적으로 가능하지도 않고 바람직하지도 않다.

진정으로 직원을 사랑한다면 그 직원이 회사에서 나아가 이 사회에서 지속적으로 성장할 수 있도록 그의 역량을 높여줘야 한다. 경쟁력 있는 인재가 되어 자신의 시장가치를 높이도록 도와주는 것이 직원 사랑의 핵심이라는 것이다.

직원들에게 회사는 직장이다. 직장이라는 말은 원래 일자리 혹은 일하는 장소를 뜻한다. 하지만 직장은 그저 일만 하는 곳이라고 말하기에는 너무나 중요한 의미를 가지고 있다. 거의 모든 직원에게 직장은 현재 삶을 살면서 한편으로는 미래 삶을 준비하는 곳이기도 하기 때문이다. 이곳에서 직원들은 경영자로 성공하거나 혹은 사회적으로 더 큰 일을 맡을 수 있도록 차곡차곡 그 기반을 쌓아간다.

문제는 그 기반을 쌓아가는 방법은 결국 '일'을 통해서라는 것이다. 그래서 '직장'이다. 일만 하는 곳이 아니라 일을 통해서 성장하는 곳이 바로 직장이다.

그러므로 진정으로 직원들을 존중하고 사랑한다면 그들이 일하는 방법을 익히고 스스로 문제를 발견하여 해결하는 능력을 갖출 수 있도록 도와줘야 한다. 그래서 직원들이 일을 통해서 자신이 꿈꾸고 있는 미래 삶을 디자인할 수 있도록 다양한 방법으로 그의 역량을 높여줘야 한다.

이를 위해서는 적절한 과제를 주고 직접 멘토링을 하는 것도 좋은 방법이다. 이때 경영자는 멘토(Mentor)로서 자신이 가진 모든 지식과 문제해결 방법을 한 사람 한 사람 멘티(Mentee)에게 전수하겠다는 마음을 가져야 한다. 물론 이러한 마음은 직원들에 대한 진심 어린 사랑과 관심이 있어야 가능할 것이다.

직원들은 단순한 인재가 아니다. 귀하게 인연을 맺은 동료이고 가족이며 파트너다. 그런 직원들의 꿈을 배려하고 그 꿈을 이룰 수 있도록 실력을 키워주는 것, 그래서 직원들과 회사가 함께 성장하는 것, 그런 것이 결국 인간을 존중하는 경영이 아닐까?

-강신익 LG전자 사장-

자료 : 매일경제, 2011. 1. 23

멘토 붓다로부터 배우는 발전하는 길 보보의 책

첫째, 때때로 모여 정의에 관하여 의견을 교환할 것
둘째, 상하가 화목하고 서로 공경하며 다투지 말것
셋째, 법을 받들고 제도를 어기지 말것
넷째, 선지식을 공경할 것
다섯째, 마음과 뜻을 굳게 지키고 서로를 존경할 것
여섯째, 열반에 이르는 길을 닦아 지키고 욕정을 따르지 말 것
일곱째, 나보다 남을 위하고 명리를 탐하지 말 것

현재 불교는 개개인의 행복은 물론이요, 인간뿐만 아니라 모든 생명을 존중하는 사상으로 환경파괴의 삭막한 미래사회를 구제할 대안으로 손꼽히고 있다. 이 세상 만물은 서로 의존하고 관계를 맺으며 존재한다는 것, 모든 생명이 하나의 생명으로 연결되어 있다는 것을 강조하는 불교의 중심에는 붓다가 있다. 그는 인류에게 우리 모두가 '이미 깨달은 존재인 붓다'라는 사실을 일깨워준 최고의 멘토이다.

자료 : 이중석의 「내 인생의 멘토 붓다」 중에서

4. 멘토링의 기능

크램(Kram)은 한 조직에 종사하는 18쌍의 상 · 하급자들을 대상으로 면접을 통해 심층연구를 실시하여 멘토링의 두 가지 기능을 밝혀냈는데, 이는 '경력(career)기능'과 '사회심리적(psychological)기능'이다.

경력기능에는 적극적인 후원(sponsorship), 노출(exposure), 소개(visibility), 지도(coaching), 보호(protection), 도전적인 업무부여(challenging assignment) 등이 포함되고, 사회심리적 기능에는 역할모형(role modelling), 수용(acceptance)과 지원(confirmation), 상담(counseling), 우정(friendship) 등이 포함된다.

1) 경력기능(career functions)

경력기능은 멘토가 조직생활에서 자신이 부여받은 역할을 수행하는 데 필요한 기술이나 지식 등을 지원하고, 그들의 경력개발을 도와주는 기능이다. 경력기능에

는 후원, 노출, 소개, 지도, 보호, 도전적인 업무부여 등이 해당되며, 멘토가 멘티에게 이런 기능을 제공할 수 있는 근거는 멘토의 풍부한 지식과 경험, 조직 안에서의 탄탄한 위치, 경력, 영향력 등이다.

(1) 후원기능(sponsorship)

후원기능은 멘토가 자신이 맡은 멘티로 하여금 조직생활을 훌륭히 수행할 수 있도록 돕고, 그 결과로서 좋은 자리나 상급의 자리로 승진할 수 있도록 다양한 기회를 부여하는 것을 의미한다. 멘토는 멘티에게 공식적 · 비공식적인 다양한 모임과 기회를 제공할 수 있고, 멘티는 이를 통해 폭넓은 관계를 형성할 수 있다.

(2) 노출 및 소개기능(exposure & visibility)

공식적인 회의석상이나 퇴근 후에 이루어지는 다양한 사적 모임을 통해서 멘토는 멘티를 다른 관리자들에게 소개시킨다. 이 만남을 통해 멘티의 능력을 보여줄 수 있으며, 이는 또 다른 다양한 기회로 연결되어 경력발전의 기회가 증대된다.

(3) 지도기능(coaching)

멘토는 자신의 노하우라고 할 수 있는 각종 업무관련 지식과 경험을 멘티에게 전수시킨다. 멘티를 이 과정을 통해 조직으로부터 인정받을 수 있는 노하우를 습득하게 된다. 멘토와 멘티는 서로의 견해를 이야기하며 아이디어를 산출하기도 하고, 성과에 대한 피드백을 제공받기도 한다.

(4) 보호기능(protection)

멘티는 아직 업무관련 지식습득 과정 중에 있으므로 조직에 대한 완전한 적응까지는 많은 시간이 소요되게 된다. 이 과정에서 부족한 멘티의 능력이 노출되게 되면 멘티의 경력에 손상이 갈 수 있으므로 멘토는 적극적으로 멘티를 보호하고, 불필요한 위협으로부터 지켜준다.

(5) 도전적인 업무부여기능(challenging assignment)

도전적인 업무부여기능은 카리스마적 리더가 지적 자극을 통해 그들의 하위자들을 자극하고 유도하는 것처럼 멘티에게 양질의 기술을 습득할 수 있도록 도전적인 업무를 부여하는 것이다. 멘티로서는 어려운 과정일 수 있으나 이 과정을 통해 필수적인 업무수행능력을 향상시킬 수 있다.

| 표 12-2 | 공식적 멘토링과 비공식적 멘토링의 비교

공식적 멘토링	비공식적 멘토링
인위적 발생	자연발생적
적정 수준의 멘토링 가능	적정 수준의 멘토링 어려움
멘토링시스템의 정형화	멘토링시스템의 비정형화
낮은 심리적 연대감	높은 심리적 연대감
관리비용 발생	관리비용이 없음
효과 파악 용이	효과 파악이 어려움

2) 사회심리적 기능(psychosocial functions)

(1) 역할모형기능(role modelling)

멘토는 건전한 가치관과 긍정적인 자아상을 지니고 있으며, 멘티에게 사회 내에서 자신의 역할과 기능을 수행하는 성인으로서의 역할모델을 제시해 줄 수 있는 능력과 인성을 갖춘 사람이어야 한다. 조직 안에서 업무수행시나 역할수행시에 바람직한 행동양식과 가치관 등을 전수해 주고, 멘티는 이러한 멘토를 역할모델로서 닮아가게 된다. 멘티는 멘토를 상대로 피그말리온효과를 경험할 수 있으므로 멘토의 역할과 바람직한 가치관은 매우 중요한 의미를 지닌다.

(2) 수용 및 지원기능(acceptance & confirmation)

수용 및 지원기능은 멘토와 멘티 간의 상호 신뢰를 바탕으로 형성된다. 멘토는 멘티를 한 사람의 인격체로서 존중해줘야 하며, 그들의 미숙함을 비난하기보다는 포용하고 수용하여 심리적인 안정감과 자신감을 가질 수 있도록 격려해준다.

(3) 상담기능(counseling)

멘티는 새로운 조직생활에서 적응하기 위한 어려운 시험대를 거치고 있으며, 때로는 사생활에서도 어려움을 겪을 수 있다. 이는 곧바로 조직에서의 비효율성으로 이어지게 된다. 이때 멘토가 멘티의 고민, 갈등, 두려움 등을 진지하게 들어주고, 자신의 경험을 바탕으로 심리적인 안정감을 찾아갈 수 있도록 도와준다.

(4) 우정기능(friendship)

멘토와 멘티가 주고받게 되는 조직학습상의 문제를 떠나서 사적인 관계를 통해서 보다 친숙한 관계를 도모하는 것이다. 비공식적인 관계를 통해서 서로에 대한 깊은 이해가 가능하게 되며, 이는 곧 조직효율성으로 이어지게 된다.

| 표 12-3 | 멘토링과 OJT의 차이점

멘토링(mentoring)	OJT(on the job training)
사람(one person)을 중시	업무(task)를 중시
인간성(humanity) 우선	생산성(productivity)을 중시
인간적인 삶 중시	직장인으로서의 갖춤을 중시
수평관계	수직관계
상호유익의 관계	일방적인 시혜의 형식

보보의 시

포기하면 안 되지

이따금 일이 잘 풀리지 않을 때
험한 비탈을 힘겹게 올라갈 때
주머니는 텅 비었는데 갚을 곳은 많을 때
웃고 싶지만 한숨지어야 할 때
주변의 관심이 되레 부담스러울 때
필요하다면 쉬어가야지, 하지만 포기하면 안 되지!

인생은 우여곡절 굴곡도 많은 법
사람이라면 누구나 깨닫는 바이지만
수많은 실패들도 나중에 알고 보면
계속 노력했더라면 이루었을 일
그러게 포기는 말아야지, 비록 지금은 느리지만
한 번 더 노력하면 성공할지 누가 알까!

성공은 실수와는 안팎의 차이
의심의 구름 가장자리에 빛나는 희망
목표가 얼마나 가까워졌는지는 아무도 모를 일
생각보다 훨씬 가까울지도 모르지
그러니 얻어맞더라도 싸움을 계속해야지
일이 안 풀리는 시기야말로 포기하면 안 되는 때!

– 에드거 앨버트 게스트 –

보보의 한 말씀

허리 굽혀 다른 이들이 일어서도록 도와주려면, 자신도 일어설 수 밖에 없다.

–이안 시모어–

제13장

행복론

13 행복론

성공한다는 것이 곧 행복은 아니다

보보의 책

'기도하는 손(1508)', 뒤러

"잘 사는 삶에는 일정한 공식이 있을까?"

조지 베일런트 교수를 포함한 하버드대학교 연구팀은 1930년대 말에 하버드 대학교에 입학한 2학년생 268명의 삶을 72년간 추적하며 바로 이 질문에 대한 답을 찾았다.

연구대상자들은 하버드 재학생들 중에서도 최상위에 속한 엘리트들이었으며, 그 중에는 케네디 대통령, 연방상원의원 등도 포함되어 있었다. 연구시작 후 10년이 지난 1948년 즈음부터 20명이 심각한 정신질환을 호소하기 시작해서, 50세 무렵엔 1/3에 해당되는 조사대상자가 한때 정신질환을 앓았다는 결과가 나왔다.

행복은 성공, 즉 경쟁에서 살아남아 피라미드의 정점에 이른 사람들에게 주어지는 것이 아니었다. 행복은 사람의 힘으로 통제할 수 있는 행복의 조건 7가지를 50대 이전에 얼마나 갖추느냐에 달려 있었다.

건강하고 행복한 노년을 부르는 '행복의 조건' 7가지는 타고난 부, 명예, 학벌 따위가 아니었다. 조건들 가운데 으뜸은 '고난에 대처하는 자세(성숙한 방어기제)'였다. 그리고 그것을 뒷받침하는 것은 47세 무렵까지 형성돼 있는 인간관계였다. 나머지는 교육년수(평생교육), 안정적인 결혼생활, 비흡연(또는 45세 이전 금연), 적당한 음주(알코올 중독 경험 없음), 규칙적인 운동, 적당한 체중이었다.

50세를 기준으로 이 7가지 가운데 5~6가지를 갖춘 106명 중 50퍼센트가 80세에 '행복하고 건강하게' 살고 있었다. 그들 가운데 '불행하고 병약한' 이들은 7.5퍼센트에 그쳤다. 반면 50세에 3가지 이

하를 갖춘 이들 중 80세에 행복하고 건강한 사람은 아무도 없었다. 그리고 4가지 이상의 조건을 갖춘 사람보다 80세 이전에 사망할 확률이 3배 높았다.

이 연구 보고서는 끊임없이 배우고, 유머를 즐기며, 친구를 사귄다면 그리고 담배를 끊고 술을 줄이는 동시에 일찍 귀가해 가족들 얼굴을 한 번 더 본다면, 그 사람은 끊임없이 성장하며 행복할 수 있음을 보여준다.

1967년부터 이 연구를 주도해 온 하버드 의대 정신과의 조지 베일런트 교수는 "삶에서 가장 중요한 것은 인간관계이며, 행복은 결국 사랑"이라고 결론지었다. 베일런트 교수는 "어떠한 데이터로도 밝혀낼 수 없는 극적인 주파수를 발산하는 것이 삶"이라며 "과학으로 판단하기에는 너무나도 인간적이고, 숫자로 말하기엔 너무나도 아름답고, 진단을 내리기에는 너무나 애잔하고, 학술지에만 실리기에는 영구불멸의 존재다"라고 말했다.

자료 : 조지 베일런트의 「행복의 조건」 중에서

1. 행복과 진정한 행복

'행복(happiness)' 은 라틴어 'felicitas' 에서 유래된 것으로서 '행운, 즐거움, 유쾌, 만족' 등의 의미를 지닌다. 그리스어 'eudaimonia', 라틴어 'felicitas', 독일어 'Glück', 불어 'bonheuer', 영어 'happiness' 등이 행복에 해당되는 단어들이다. 영어로 행복을 의미하는 'happiness' 의 어원인 'happen' 은 '옳은 일이 자신 속에 일어난다' 는 뜻도 가지고 있다. "사람은 결심하는 만큼 행복해질 수 있다" 는 링컨의 말을 되새기게 한다. 행복(happiness)은 주관적 행복(subjective well-being)으로 표현되기도 하는데, 이는 'well-being' 이 복지를 의미하며 복지는 선(good)이기 때문이다.

에피크로스학파는 행복의 의미를 쾌락에서 구하고 있다. 즉, 인간은 즐거움을 느낄 때 행복하다는 것이다. 그러나 에피크로스에게서도 평정한 상태를 유지하는 의미로서의 '행복' 의 관념은 존재하며 이를 '아타락시아(atalaxia)' 라고 부른다. 아타락시아(atalaxia)에는 긍정, 자족, 우정 등의 의미가 포함된다.

스토파학파는 로고스(logos)를 행복이라고 규정한다. 즉, '이성' 이 행복이라는 것이다. 스토아는 불변하는 심리적 안정상태를 '아파테이아(apatheia)' 라고 정의하고, 이를 추구하는 것이 행복이라고 제안한다.

플라톤은 삶이 행복하기 위해서는 삶 자체가 바람직해야 하고, 그 자체로서 인간을 충분히 만족시킬 수 있어야 한다고 제안했다. 그의 이러한 사고는 아리스토텔레스에게 이어진다.

칸트는 행복의 추구보다는 궁극적 삶의 목표를 도덕에 두고, 도덕적인 행동이 곧 행복이라고 제안한다. 이는 아리스토텔레스가 제시한 행복의 전제조건인 덕과 다르지 않으며, 매슬로우가 제안했던 인간의 긍정가치와도 유사하다.

고대 철학자들의 정의를 살펴보면 대체적으로 '결핍과 곤궁으로부터의 자유', '올바로 잡힌 사물의 질서에 대한 인식', '우주나 사회에서 자신의 위치를 확신하는 상태', '마음의 평화', '불행과 궁극적으로 죽음을 유발할 수 있는 외부의 힘에 맞서기 위해 행동으로 나서는 상태' 등으로 귀결된다.

또한 '건강과 성장의 심리학(health and growth psychology)'으로 잘 알려져 있는 인본주의 심리학자 매슬로우의 욕구단계설에 의하면 인간의 욕구는 결핍을 충족시키게 되면 더 높은 욕구를 지향하므로 객관적 의미에서의 '절대적 행복'이라는 개념은 존재하지 않는다고 볼 수 있으며, 현실적으로 행복감을 정량화시키는 것은 불가능한 시도이다. 이는 최상위의 욕구위계에 도달한 자기실현인[1]도 마찬가지이다. 그럼에도 불구하고 주관적 행복감에 대한 연구는 삶의 질적 향상을 위해 도움이 되는 긍정적 시도임에 틀림없다. 왜냐하면 행복은 주관적 인식의 측면이 강하기 때문에 자신의 사고방식을 변화시킴으로써 삶의 질을 향상시킬 수 있기 때문이다.

일반적으로 '즐거운', '신나는', '보람을 느끼는', '가치 있는', '평온한', '충만한', '활기찬', '밝은', '텅 빈', '기쁜', '만족한' 등의 단어들이 행복과 관련된 척도들이다. 특히나 '충만한'과 '텅 빈'은 문화적 차이를 고려하지 않는다면 문맥에 따라서는 상반된 의미로 인식될 수도 있기에 행복의 주관적 정의에 대한 문화적 고려는 필수적이다. 서구문화권에서는 가득 찬 것을 행복의 요인으로 간주할 수 있지만, 동양문화권에서는(특히나 일본의 선문화) 되도록 간결하고 없는 상태를 행복의 중요 요인으로 간주할 수 있다.

---

1) 자기실현은 골드스타인에 의해 제안되었으며, 매슬로우에 의해 정립된 건강한 인간에 대한 개념이다.

행복의 성취를 방해하는 가장 큰 장애물은 낙담이다. '낙담(discouragement)'은 반대나 부정, 결핍을 의미하는 접두사 '디스(dis)'로 시작된다. 디스는 고대 로마의 신 디스[2]가 어원이다. 신화 속에서 디스는 '낙담'과 '부정직함'의 신으로 활동하면서 속임수를 써서 자신이 세상에 존재하지 않는다고 믿게 만든다. 이는 자신에 대한 사람들의 경계심을 늦추려는 간교한 술책이다. 디스의 무기인 '낙담'에 맞설 수 있는 유일한 방어도구는 '끈기'와 '희망'이다.

행복이라는 승리를 거머쥐기 위해서는 열중하는 마음과 긍정적인 자세 또한 필수적이다. '열중하는 마음(enthusiasm)'은 열중을 뜻하는 그리스어 'enthousiazein(신들렸다의 의미)'과 'entheos(신이 영감을 내렸다는 의미)'에서 유래된 말이다. 문자 그대로 본다면 '우리 안의 신'이라고 할 수 있다. 그러나 마지막 네 글자인 IASM을 I Am Sold Myself(나 자신을 바쳤다)의 약자로 생각한다면 그 대상이 무엇이든 무언가에 열중한다는 것이다.

칙센트미하이(Csikszentmihalyi)는 그의 저서 「Finding Flow」를 통해서 몰입(flow)을 행복과 연결해서 설명하고 있다. 그는 의도와 목표를 두고 사람들이 흔히 품는 오해가 있다고 주장한다. 가령 힌두교나 불교처럼 갈래가 다양한 동양의 종교들은 행복에 이르려면 욕망을 버리라고 가르치는데 이것을 다음과 같이 해석하는 사람들이 있다. 즉 모든 욕망을 포기하여 더 이상 목표가 존재하지 않는 상태에 도달해야만 불행에서 벗어날 수 있다는 것이다. 그러나 동양의 종교가 가르치는 내용은 목표를 덮어놓고 부정하라는 것이 아니다. 우리 마음속에 저절로 생겨나는 의도는 신뢰할 수 없는 것임을 말하고자 할 따름이다.

'몰입'은 삶이 고조되는 순간에 물 흐르듯 행동이 자연스럽게 이루어지는 느낌을 표현하는 말이다. 몰아일체의 상태, 무아경, 미적 황홀경과 같다. 삶을 훌륭하게 가꾸어주는 것은 행복감이 아니라 깊이 빠져드는 몰입이다. 몰입해 있을 때 우리는 행복하지 않다. 그런 일이 마무리 된 다음에 비로소 지난 일을 돌아볼만한 여유를 가지면서 자신이 한 체험이 얼마나 값지고 소중했는가를 다시 한 번 실감하며 행복을 느낀다. 몰입에 뒤이어 오는 행복감은 스스로의 힘으로 만든 것이어서 우리의 의식을 고양시키고 성숙시킨다. 이는 매슬로우가 제시한 자기실현인이 느

2) 지하세계 명부의 왕 하데스 또는 플루토라고 불림.

끼는 참다운 가치와 같다.

웃음이 지니는 치유의 힘

미시간대학의 심리학과 교수인 자오닉(R.B. Zajonc)은 미소를 지으면 기분이 나아지는 이유를 다음과 같이 밝히고 있다. 안면과 두뇌는 모두 경동맥에서 혈액을 공급받고 있다. 우리가 찌푸리거나 미소를 지을 때에는 안면근육이 긴장하여 두개골에 자극을 주기 때문에 모세혈관이 수축하게 된다. 이 현상은 경동맥의 혈액공급에 영향을 주어 두뇌로 공급되는 혈류량에 미세한 변화를 일으킨다. 그러면 이 자극으로 인해 다시 두뇌는 우리의 기분에 영향을 미치는 화학물질을 분비하거나 분비를 중단하게 된다.

자료 : 루이스의 「성공의 밀어」 중에서

2. 웃음과 행복

조시 빌링시(Josh Billings)는 "의학에는 재미라는 것이 그다지 없지만 재미 속에는 상당히 많은 의학이 있다"라는 말을 했다. 그의 말에 의하면 의학적 근거에 의해서도 해결될 수 없는 여러 가지 문제들이 인간이 지닌 보편성으로 치유될 수 있다.

오스틴(J. Osteen)은 그의 저서 「Your Best Life Now」를 통해서 '긍정의 힘'을 역설한 바 있다. 모든 인간이 지니고 있는 웃음, 즐거움, 애정, 희망, 삶에 대한 의욕 등과 같은 긍정적인 정서는 과학적인 치료를 넘어서서 인간의 건강한 생활과 만족스러운 삶에 지대한 영향을 끼칠 수 있다. 그 중에서도 '웃음'은 인간의 행동이나 사고의 부조화에 대처하는 정신적인 표현방식의 하나이다. 웃음이라는 생리적 반응의 표현수단이 있음으로 해서 인간의 사고나 생각의 논리, 부조리의 갈등을 해소 또는 상충시켜 화해를 얻어내는 역할을 한다.

이 세상에서 가장 심한 고통을 받고 있는 동물만이 웃음을 간직하고 있다는 말이 있다. 인간을 제외하고 어느 동물이 웃을 수 있는가? 애견론자들은 때로는 개들도 웃는다고 하지만 존재하는 생물체 중에서 웃음을 지을 수 있는 것은 인간이 유일하다.

웃음은 신체기관을 자극해서 혈액순환을 증가시키고 질병에 대항할 수 있는 여러 가지 좋은 호르몬들을 생성시킨다. 이는 과학적으로 연구된 바 있다. 웃음과 면역기능의 증대에 대한 연구도 많이 있다. 웃음은 엔돌핀 분비를 활성화시켜 모르핀보다 20배나 강력한 진통효과를 가지며 면역계를 자극하고 활성화 시켜준다.

18년간 웃음의 의학적 효과를 연구해 온 미국의 리버트 박사는 웃음을 터뜨리는 사람에게서 혈액을 채취해 분석해 보면 암을 일으키는 종양세포를 공격하는 킬러세포(killer cell)가 많이 생성되어 있음을 알 수 있다고 밝힌 바 있다. 웃음이 인체의 면역력을 높여 감기와 같은 감염질환은 물론 암과 성인병을 예방해준다는 것이다.

버클리대학 심리학자인 제임스 에이버릴 교수는 학생들을 세 그룹으로 분류하여 슬픈 집단에는 케네디 대통령 피살 기록 영화를 보여주고, 유쾌한 집단에는 채플린의 영화를, 통제 집단에는 과학기록 영화를 보여준 후 혈압, 심장박동수, 손과 얼굴의 온도, 피부저항 및 호흡에 대해 비교하고 조사하였다. 그 결과 웃으면 호흡에 변화가 오고, 반대로 슬픔은 혈압을 변화시키며, 분노상태에서는 심장박동수가 증가하고, 손의 온도가 상승되며, 불안한 상태에서는 심장박동수가 증가하고, 손의 온도가 하강하는 반면에 행복감에 빠져 있을 때는 심장박동수, 손의 온도가 올라가지 않음을 증명하였다. 즉 사람의 정서가 측정할 수 있을 정도의 생리적 변화를 초래할 수 있음을 증명한 것이다. 또한 재미있는 영화를 보게 한 후 타액면역 클로브린 A를 측정한 결과 재미있는 영화를 본 쪽이 현저히 특정 바이러스에 대해 신체보호 능력이 있는 타액면역 클로브린 A가 증가했음을 증명했다.

뇌 속에서 분비되어 몸이 다양한 기관을 자극하는 50가지 이상의 호르몬을 통해 우리의 마음은 실제로 몸에 영향을 미친다. 이 반대의 경우도 마찬가지이다. 마음의 힘을 통해 몸이라는 물질을 조절할 수도 있다. 이 호르몬들의 생성과 전달을 방해하는 것은 무엇이든 우리의 몸과 마음, 정신에 영향을 미친다.

인간에게는 다른 사람으로부터 존중받고자 하는 가장 커다란 욕구가 존재한다고 했던 윌리엄 제임스는 "우리는 행복하기 때문에 웃는 것이 아니라 웃기 때문에 행복한 것이다"라는 명언을 남겼다.

대학에서 철학을 가르치는 독일 교수 알폰스 데켄은 웃는 얼굴에는 네 가지 철학이 있다고 했는데, 첫째 건강을 위한 스마일, 둘째 배려와 사랑의 표현으로서의 스마일, 셋째 일상생활에서의 커뮤니케이션으로서의 스마일, 넷째 '그럼에도 불구하고'의 스마일이 그것이다. 마지막의 '그럼에도 불구하고'의 스마일이란 괴로울 때나 고통스러울 때도 웃는 얼굴을 보인다는 의미이다. '그럼에도 불구하고'의 스마일은 자신은 물론 주변 사람들에게도 웃음 바이러스를 전염시켜 마이너스 사고를 플러스 사고로 바꾸어 사람의 마음을 움직이게 한다.

보보의 뼈다귀

엔돌핀을 생성하는 대통령

엔돌핀을 솟아나게 하는 정치인을 꼽으라면 첫 번째가 단연 케네디 대통령이다. 여성들만 그를 좋아한 것이 아니었다. 남자들도 부러워했다. 카메라가 24시간 케네디를 쫓아다녔다. 그의 얼굴, 몸짓 자체가 모든 이를 즐겁게 했다. 입을 열면 인기는 더했다. 케네디를 볼 때마다, 그가 말하는 것을 들을 때마다 흐뭇한 미소가 입가에 번지고, 엔돌핀이 돌았던 것이다. 예언자 노스트라다무스는 신도 그의 인기를 질투해 그를 빨리 데려갔다고까지 했다. 1980년대 레이건 대통령의 경우도 그의 정책을 반대하고, 선거에서 그를 찍지 않은 사람조차도 그가 말하는 모습을 보면 입가에 미소를 짓더라는 실험결과가 있었을 정도이다.

강원대학교 이관열 교수

3. 성격과 행복

1960년대에 미국 매사추세츠대학의 노먼 브래드번과 같은 학자들이 연구하기 시작한 행복론은 20세기 후반의 심리학에서 가장 활발한 연구분야가 되었다. 노먼 브래드번은 긍정적인 감정과 부정적인 감정은 정반대가 아니라 독립된 별개의 감정이라고 주장했다. 이전까지의 연구는 주로 우울하고 불행한 사람들에게 초점을 맞추었다. 그러나 이제 심리학자들은 무엇이 사람을 행복하게 만들고 그들이 어떻게 행복할 수 있는가에 대한 연구결과를 활발하게 교환하고 있다.

인간의 성격 가운데 가장 안정되어 있는 특성은 어느 순간 우리의 기분이 얼마나 긍적적인지 또는 부정적인지, 자신의 삶을 얼마나 만족스럽게 생각하는지 또는 불만스럽게 생각하는지와 깊은 관계를 갖고 있다. 이러한 사실은 부분적으로는 행복이나 불행한 기질의 원인일 수 있다.

긍정적 감정에 빠지는 성향의 원인으로 입증된 것은 외향성, 교육, 직장, 적극적인 사회참여, 긍정적인 사건, 만족스러운 여가활동 등이다. 부정적 감정에 빠지는 성향의 원인으로 입증된 것은 신경증적 성격, 감정에 좌우되는 성격, 낮은 사회적 지위, 좋지 않은 건강, 낮은 자부심, 스트레스를 주는 사건 등이다. 그러나 최근 래니(M.O. Laney)는 그녀의 저서 「Introvert Advantage : How to Thrive in an Extrovert World」에서 외향적인 사람과 내향적인 사람의 비율은 3:1이며, 외향적인 사람들을 기준으로 해서 만들어진 세상에서 살고 있는 내향적인 사람들은 삶을 표현하고 관리하는 방식이 다를 뿐이지 내향성이 외향성에 비해 결코 열등한 개념은 아니라고 주장한 바 있다.

미국 국립보건연구원의 폴 코스타는 장기간의 연구를 통해 발표한 보고서에서 외향성 지수가 높은 사람은 17년 뒤에 실시한 행복평가에서 높은 점수를 받았다고 말했다. 외향적인 사람들이 더 행복한 이유는 여러 가지로 설명될 수 있으나 그들은 주위 사람들의 반응을 선택적으로 받아들이기 때문이라고 주장했다. 내향적인 사람들에 비해 외향적인 사람들은 타인의 긍정적인 반응에 더 민감하고, 부정적인 반응에는 덜 민감하다는 것이다. 또한 사회심리학자인 마이어(D. Myers)는 자신의 저서 「The Pursuit of Happiness」에서 자부심, 낙천성, 외향성이라는 세 가지 특질을 가지고 있느냐 없느냐의 여부에 따라 행복이 결정된다고 말했다. 그러나 래니는 이 주장도 반박하고 있다.

외향성을 지지하는 사람들이 진행하는 연구에는 중요한 허점이 하나 있다. 참가자들에게 '나는 타인들과 함께 있는 것을 좋아한다', '나는 같이 있기 재미있는 사람이다'와 같은 문항에 '예'와 '아니오'의 둘 중 한 가지로만 대답하게 한다는 점이 바로 그것이다. 그녀가 주장하는 내향적인 사람들의 행복에 대한 기준은 외향적인 사람과는 많이 다르다. 마치 화성과 금성에서 온 남녀처럼 말이다. 내향적인 사람들의 행복에 대한 기준은 '나는 나 자신을 잘 안다', '나는 있는 그대로의 내 모습에 익숙하다', '나는 자유롭게 내 길을 간다' 등과 같은 것이다. 그런데 외향성 위주의 설문지에는 이런 내용이 하나도 없다는 것이다. 수적으로 우월한 외향적인 사람들로부터 내향적인 사람들은 매일 다른 사람들처럼 행동하라는 엄청난 압력을 받기 때문에 외향적인 사람들에 비해 불행해 보이는 것일 뿐이다. 마이어와 브리그(Myers-Briggs)의 성격유형지표인 MBTI에 의한 16가지 유형들처럼 외향성과 내향성은 그저 개인 간의 독특한 차이일 뿐이다.

그렇다면 외향성과 행복이 완전한 상관관계에 있지 않다면 행복한 사람이 반드시 외향적일 필요는 없으며, 행복하고 내향적인 사람도 있을 수 있다. 이러한 부분에 초점을 맞춘 결과 행복한 사람은 외향성 이외의 행복과 관련된 성격특성 중 신경증적 성향이 거의 없었다.

심리학자들은 얼마나 자주 불안이나 우울한 기분을 느끼느냐는 등의 설문을 통해 신경증적 성향을 측정한다. 베일러대학과 미주리대학의 크리스티나 드네브와 해리스 쿠퍼는 행복과 신경증적 성향의 관계를 조사한 74건의 연구결과를 분석하여, 신경증적 성향이 강한 사람일수록 행복도가 낮다고 보고했다. 신경증적 성향을 가진 사람이 불행한 이유는 그들이 우울해지기 쉽고, 불안해하고, 스트레스에 민감하여 감정상태가 대체로 부정적이기 때문이다.

유머감각에 대한 연구에서 개인별로 유머를 상황에 대처하는 수단으로 얼마나 많이 이용하는가에는 일관된 차이를 보였다. 뛰어난 유머감각을 가진 사람은 행복지수가 높고, 우울과 내향성 지수는 낮았다. 그 이유 중의 하나는 유머가 사교생활을 하는데 도움을 주고 사회적 유대를 강화하기 때문인 것으로 보인다. 유머감각은 사물을 재미있게 바라볼 수 있는 능력이기도 하기 때문에 일종의 낙천주의로 작용한다. 유머는 서로 다른 두 가지 관점을 동시에 가질 수 있는 데서 나온다.

보보의 뼈다귀

폴리애나원칙

행복한 사람은 낙천적이고, 그 밖에도 지난 일 중에서 좋은 것만 기억하는 따위의 긍정적인 성향을 갖고 있다. 이것을 20세기 초에 발표된 소설에서 늘 밝은 면만 보여주는 여주인공으로 등장한 어린 소녀의 이름을 따서 '폴리애나원칙'이라고 부른다.

행복한 사람은 자신을 좋게 생각한다. 자부심이 강하고, 친구들에 대해서도 좋게 생각한다. 이런 모든 것에 대해 정확한 판단을 내리려고 애쓰는 것이 최선이라고 생각할 수도 있지만 행복한 사람들은 그렇지 않다. 이것이 행복의 조건 가운데 하나이다.

자료 : 마이클 아가일의 「성격과 행복」 중에서

윌리엄 제임스는 인간에게는 다른 사람으로부터 존중받고자 하는 가장 커다란 욕구가 존재한다고 했었는데 이를 통해 얻어지는 자부심은 행복과 깊은 상관관계를 갖는다. 자부심은 '나는 대체로 나 자신에게 만족한다'는 말에 얼마나 동의하느냐는 설문을 통해 측정할 수 있다. 개인의 성취도 자부심에 커다란 영향을 미치는데 개인적 목표보다 집단주의가 강한 동양의 문화에서는 개인적 성취보다는 집단의 성공이 자부심과 더 깊은 관계를 맺는 것으로 나타났다.

삶의 목표도 행복의 필수조건이다. 목표는 어떤 의미에서는 자신의 일부이다. 목표를 이루지 못해도 목표는 여전히 개인의 성격을 이루는 독특한 구성요소가 된다. 목표는 자신이 의미 있는 존재라는 느낌을 갖게 한다.

오스트리아의 정신과 의사인 프랭클은 아우슈비츠를 포함하여 강제수용소를 네 군데나 거치면서도 끝까지 살아남았으며, 가치 있는 목표에 관심을 쏟으라고 격려함으로써 다른 사람들이 강제수용소에서 살아남도록 도와주었다. 그는 수용소에서의 고통의 시간들을 통해서 극한 상황에서도 인간에게는 타인을 배려하고 사랑할 수 있는 고귀한 그 무엇이 존재한다는 것을 밝혀냈다.

그는 후에 이것을 '로고테라피' 라는 심리치료형태로 발전시켰다. '로고테라피' 는 그리스어 '로고스(의미)' 에서 유래한 말로 '의미치료' 라고 번역할 수 있다. 물질적으로 풍족하지만 삶의 목표가 전혀 없는 사람은 불행과 공허감에 시달리게 된다. 삶의 의미와 목적은 삶의 목표를 얼마나 갖고 있으며, 그것을 얼마나 성취했느냐는 설문을 통해 측정할 수 있다.

그런데 왜 자살하지 않습니까?

정신과 의사인 프랭클 박사는 크고 작은 고통으로 고생하고 있는 환자들에게 가끔 이렇게 묻는다. "그런데 왜 자살하지 않습니까?"

어떤 사람은 아이를 너무 사랑하기 때문이라 하고, 어떤 사람은 그저 간직하고 싶은 추억에 대한 미련 때문인지도 모른다고 대답한다. 이런 환자의 대답 속에서 프랭클 박사는 정신과 치료에 중요하게 적용될 수 있는 어떤 지침들을 발견하곤 한다. 이렇게 조각난 삶의 가느다란 실오라기를 엮어 하나의 확고한 형태를 갖춘 의미와 책임을 만들어내는 것, 이것이 바로 '로고테라피' 의 목표이자 과제이다.

잔인한 죽음의 강제수용소에서 생활하면서 그는 그 자신의 벌거벗은 실존과 만나게 된다. 가진 것을 모두 잃고, 모든 가치가 파괴되고, 추위와 굶주림, 잔혹함, 시시각각 다가오는 몰살의 공포에 떨면서 그는 어떻게 삶이라는 것이 보존해야 할 가치가 있는 것이라고 생각할 수 있었을까?

프랭클은 신경질환을 여러 형태로 분류한 다음 그 중에서 몇 가지는 그 원인이 환자가 자신의 존재에 대한 의미와 책임을 발견하지 못한 데에 있다고 생각했다. 프로이트가 성적인 욕구불만에 초점을 맞추었던 반면 프랭클은 '의미를 찾으려는 의지' 의 좌절에 초점을 맞추었던 것이다.

그는 인간이 우스꽝스럽게 헐벗은 자신의 생명 외에 잃을 것이 아무 것도 없다는 사실을 깨달았을 때 어떤 일이 벌어지는지를 경험했다. 그들은 제일 먼저 자신의 운명에 대해 냉정하고 초연한 궁금증을 갖는 것에서 구원을 찾는다. 만약 삶에 어떤 목적이 있다면 시련과 죽음에도 반드시 목적이 있을 것이다. 하지만 어느 누구도 그 목적이 무엇인지 말해줄 수는 없으며 각자가 스스로 알아서 이것을 찾아야 하고, 그 해답이 요구하는 책임도 받아들여야 한다. 만약 그것을 찾아낸다면 그 사람은 어떤 모욕적인 상황에서도 계속 성숙해 나갈 수 있다.

자료 : 빅터 프랭클의 「죽음의 수용소에서」 중에서

보보의 신문

행복은 '국적'이 있다

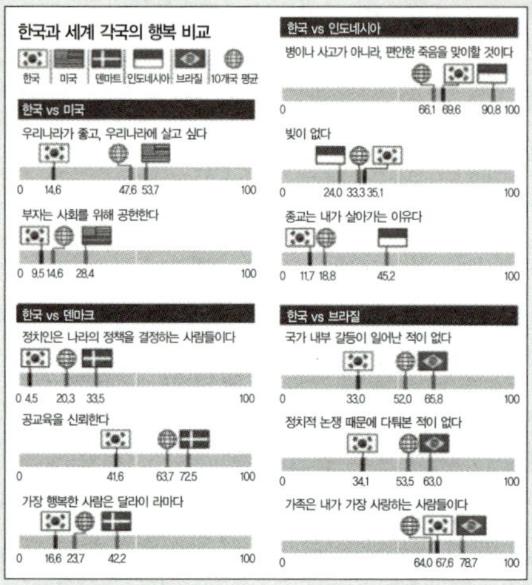

세계 10개국 '행복 서베이' 결과 미국인은 테러와 경제위기에 시달리면서도, 국가에 대한 강한 신뢰를 드러냈다. '지금 사는 나라에 계속 살고 싶은가'라는 질문에 미국인 10명 중 8명이 '그렇다'라고 답했다. 기회가 된다면 다른 나라에서 살고 싶다는 미국인의 비율은 11.1%로 한국인(37.5%)의 3분의 1 수준이었다. 미국인은 자신은 물론 자녀도 '미국인'이길 바랐다. '꼭 우리나라에서 아이를 낳고 싶다'는 미국인은 44.5%(10개국 평균 38.7%)였고 '다른 나라의 시민권을 아이에게 주고 싶다'는 비율은 4.7%에 불과했다. 한국인 4명 중 1명은 다른 나라 국적을 주고 싶어서 국외 출산을 생각해봤다고 답했다.

'착한 부자'들의 사회공헌도 '미국적 행복'의 한 축을 이뤘다. '부자는 많은 돈으로 사회공헌을 한다'는 미국인은 28.4%로 10개국(평균 17.8%) 가운데 가장 많았다. 뉴욕대 심리학과 아네수 만디소자(Mandisodza) 연구원은 '문화간 심리학 저널'에 "누구나 노력하면 부자가 될 수 있다는 '아메리칸 드림(American Dream)'은 여전히 미국인의 심리에 뿌리 깊이 잠재하고 있다"며 "미국인은 세계 어느 나라 국민보다 부자를 높이 평가하는 사람들"이라고 말했다.

북유럽 사람들은 깨끗한 정치와 탄탄한 복지의 '안전망' 위에서 행복을 찾았다. 덴마크 국민 중 '부정부패로 인해 피해를 봐 화가 난다'는 답은 한국(20.8%)의 절반 정도인 10.8%에 불과했다. 덴마크는 갤럽이 지난해 155개 나라에 대해 실시한 '세계 행복 서베이'에서 1위를 차지한 나라다. 역시 북유럽 국가이자, 같은 서베이 2위에 오른 핀란드에서도 1.9%만 부정부패에 대한 분노를 표출했다.

정치인과 국가 수장에 대한 덴마크 국민의 신뢰는 압도적이었다. 덴마크인 중 33.5%는 '정치인은 나라의 정책을 결정하는 사람들'이라고 긍정적으로 보았고, 절반 이상(50.9%)이 총리를 '국민이 뽑은 정당한 지도자'라고 여겼다. 10개국 평균(각각 20.3% · 41.7%)을 훨씬 웃도는 수치다.

포브스는 "북유럽 국가들의 높은 행복도는 인간의 기본적 욕구를 충족시키는 경제수준과 빈부격차의 부작용을 상쇄해주는 안정적 복지체계가 결합한 결과"라고 전했다. 핀란드와 덴마크의 경우, 공교육에 대한 신뢰는 특히 절대적이었다. 덴마크인 중엔 72.5%가, 핀란드인은 90.3%가 '공교육을 신뢰한다'고 답했다. 공교육을 신뢰한다는 한국인의 비율은 41.6%. 베트남을 제외하곤 가장 낮았다.

이번 조사에서 '행복하다'는 답이 가장 많이(91.1%) 나온 브라질인들의 '힘'은 느슨한 삶, 그리고 가족이었다. 테러나 핵 공격의 위협을 느끼거나(39.8%) 국가 내부의 갈등을 겪었다(27.0%)는 답은 10개국 평균보다 눈에 띄게 낮았다. 죽음을 상상했을 때 '나이 들어서 자연사할 것 같다'는 답은 79.0%에 달해 10개국 중 2위(1위 베트남)였고, '가족은 내가 가장 사랑하는 사람'이라는 비율은 78.7%로 1위였다. 브라질 카사데루이 바르보자 연구소 라헬 발렌시아 연구원은 상파울루신문에 "브라질 도시의 거리에선 즐거움을 찾는 젊은이들의 반짝이는 눈빛, 그리고 흥겨운 음악과 언제든지 마주치게 된다"며 "가족 · 친구와 모여 즐기는 파티와 자유를 만끽할 수 있는 거리 문화가 브라질 사람들의 행복을 증진시킨다"고 말했다.

자료 : 조선일보, 2011. 1. 21

참을 수 없는 무료의 극치, 쾌락주의자

쾌락주의자는 즐거움을 추구하고 고통을 피한다. 행복한 삶은 즐거움의 연속이라고 믿으며, 당장 기분이 좋으면 또 다른 욕망이 생길 때까지는 지금 하는 행동을 그만 두지 않는다. 쾌락주의자는 오로지 현재에 초점을 맞추므로 즉각적인 만족을 얻을 수 있으면 나중에 피해를 보는 행동도 서슴지 않는다. 마약이 즐거운 기분을 주면 그것을 한다. 일이 어렵게 느껴지면 그것을 피한다. 때문에 쾌락주의자는 노력과 고통 그리고 쾌락과 행복을 동일하게 여긴다.

이러한 쾌락이 지속될 수 있는가에 대한 답을 얻기 위해 실험이 이루어졌다.

심리학자들은 대학생들에게 돈을 주어 신체적인 요구를 해결해주면서 대신 아무 일도 시키지 않았다. 그들은 다른 일을 해서 벌 수 있는 돈보다 훨씬 더 많은 돈을 받았지만 4~6시간이 지나자 불행하다고 느끼기 시작했다. 결국 그들은 보수가 좋고 편한 일을 그만 두고 자극과 도전을 찾아서 더 힘들고 보수도 적은 일을 하러 갔다.

칙센트미하이는 이에 대해 적절한 해답을 주었다. "최고의 순간은 보통 힘들고 가치 있는 뭔가를 달성하기 위해 자발적으로 노력하면서 몸과 마음이 최고의 기량을 발휘할 때 나타난다."

자료 : 탈 벤-샤하르의 「해피어」 중에서

4. 행복을 위한 전략

심리학자들은 행복과 불행의 요인들을 분석하면서 실제로 사람들을 행복하게 만들기 위한 기법들을 개발했다. 이 작업은 주로 우울증 환자들을 도우려고 하는 임상심리학자들한테서 나왔다. 그들이 개발한 치료법은 우울증 환자뿐만 아니라 사회에 적응하여 행복하게 살고 있는 대다수의 사람들도 도울 수 있다.

인간의 기분을 고양시키는 방법에는 직접적인 것과 간접적인 것이 있다. 직접적인 방법으로는 긴장완화와 명상 등이 있다. 한 시간의 잠을 자는 것보다 명상 15분이 스트레스 해소에 훨씬 효과적이라는 연구결과도 있다. 운동은 직접적으로나 간접적으로나 인간에게 도움을 준다. 운동을 통해서 아드레날린이 증가하고, 엔돌핀이 생성되어 기분을 좋은 상태로 끌어올릴 수 있고, 건강을 증진시킬 수 있다.

어떤 쾌락은 일시적인데 이를 교감신경형 쾌락이라 부른다. TV를 보거나 노래방에 가거나 알콜섭취를 하거나 담배를 피우는 등의 쾌락은 쉽게 접할 수 있고, 그 방법도 수없이 많다. 상당히 빠른 속도로 기분을 상승시키지만 그만큼 빠르게 그 기분은 사라지기도 한다. 그리고 같은 강도의 쾌락을 느끼기 위해서는 점점 더 높은 강도를 필요로 한다.

이런 방법들은 모두 일시적이어서 한 시간 이상 지속되는 경우가 드물지만 폭넓은 프로그램의 일부는 될 수 있다. 칙센트미하이가 주장한 것처럼 자신의 생활과 주변에서 일어나고 있는 일에 완전히 몰입하는 것은 행복감과 삶에 대한 만족감을 높이는 중요한 요인으로 밝혀졌다.

운동이 기분상태에 긍정적인 영향을 미친다는 사실은 많은 연구를 통해 입증되었다. 1981년 위스콘신대학의 존 그리스트는 가벼운 신경성 우울증에 시달리는 환자들을 조사하여 그 결과를 발표했다. 이 환자들을 두 그룹으로 나누어, 한쪽은 심리치료를 하고, 다른 한쪽은 걷기에서 시작하여 조깅과 달리기로 이어지는 점진적인 운동 프로그램을 실행했다. 운동을 하고 나면 몇 시간 동안 더 행복감을 느끼고 덜 우울하다고 말한 사람도 있었다. 불안과 우울증에 시달리는 환자들에게 운동이 좀 더 통상적인 약물치료와 상담을 보완하는 치료법으로 인정받고 있는 것도 그 때문이다.

운동과 같은 몰입체험이 우리를 행복하게 하는 것은 심리적 무질서를 정화해주기 때문이다. 공포, 불안, 스트레스, 분노, 질투 등의 부정적인 감정들은 심리적 에너지를 소진시키고 머릿속을 비효율적인 상태로 만든다. 목표를 향한 의식을 부정적인 잡음들이 방해할 때, 칙센트미하이가 '심리적 엔트로피(entropy)' 라고 부르는 내적 무질서 상태에 처한다. 반대로 의식 속에 우리의 목표와 일치하는 정보가 들어오면 심리적 에너지는 물 흐르듯 편안하게 흐른다. 엔트로피의 반대인 네겐트로피(negentropy) 상태로, 몰입(flow)이라고도 표현하는 경지이다. 칙센트미하이는 운동이야말로 몰입을 체험하기 쉬운 방법이라고 말한다. 그는 특히 운동을 할 때 유티폼을 입으면 일상의 차원으로부터 한 발 빠져나올 수 있다고 주장한다.

규칙적으로 운동을 하는 것은 세로토닌의 분비를 증가시킨다. 우울증 환자들에게 가벼운 운동을 권하는 것도 바로 그 이유다. 일반적으로 우울증 환자나 강박증 환자들은 세로토닌이 덜 분비되는 양상을 보인다. 세로토닌이 부족하게 되면 감정이 불안정해지고, 충동적인 성향이 나타나며, 불면 등 수면장애를 유발한다. 이를 방지하기 위해서는 스트레스를 받거나 기분 나쁜 일이 있으면 햇빛을 충분히 쐬고, 많이 웃고, 가능하면 밝게 살려고 노력하는 것이 좋다.

행복찾기분야에서 새로운 접근방식의 하나는 인지행동요법이다. 이는 우리의 기분에 영향을 미치는 것은 인생에서 일어나는 일이 아니라 우리가 그 사건을 해석하는 방법이라는 생각에 바탕을 두고 있다. 불행한 사람의 특징은 대개 세상을 부정적으로 인지한다는 것이다. 인지행동요법으로 다른 치료법으로는 효과를 보지 못한 많은 환자들의 증세가 개선되었다. 일부 실험에서는 인지행동요법이 가장 우수한 항우울제보다 더 효과적인 것으로 나타났다. '마음챙김'을 할 수 있는 방법을 습득한 사람은 더 큰 행복을 누릴 수 있다는 것이 증명된 것이다.

조엘 오스틴은 그의 저서 「Your Best Life Now」를 통해서 믿는 대로 된다는 가치를 역설했다. 그는 더 많은 일을 행하고 더 큰 즐거움을 누리며 더 대단한 사람이 된 자신을 상상하라고 했다. 바로 이것이 오늘을 온전히 사는 비결이라고 말이다. 꿈을 이루고 성공하고 행복을 쟁취하는 비결은 '오늘'을 온전히 사는 것이며 최선을 다해서 오늘을 살 때 더 나은 내일이 찾아온다고 했다. 그에게 있어 '언젠가'라는 미래는 결코 없다. 우리에게는 오직 오늘이 있을 뿐이다.

'말하면 믿게 된다'는 이 가치는 1910년에 에밀 쿠에라는 프랑스 약제사가 일종의 '자기암시'로서 개발한 '자조기법'에 근거한다. 쿠에는 "나는 날마다 모든 면에서 점점 좋아지고 있다"는 유명한 말을 남긴 사람이다.

미국 테네시주 멤피스 출신의 교사인 에메트 벨튼은 학생들에게 자신에 대한 긍정적인 문장 50개를 처음에는 속으로, 나중에는 소리내어 읽으라고 요구했다. 50개의 문장은 "형편이 점점 좋아지고 있다", "내 삶은 점점 나아지고 있다"는 두 가지 유형으로 분류할 수 있다.

이런 문장을 읽으면 효과는 일시적이었지만 기분이 좋아지는 것으로 나타났다. 그 과정이 반복될 때마다 어김없이 나타났다. 그래서 이 방식은 '벨튼기법'으로 불리게 되었고, 오늘날 많은 심리치료사들이 널리 이용하고 있다.

정신건강을 개선해주고 행복을 가져다주는 것은 생활양식과 사고방식의 변화이다. 우리는 대부분 스스로의 의지로 생활을 변화시킬 수 있다. 비현실적으로 높은 목표를 세우는 것을 피하고 행복을 늘리는 방법을 찾으려고 의식적으로 노력하는 태도가 행복으로 가는 연금술이다. 즐거운 일을 많이 선택하고 긍정적인 인생관을 갖는 것이 중요하다. 내가 좋아하는 일을 하고 살 수 있는 사람만큼 행복한 사람은 없다. 성공은 과정이지 결코 결과가 아니며, 우리에게 중요한 것은 삶을 의미 있는 과정으로 만들어가는 것이다.

시인 롱펠로우(H.W. Longfellow)는 "인내는 성공에 있어서 가장 중요한 요소이다. 문빗장을 힘주어 계속 두드린다면 누군가는 잠에서 깨어 내다볼 것이다"라고 주장했는데 이것은 성공의 유일한 연금술이라 해도 과언이 아니다. 앙드레 말로는

미덕목록

아리스토텔레스, 플라톤, 아퀴나스, 아우구스티누스와 같은 철학자들의 저술과 구약성서, 탈무드, 불경, 코란과 같은 경전, 공자, 노자, 벤저민 프랭클린의 저술, 일본의 사무라이 무사도, 고대 인도의 철학서인 우파니샤드 등을 두루 검토하여 총 200여 가지의 미덕목록을 작성했다. 그런데 놀랍게도 이 전통들은 대부분 3000년 역사를 이어오면서 세상 도처에 여섯 가지 미덕을 퍼트렸다. 이는 인간이 도덕적 동물이라는 주장을 절실하게 느끼게 해준다.

- 지혜와 지식
- 용기
- 사랑과 인간애
- 정의감
- 절제력
- 영성과 초월성

자료 : 마틴 셀리그만의 「긍정심리학」 중에서

"꿈을 그리는 사람은 마침내 그 꿈을 닮아간다"라는 말을 통해 지구력의 위대함을 뒷받침했다.

인간의 삶에서 중요한 것은 우리에게 주어진 의미와 목적을 찾는 것이며, 누구나 구체적인 실천을 통해 삶을 의미 있게 만들 수 있는 잠재력을 가지고 있다. 매슬로우나 프랭클, 퀴블러 로스처럼 말이다.

5. 퀴블러 로스의 인생수업[3)]

'인생수업'은 역사상 가장 많은 학술상을 받으며 20세기 최고의 의사라고 불렸던, 호스피스 운동을 창시했던 엘리자베스 퀴블러 로스가 죽음 직전의 사람들을 인터뷰 하고 그들이 말하는 '인생에서 꼭 배워야 할 것들'을 받아 적은 가르침이다. 그녀는 말한다. 삶에는 배워야 할 것들이 너무 많으며, 단 한 번의 생으로 그것들을 모두 배울 수는 없지만 진정으로 살아보기 전에는 결코 죽지 말아야 한다고 말이다.

사람들은 그녀를 죽음의 여의사라고 부르지만 그녀의 연구의 핵심은 삶의 의미를 밝히는 일이었으며 마지막으로 그 일을 해내고 2004년 8월 24일 육신의 누에고치를 떠나 영원한 삶을 향해 날아갔다.

1) 인간에게 주어진 임무는 사랑의 방해물을 찾아내는 일이다

그녀는 삶이라는 여행을 통해서 사랑하는 방법을 배워야 한다고 말했다. 우리에게 주어진 임무는 사랑을 찾는 일이 아니라 우리 마음속에 스스로 만들어 놓은 사랑의 방해물들을 찾아내는 일이다.

몇 해 전 그녀가 근무하는 병원에서 흥미로운 현상이 목격되었다. 그 병원의 중환자실에 누워 죽음을 기다리던 환자들의 얼굴이 몰라보게 밝아진 것이다. 그것은 어느 청소부 아주머니 때문이었다. 그 아주머니가 중환자실에 들어왔다가 나갈 때

---

3) 이 절은 퀴블러 로스의 「인생수업(Life Lessons)」 중에서 중요한 부분을 요약한 것이다.

마다 어떤 변화가 일어났다. 그녀는 그 비결을 알 수만 있다면 얼마를 지불해도 아깝지 않을 것 같았다. 그래서 그녀는 눈에 안 띄게 그 아주머니를 몇 주 동안 쫓아다녔다. 그러던 어느 날 아주머니는 그녀를 간호사실 뒤켠에 있는 방으로 데리고 가서 그 비법을 알려주었다.

몇 년 전 오지 않는 의사를 기다리다가 어린 아이가 눈앞에서 죽어가는 모습을 지켜볼 수밖에 없었던 과거를 아무런 증오나 원한, 분노도 담지 않고 그저 담담하게 얘기했다. 그녀는 그것이 죽음을 앞둔 환자들과 무슨 관계가 있는지 의아했다.

아주머니는 죽음은 더 이상 자신에게 낯설지가 않다고 대답했다. 마치 오랫동안 알고 지내던 친구처럼 말이다. 가끔 중환자실에 들어가 보면 환자들은 몹시 겁에 질려 있었고, 그러면 자신도 모르게 그들을 쓰다듬어 주게 되었다고 했다. 그리고 그들에게 자신도 죽음을 보았지만 죽음이 다가와도 무섭지 않을 거라고 말해주며 그냥 함께 있어준다고 했다. 그리고 그것이 사랑이라고 했다.

심리학도 의학도 공부하지 않았지만 아주머니는 삶의 가장 큰 비밀 하나를 알고 있었다. 사랑은 바로 곁에 있어 주는 것이며, 돌봐주는 것이라는 사실이다.

2) 당신 속에 다른 사람이 지나다니게 하라

때로는 사람과의 관계에서 텅 빈 공간이 되어 다른 사람이 지나다니게 하라. 그것이 진정한 관계이다. 삶은 마치 거울과 같다. 삶에 미소 지으라. 그러면 삶이 당신에게 미소를 지을 것이다.

대개 나와 가까운 사람들이 다른 누구보다도 더 나를 화나게 할 때가 많다. 그들의 모습에 실망할 수도 있지만 나에게 가장 필요한 사람은 바로 그들이다. 나를 힘들게 하는 사람들이 종종 나에게는 가장 훌륭한 스승이다. 인간관계가 가져다주는 상황들은 삶에서 배워야 할 모든 것을 가르쳐 준다.

때로 우리는 자신이 맺고 있는 관계들에서 어떤 부분이 달라진다면 행복해질 것이라고 생각한다. 그렇게 바라는 이유는 관계를 통해서 행복해지고 싶기 때문이다. 배우자를 바꾸거나 관계를 변화시키면 완벽해지고 행복해지리라고 생각한다. 하지만 이것은 어리석은 생각이다.

행복은 상대방을 더 좋게 바꾸는 것에 달려있지 않다. 우리가 진정한 자신이기를 원한다면 그들도 진정한 그들로 있도록 해주어야 한다.

3) 당신이 배워야 할 것을 발견하라

배움을 얻는다는 것은 자신의 인생을 사는 것을 의미한다. 갑자기 더 행복해지거나 강해지는 것이 아니라, 세상을 더 이해하고 자기 자신과 더 평화로워지는 것을 의미한다. 아무도 당신이 배워야 할 것이 무엇인지 알려줄 수 있는 사람은 없다. 그것을 발견하는 것은 당신만의 여행이다.

죽어가는 한 여성에게 물었다. "당신은 지금 누구입니까?"

그녀가 말했다.

"지금껏 내게 맡겨진 역할들 속에서 내 삶은 너무나 평범했어요. 다른 이들과 똑같은 삶을 살아온 것 같았어요. 도대체 내 삶이 다른 사람들의 인생과 뭐가 다를까 싶었어요. 하지만 병을 앓게 되면서 놀라운 진실을 깨달았어요. 난 아주 특별한 사람인 거예요. 어느 누구도 나와 같은 방식으로 세상을 보거나 삶을 경험하지 못했을 거예요. 앞으로도 그럴 것이고 이 세상이 시작된 이후부터 끝나는 날까지 나와 똑같은 사람은 영원히 존재하지 않을 거예요."

이것은 누구에게나 진실이다. 아무도 내가 겪은 것과 같은 방식으로 세상을 경험하지 못한다. 진정한 '나'는 머리로 이해할 수 있는 것보다 훨씬 특별한 존재이다. 자신만이 느끼고 자신만이 경험할 수 있는 것들을 소중히 생각하고 태어남과 죽음 사이의 시간 동안 무엇을 배울 것인가를 스스로 선택하라.

4) 고통을 선물로 여긴다면 당신은 성장한다

당신이 아름다운 정원에 앉아 있다면 아무 것도 배우지 못한다. 그러나 만일 당신이 고통 속에 있다면, 상실을 경험한다면, 그리고 당신이 그 고통을 아주 특별한 목적으로 당신에게 주어진 선물로 여긴다면 당신은 성장할 것이다.

죽음을 앞둔 사람들로부터 상실에 대해 배울 수 있었던 흥미로운 점들은 다음과 같다.

첫째, 의학적으로 죽었다가 다시 살아난 사람들은 한결같이 더 이상 죽음이 두렵지 않다고 말한다.

둘째, 그들은 죽음이란 필요 없어진 옷을 벗는 것처럼 육체를 떠나는 것에 불과하다는 것을 알게 되었다고 말한다.

셋째, 그들은 죽음 속에서 온전한 자신을 느꼈고, 자신이 모든 사물, 모든 존재와 연결되어 있음을 느꼈다고 한다. 더불어 어떤 상실감도 느끼지 못했다고 말한다.

마지막으로 그들은 절대로 외롭지 않았으며 누군가가 자신과 함께 있음을 느꼈다고 말한다.

그러나 살아가는 동안 대부분의 사람들은 상실에 대한 두려움 때문에 늘 고통스러워한다. 상실을 겪었기 때문이 아니라 상실을 겪게 되지 않을까 하는 불안감 때문에 힘겨워하는 것이다. 그러나 우리가 가진 모든 것은 결국 언젠가는 잃게 될 것들이다. 그럼에도 불구하고 많은 사람들이 삶이 곧 상실이고 상실이 곧 삶이라는 것을 이해하지 못한 채 평생 상실과 싸우고 그것을 거부한다.

당신이 많은 시작의 순간에 있었다면 그것들이 끝나는 순간에도 있게 된다. 만일 당신에게 친구가 많다면 그만큼의 이별도 경험하게 된다.

이 세상이 하나의 학교라면 상실과 이별은 그 학교의 주요 과목이다. 집과 자동차, 직장, 돈과 젊음, 사랑하는 사람, 그 어떤 것도 영원히 붙들어둘 수는 없다. 하지만 이 사실 때문에 슬퍼할 필요는 없다. 오히려 그런 자각으로 인해 지금 이 순간 누리고 있는 경험들의 소중함과 사물들의 가치를 더 많이 느낄 수 있다.

상실이 주는 고통과 배움을 통해 삶에서 하찮게 여기던 일들이 얼마나 중요한 것이었는지도 깨닫게 된다. 상실의 아픔을 겪으면서 당신이 잃어버렸다고 슬퍼한 사람이나 사물이 사실은 한 번도 당신에게 소유된 적이 없었음을 깨닫게 될 것이다. 다른 한편으로는 그것들을 다른 방식으로 영원히 소유하게 되리라는 것도 알게 될 것이다. 상실 없이는 성장도 없다. 상실로 인해 고통 받은 적이 있는 사람은 결국 더 강해지고, 더 온전한 존재가 된다.

5) 삶을 그렇게 심각하게 살지 말라

죽음을 앞둔 사람들이 가장 후회하는 것은 '삶을 그렇게 심각하게 살지 말았어야 했다' 는 것이다. 우리 모두는 별의 순례자이며, 단 한 번의 즐거운 놀이를 위해 이곳에 왔다.

삶의 마지막에 이르면 가장 즐거웠던 놀이의 순간들을 회상한다. 그런데도 너무나 많은 사람들이 항상 생산적이고 성공적이어야 하며, 끊임없이 무언가를 이루어야 한다는 강박관념에 시달리느라 존재하는 법을 잊어버렸다.

어느 성공한 사업가는 암과 한판 승부를 벌이고 살아난 후에 말했다.

"모든 게 살아남기 위해 거쳐야 할 과정이었고, 어쨌든 내가 살아있음을 신에게 감사드렸어요. 그러고 나니 궁금해지더군요. 왜? 무엇 때문에 내가 살아남았을까? 일을 더 많이 하려고? 그때 비로소 깨달았어요. 지금까지 내가 얼마나 공허한 삶을 살아왔는지. 내가 아는 모든 이들은 삶의 의미를 성공에 두었고, 난 성공이라는 이름의 벽을 구성하는 하나의 벽돌에 불과했어요. 난 그런 삶으로는 다시 돌아가지 않기로 결심했어요. 나는 삶에서 너무 많은 것을 잃고 있었어요. 지금은 그것들을 되찾을 시간이에요."

삶의 종착점에 있는 환자들은 곧잘 자신들이 더 이상 두려워할 것이 없고 더 이상 잃을 것이 없다는 것을 깨닫게 된 뒤 무한한 행복을 발견했다고 말한다. 우리의 삶을 불행하게 만드는 것은 두려움 그 자체이지 우리가 두려워하는 대상이 아니다. 두려움 속에서 살 때 당신은 살아있는 것이 아니다. 언젠가 헬렌 켈러가 말했듯이 "삶은 하나의 모험이거나 그렇지 않으면 아무 것도 아니다."

지금 이 순간 가슴 뛰는 삶을 살지 않으면 안 된다.

무엇이 성공인가

자주 그리고 많이 웃는 것
현명한 이에게 존경을 받고
아이들에게서 사랑을 받는 것
정직한 비평가의 찬사를 듣고
친구의 배반을 참아내는 것
아름다움을 식별할 줄 알며
다른 사람에게서 최선의 것을 발견하는 것
건강한 아이를 낳든
한 뙈기의 정원을 가꾸든
사회환경을 개선하든
자기가 태어나기 전보다
세상을 조금이라도 살기 좋은 곳으로
만들어 놓고 떠나는 것
자신이 한때 이곳에 살았음으로 해서
단 한 사람의 인생이라도 행복해지는 것
이것이 진정한 성공이다

- 랄프 왈도 에머슨 -

보보의 한 말씀

인간은 긍정적인 마음이라는 교정수단을 이용해 그것의 반대편에 있는 부정적인 마음을 바로잡을 수 있다. '다르마(진리)'의 실천이란 내면에서 끊임없이 전투를 벌이는 것이다. 과거에 있던 부정적인 상태나 습관을 긍정적인 새로운 상태로 바꾸는 것이다. '다르마'는 사람의 행동을 자제시키거나, 고통의 원인을 없애 고통을 겪지 않게 하는 모든 행동이나 분별력을 뜻한다.

—달라이 라마—

참/고/문/헌/

Alexander, D.S. & F. Luthans, "Social Cognitive Theory and Self-Efficacy : Going Beyond Traditional Motivational and Behavioral Approaches," *Organizational Dynamics*, spring, 1988.

Avolio, B.J., B.M. Bass, Jung Dong I., Lee Jin K., "변혁적 리더십과 세계화", 한국리더십연구센터 개소식 국제학술세미나, 1998.

Bailyn, L., "Autonomy in the industrial R & D laboratory," *Human Resource Management*, 24, 1985.

Bandura, A., *Self-Efficacy : The Exercise of Control*, Freeman, 1997.

Bass, B.M., *Bass & Stogdill's Handbook of Leadership*, The Free Press, 1990.

Bass, B.M., *Leadership and Performance Beyond Expectations*, The Free Press, 1985.

Baumgardner, A.H., D.M. Kaufman & P.E. Levy, "Regulating Affect Interpersonally : When Low Esteem Leads to Greater Enhancement," *Journal of personality and Social Psychology*, 57, 1989.

Bennis, W.G., "Becoming a leader of leaders," in R.Gibson, *Rethinking the Future*, Nicholas Brealey Publishing Ltd., 1996.

Bennis, W.G., *On Becoming a leader*, Addison-Wesley, 1989.

Bennis, W.G. & B. Nanus, *Leaders : The Strategies for Taking Charge*, Harper & Row, 1985.

Brayfied, A.H. & H.F. Rothe, "An index of job satisfaction," *Journal of Applied Psychology*, 35, 1951.

Burns, J.M., *Leadershiip*, Harper & Row, 1978.

Chen, G., S.M. Gully, J. Whiteman & R.N. Kilcullen, "Examination of Relationships Among Trait-Like Individual Differences, State-Like Individual Differences and Learning Performance," *Journal of Applied Psychology*, 85, 2000.

Collins, J., *Good to Great*, Harper Collins, 2001.

Conger, J.A. & R.N. Kanungo, *Charismatic leadership in Organizations*, SAGE, 1998.

Cox, J.F., *The Effects of Super-leadership Training On Leaders behavior, Subordinate Self-leadership Behavior, and Subordinate Citizenship*, Unpublished Ph.D. dissertation, University of Maryland, College Park, MD, 1992.

Deal, T.E. & A.A. Kennedy, "Corporate Cultures: The Rites and Rituals of Corporate Life, Reading, Mass," *Addison Wesley Publishing*, 1982.

Deci, E.L. & R.N. Ryan, *Intrinsic motivation and self-determination in human behavior*, New York, NY: Plenum, 1985.

Deci, E.L., J. Nezlek & L. Sheinman, "Characteristics of the rewarder and intrinsic motivation of rewardee," *Journal of Personality and Social Psychology*, 40, 1981.

Deluga, R.J., "A Historiometric Analysis of Presidential Charismatic Leadership : Franklin Roosevelt To Ronald Reagan," *Deluga EAM*, 1997.

Deluga, R.J., "Relationsip of transformational and Transactional Leadership with Employee Influencing Strategies," *Group & Organization Studies*, 1988.

Dierterly, D.L. & B. Schneider, "The effect of organizational environment on perceived power and climate a laboratory study," *Organizational Behavior and Human Performance*, 11, 1974.

Dolbier, C.L., M. Soderstrom & M.A. Steinhardt, "The ralation between self-leadership and enhanced psychological, health, and work outcomes," *The Journal of Psychology*, 17, 2001.

Doyal, G. & I. Gough, *A theory of human need*, London Macmillan Education LTD, 1991.

Dunnette, M.D. & L.M.Hough's *Handbook of Industrial and Organizational Psychology*, Consulting Psychologists Press, Inc., 1990.

Fisher, K., *The Role of the Manager in Self-Directed Work Teams*, presentation at the 1991 International SMWT Conference, Dallas, October 14, 1991.

Gleitman, H., *Basic Psychology*, Alan Fridlund & Alan Reisberg, 1995.

Handy, C., *Gods of Management*, London: Souvenir, 1978.

Harrison, R., *Understanding Your Organization's Character. Harvard Business Review*, May-June, 1972.

Hoggard, L., *How To Be Happy*, Optomen Television Ltd., 2005.

House, R.J., N.S. Wright & R.N. Aditya, "Cross-cultural Research on Organizational Leadership : A Critical Analysis and A Proposed Theory," In P.C.Early & M.Erez(Eds.), *New Perspectives on International Industrial /Organizational Psychology*, The New Lexington Press, 1997.

Ivancevich, J.M. & M.T. Matteson, *Organizational Behavior and Management*, Irwin, 1996.

Lerbinger, Otto., The crisis manager : facing risk and responsibility, Mahwah, NJ: Lawrence Erlbaum Associates, 1997.

Locke, E.A. & G.P. Latham, *A Theory of Goal Setting and Task Performance*, Prentice-Hall, Englewood Cliffs, NJ, 1990.

Manz, C.C. & H.P. Sims, "Self-Management as a Substitute for Leadership: A Social Learning Perspective," *Academy of Management Review*, 5, 1980.

Manz, C.C., and H.P. Sims, "Self-leadership: toward an expanded theory of self-influence processes in organizations," *Academy of Management Review*, 11, 1986.

Manz, C. C. & H. P. Sims, *Super Leadership: Leading other to lead themselves*, New York: Berkley Books, 1990.

Manz, C.C. & H.P. Sims, *Super Leadership, Beyond The Myth of Heroic Leadership*, Organizational Dynamics, 3, 1991.

Manz, C.C., "Self-leadership the heart of empowerment," *Journal for Quality and Participation*, 15(4), 1992.

Manz, C.C., *Mastering self-leadership: Empowering Yourself for personal Excellence*, Prentice-Hall, Englewood, 1992.

Manz, C.C. & H.P. Sims, *Super Leadership*, 정일재 역, 21세기북스, 1995.

Manz, C.C. & H.P. Sims, *Creating a company of heroes*, NY: Wiley, 1996.

Manz, C.C. & H.P. Sims, *The New Super Leadership*, 김남현 역, 경문사, 2001.

Maslow, A.H., *Toward a Psychology of Being*, Van Nostrand, 1968.

Maslow, A.H., *Motivation and personality*, Harper & Row, 1970.

Mitroff, I.I. & G. *Anagnos, Managing Crises before they happen : What every executive and manager needs to know about crisis management*, New York : AMACOM, 2001.

Mowday, R.T., R.M. Steer, and L.W. Poter, "The measurement of organizational commitment," *Journal of Vocational Behavior*, 14, 1979.

Nadler, D.A. & M.L. Tushman, "Beyond the Charismatic Leader : Leadership and

Organizational Change," *California Management Review*, Vol.32, 1990.

Neck, C. P. & J.D. Houghton, "Two decades of self-leadership theory and research," *Journal of Managerial Psychology*, 21, 2006.

Neck, C.P., G. Stewart, & C.C. Manz, Thought self-leadership as a framework for enhancing the performance of performance appraisers, *Journal of Applied Behavioral Science*, 31, 1995.

Nunnally, J., *Psychometric theory*, NY: McGraw-Hill, 1978.

O'Reilly, C.A., "Corporations, Culture and Commitment : Motivation and Social Control in Organization," *California Management Review*, summer, 1989.

O'Reilly, C.A. & J. Chatman, "Organizational commitment and psychological attachment," *Journal of Applied Psychology*, 71, 1986.

Ouchi, W., *Theory Z*, Reading, Mass: Addison-Wesley Publishing, 1981.

Parker, L.E. & R.H. Price, "Empowered managers and empowered worked: The effects of managerial support and managerial perceived control on worker's sense of control over decision making," *Human Relations*, 47, 1994.

Pauchant, T.C. & I.I. Mitroff, *Transforming the crisis-prone organization : Preventing individual, organizational and environmental tragedies*, San Francisco : Jossey-Bass, 1992.

Pheysey, D.C., *Organizational Cultures: Types and Transformations*, London and New York: Routledge, 1993.

Quinn, R.E. & M.R. McGrath, *The transformation of organizational cultures: A competing values perspective.* In Frost P.J., Louis M.R., Lundberg C.C. & Martin J. (Eds), Organizational Culture, Beverly Hills, CA : Sage, 1985.

Robbins, S.P., *Essentials of Organizatinal Behavior*, Prentice-Hall, 2005.

Saffold, G.S., "Culture Traits, Strength and Organizational Performance: Moving Beyond 'Strong' Culture," *Academy of Management Review*, 13, 1988.

Sathe, V:, "Implications of Corporate Culture: A Manager's Guide to Action," *Organizational Dynamics*, l, 1983.

Schein, E.H., *Organizational culture and leadership: A dynamic view*, San Francisco: Jossey-Bass Publishers, 1985.

Schein, E.H., *Organizational culture and leadership*(2nd ed.). San Francisco, CA: Jossey-Bass Publishers, 1992.

Spreitzer, G., "Psychological empowerment in the workplace dimension, measurement, and validation", *Academy of Management Journal*, 38, 1995.

Steers, R., "Antecedents and outcomes of organizational commitment", *Administrative Science Quarterly*, 22, 1977.

Stogdill, R.M., *Handbook of Leadership*, The Free Press, 1974.

Stroebe, R., *Kommunikation I*, 3. Aufl., Heidelberg : Sauer-Verlag, 1987.

Venkatraman, N., "The Concept of Fit in Strategy Research: Toward Verbal and Statistical Correspondence, *Academy of Management Review*, 89, 1987.

Yukl, G.A. & D.D. VanFleet, "Theory and Research on Leadership in Organizations", In M.D. Dunette and L.M. Hough(Eds.), *Handbook of industrial and organizational psychology(vol.3)*, CA : Consulting Psychology Press, 1992.

이어령, 디지로그, 생각의 나무, 2006.

강현식, 꼭 알고 싶은 심리학의 모든 것, 소울메이트, 2010.

김남현 · 이주호, "조직의 문화유형, 최고경영자의 리더십유형 및 행동성과에 관한 실증연구," 인사조직연구, 제5권 제1호, 1997.

김성국, 조직과 인간행동, 명경사, 2001.

김영욱, 위기관리의 이해, 책과길, 2002.

김영조, "조직문화와 조직성과의 변화에 관한 종단적 연구," 인사조직연구, 제8권 제2호, 2000.

김원, 알기쉬운 조직행동, 명경사, 2003.

네이버

다음

달라이 라마, 달라이 라마의 행복론, 김영사, 2001.

두산백과사전

라젠드라 시소디아, 위대한 기업을 넘어 사랑받는 기업으로, 럭스미디어, 2008.

마이클 센델, 정의란 무엇인가, 김영사, 2009.

마틴 셀리그만, 긍정심리학, 도서출판 물푸레, 2009.

매력DNA 그들이 인기 있는 이유, SBS스페셜 제작팀, 황금물고기, 2010.

미하이 칙센트미하이, 몰입의 재발견, 한국경제신문, 2009.

박재호, "조직문화 성향과 조직몰입에 관한 연구," 새마을 · 지역개발연구, 제249권 제5호, 1998.

브리태니커

森本三男, 經營學の原理, 中央經濟社, 1978.

서문경애, "간호사의 셀프리더십과 직무만족, 개인성과간의 관계," 간호행정학회지, 제11권 제1호, 2005.

서인덕 · 이원형, "조직문화, 리더십 그리고 조직시민행동 간의 관계에 있어서 리더신뢰 및 조직몰입의 매개효과," 인적자원관리연구, 제13권 제4호, 2006.
손병석, "무정념 : 현인에 이르는 스토아적 이상과 실천", 철학연구, 철학연구회, 제80집, 봄, 2008. p. 42
스태픈 로빈스, 조직행동론, 시그마프레스, 2006.
스탠리 밀그램, 권위에 대한 복종, 에코리브로, 2009.
스티븐 코비 등, 리더십, 베이스캠프, 2008.
신완선, 컬러리더십, 더난출판, 2007.
신유근, "기업문화의 조직성과," 경영논집, 서울대학교 경영연구소, 제19권, 1985.
양동민, "상사의 슈퍼리더십이 부하의 셀프리더십과 성과에 미치는 영향," 전남대학교 박사학위논문, 2005.
오유석, 쾌락, 문학과 지성사, 1998.
웨인 로린즈, 융과 성서, 분도출판사, 2002.
위키백과
윌리엄 더건, 제7의 감각 전략적 직관, 비즈니스맵, 2008.
윤석철, 삶의 정도, 위즈덤하우스, 2011.
이안 시모어, 멘토, 씨앗을 뿌리는 사람, 2003.
이언영, 면접 이미지 메이킹을 위한 사이버 셀프 패션 코디네이션 시스템의 활용 연구, 이화여자대학교 박사학위논문, 2007.
이은숙 · 신제구 · 백기복, "슈퍼리더십과 셀프리더십이 자기 권능감과 성과에 미치는 영향에 관한 탐색적 연구," 인사 · 조직학회 추계학술발표회 발표 논문, 2000.
이중석, 내 인생의 붓다, 불광출판사, 2011.
이지우, "직무특성과 종업원 태도 사이의 관계에 대한 직무몰입의 매개역할," 인사 · 조직연구, 제5권 제1호, 1997.
이창길, "조직문화가 직무만족, 직무몰입 그리고 조직몰입에 미치는 영향," 하계 공동 학술대회발표논문, 2006.
이희영, "셀프리더십과 개인성과의 관련성," 영남대학교 박사학위논문, 1996.
전상호 · 신용존, "조직문화와 리더십의 적합성이 행동적 유효성에 미치는 영향에 관한 실증연구," 경영학연구, 제24권 제3호, 1995.
제임스 알렌, 생각의 지혜, 도서출판 물푸레, 2008.
조지 베일런트, 행복의 조건, 프런티어, 2010.
존 맥케인 · 마트 솔터, 인격은 운명이다, 21세기 북스, 2006.
카렌 호나이, 신경증적 갈등에 대한 정신분석, 학지사, 2006.
크리스토프 앙드레, 스트레스 보이지 않는 그림자, 궁리, 2003.
탈 벤-샤하르, 해피어, 위즈덤하우스, 2008.
프란츠 부케티츠, 자유의지, 그 환상의 진화, 열음사, 2009.

플로리안 하이네, 거꾸로 그린 그림, 예경, 2010

한주희 · 황원일, "조직문화 특성에 대한 조직구성원의 인식과 조직몰입," 생산성논집, 제11권 제1호, 1996.

홍세길 · 김동배 · 장영철, "참여적 작업시스템과 셀프리더십이 근로자 태도에 미치는 영향," 대한경영학회지, 제18권 제2호, 2005.

찾/아/보/기/

| 저자약력 |

이임정

명지대학교 대학원 경영학과 졸업(경영학박사)
연세대학교 리더십센터 출강
연세리더십캠프 리더십 강사
한국경영교육학회 상임이사
한국전자상거래학회 상임이사
필립 모리스 슈퍼바이저 리더십 역량진단
MBTI Training Workshop 수료
국세청, 생산성본부, 신세계백화점, 이마트 등 강의

[논문 및 저서]
Concept, role and meaning of self-efficacy on understanding of transformational leadership
The Study on personality of Type A and Type B correlation with transformational leadership
The Study on restructuring result & direction of enterprise
한국감정원 직무분석을 통한 중장기 경영전략연구
보보의 경영학
보보의 리더십
전자상거래와 e-비즈니스
창업실무 외 다수

보보의 인간관계론(제2판)

2006년 8월 25일 1판 1쇄 발행
2011년 7월 25일 2판 1쇄 발행

저 자 이임정
발행인 이수영
발행처 도서출판 청람
㉾ 121-811
서울시 마포구 대흥동 802(세양상가 109호)
TEL : 02)3272-2601(代)~2 FAX : 02)3272-2603
E-mail : crbooks@paran.com
http://www.crbooks.co.kr

등 록 : 2000. 8. 26 제6-0509호

ISBN 978-89-5972-191-7 93320 정가 23,000원